GRADUATE SCHOOL OF
LITERATURE AND JOURNALISM,
SICHUAN UNIVERSITY

主编◎曹顺庆

四川大学文学与新闻学院研究生导师丛书

连接与互动

——新媒体新论

蒋晓丽等◎著

中国社会科学出版社

图书在版编目(CIP)数据

连接与互动：新媒体新论／蒋晓丽等著.—北京：中国社会科学出版社，2016.10

ISBN 978-7-5161-9169-9

Ⅰ.①连… Ⅱ.①蒋… Ⅲ.①传播媒介-研究 Ⅳ.①G206.2

中国版本图书馆CIP数据核字(2016)第261092号

出 版 人　赵剑英
责任编辑　任　明
责任校对　季　静
责任印制　李寡寡

出　　版　中国社会科学出版社
社　　址　北京鼓楼西大街甲158号
邮　　编　100720
网　　址　http://www.csspw.cn
发 行 部　010-84083685
门 市 部　010-84029450
经　　销　新华书店及其他书店

印刷装订　北京市兴怀印刷厂
版　　次　2016年10月第1版
印　　次　2016年10月第1次印刷

开　　本　710×1000　1/16
印　　张　27
插　　页　2
字　　数　433千字
定　　价　98.00元

凡购买中国社会科学出版社图书，如有质量问题请与本社营销中心联系调换
电话：010-84083683

前　　言

按照马克·波斯特（Mark Poster）在《第二媒介时代》一书的说法，互联网出现后，各式各样的新媒体带来了“第二媒介时代”。新媒体凭借其海量信息、用户互动、超文本传播等技术优势，尤其是3G网络的诞生和基于这一网络的移动新媒体应用，让社会各构成部分之间紧密交织，相互影响，协同发展。正是在这一背景下，《连接与互动——新媒体新论》一书逐步酝酿成形。本书试图探索新媒体与技术、政治、经济、社会、文化、法律、道德伦理、教育、管理、艺术以及新媒体用户心理之间的互动，并将社会的各构件连接起来，聚合成体。研究这种连接与互动的成因、积极意义与消极后果、存在问题与应对思考等。

本书共分为十一章。第一章谈论的是新媒体与技术的问题。之所以将这一问题放在本书的开篇之处，是因为新媒体的诞生和发展都不得不依赖于技术创新。技术的发展催生了新媒体的发展和大众化，而新媒体又由于大众化之后对技术提出了更高的要求，受众的商业化又进一步驱动了技术创新，进而促动了整个社会价值理念及社会行为模式的变迁。从Web1.0到2.0，从单向传播到实时互动，新媒体彰显出人的力量和科技的力量的叠加，并呈现出前所未有的奇观。新媒体的技术发展以及未来趋势是本章关注的重点。

本书第二章至第五章分别谈论新媒体与政治、经济、社会、文化的问题。目的是从宏观上把握新媒体的特征和影响，重点考察新媒体与社会宏观互动的关系，从传播学的角度解读新媒体的兴起对社会的重构，以及与传播理论的互动影响，进而为传播学提出了叠代升级的时代命题。

本书第六章至第十一章分别涉及新媒体与法律、道德伦理、教育、管理、艺术和心理等中观层面的结合，对这些学科领域与新媒体结合作了跨学科、全方位的新媒体研究，这样既可以研究新媒体的方方面面，比起之前的研究来说，更强调了跨学科研究的独特视角，突破已有研究的路径，完善了新媒体传播的研究体系。

随着新媒体技术的不断发展，与之相关的跨学科文化现象也次第登上传播舞台，人们的经济生活、政治生活、精神生活的虚拟化问题同样成为新媒体发展一个无法绕开的话题。本书从上述内容出发，对新媒体传播做出全方位解读——既描述新媒体内部特质，又分析其和各个领域相互影响的外在表现，既分析形成原因，更探讨未来趋势，并从当代新媒体的实际运作情况出发，以新闻学、传播学的研究范畴为基础，引入信息科学、经济学、政治学、心理学、法学等学科的理论和方法，将其系统地与新媒体研究结合起来考察，从而完善了新媒体传播的研究体系。

本书每一章不仅对新媒体与各学科领域进行宏观、中观梳理，对具体案例的分析则可以从微观的细节上还原新媒体在现实中与这些领域互动的原貌，从广度和深度两方面进行挖掘。同时，本书力求突出以下特点：

一是突出新媒体与社会各构件之间的双向互动影响。新媒体的发展对于技术、政治、经济、社会、文化、法律、道德伦理、教育、管理、艺术以及新媒体用户心理具有重大影响，同时，这些社会因素对于新媒体发展同样具有重大影响。分别讨论这种双向影响，更全面认知新媒体的发展特征。

二是注重分开讨论新媒体与社会各构件之间双向互动影响的优与劣。正如爱因斯坦说的那样，“科学是一种强有力的工具。怎样用它，究竟是给人带来幸福还是带来灾难，全取决于人自己，而不取决于工具”。同样，新媒体亦好亦坏，亦侠亦盗，却在不停地改变着我们，以及我们生存的世界。需要辩证地看待新媒体连接与互动特征。

三是注重理论分析与案例讨论结合。本书在行文体例上，以近几年新媒体传播实践中的一些经典案例为引，再结合这些具体案例条分缕析地描述其发生过程、出现原因，进而预测未来。着力回答传媒科技的发展变化究竟给当代社会的政治、经济、文化、社会结构、社会科学各个领域带来了哪些影响？我们该如何来理解、来面对这些影响？并且，当下自媒体等新媒介的普及拓宽了互动交流的渠道，当代社会的政治、经济、文化、社会结构、社会科学各个领域交互影响着新媒体的发展，在双向互动发展中，新媒体和各种学科的关系越来越密切，这些领域又是如何塑造着新媒体的过去和未来？对于社会产生连接作用？这些问题正是我们认识新媒体技术的过程中应该解决的。

四年来，我和我的博士生们结合新媒体发展的最新趋势，针对新媒体发展及其与社会不同构件之间的互动关系，以及对于社会的连接作用，在课堂内外展开讨论，对于新媒体有了更为深刻和全面的认知，并将这些讨论观点进行梳理，整理成书。本书作为新媒体跨学科研究的著作，适合高校修习新媒体传播和与之相关跨学科课程的博士、硕士研究生及高年级本科生作为学习使用。适合新闻传播学和社会科学研究方面的其他理论工作者参考。适合传媒业界从业人员阅读。

蒋晓丽

2015 年 7 月

目　　录

绪　论

自 20 世纪 90 年代以来，基于海量信息、用户互动、超文本传播等技术优势，互联网迅速成为融大众传播、人际传播、群体传播于一体的新媒介，其巨大的传播潜能在整个世界掀起了一场狂飙突进的“新媒体革命”。3G 网络的诞生和基于这一网络的移动新媒体应用，让此次“媒介革命”不断大幅度提速。

马克·波斯特（Mark Poster）曾经在《第二媒介时代》一书中将网络出现之前归纳为“第一媒介时代”，主要特征是由文化精英、知识分子等利用书籍、广播、报纸杂志等进行自上而下的传播活动，以建立一个普世价值体系；而互联网出现后，各式各样的新媒体带来了“第二媒介时代”，开始消解传播中心，多元的话语中心影响社会，并鼓舞着每个参与者展现个人欲望与价值体系，人们用自己也无法想象的速度和影响力传播各式各样的内容，改变着整个世界。

一

有人说，新媒体创造了一个混乱的时代、一个自说自话的时代、一个自私的时代、一个无法统一价值体系的时代、一个没有道德标准的时代。新媒体是个放大镜，它资讯过剩，信息量大到我们消化不了。它拉帮结派，互相攻伐；它在满足一群人的同时伤害另一群人，它在实现多元文化的同时也消解了“统一道德标准”。它把我们身边的一切都简化为审美图像。

也有人持恰好相反的意见，认为新媒体创造了一个积极的时代、一个言论自由的时代、一个包容的时代、一个人人都去维护人类信仰的时代、一个公众道德审判的时代。新媒体是个显微镜，它把世界微小的真实都呈现在我们眼前；它团结一致，互相帮扶；它在引导一群人的同时亦帮助了另一群人。它在实现多元文化的同时，维护了“民主、自由、公平、正义”等人类共同的核心价值观。它与我们身边的一切，如技术、政治、经济、社会、文化、艺术、法律、道德伦理、教育、心理、管理……互相影响，共同创造着人类历史。

（一）新媒体究竟带来了什么

面对同一种传播形态，在不同学科领域，新媒体都遭遇了“天堂”与“地狱”的两极评价，声音截然相反，而其“分贝”都如此之大，不由让人心生困惑——誉之者众，毁之者亦然。这到底体现着怎样的悖论？

其实，上述悖论正是当代社会背景下，新媒体进入大众领域必然要面对的困惑，是新媒体进入政治、经济、文化、技术发展进程中不得不面对的话题，是文化、艺术、法律、道德伦理、教育、心理等方面和新媒体相互交融、放大了的多元价值、娱乐观念、市场取向，以及当代传媒介入社会生活各方面后带来的不可回避的影响。严格说来，新媒体与社会生活多方面的结盟，既是传媒发展的必然趋势，又是其影响渗透于社会发展的必然结果。在社会理论家卡斯特（Castells，1996）《网络社会的崛起》这本书中，曾明确地提出，网络社会中信息来源的多样化、受众对信息的使用和接受的分散化，让“大众社会”到“片段化社会”（segmented society）的演变成为必然。在新媒体的传播和继续发展的过程中，从整体到分散的进程到底是如何展开的？社会结构和媒介环境的变化又如何传播渗透？他们是怎样一点一滴地进入大众的认知系统，又是如何“整合进普通民众的认知和信仰系统（belief systems）”？新媒体的使用和扩散如何影响到社会成员在中国这样高速发展变迁的社会中的感知与评价？以我们亲身经历的事件为例，“范跑跑”正是通过博客这种新媒体应用，向大众发表了挑战道德的言论，对我们的社会进行了一次情感动员；“红十字会信任危机”亦是因为一个叫郭美美的女子在微博上的只言片语，一石激起千层浪；“7·23动车追尾事件”中的人们对公共事件的关注和追踪，显现出了一个逐渐向成熟发展的公民社会；通过自媒体发布个人参选人大代表的信息，激发了民众对政治话题和政治参与前所未有的热情；日本地震后，弥漫每个城市、众多村落的“抢盐”谣言造成了现实恐慌；政治事件的微博直播引发众多民众从不同角度进行参与式的讨论……太多的新媒体事件影响着我们的生活，人们不断深入使用新媒体，并用其参与之前我们并不了解的领域，寻求真相，获取新知。新媒体和新媒体事件既是大众传媒与人类社会各领域结盟的产物，又具有自己的独特之处，有无法摆脱的媒介根本特征。

（二）新媒体正如何重构我们的社会

新媒体只用了很短的时间就接近甚至超过了报纸、广播和电视用数十年、上百年才拥有的受众群，并且取得了良好的经济效益。以美国最著名的微博网站 twitter 为例，“从 2000 年时几页纸的创意，到目前发展成一家身价为 40 亿美元公司的发展历程”，并且其发展的加速度很快，在“2009 年 9 月时它的估值还是 10 亿美元，到 2010 年年底这个数字接近 30 亿美元”，短短一年多时间翻了三倍之多，可见其发展之快、影响之大。计算机和计算机网络技术与其相关的各种延伸产品的普及全面渗透到人类社会生活的各个方面，给个人、群体、机构乃至整个国家、世界都带来了很多改变，使人类社会的发展从工业社会进入到信息社会。如同尼尔·波兹曼在《娱乐至死》中所说的那样“我们从来没有听说过，一种媒介的表现形式可以和这种媒介本身的倾向相对抗”，更深远、更深刻的影响仍在不断地呈现之中。

发达国家的许多著名社会学家都对以互联网为代表的新媒体带来的变化研究与预测，并出版了如《数字化生存》（尼古拉·尼葛洛庞蒂，1996）、《第三次浪潮》（阿尔温·托夫勒，1980）、《信息时代三部曲：经济、社会、文化》（曼纽·卡斯特，2003）等重要的作品。这些书分析了计算机网络技术出现之后，随着技术局限正迅速地突破，网络等新媒体不断拓展，人们不管是经过肢体语言的面对面交流，还是通过例如电话、电报、驿站、烽火台等媒介进行信息交换，方式只是本质的不同体现形式而已，真正重要的是新媒体传播的内容。在这个时代，新媒体放大了每个人想要表达的内容，它正用最新的技术让我们逐渐回归社会网络，逐渐超越原有的社会网络，不容置疑地重构着我们的社会和我们对社会的理解。

二

那么，与传统媒体相比，新媒体的特征究竟该如何来描述？要回答这一问题，我们有必要先对本书的“新媒体”（New media）一词的具体含义作一番梳理。

（一）新媒体的定义

新媒体是相对于传统媒体而言，是关于报刊、电视、广播等传统媒体发展起来以后的一种新的媒体形态。它利用数字技术、移动技术以及网络技术，通过有线网络、互联网、无线通信网、电脑、手机、数字电视机等不同渠道，向用户提供信息和娱乐的媒体形态和传播形态。如果说，新媒体是个相对概念，国内学界和业界众说纷纭，至今没有定论。一些传播学期刊上设有“新媒体”专栏，但是所有的刊载文章的研究对象也不尽相同，有手机、媒体、移动电视、数字电视、IPTV 等，还有一些刊物把博客、播客等也列入新媒体专栏。新媒体被形象地称为“第五媒体”。

主要的定义具体可分为两种：一种是说聚焦于新媒体的传播形态和媒体形态。例如：有的学者曾在互联网诞生的初期将新媒体的传播技术定义为“大约 25 种传播设备的简称”。随着新媒体技术的不断壮大，学者 Ron Rice 特别强调了计算机和电信技术的双向传播能力。另一种说法则是受到“社会形成观”的研究影响。斯蒂夫·琼斯也在《新媒体百科全书》导言中里写道：“对于新媒体的唯一完美的定义无疑来自于对历史、技术和社会的综合理解”。还有作为国外新媒体著名教科书中的《新媒体手册》（Handbook of new media），作者在序言中提出理解新媒体的框架，书中认为“新媒体意味着传播技术及其相关的社会情景”，主要包括以下几个方面：“延伸我们传播能力的设备装置；使用这些设备进行的传播活动和实践；围绕上述设备与实践形成的社会组织与惯例”。纵观这些对于新媒体定义，大多是在研究新媒体不同阶段的产物，它们互相补充，不断延伸。许多定义还另辟蹊径从技术特性上对新媒体加以描述，主要认为技术特性是解释新媒体丰富的内涵基础，而这些定义也很清晰划分出是某一媒介发展阶段媒体的对象；另一些的定义在对技术特性基础上进行了划分，给出了合理解释新媒体的框架，还有大致趋势及方向。

通过上述描述，对于“新媒体”的定义，有一个不得不探讨的问题是：新媒体的“新”体现在哪里？首先必须有革新的一面，技术上的革新、形式上的革新以及理念上的革新。在这些革新中，理念的革新是最为重要的。单纯形式上的革新、技术上的革新一般适用于改良后，它们不足以证明其为新媒体。理念上革新是新媒体定义的核心内容。至于市场上那些以是否具备互动性来界定新媒体与否，是片面的不可取的观点。是否具备互动性，是个别性问题，不具备普遍意义。所以这个可以用来识别个别新事物，但是不可以用来定义其他事物。

综合现有的各种新媒体定义，本书将所研究的新媒体界定为“以网络技术、通信技术、数字技术为传输载体的，互动式、数字式复合的媒体形态”，主要涵盖了在新技术体系支撑下出现的数字杂志、数字广播、数字报纸、移动电视、网络、手机短信、桌面视窗、数字电影、数字电视、触摸媒体等各种媒体形态。我国互联网与手机传播媒介的形式进程基本上与世界同步，所以正确地认识和利用新媒体，其地位、作用、与其他学科领域的关系，对国家和社会发展都具有极其重要的意义。

（二）新媒体的特征体现

新媒体相对于传统媒体来说，主要具备以下特征：

首先，交互性与即时性让新媒体传播中“新闻发生”与“新闻发布”变得同步，比如腾讯在有重大新闻时跳出来的小窗口。再比如汶川地震、两会等新闻报道中，网站采取的模式都是开设专题，及时更新，进行同步播报。

其次，海量性与共享性也在新媒体传播中无处不在，其最早表现在BBS的留言，简单的符号、一个“顶”、一句“打酱油”就是互动的情绪。此外的互动形式还有在线调查，实现即时互动，比如询问读者阅读后的心情就是一种很简单常见的在线调查。

多媒体与超文本的特征是新媒体存在的基础，更多地融入了我们手指的点击之中。

新媒体另外一个很重要的特征是它的消解性。新的技术打破了传统媒体传播的边界，实现所有人对所有人的传播，而且随着传播状态的改变，成本低廉、内容强大、速度革新、娱乐多样都体现出新媒体的特点。

此外，个性化与社群化等特征表现在贴吧、圈子，以及豆瓣、微博网站等社交媒体中，是新媒体迅猛发展中最显著的特征之一，尤其是“社会网络化和网络社会化”更多改变了我们的生活。

从这些特征可以看出，新媒体既拥有人际传播和大众媒体的优点（比如，它可以把完全个性化的信息推送给不同受众；不论是信息源、传播者，还是消费者，每个信息参与者对内容都拥有一定的传播力，这种对等和相互制约的博弈中，信息进一步传播、进化），又不可避免有一些缺点

（比如，海量的信息造成时间浪费，虚假信息、低俗信息的泛滥，人肉搜索等网络暴力的法律和伦理问题）。而本书也正是通过案例和解读对这些问题的正面和负面影响进行了相应的研究。

三

早在1970年时，赫伯特·高德汉姆就在《通讯技术的社会影响》这篇报告的开篇里指出“关于未来社会的影响论述应该被理解为猜想，还有向公共政策提出可能的问题”。就目前而言，学者们虽已在新媒体传播研究方面取得了丰硕成果，从国内外的研究来看，主要可以从时间和研究领域将其分为纵向和横向有两个视角。

（一）纵向历史视角

所谓新媒体，是相对于传统媒体而言的，不同的媒体形式对应着不同的社会发展阶段。它以网状发散结构突破了传统媒体信息流动的线性结构，实现了信息传播形态的革命。在联合国教科文组织中也给新媒体下了一个定义。他们认为“新媒介也是网络媒体”，新旧媒介形态是以“互联网”作为分水岭的。

20世纪七八十年代，国外学者的研究中“新媒体”（New media）的概念一般用来指“无法纳入传统大众传播范畴的媒体现象”。在这一说法之前，新媒体其实并没有明确的指向。其次，新媒体所研究涉及媒体里的演绎与革命，渐变与突变，纵向历史的视角，能够体现出新媒体的现象及其内涵。早在1986年国内就有了以“新媒体”为题目的文章，并认为继“信息化时代”、“信息化社会”之后出现的“新媒体时代”是为了强调“信息一般都是通过媒体资源进行传播的，如果我们把信息量的急速剧增和信息在处理时能够快速的简单化、高速化对数据进行处理，我们称为‘新媒体时代’”，并且该文章认为新媒体主要包括两个方面，分别是“新型视听媒体和广播媒体”（冈村二郎、方晓虹，1986）。1991年，林青华介绍了电脑化狂潮席卷全球的状况，认为新媒体成为未来世界霸主的象征。国内学者逐渐关注到以电脑和互联网为代表的新媒体形态，而这些新媒体也在随后的岁月中颠覆着人们以往的生活方式、思维方式和信息获取渠道。同国外学者一样，早期国内学者涉及新媒体的文章更多是从技术的角度进行科普性介绍或应用方法的介绍，随后的论著开始聚焦于这些不可思议的媒介形态传播的巨大信息量和带来的改变。2000 年以后，随着新媒体的逐渐大众化，大量论述新媒体的文章出现，2006 年研究新媒体的文章呈现井喷，之后一直在数量上呈上升趋势，人们开始审视新媒体和我们生活的关系。对新媒体研究的内涵和外延进一步扩大，学者们不仅关注新媒体本身，强调其带来的巨大力量和改变，也着力于思考新媒体和传统媒体的关系，并试图在宏观上预测新媒体发展的未来。2008 年 5 月的国际传播协会年会对新媒体的发展作了一个颇为系统的历时性总结，会议围绕“新媒体的漫长历史：置于情境中的当代和未来发展”来展开，分别对“新旧媒体时代历史”、“历史书写与新媒体”、“文化意义与符码”、“组织、制度与网络”、“书写新媒体历史”进行讨论，对新媒体发展历程和历史意义作了回顾和反思。

随着新媒体应用的大量出现，学者们对新媒体的研究从之前宽泛宏观的论述，逐渐过渡到对那些引起受众兴趣和使用的新媒体应用的研究，这是新媒体研究细分的开始。从 BBS 到博客、微博、社交网络等媒体应用，从传者、受传者到他们之间身份的转变，传播要素、传播模式、传播机制带来的各种改变，以及新媒体对社会公共政策、公民政治参与、民众的公民意识、文化符号等方面，学者们都作了大量质化和量化的研究。从纵向的视角来看，学界对新媒体的研究从最初的技术介绍，到笼统宏观的优劣分析，再到现阶段更加细分而精确的研究，不仅是一个研究更加深入精细的过程，亦是新媒体逐步发展，从精英走向大众，并逐渐细化的满足受众的一个过程。

（二）横向方面视角

从横向媒介发展的历史来看，新媒体与传统媒体是相对的，但是在这一特定的历史时期，“新媒体”仅仅是一个时间的概念。它作为能在时间和范围域中产生影响的媒介形态而言，诸多学者称“在一定的时间范围内，新媒体应该会有一个相对比较稳定的内涵”。新媒体横向视角向人们展示了新媒体研究更广阔的领域：

1. 按新媒体的种类进行相关研究

在 2007 年，宫承波曾经从技术上对新媒体的革新作过一些颇为详细的说明，他将新媒体这一说法定义为“依托互联网技术、数字技术、移动通信技术等不同新型技术的新媒体形式”，主要包括有手机电视、移动电视、网络电视、虚拟社区、播客、博客、搜索引擎等等。

自从新媒体走进公众视野起，就有许多学者按照技术形态的区别对新媒体的一些具体形态进行详尽而独到的分析。其中不仅涉及各种应用自身的传播特点、传播力和影响力分析，还有不少文章结合公众的新媒体事件作了案例分析，并对传播要素等方面作了进一步的量化研究，尤其在近五年新媒体事件多发的中国社会，这类以案例为基础的研究占了很大的比例，也是我们了解新媒体和社会现实的一个重要途径。

2. 新媒体的新闻传播学分析

新闻传播学作为研究“社会信息系统及其运行规律”的科学，其研究对象是“社会信息系统本身”。新媒体一直以来就是新闻传播学者重要的研究对象，不仅被作为一种传播渠道进行研究，学者们还通过其对社会信息系统及其各部分的结构、功能、过程以及互动关系的考察，试图探索、发现并克服受传关系中存在的传播障碍与传播隔阂，寻找社会信息系统良性循环的机制，由此来推动社会的健全发展。对新媒体的传播学分析不仅在一定程度上验证了已有的传播理论，也拓展或修正了许多新闻传播学理论，学者们从新媒体传播的特点、传播效果和传播中的使用与影响力等不同层面对新媒体里传播所产生的新范式传播进行了详尽的阐述及研究，不仅梳理出新媒体传播的方式和传播效果的理论，还对其使用与影响力等方面作了实证研究，诸如“意见领袖”等一些概念随着新媒体的应用受到了更多的重视和解析。学理上进一步的丰富完善促进了新闻传播学的理论发展，并对新媒体自身的演变有长远和深入的影响。

3. 媒介融合：新旧媒体之关系

长期以来，新媒体在传播方式和媒介形态上带来的信息传播变化问题一直吸引着学者们的目光。印刷媒体和广电媒体的逐渐“衰落”与新媒体突飞猛进的发展形成了强烈的对比，新旧媒体之关系便迅速成为学者们关注的焦点。一些研究者们把目光聚焦于“媒介融合”，认为“媒介融合”是一个渐变而漫长的媒体发展趋势，并认为“在数字技术与网络传播推动下，各类型媒介通过新介质真正实现汇聚和融合”，而一些学者则强调作为新媒体背景下关于“差异”和“界限”的阐释。如：香港学者苏钥机教授认为：“互联网代表的是一种技术革新，新技术的革新远远超过了传统媒体所带来的影响”，新媒体的介入，打破了传统的界限，从而进行重新构架。互联网对个人、群体、社会都有不同的影响，不同年龄阶段、不同的领域也将产生差异化。当然，新媒体和传统媒体也依旧会在竞争和合作中构建信息传播渠道和媒介环境。

4. 新媒体信息的生产与传播

新媒体革命是信息传递与受到许多价值提升的过程，这一观念的产生颠覆了传统的传输方式。信息发射的方式发生了转变，被传播的人变成了可以再次传播出去的传播者，所以传播模式的改变体现出了一种新方式的诞生，这就直接影响了消费者的需求以及消费者消费方式的变化。例如：公民新闻的兴起，这一看上去就表现出了新媒体业务色彩的领域，不单单从信息的来源和获取上带来了社会发展的改变，乃至影响到了整个社会媒体、科技、文化、媒介经营等多方面的转化，从而这些视角触发解读新媒体中信息的传播（包括传播的技巧方法、传播效果及其传播导致的文化问题等）研究也在渐次展开。方兴东、闵大洪、金兼斌、刘津等国内学者在媒体特质、公共领域、舆论监督、意见领袖等方面对新媒体作了细致研究，喻国明、吴飞、张志安、胡泳等学者对其功能、媒介力量、盈利模式、粉丝传播等方面进行了深入论述。此外，还有些学者通过分析具体的网站和新媒体应用对新媒体平台的传播方式和个案进行了进一步的探索研究，并寻求了有效信息引导和管理的方式。

5. 新媒体的跨学科研究

站在研究者专业领域来看，新媒体不仅引起了新闻传播学者的兴趣，社会学、心理学、人类学、网络科学等诸多领域的学者都将其作为研究对象，展开了丰富而富有层次感的研究。跨学科研究是新媒体研究领域的有益尝试，新媒体也为每一个社会个体拥有相应的社会资本和文化资本提供了一定的参与平台，从不同的学科视角出发常常会有不同的关注点，并获得不同的结论。

社会、政治、经济、文化视角下的新媒体研究。新媒体给整个社会带来的颠覆和改变让这些领域的学者们常常将新媒体作为一种传播工具、接收终端与传播方式进行考察，它对公共政策、公民意识和公民政治参与的培养，给全球的政治领域带来了新的挑战与机遇；在经济方面，电子商务的兴起，乃至电子商务平台带来的社会公益尝试的可能性，以及广告和媒介经营管理领域的学者视角下的新媒体都呈现出不同的姿态和特点；它促进了新型亚文化圈形成、当代文明的对话与信息公开，带来了媒介里文化传播形态、生态和受众使用模式变革，这些都成为学者们关注的焦点。

艺术、法律、伦理道德、教育、心理、管理学视角下的新媒体研究。

对新媒体的研究常常建立在融合研究的基础上，其具有的整合功能，不仅在艺术、教育方面能够作为促进繁荣的新引擎，各种新媒体事件也引起了学者们对新媒体环境下人伦道德乃至法律界限上的关注，从而衍生出对新媒体参与者的心理学研究，并把新媒体管理纳入了创新社会管理的大范畴，希望能够逐渐规范这一复杂纷繁又精彩迭出的媒介领域。

网络科学、复杂系统视角下的新媒体研究。区别于多数社会科学学者的研究，网络科学、复杂系统的学者大多拥有数理工科背景，他们围绕网络科学和新媒体发展，着力于对新媒体进行数据上的技术挖掘和分析，也尝试与社会科学相结合，探讨自然科学与社会科学在新媒体时代下的融合与发展。这一研究视角涉及复杂网络科学、社会化媒体的传播机制、新媒体的舆情监测和内容推广、社交网络分析、网络演化、大数据中的网络传播、网络可视化等热点问题。

细睹新媒体传播的画卷，我们就会发现，在这幅画卷不断延伸的过程中，既有各类文化借助新媒体实现的相互融合，也有各个领域展示出了自身气质独特的特点、发挥着自己的优势，还有新媒体和各领域互动影响中出现的一些新问题。但目前许多学者们在新媒体研究的过程中，表现出过分注重传播学的视角，仅仅是从传播学理论和方法的角度出发来分析，对产生的现状和发展进行研究，从而忽视了在别的学科中汲取营养，这样不利于站在更加宏观的理论和方法角度对新媒体进行研究分析，即在很大程度上忽略了“新媒体”与“社会各领域”结盟后可能产生的崭新发展与特性变迁。纵观新媒体的发展历程和对社会各方面的影响，我们发现，新媒体与人们的生活，与技术、政治、经济、社会、文化、艺术、法律、道德伦理、教育、心理、管理等各个领域的研究实践相互交融，相互影响，正在展开一幅越来越多姿多彩的社会画卷。

第一章

新媒体与技术

在新媒体与技术方面，本章着重探讨三个问题。首先，新媒体与技术的互动，即新技术推动媒体形态变革的历程和新形态媒体的普及反向推动技术的完善；其次，以报业新媒体为视角的新媒体发展反思；再次，新一代媒体技术的介绍与展望。

第一节　新媒体与技术的互动

“新媒体”是一个时间性概念（宫承波，2011），所谓“新”应该是指由特定历史阶段出现的新技术推动而产生的媒体形态。历史上，每一次技术的普及都带来新媒介形式的出现或者传统媒介的重大变革。考察历史上各种新媒介和新技术的互动关系，我们可以梳理新技术推动媒介变革的历史脉络。

一　新技术推动媒介变革

（一）历史上的新技术与媒介

1. 印刷技术与报纸

15 世纪中叶，德国发明了活字印刷术，早期的印刷报纸出现；16 世纪初，印刷术在欧洲普及，德、法、英等国先后出现了不定期出版的单页印刷报纸或小册子。18 世纪后期到 19 世纪中期，英、法、德、美先后开始工业革命，印刷术、造纸术革新，报纸的生产效率大幅提高，成为报纸走上“大众化”道路的物质条件，随后大众化报纸出现。印刷技术的革新必将带来印刷速度的提升，也使印刷、排版更加美观。19 世纪末，规模巨大的印刷设备和不断更新的报纸生产技术让报业公司可以印刷、出版多种报刊，设备得到充分利用，生产效率提升，多余的生产部门被挤压，报业集团经营出现。20世纪，印刷技术、排版技术、电子技术、数字技术进一步推动集体化经营下的报业发展。数字技术的引入带来报纸生产环节的变革，如：电脑的运用改变了新闻稿件的输入和输出方式、电子排版使排版车间消失、电子编辑系统让报纸编辑环节和制版印刷环节连成整体。

2. 无线电通信技术与广播

1895年，意大利的马可尼和俄国的波波夫同时发明了无线电波。1899年3月28日，马可尼成功地从英国至法国发了第一封电报。1906年12月25日，范斯顿的马萨诸塞实验电台首次广播，从广播工程技术标准上看，广播从此诞生，但当时被认为是娱乐工具。1920年8月31日，美国底特律8M实验台广播了密执安州长初步获胜的新闻，被认为是最早的一条广播新闻。1920年10月27日，美国的匹兹堡KDKA电台正式成立，成为具有合法经营权的第一家电台。它的播音标志着广播事业的正式诞生。

3. 模拟信号技术与电视

19世纪末，少数先驱者开始研究设计传送图像的技术。1904年，英国人贝尔威尔和德国人柯隆发明了电传照片技术。继而是黑白电视、彩色电视。1928年，美国的RCA电视台率先播出第一套电视片 *Felix The Cat*，从此，电视机开始改变了人类的生活、信息传播和思维方式，人类开始步入电视时代。

（二）现实语境下谈论“新媒体”

在现实语境谈论新媒体及其技术支持需要对当前的“新媒体”进行定义。从时间的角度定义新媒体，是指“相对于书信、电话、报刊、广播、电影、电视等传统媒体而言的新的媒体形态”。从技术的角度定义新媒体，是指基于数字技术、网络技术和移动通信技术的媒体形态。从传播的角度定义新媒体，是指支持传播者和受传者实时发布信息并互动的媒体形态。依据本书绪论中对新媒体的定义，我们认为：

新媒体是指“以网络技术、通信技术、数字技术为传输载体的，互动式、数字式复合的媒体形态”，它主要涵盖在新技术体系支撑下出现的数字杂志、数字广播、数字报纸、移动电视、网络、手机短信、桌面视窗、数字电影、数字电视、触摸媒体等各种媒体形态。本章主要就新媒体与技术的互动关系展开探讨，因此，我们着重介绍新媒体的三大主干技术，即数字技术、网络技术和移动通信技术。

1. 数字技术

（1）概念及特点

数字技术（Digital Technology）是一项与电子计算机相伴相生的科学技术，它是指借助一定的设备将各种信息，包括图、文、声、像等，转化为电子计算机能识别的二进制数字“0”和“1”后进行运算、加工、存储、传送、传播、还原的技术。由于在运算、存储等环节中要借助计算机对信息进行编码、压缩、解码，因此也称为数码技术、计算机技术等。数字技术的特点是，一般采用二进制，对实现数字电路集成化是十分有利的；抗干扰能力强、精度高；数字信号便于长期贮存，使大量可贵的信息资源得以保存；保密性好，在数码技术中可以进行加密处理，使一些可贵信息资源不易被窃取；通用性强，可以采用标准化的逻辑部件来构成各种各样的数码系统。

（2）数字技术对媒体的影响

首先，数字技术极大改变了新闻从业人员的工作方式。数字技术使多媒体融合成为可能，也改变了新闻从业人员功能单一的内容生产方式，催生了全媒体记者——mojo，即 mobile journalist 的缩写。维基百科的解释为：“a journalist in the field who sends stories electronically”①，专指用电子设备发布新闻的记者。在美国，这个群体最初只是报社编辑部的小股部队，报社为他们配备了先进的数字化工具包，其中包括手提电脑、多功能上网手机、宽带网卡、带摄像功能的数码相机、数码录音笔、便携式扫描仪、数据线等数字移动设备。② 其目的在于，让他们采访的同时为报社、报纸网站、移动网站等多个平台供稿。报社设置多功能记者的初衷只是在突发新闻报道上，用小股力量和互联网抢时效。然而，随着报纸全媒体实践的深入，多功能记者的尝试转变为全体报纸采编人员多功能化的趋势。③ 2010 年 10 月，《哥伦比亚新闻学评论》载文表述全媒体记者的工作状态，“一个 NBC 的白宫首席记者，一天要做 16 个出镜采访，主持一档

---

① 参见“mojo”词条：维基百科（http：//en. wikipedia. org/wiki/Mojo）。

② 余婷、林娜：《美国报业全媒体的现实困境》，《中国记者》2012 年第 2 期。

③ 同上。

节目、客串两档新闻节目，还要在 Twitter 和 Facebook 上更新 8—10 次，写 3—5 篇博文”。全媒体记者的实践始于美国新闻界，如今这一群体在我国新闻界也十分活跃并受到重视。全媒体记者在我国的出现同样是与报业数字化进程不可分割的。如今，我国各大报业集团都不同程度地推进新闻从业人员的全能化，尤其在重大突发事件的采访报道和新闻发布上，都力图实现采编人员面向报纸、网站、手机等多种载体的工作状态。

其次，数字技术实现了信息传播内容的海量与交互。数字信号便于长期贮存，使大量可贵的信息资源得以保存，同时它的超链接技术也使信息内容可以海量贮存。传播者与受众之间的及时交互得以实现，于是有了我们今天各种形式的在线交互，如 BBS 的发帖与回帖、微博的@、即时评论等等。

再次，数字技术的智能软件基础使媒体的传播更加智能化。数字技术支持各种智能软件开发，使受传者能够按需索取内容，而不必在信息海洋里花费过多时间去寻找所需的信息。比如，适应电脑终端的 RSS 就可以将用户订阅的各种媒体信息及时传递到用户的电脑，而适应智能手机终端的各种应用软件更能够移动化、伴随式的将信息及时传递到用户。同时，智能化的软件还能够帮助用户屏蔽不需要的信息，使信息更高效地传递给需要它的用户

2. 网络技术

(1) 概念及特点

网络技术是从 20 世纪 90 年代中期发展起来的新技术，它把互联网上分散的资源融为有机整体，实现资源的全面共享和有机协作，使人们能够透明地使用资源的整体能力并按需获取信息。由此，网络技术具有互动性、海量性等传播特点。

(2) 网络技术的发展及其对媒体的影响

网络技术经历了 Web1.0 和 Web2.0，目前 Web3.0 是否出现在业内维持争议，但其技术上实现的可能性已经具备。

Web1.0 是指第一代互联网技术，即用户通过浏览器获取信息下载、浏览、搜寻的技术，其传播方式是一点向多点、媒介中心/媒介发布；精髓是海量信息。第一代门户网站如新浪、搜狐、网易等是具有代表性的 Web1.0 技术应用的先驱。Web1.0 的缺陷是只能阅读，不能参与，用户没有归属感。

Web2.0 是相对 Web1.0 的新互联网技术的统称。Web2.0 更注重用户的交互作用，用户既是网站内容的浏览者，也是网站内容的制造者。所谓网站内容的制造者是说互联网上的每一个用户不再仅仅是互联网的读者，同时也成为互联网的作者；不再仅仅是在互联网上冲浪，同时也成为波浪制造者；在模式上由单纯的“读”向“写”以及“共同建设”发展；由被动地接收互联网信息向主动创造互联网信息发展，从而更加人性化。

Web3.0 只是由业内人员制造出来的概念词语，最常见的解释是，网站内的信息可以直接和其他网站相关信息进行交互，能通过第三方信息平台同时对多家网站的信息进行整合使用；用户在互联网上拥有自己的数据，并能在不同网站上使用；完全基于 web，用浏览器即可实现复杂系统程序才能实现的系统功能。用户数据审计后，同步于网络数据。

Web3.0 的实现需要三个前提，一是博客技术为代表，围绕网民互动及个性体验的互联网应用技术的完善和发展。二是虚拟货币的普及和普遍，以及虚拟货币的兑换成为现实。三是大家对网络财富的认同，以及网络财务安全的解决方案。Web3.0 的网络模式将实现不同终端的兼容，从 PC 互联网到 WAP 手机、PDA、机顶盒、专用终端，不只应用在互联网这一单一终端上。可以说 Web3.0 对媒体的影响是：实现媒体的三广 + 三跨（广域的、广语的、广博的、跨区域、跨语种、跨行业）。

3. 移动通信技术

（1）移动通信技术的发展及特点

移动作为当前新媒体的本质特征之一，为信息的传播提供了更加及时和伴随性的可能。移动通信技术经历了三个阶段，目前最新的是第三代移动通信技术，即 3G 技术。

第一代移动通信系统（1G）是在 20 世纪 80 年代初提出的，它完成于 20 世纪 90 年代初，是基于模拟传输的，其特点是业务量小、质量差、安全性差、没有加密和速度低。

第二代移动通信系统（2G）起源于 90 年代初期。尽管 2G 技术在发展中不断得到完善，但随着用户规模和网络规模的不断扩大，频率资源已接近枯竭，语音质量不能达到用户满意的标准，数据通信速率太低，无法在真正意义上满足移动多媒体业务的需求。

第三代移动通信系统（3G）也称 IMT 2000，其最基本的特征是智能信号处理技术，支持话音和多媒体数据通信，它可以提供前两代产品不能提供的各种宽带信息业务，例如高速数据、慢速图像与电视图像等。2001年10月1日，日本NTTDoCoMo开通全球第一个3G服务。全球3G技术标准包括欧洲的WCDMA、美国的CDMA2000、中国自主研发的TD-SCDMA和WiMAX四个。2009年1月7日，我国工业与信息化部为中国移动、中国电信和中国联通发放了三张3G牌照，标志着我国正式进入3G时代。

目前，移动通信主要存在两个方面的问题，一是缺乏全球统一标准。二是数据传输速度有待提高，目前的数据传输速度只接近于普通拨号接入的水平，影响了资料、图画、影像的传递。

（2）对媒体影响

第一代移动通信技术由于其存在的技术缺陷，因此该技术当时的全部功能就是可以支持可移动的通话，且通话质量不高。2001年12月31日，我国便彻底关闭了模拟移动信号通信网，因此，第一代移动通信技术谈不上对媒体有影响。第二代移动通信技术在不断完善的过程中已经从单纯的通话平台过渡为视频、娱乐、数据、商务和支付等多功能的媒体平台，手机短信、手机报纸、手机电视、手机广播、微博、微信、手机QQ、手机购物等应用逐步被开发，使手机作为大众媒体的地位日益凸显。第三代移动通信技术是指将无线通信与国际互联网等多媒体通信相结合的新一代技术，其最大特点是超越了手机所依赖的无线通信技术，而把无线技术与网络技术相结合，由此实现了传统手机和电脑的融合，使手机成为新的个人通信终端。3G技术能够极大地提升新闻从业人员的工作效率；为网民提供互联网多媒体新闻发布、在线直播、网络广告、电子商务、视频点播、远程教育、远程医疗、网络电台、实时视频会议等多种互联网的全方位信息服务。

二 新媒体的普及带来技术的不断完善

尽管新技术对于新媒体的影响是决定性的，但新媒体的普及也能推动媒介技术的不断完善和廉价，这或许可以看作是新媒体对技术的反哺。

（一）技术的完善

依据罗杰斯的创新扩散理论，新事物的扩散总是借助一定的社会网络进行的，在创新向社会推广和扩散的过程中，信息技术能够有效地提供相关的知识和信息。由此，我们可以看到，新媒体的普及客观上也推广了新技术，人们在使用新媒体的同时就不可避免地运用新技术，而随着新媒体的普及，人们对新技术的要求也越来越高，因而也促进了技术自身进一步普及与完善。

以网络技术的发展为例，只有 Web1.0 才是真正意义上的技术创新。Web2.0 和 3.0 都是思想的创新，进而指导技术的发展和已有技术的应用。有学者将三代 Web 技术作了形象比较（见表 1－1）。

表 1－1

	特点
Web1.0	别人的网站——我只是看看——陌路人
Web2.0	朋友的网站——有人和我聊聊——客人
Web3.0	你我的网站——吃喝买卖随记——主人

Web1.0 基本上采用的是技术创新主导模式，信息技术的变革和使用对于网站的新生与发展起到了关键性的作用。最初，新浪就是以技术平台起家，搜狐以搜索技术起家，腾讯以即时通信技术起家，盛大以网络游戏起家，在这些网站的创始阶段，技术性的痕迹相当之重。而到了 Web2.0 时代，很多基于 Web1.0 技术发展起来的网站也开辟了论坛、博客、空间等符合 Web2.0 特点的技术平台。此外，在传统媒体的新媒体衍生产品中，也不例外，以报纸为例，第一代报纸新媒体主要包括：报纸电子版、PDF 版等等，而第二代报纸新媒体就包括了报纸网站、手机报纸、i 系列终端等等，正是因为第一代报纸新媒体在推广普及中遇到了交互性不强的诟病，促使第二代报纸新媒体的交互性大大提高。

（二）技术的廉价

由于媒体的宣传与引导，新技术逐渐被更多的用户所接受，从而使其价格更低。2012 年 3 于 3 月 16 日，iPad3 在世界许多国家和地区开始销售。而全新的 iPad Air 从 2013 年 11 月 1 日起正式上市。苹果公司在宣布 iPad3 比前两代产品的更新特点时，同时也宣布 iPad2 的降价销售。iPad1 自推出以来在世界各地火爆的销售业绩足以证明它的普及速度，也正是因为它普及面之广才推动了老一代产品的降价和新一代产品的继续开发。

三　基于新技术的新媒体分类

依托上面提到的三大技术而出现的媒体我们都可称之为当前这个时代

的新媒体，以下我们就将新媒体进行分类介绍。按照在组织上是否依托传统媒体，我们将新媒体分为新形态传统媒体和新兴媒体两大类。

（一）新形态传统媒体

1. 报业新媒体

由报业出资创办的，依托数字技术和纸媒品牌的报纸网站或以移动终端接受的“报纸”，主要经历了电子版阶段、超链接阶段和多媒体阶段。目前，我国报业新媒体正经历从多媒体、跨媒体到“全”媒体阶段。尽管“报业全媒体”的概念尚未被新闻学界完全接纳，但新闻业界的实践正不断推进，其中也暴露出诸多问题。

2. 广播新媒体

广播新媒体主要是指广播电台依托 IP 技术，以因特网为传播媒介，向受众提供音频服务。1995 年 8 月，美国 ABC 广播网首先利用因特网进行全球播音，标志着网络广播的正式诞生。1997 年，中国国际广播电台设立网站，但形式简陋，仅作为电台的网上推介窗口，提供文字和静态图片内容。1996 年 10 月，广东人民广播电台建立网站；12 月，通过互联网播出节目，标志着中国网络广播的正式诞生。随后，上海广播电台、东方广播电台、珠江广播电台、无锡广播电台、佛山广播电台等台也先后建立了自己的网站，推出了网络广播。1998 年，杭州西湖之声电台进入国际互联网，几乎所有节目实现了 24 小时网上实时播出。1998 年 8 月，中央人民广播电台注册开通了中央人民广播电台网站；2002 年 1 月 1 日，正式更名为“中国广播网”。2005 年 7 月 28 日，中央人民广播电台推出了网络电台“银河台”，实现了 24 小时直播。1998 年 12 月 26 日，中国国际广播电台开办了“国际在线”（CRIOnline）新闻网站。2005 年 7 月 13 日，在国际在线的基础上，中国国际广播电台的“国际在线”网络电台正式开播。

3. 电视新媒体

电视新媒体可以分为数字电视、移动电视和 IPTV 三大类。

（1）数字电视

数字电视是相对于传统的模拟电视的，是从电视节目录制、播出、发射到接收全部采用数字编码与数字传输技术的新一代电视，是基于数字技术平台的全程数字化电视系统。根据传输方式不同，可分为卫星数字电视广播、地面数字电视广播、有线数字电视广播三大类。现阶段，我国发展数字电视用户主要是通过发展有线数字电视用户来实现的，接收数字电视的主要方式为“电视机＋数字电视机顶盒”。数字电视的国际标准包括美国的ATSC标准、欧洲的DVB标准和日本的ISDB标准。2006年8月18日，我国发布《数字电视地面广播传输系统帧结构、信道编码和调制》（GB－20600—2006）国家数字电视地面标准，2007年8月1日起实施。

（2）移动电视

数字移动电视是国际公认的新媒体，它以数字技术为支撑，通过无线数字信号发射、地面数字接收的方式播放和接收信息，它最大的特点是在高速移动状态下的稳定接收。移动电视广播的受众面广、接触频率高、消费比高，具备产业发展潜力。移动电视主要包括：车载移动电视、非车载移动电视和手机电视。

（3）IPTV

尽管都叫“电视”，也都基于互联网技术，但是网络电视不等于IPTV，其区别在于：首先，一般将采用“IP机顶盒＋电视机”接收的业务叫IP电视，将采用“宽带＋计算机”接收的业务叫网络电视。其次，只有IPTV才算得上是新形态传统媒体，而网络电视应归入新兴媒体的范畴，属于网络视频的一种，典型代表有：PPLive；青青中国网络电视；PPS网络电视。再次，IP电视的前端（节目源）一般是可控的，而网络电视的前端（节目源）一般是不可控的。

（二）新兴媒体

1. 门户网站

广义的门户网站是一个应用框架，它将各种应用系统、数据资源和互联网资源集成到一个信息管理平台之上，并以统一的用户界面提供给用户。狭义的门户网站是指通向某类综合性互联网信息资源并提供有关信息服务的应用系统。其特点是：网民需求呈现个性化、多样化和自主化的特点；网络服务越来越丰富，网民不仅可以通过网络获取信息，还主动参与信息的生产；互联网信息的生产由集中向分布式发展；信息实现了即时共享。

2. 各种“客”

（1）博客

典型的博客结合了文字、图像、其他博客或网站的链接及其他与主题相关的媒体，能够让读者以互动的方式留下意见，是许多博客的重要要素。大部分的博客内容以文字为主，仍有一些博客专注在艺术、摄影、视频、音乐、播客等各种主题。博客是社会媒体网络的一部分。

在网络上发表Blog的构想始于1998年，但到了2000年才开始真正流行，但都业绩平平。2004年木子美事件，才让中国民众了解到了博客，并运用博客。2005年，国内各门户网站，如新浪、搜狐，原不看好博客业务的，也加入博客阵营，开始进入博客的春秋战国时代。

博客的主要作用有：个人自由表达和出版；知识过滤与积累；网络深度交流与沟通；博客营销。按用户划分博客类型可分为：个人博客和企业博客；按存在方式划分，可分为：托管博客、独立博客、附属博客。博客的特点主要有：一是操作简单；二是及时和持续的更新；三是开发互动；四是有很强的个性色彩。

（2）播客

播客（Podcast）“是互联网上一种新型的发布音频文件并允许用户订阅以自动接收新文件的方法，它是数字广播技术的一种，成为继传统广播、网络电台及博客后的又一次数字广播浪潮”①。Youtobe是目前全球最有影响力的播客网站。目前国内比较知名的播客网站有土豆网、优酷网、酷6网、56网、6间房等。

（3）微博客

微博（Weibo），“微型博客（MicroBlog）的简称，即一句话博客，是一种通过关注机制分享简短实时信息的广播式的社交网络平台，是一个基于用户关系信息分享、传播以及获取的平台”②。微博源自美国的twitter。2009年8月中国门户网站新浪推出“新浪微博”内测版，成为门户网站中第一家提供微博服务的网站，自此，微博正式进入中文上网主流人群视野。

微博的主要特征有：便捷性、背对脸、原创性、草根性。这些特征更适合现代网民的使用需求。

（4）掘客

掘客（Dig）的核心思想是发动大众进行新闻挖掘，掘客与一般新闻

① 张伟、李静：《播客（Podcast）——一种基于互联网的新型数字传播技术》，《中国科技信息》2006年第13期。

② 参见“微博”词条，百度百科（http://baike.baidu.com/subview/1567099/11036874.htm?fr=aladdin）。

网站所不同的是，新闻网站的新闻是由编辑推荐的，编辑的喜好决定了网站的内容，而掘客把新闻筛选的权利交给了网民，由网民民主投票来决定网站首页应该显示哪些新闻，掘客相信大众的眼光和评审，这样，筛选出的新闻往往是最有价值、最受网民关注的新闻。掘客是 WEB2.0 的又一种具体表现形式。在一个掘客类网站上申请一个用户就可成为掘客，就像在博客网站上申请一个用户成为博客一样。

2004 年 10 月，美国人凯文·罗斯创办 digg.com，这是全世界第一个掘客网站。它从 2005 年 3 月开始渐渐为人所知，最初定位于科技新闻的挖掘；于 2006 年 6 月第三次改版，从新闻类扩充到其他的门类，之后，流量迅速飙升。然后 Digg 迅速成为全美第 24 位大众网站，逼近《纽约时报》（第 19 位），轻松打败了福克斯新闻网。2010 年 digg.com 的 Alexa 排名是全球第 129 位。每天有超过 100 万人聚集在掘客，阅读、评论和“Digging” 4000 条信息。在国内，掘客越来越被人们所接受，博客、播客、掘客成了 WEB2.0 时代的三个代名词。很多其他门类的网站也渐渐把掘客的核心投票功能融入自己的产品和服务中。如：抓虾的 RSS 新闻的投票，讯博客的投票，土豆视频的投票。

（5）维客

维客（wiki）是一种在网络上开放，可供多人协同创作的超文本系统，由沃德·坎宁安于 1995 年所创。据说 WikiWiki 一词来源于夏威夷语的“wee kee wee kee”，原意为“快点快点”。其主要特点有：使用方便、有组织、可增长、开放性。

从写作角度上来看，维客是一种多人协作的写作工具，支持面向社群的协作式写作，为协作式写作提供必要帮助。进行维客写作的每一个人既是阅读者，同时又是书写者；每个人都可在 web 的基础上，对共同主题的维客文本进行创建、扩展、探讨，或浏览、更改别人写的文本等，而且创建、更改、发布的代价远比 HTML 文本小。

目前，中国比较重要的维客网站有百度百科、互动百科、搜搜百科。而维基百科则是目前全球最大的维客网站。

3. 搜索引擎

搜索引擎是一种能够通过 Internet 接受用户的查询指令，并向用户提供符合其查询要求的信息资源网址的系统。经历了目录索引—元搜索引擎—全文搜索引擎三个发展阶段。三个阶段的特点分别是：

第一，全文搜索引擎：这是目前广泛应用的主流搜索引擎。它的工作原理是计算机索引程序通过扫描文章中的每一个词，对每一个词建立一个索引，指明该词在文章中出现的次数和位置，当用户查询时，检索程序就根据事先建立的索引进行查找，并将查找的结果反馈给用户的检索方式。这个过程类似于通过字典中的检索字表查字的过程。全文检索的方法主要分为按字检索和按词检索两种。

第二，目录索引：目录索引，顾名思义就是将网站分门别类地存放在相应的目录中，因此用户在查询信息时，可选择关键词搜索，也可按分类目录逐层查找。

第三，元搜索引擎：元搜索引擎就是通过一个统一的用户界面帮助用户在多个搜索引擎中选择和利用合适的（甚至是同时利用若干个）搜索引擎来实现检索操作，是对分布于网络的多种检索工具的全局控制机制。目前国内主要的元搜索引擎有：搜魅网、马虎聚搜、比比猫。

第四，垂直搜索引擎：是针对某一特定领域、某一特定人群或某一特定需求提供的有一定价值的信息和相关服务。特点就是“专、精、深”，且具有行业色彩。

第五，人肉搜索：一种更多地利用人来提炼搜索引擎提供的信息的机制。

4. BBS

网络论坛是一个基于 Web2.0 技术的网上交流场所。一般就是大家口中常提的 BBS。BBS 的英文全称是 Bulletin Board System，翻译为中文就是“电子公告板”。BBS 最早是用来公布股市价格等类信息的，当时 BBS 连文件传输的功能都没有，而且只能在苹果计算机上运行。因为现在的网络技术的发展和互联网硬件覆盖率提升，每个行业都有自己在网络中进行交流的一块区域。

5. 手机媒体

手机媒体，是以手机为视听终端、手机上网为平台的个性化信息传播载体，它是以分众为传播目标，以定向为传播效果，以互动为传播应用的大众传播媒介。

根据百度百科对手机媒体词条的描述，手机媒体“具有网络媒体互动性强、信息获取快、传播快、更新快、跨地域传播，高度的移动性与便携性，信息传播的即时性、互动性，受众资源极其丰富，多媒体传播，私密性、整合性、同步和异步传播有机统一，传播者和受众高度融合等优势”。

手机媒体人性化传播的特点代表着未来新媒体的发展方向。但是，新媒体的发展也面临着很多的问题，手机本身的局限和无线互联网发展不成熟限制了这些新功能的普及和应用。另外，手机垃圾信息的泛滥，手机著作权问题，手机偷拍的个人隐私问题等，都影响手机媒体的管理与发展。

第二节　新技术的发展与媒介再变革的展望

一　Web3.0 时代的媒介

（一）关于 Web3.0

Web3.0 是指“网站内的信息可以直接和其他网站相关信息进行交互，能通过第三方信息平台同时对多家网站的信息进行整合使用；用户在互联网上拥有自己的数据，并能在不同网站上使用；完全基于 web，用浏览器即可实现复杂系统程序才能实现的系统功能”①。集合当前网络新媒体的最新特征，更容易满足网民的使用需求。

（二）产生背景

Web2.0 虽然只是互联网发展阶段的过渡产物，但正是由于 2.0 的产生，让人们可以更多地参与到互联网的创造劳动中，特别是在内容上的创造，在这一点上，web2.0 是具有革命性意义的。人们在这个创造劳动中将获得更多的荣誉、认同，包括财富和地位。正是因为更多的人参与到了有价值的创造劳动，那么“要求互联网价值的重新分配”将是一种必然趋势，因而必然催成新一代互联网的产生，这就是 web3.0。事实上，在电子商务领域和在线游戏领域已经有了 web3.0，只不过还没有得到足够多的了解。不管是 B2C 还是 C2C，网民利用互联网提供的平台进行交易，在这个过程中，他们通过互联网进行劳动，并获得了财富。在线游戏通过积分的方式，角色扮演者通过攻城掠寨、不断地修炼、花费大量的时间，他们在那里可以获得声誉和财富，而这个财富通过一定的方式可以在现实中兑换，正所谓人生如同一场游戏，互联网会让人们的生活变得更像游戏。

① 参见“web3.0”词条，百度百科（http://baike.baidu.com/view/269113.htm）。

（三）Web3.0 的特征

研究者总结了 Web3.0 的特征：（1）适合多种终端平台，实现信息服务的普适性。Web 3.0 的网络模式将实现不同终端的兼容，实现融合网络的普适化。（2）良好的人性化用户体验以及基础性的个性化配置。帮助互联网用户快速、准确地搜索到自己想要的感兴趣的信息内容，避免了大量信息带来的搜索疲劳。（3）有效和有序的数字新技术。Web3.0 将建立可信的 SNS（社会网络服务系统），可管理的 VoIP 与 IM，可控的 Blog/Vlog/Wiki。①

二 云计算与媒介

云计算（cloud computing）是基于互联网的相关服务的增加、使用和交付模式，通常涉及通过互联网来提供动态易扩展且经常是虚拟化的资源。云是网络、互联网的一种比喻说法。②

云计算的发展并非一帆风顺。云技术要求大量用户参与，也不可避免地出现了隐私问题。用户参与即要收集某些用户数据，从而引发了用户数据安全的担心。很多用户担心自己的隐私会被云技术收集。正因如此，在加入云计划时很多厂商都承诺尽量避免收集到用户隐私，即使收集到也不会泄露或使用。但不少人还是怀疑厂商的承诺，他们的怀疑也不是没有道理的。不少知名厂商都被指责有可能泄露用户隐私，并且泄露事件也确实时有发生。

三 泛在聚合

泛在聚合是“物联网的一种表现形式，它认为互联网造就了庞大的数据海洋，应通过对其中每个数据进行属性的精确标识，全面实现数据的资源化，这既是互联网深入发展的必然要求，也是物联网的使命所在”③。

比较而言，“智慧尘埃”意义上的物联网属于工业总线的泛化。自从机电一体化和工业信息化以来，实际上这样的产业实践在工业生产中从未停止过，只是那时不叫物联网而是叫工业总线。这种意义上的物联网将因

① 潘庆超：《Web 3.0 下的信息服务探析》，《信息管理与信息学》2010 年第 4 期。

② 参见“云计算”词条，百度百科（http：//baike. baidu. com/view/1316082. htm）。

③ 参见“泛在聚合”词条，百度百科（http：//baike. baidu. com/view/7018675. htm）。

传感技术、各类局域网通信技术的发展，依据其内在的科学技术规律，坚实而稳步地向前行进，并不会因为人为的一场运动而加快发展速度。RFID 意义上的物联网，所依据的 EPC global 标准在推出时，即被定义为未来物联网的核心标准，但是该标准及其唯一的方法手段 RFID 电子标签所固有的局限性，使它难以真正指向物联网所提倡的智慧星球。原因在于，物和物之间的联系所能告知人们的信息是非常有限的，而物的状态与状态之间的联系，才能使人们真正挖掘事物之间普遍存在的各种联系，从而获取新的认知，获取新的智慧。“泛在聚合”即是要实现互联网所造就的无所不在的浩瀚数据海洋，实现彼此相识意义上的聚合。这些数据既代表物，也代表物的状态，甚至代表人工定义的各类概念。数据的“泛在聚合”，将能使人们极为方便地任意检索所需的各类数据，在各种数学分析模型的帮助下，不断挖掘这些数据所代表的事务之间普遍存在的复杂联系，从而实现人类对周边世界认知能力的革命性飞跃。

第三节 对新媒体技术的反思

尽管新媒体技术极大地推动了传媒乃至社会的进步，但也引发了一系列新的问题，包括：对传统媒体带来极大的冲击、对个人隐私保护带来威胁、对社会管理带来新的压力等。本节拟从反思的视角探讨新媒体技术为社会发展带来的困境。

一 对传统媒体带来极大冲击

新媒体技术对传统媒体造成冲击最大的领域当属报业，主要表现在：报纸网站信息冗余；新媒体环境挑战报纸信息核实；调查报道式微；虚假公民新闻向主流报纸蔓延。

（一）报纸网站信息冗余

2009 年 3 月，美国报业协会基金会和西北大学媒体管理中心联合发布《美国青少年报纸网站体验情况调查》，该调查认为：当今美国青少年对报纸网站的最大不满就是“报纸网站新闻多得令人窒息”①，即信息过

① NAA Foundation and MMCNU: “*Teens know what they want online, do you?*”, a research study from the NAA Foundation and the Media Management Center at Northwestern University, 2009.

载，它一方面指报纸网站承载的信息和信息接触渠道过多，另一方面指受众浏览网站时因信息过多无从选择而产生的焦虑，也叫作“信息过载感”。事实上，报纸网站信息过载是当今美国各年龄层受众认为其增强吸引力的最大障碍，由此，美国报业经营者们不得不反思：一是报纸网站信息过载已经成为美国报业数字化转型报网融合阶段，报纸数字新闻产品的品质下降的重要因素；二是纸质报纸成熟的编辑手段对改善报纸网站信息过载、提高报纸网站新闻品质是否具有借鉴意义。

随着报业数字化的推进，美国报纸网站作为报纸未来发展重要平台的地位日益稳固。尼尔森2009年一项客户调查显示，2009年第一季度，美国报纸网站单独访问量逾7.3亿人次，比2008年同期上涨10.5%，再创历史新高。此外，第一季度中，报纸网站访问者创造了月均30.5亿次的页面浏览量，比2008年同期增长12.8%。[①]

然而，报纸网站勃兴的同时带来这样两个问题：第一，报纸网站成为数字信息主载体，在这个载体上附着了丰富的信息接触渠道；第二，报纸网站弥补了纸质报纸信息承载能力低的缺陷，使报纸能以兼具品牌和信息量的优势与新兴数字媒体抗衡。上述两个问题本身对报业发展具有积极意义，但同时引发的两对矛盾导致了报纸网站信息过载。

（二）数字化转型挑战报纸信息核实

信息核实可以在很大程度上避免新闻失实。《纽约时报》的工作手册将信息核实看作保障新闻准确性的重要环节；《华盛顿邮报》、《今日美国》、《华尔街日报》等的工作原则都注重核实新闻来源等，确保新闻真实。

而新媒体技术给传统报纸的信息核实带来巨大挑战，比如：信息来源众源化降低了来源的可靠性；报纸呈现事实的时效性要求提高与信息核实的耗时性产生矛盾；冗余信息和数据增加了信息核实难度。

报业数字化转型造就了报纸新闻生产的新流程。它包括这样一些转变：信息来源相对简单向众包发展；信息呈现的时效要求向实时性发展；信息成品由单一报纸新闻报道向“全媒体”数字内容产品发展；信息量由丰富向冗余发展。

---

① MMCNU："From 'too Much' to 'just right': engaging millennial in election news on the web", *a report from the Media Management Center*, 2008.

由此可见，新的信息利用手段已经广泛运用于报纸生产，而新的稳定的新闻生产规范却尚未建立。这就对新闻生产的重要环节——信息核实造成困难。主要表现在：

1. 众包新闻核实难

众包新闻极大地拓展了新闻来源，但却严重降低了信息来源的可靠性。“众包新闻”（也叫众源信息），即 Crowdsource，它在 Urban Dictionary 上的解释是：“众人，包括官方机构的发言人和普通人，就某一事件、人物、现象、事物等提供的各种信息，它们通过基于互联网的手机短信、微博、博客、论坛、维客、播客等渠道广泛传播，无论真假。”[①] 2006 年 6 月，美国著名科技杂志《连线》记者杰夫·豪在一篇文章中首次提出这个概念。[②] “众包”的典型代表当属维基百科。在美国，很多报纸也主动或间接地采用“众包”的方式来报道和追踪事件性新闻。“众包”延伸了报社的新闻触角，使报道选题面大幅拓宽。读者通过报纸网站发布的内容十分广泛，涉及热点话题、社会生活、经济发展、文化娱乐等方方面面。北卡罗来纳州的《罗利新闻与观察家报》（*The News & Observer in Raleigh*）创立了 http://share. triangle. com 网站，单击首页即可见网站宗旨：“欢迎分享！”（“Welcome to Share!”），即鼓励用户发布新闻、信息、图片、评论及组建社区论坛。俄亥俄州的《代顿每日新闻》（*Dayton Daily News*）认为报纸拓展新闻来源的捷径就是“众包”，即把原本该由记者编辑做的信息搜集工作众包给用户。为此，该报经营了一个名叫 www. meetFred. com 的社区网站，“Fred”一词是英文“朋友（friends）”、“亲人（Relatives）”、“事件（Events）”、“讨论（Discussion）”的首字母缩写，该网站绝大部分内容是 15—24 岁的青年用户发布的，而它的目标受众也正是这个群体。尽管《代顿每日新闻》没有直接采用该网站的内容，但该报编辑经常浏览此网站，了解青年人关心的话题，使报纸推出的报道更具针对性。

一方面，众包新闻很大程度上拓展了报纸新闻的信息来源，从而丰富了新闻报道的内容。以灾难事件为例，日本地震发生后，无论是当地政府和居民还是世界各地的人们，都以不同的方式在互联网上上传关于灾难的

---

① 参见“城市词典”网（http://www. urbandictionary. com/define. php? term = crowdsourcing）。

② 王晨郁：《一次“众包”新闻实践带来的思考》，《中国记者》2012 年第 7 期。

各种信息——地震震级、人员伤亡、救援需求、寻人启事、政府态度等。新闻媒体关于日本灾情的即时信息也很大程度上依赖于微博、播客和博客。比如奥巴马通过 Twitter 发布救援支持，消息随后才被美国主流报纸报道。另一方面，其质量的良莠不齐也让信息来源的可靠性大打折扣。再以灾难事件报道为例，2005 年卡特琳娜台风袭击美国新奥尔良，新奥尔良当地日报《时代报》改为互联网出版，其中很多报道都来自当地灾民利用 Facebook 和 Twitter 发布的信息。有关损失的最初报道都来自市民记者，他们拍下灾难现场，把视频和照片上传到博客。但是“事后这些报道被证明是在以讹传讹——夸大了死亡人数、编造大型体育馆内的强奸案和群体暴力事件。传统媒体最后还是戳穿了这些谎言。那些最准确和最客观的报道还是来自传统媒体的专业记者，他们通过亲自采访新奥尔良市的警察、救援工人、工程兵、市民以及受害者等重要人物，将客观事实和高清晰度的照片展示在公众面前”。[①] 当然，微博可能为谣言和虚假信息传播提供渠道和机会，增加新闻真实性的风险，在面对众包新闻错综复杂的匿名信息发布者时，也无从下手。

2. 数字优先的要求与新闻准确的矛盾

为适应数字时代信息实时传播的要求，美国很多报纸流行的做法是，鼓励报纸先给本报网站写稿，然后再将内容扩展，供报纸发表。美国佛罗里达坦帕市的媒介综合集团（Media General Inc）旗下的《坦帕湾论坛报》就要求该报管辖下的 22 家周报优先为坦帕湾网站（TBO. com）供稿。该网站总经理 Rusty Coats 早在 2007 年度美国报业编辑协会年会上发言时就表示，未来报纸新闻呈现将秉持“网站优先，报纸第二”的新思路。[②] 为了抢速度，每日的报道整理出来后都会第一时间贴在网站上，并链接相关内容。随后，报纸的报道将跟进详细内容，包括背景资料、事件的前因后果、深度分析和评论等。这种思路后来发展为美国报纸普遍存在的“数字优先”理念，即先满足报纸数字平台（现在包括：Facebook、Twitter、手机版、移动终端版、网站等）新闻呈现需求，再考虑如何制作纸质报纸新闻报道。

尽管“数字优先”的新闻发布理念极大地提升了报纸新闻的时效性，

---

① ［美］安德鲁·基恩：《网民的狂欢——关于互联网弊端的反思》，丁德良译，南海出版公司 2010 年版，第 46 页。

② Lashell Stratton：“Words，image，and sound”，*Presstime*，FebruaryIssue，2008.

却降低了新闻要素的准确性。如今，报纸要在新闻报道上同新媒体抢时效几乎成为行业共识，但同时也让信息核实的时间大幅缩水。这主要表现在两方面：

一是新闻媒体就某一事件发生时的信息核实不到位，导致新闻事实不准确甚至报道失实，如：2009 年，CNNiReport 发布苹果 CEO Steve Jobs 心脏病发作的不实信息，而 CNN 在不加任何核实的情况下以官方媒体的身份抢先发布该条信息。随后，《财富》和《纽约客》杂志竟然紧跟 CNN 脚步进行报道。此外，《华尔街日报》《纽约时报》《华盛顿邮报》等虽未肯定报道乔布斯“死”讯，但也因为要快速反应，都在其网站进行猜测性报道。后来，这则报道连同随后的一系列美国主流报纸的反应，成为 2009 年美国著名的假新闻事件。事后，美国学者莱恩·奇特姆（Ryan Chittum）在文章中指出：“一个国家级的新闻机构去报道任何未经核实的关于‘死者’的消息都将产生严重后果！即便速报新闻的要求如何重要，记者和编辑是否就可以以‘非公开渠道’‘非正式渠道’来敷衍人们，以掩饰不进行关系到最起码的人的尊严的信息核实的严重职业道德失范。”①

二是事实动态呈现过程中信息核实不到位，导致事件报道过程中某一次报道或某一些报道的事实不准确或失实。除了事件的首次呈现需要“数字优先”外，事件继续发展的动态呈现也要遵循“数字优先”原则。这就造成，报纸关于事件每一步发展的报道都需要抢时效。比如：2009 年美国白宫新闻发言人就批评《华盛顿邮报》和 CNN 在关于“9·11”纪念活动的报道中抢先发布美国海岸警卫队在首都华盛顿波托马克河上向一艘闯入禁区的船只开枪的全过程，并指出是该年度“9·11”纪念活动中的一次意外。但后来警方证实这是海岸警卫队的一次演习。白宫新闻发言人表示：不反对主流媒体关注 2009 年“9·11”纪念活动并进行大规模报道，但此次报道因为没有进行事先核实，无端引发了当地居民的恐慌。

3. 全媒体呈现阻碍信息核实

同样，报纸数字化转型到现阶段，绝大部分美国报纸都实现了新闻内容的全媒体呈现。而对于采编人员来说，就像一个航空管理员，要管理庞

---

① Ryan Chittum: “The Dead Source Who Keeps on Giving”, *American Journalism Review*, March, 2010.

大的信息流量和复杂的信息流向，这就必然压缩了他们核实信息的时间。Paidcontent. org 网站的创办人本·艾尔维茨说："传统的判断新闻品质的标准正变得无效，这包括两个方面：对准确性的无视和对信源核实的忽略。然而，从业者们似乎'潜规则'般地认为，能够一次性生产多样化的新闻产品才代表数字时代的新闻品质。"① 据美国某专业机构长达 7 年的关于新闻准确性的调研显示，目前，美国报纸出错率最高的是专有名词拼写和数字。按照传统报纸出版的信息核实要求，专有名词和数字都是需要经过反复核实的要素，但如今，出于"一鱼多吃"的目的，已经没有太多的时间来核实每一个拼写和数字。

4. 冗余的信息和数据剧增加大核实难度

如上所述，媒体的信息来源已经进入众源时代，相比传统意义上的信息来源，众源信息来源所提供的信息量和数据要庞大而冗余得多，这就增加了信息筛选和核实的难度。美国学者 Craig Silverman 认为："如何在数据的海洋中进行筛查是对当今媒体的一大挑战。理论上说，首先是选出可能进行核实的，然后核实之，但操作起来很难。"② 对那些实力雄厚的媒体来说，可能还有一些人或团队专门从事信息筛选与核实，如《纽约客》《新闻周刊》《时代周刊》。然而，2010 年初在德国召开的关于欧美国家媒体如何进行信息核实的专业研讨会上，绝大多数媒体表示，如今没有专门的团队和足够的时间来进行信息核实。在编辑部都纷纷压缩开支的情况下，像上述新闻刊物这样有专业团队进行信息核实和稿件实时纠错是非常奢侈的。

（三）调查报道衰微

2010 年 9 月的《美国新闻学评论》载文《式微的调查性报道》（Investigation Shortfall），文中提道："在美国，随着传统媒体全面不景气，曾经辉煌一时的调查性报道已呈黯然退潮的态势。调查性报道采编人员从 2003 年的 5391 人减少至 2009 年的 3695 人，缩水 30%，是 10 年来最低点。2010 年，提交普利策新闻奖调查性报道奖项的作品数量减少了 40%。"③

① Craig Silverman："The End of Accuracy", *Columbia Journalism Review*, May 7, 2010.

② Craig Silverman："The Challenge of Verifying Crowdsourced Information", *Columbia Journalism Review*, August Issue, 2010.

③ Mary Walton："Investigation Shortfall", *American Journalism Review*, September Issue, 2010.

调查性报道发端于19世纪末，是美国传统媒体，尤其是报纸和新闻类杂志的经典体裁之一。20世纪六七十年代是美国调查性报道的鼎盛时期，这一时期的调查性报道“比以往任何时候都更加深入，范围也更广泛……往往涉及一些引起争议的全国性问题，而且开始转向揭露政府内幕”①，涌现出了“水门事件”等杰作。英国的兰代尔（D. Randall）这样总结调查性报道：“调查性报道是新闻报道的基本方法与更先进研究方法相结合的产物”。② 今天，媒介工具、调查手段和研究方法都远胜于20世纪六七十年代，调查性报道不仅没能借力更先进的工具、手段和方法更上一层楼，却持续衰微。而调查报道衰微，也显示出美国报纸新闻品质的下跌。没有高质量的调查报道作为支撑，短消息、娱乐新闻、花边新闻占据了报纸的半壁江山。本部分将从报纸调查性报道衰微的现实入手，探析其衰微的主要原因，并引介数字化背景下美国调查报道转向并获得新生的一些做法。

1. 经济因素：报业大势衰落与新媒体的崛起

1975年，由一批富有经验的记者编辑发起成立了美国“调查性报道记者编辑协会”（IRE），负责具体组织、指导、协调记者和编辑关于调查性报道的工作，这个协会一直运作到现在，为训练职业化的调查性报道记者和编辑、揭发美国社会前进中存在的各式各样的问题作出了巨大贡献。那时，IRE年会人才会聚，与会者无比崇拜因调查报道出名的记者，雇主们如同抢钱一样哄抢人才。2010的IRE年会却格外冷清，“除800人的规模外，连主办方《拉斯维加斯太阳报》也放弃了挖人才的念头”。③ 美国IRE执行主任Mark Horvit说：“毫无疑问，如今美国从事调查性报道的记者比几年前少了，这不过是整体不景气的美国传统媒体的一面镜子。”④ 美国传统媒体大势衰落使调查性报道的生态环境日趋恶化。

首先，报业日趋功利的经营理念使其大幅度削减对调查性报道的投入。周期长、积累多、人力物力投入大是调查性报道的显著特征，但这也让报纸承担着很大的风险，即大量的前期投入打造出的报道可能由于政治原因或经济利益成为禁发新闻，其社会责任根本无法实现；也可能发表的

① 李良荣：《当代西方新闻媒体》，复旦大学出版社2004年版，第228页。

② 转引自傅海《西方新闻理论视域中的调查性报道》，《青年记者》2005年第5期。

③ Mary Walton：“Investigation Shortfall”，*American Journalism Review*，September Issue，2010.

④ Ibid..

调查性报道并不能大幅度激发公众兴趣，不能达到提升发行量的现实目的。纵观美国报业，转战数字平台与新媒体抢时效、抢受众、抢容量是普遍做法，相反，慢工出细活的调查性报道还有多少经营者问津？虽然报纸一再强调深度、解释和分析是数字时代报纸应对新媒体挑战仅存的竞争力，但真正面临竞争的时候，报纸又不得不加快数字化的技术步伐，而忽视对内容的精雕细琢。10 年前的《费城询问报》以调查性报道获奖机器名闻新闻界，当时虽然只有两名记者专事调查性报道，但只要任何一位记者有好线索，他就有了充分的理由顺藤摸瓜进行调查和报道。“如今，记者们若想从事调查，首先得把自己锻炼成能说服吝啬的老板的说客。”①21 世纪初，《华盛顿邮报》和《洛杉矶时报》还在以高薪互挖调查性报道高手。4 年后，纸媒面临互联网冲击，调查性报道的大投入和小产量难以维系报纸生存所需的赢利。2008 年，当美国报业纷纷开辟新的赢利空间时，皮尤研究中心“杰出新闻项目”公布了一份名叫《改变中的新闻编辑部》的调查报告提到：“美国报纸‘触角’变短、雄心不再，变得‘小家子气’。”②

其次，报纸的业务重心转向。正是日趋功利化的办报理念促使报纸业务重心快速转向。在新闻内容方面更重视当地新闻、社区报道和娱乐新闻。《改变中的新闻编辑部》针对全美发行量在 10 万份以上的报纸的调查显示：国际新闻、全国新闻和深度报道数量锐减，经济问题的调查性报道被赶到很不重要的版面；相反，本地新闻、州内新闻却强劲增长。③一般来说，针对全国性问题、经济领域重大问题和国际问题开展的调查性报道耗时很长，不如本地新闻和娱乐新闻那样能获得立竿见影的发行量增长，数量自然锐减。在报道篇幅上，短小新闻占据半壁江山。为应对不断高涨的报纸出版成本，美国报纸集体瘦身和减版的风潮已持续多年，这和需要大篇幅甚至连载的调查性报道的版面需求形成巨大矛盾。此外，报纸在经费投入上全面向报纸网站等数字产品倾斜。传统媒体持续不断地裁员，将节约的经费大笔投入网络、手机和数字终端，在收费难题尚未破解的情形下，无法兼顾调查性报道的开支。目前，最热门的是《华尔街日

① Mary Walton: “Investigation Shortfall”, *American Journalism Review*, September Issue, 2010.

② Pew Project for Excellence in Journalism: “The Changing Newsroom: Gains and Losses in Today's Papers”, July21, 2008 (http://pewresearch.org/pubs/904/changing-newsroom).

③ Ibid..

报》《纽约时报》《今日美国》等有影响力的大报纷纷投入巨资开发 iPad 应用之类的数字产品，试与互联网、搜索引擎大打内容付费战；再往回看，报纸的投入重心是开设和推进报纸网站建设和与之相应的数字化编辑部建设。2006 年年底，甘尼特集团旗下 89 家报纸试行数字化融合型编辑部，此后，美国各大报纸纷纷投入建立融合型编辑部。默多克时代的《华尔街日报》不断放弃百年老报的独特性，转而投入节能减排；资助旗下三个网站——The Wall Street Journal Digital Network、MarketWatch. com、Barron's. com、AllThingsD. com 建设；更不惜花费上百万美元打造奢侈品牌杂志。而所有这些投入中，没有一项是为提升内容质量投入的。《改变中的新闻编辑部》提到："美国报纸得到的是数字时代网络观念和技能的更新，而失去的是精致内容的生产能力。"① 综上，由于调查性报道需要投入大量的人力、财力，耗时较长，不再成为新闻业务的重要关注对象。

2. 人员因素：记者疲于奔命

2010 年 10 月，《哥伦比亚新闻学评论》文章称："编辑部的人数不断减少，任务却一直增加。一个 NBC 的白宫首席记者，一天要做 16 个出镜采访，主持一档节目、客串两档新闻节目，还要在 Twitter 和 Facebook 上更新 8—10 次，写 3—5 篇博文。和他一样，大部分记者忙碌得如转盘上不停奔跑的仓鼠，强调速度，追求数量。但是，仓鼠虽然一直奔跑，却仍停留在原地，新闻业也是如此。"② 这段文字非常尖锐地指出了调查性报道衰微的人员因素的两个方面：一是裁员，二是记者多功能化和专业化的悖论，而这在数字化转型中的美国报业显得尤为突出。

首先，裁员几乎波及全部美国新闻业，而传统媒体是重灾区，报业是极重灾区。具体到报纸调查性报道团队的裁员更加不留情面。《华盛顿邮报》2008 年裁减的 100 名采编人员里面就有调查性报道团队中的数十人，这些人都曾经参与揭露克林顿性丑闻和州议员 Jack Abramoff 腐败案。③《坦帕论坛报》2008 年将 300 人的编辑部缩水至 180 人。这样，从业务的角度来说人手是不够的，于是在编辑部设置专事调查性报道的记者完全是奢侈的举动。该报原调查团队主任 Janet Coats 说："记者们都忙着哄抢突

① Pew Project for Excellence in Journalism："The Changing Newsroom：Gains and Losses in Today's Papers"，July21，2008（http：//pewresearch. org/pubs/904/changing-newsroom）.

② Dean Starkman："The Hamster Wheel"，*Columbia Journalism Review*，September，2010.

③ Ibid..

发新闻，谁愿意坐在那里分析新闻线索中有没有可以深入调查的成分。”①2008 年，论坛公司在完成美国总统大选报道后，就将旗下在华盛顿地区的 8 份报纸的调查性报道部门融合为一家，人员裁减至 34 人。调查性报道兴盛时，仅该集团旗下的《洛杉矶时报》在华盛顿驻扎的调查性报道记者就多于 34 人。专职的调查性报道采编人员在报业大裁员时总是被优先考虑，而剩下的记者几乎从脑力劳动者变成了体力劳动者，根本无暇顾及调查性报道。这就引出了下一个问题——采编人员多功能化和专业化的悖论。

前文所述，报社设置多功能记者的初衷只是在突发新闻报道上，用小股力量和互联网抢时效。然而，随着报纸网站等数字产品的开发和发展，多功能记者尝试转变为报纸采编人员多功能化的趋势，如上文提到的 NBC 记者。报社记者也不例外。比如，“甘尼特集体旗下《德梅因纪事报》的一个社区版记者就要同时为传统报纸、报纸网站和移动网站供稿，另外他可能还要为周报的专栏量身写作一些内容，2009 年开始还要每天更新博客、微博……”② 然而，记者越是多功能就越是只能从事简单的日常新闻报道，这并不能代表新闻的品质。记者成了简单新闻素材的提供者，而不是花时间钻研线索、分析资料、阅读背景、思考问题、深入采访的专业化调查性报道人员。记者奔忙于事故现场、新闻发布会，根本没有时间自己寻找线索，这样新闻的来源就收窄，也是不利于调查性报道的一大因素。此外，多功能已经成为报社考察记者素质的重要因素。提升自己数字设备使用能力成了报社记者的巨大压力，记者求职的最重要的素质成了能不能快速更新微博、能不能熟练掌握发稿所需的数字设备等，而是否得过普利策新闻奖的调查类奖项显得无足轻重。据统计，1985—2010 年，普利策新闻奖的调查报道奖入选作品量下跌了 21%，从 103 份下跌到 81 份；在公共服务领域的调查报道入选作品量更是下跌了 43%，从 122 份下跌到 70 份；解释类调查报道入选作品量同样下跌 43%，从 181 份下跌至 104 份。③

3. 政治因素：从揭丑到讲故事的转变

如果说上述两点从报业内部分析了调查性报道衰微的原因，那么政治

① Mary Walton：“Investigation Shortfall”, *American Journalism Review*, September, 2010.

② 参见甘尼特网（www. gannett. com）。

③ Mary Walton：“Investigation Shortfall”, *American Journalism Review*, September 2010.

因素就是从报业外部来看它如何影响数字化转型中的报纸调查性报道的。

调查性报道被看作是报纸的核心报道力，调查性报道的数量及质量都被看作一张报纸是否承担其应有的社会责任的重要标准。原因在于，调查性报道因“揭露丑闻”而诞生，它往往为着公众的利益去调查敏感的重大社会问题，以及政治人物和势力集团牺牲公众利益的罪行和腐败案等，并写出尖锐的报道，引发和引导舆论并让舆论的积极作用——使公众利益最大化得以发挥。而如今的情况如何呢？兰斯·班尼特在《新闻：政治的幻象》一书中提到：今天的美国“新闻的四个特点可以解释为什么美国的公共信息并没有像它所应该的那样促进民主事业。这些特点就是：个人化、戏剧化、片段化、权利—无序的倾向”。[①] 这四个特点旨在说明：现在，美国的调查性报道并不是从引导公众认识社会问题、政治问题的立场进行报道的，也不是出于“揭露丑闻”、宣扬正义的立场进行报道的；而倾向于把政治人物当娱乐人物一样报道，如克林顿性丑闻事件；也倾向于把公众关注的政治问题戏剧化，即关注新闻人物、事件的冲突效果，而不是揭露隐藏的罪恶以及引起这些罪恶的深层次原因。进一步问，什么造成了尖锐的调查性报道变成了温和的故事？

首先，随着企业跨州联合和政府机构庞大臃肿，它们任何一个“小动作”都控制着新闻来源，进而控制着调查性报道的产量。其次，美国政府日益强调的“新闻执政”观念，就是要通过控制新闻源、提供新闻素材和召开频繁的新闻发布会来引导记者的注意力。而忙于多重发稿任务的记者由于没有精力主动捕捉新闻源，因此对政府新闻发布会的依赖程度加剧，这就使政府潜移默化地控制了报道的主题甚至倾向，进而管理着公众的理解力。再次，美国报业广告收入的下滑使大型企业尤其是广告大户成了报纸不敢触碰的势力，关于它们的问题或丑闻的线索基本成为禁区。1998 年开始，美国索诺玛州立大学就设立了美国禁发新闻项目组，旨在调查政府和大型企业怎样通过控制新闻界和新闻报道来遮蔽美国公众的视线的。而每年列出的十大禁发新闻不是有损政府公信力就是有损大资本集团利益的尖锐报道，而它们因为和公众利益对立，不幸被禁。由此，调查报道变得无法尖锐，只能通过展现冲突来突出其故事性的一面，于是成了

① ［美］兰斯·班尼特：《新闻：政治的幻象》，杨晓红、杨家全译，当代中国出版社 2005 年版，第 52 页。

温和有趣的故事。但是，调查报道一旦丧失了尖锐性和为公众利益服务的目的，就失去了公信力和真正意义上的可读性。这也是为什么如今美国报纸的大多数调查性报道并不受欢迎的原因所在。

（四）公民新闻从新媒体向传统报纸泛滥

公民新闻（Citizen Journalism）产生于20世纪90年代的美国。关于公民新闻，没有统一的定义，但大致可以理解为“公民通过大众媒体、个人通信工具，向社会发布自己在特殊时空中得到或掌握的新近发生的特殊的、重要的信息”。或者把它称为“来自业余新闻工作者的第一手新闻报道”。[①] 在美国，这样的新闻被称作“Citizen News”或“User - generated News”。公民新闻随着以博客为先驱的自媒体时代的到来而虚假泛滥。量大质差是当今美国公民新闻的总体特点，具体到“质差”最重要的是指其可信度极低。美国数字新闻学网站甚至载文质疑：公民新闻真的可信吗？总体来看，美国虚假公民新闻对报纸新闻品质的影响呈现三大新动向：假新闻从博客流向主流报纸；新闻来源泛滥影响报纸新闻来源；传播者普遍素质偏低影响新闻品质。

1. 假新闻从博客走向主流报纸

公民新闻发端于博客，在微博、空间、个人网页等媒介蔓延。它本来是业余信息发布者自由地在非专业新闻媒体发布的一些及时信息。它要么是因为由普通公民采写，具有贴近生活的亲和力；要么是因为由突发事件亲历者发布，具有超强时效性；要么是因为涉及社会生活方方面面，具有广泛性。因此，公民新闻逐渐成为一种受众喜闻乐见的新闻形式。然而，尽管人们乐于关注它，却只不过把它当作茶余饭后的谈资而已，对它的可信度保持怀疑。如果说，公民新闻的虚假仅仅在博客或者那些非专业和非权威的媒介出现尚可宽容，因为他们本就不具有公信力。然而，虚假的公民新闻正在向报纸、广播、电视、新闻网站等一切主流媒体媒介蔓延。[②]

《华盛顿时报》执行编辑 John Solomon 质疑：“公民新闻正在改变新闻界，这究竟是好事还是坏事？”[③] 如他所说，公民新闻正全面进入主流报纸，如：甘尼特集团、媒介综合集团、论坛公司旗下报纸等大都开辟专

① 参见“公民新闻”词条，百度百科（http：//baike. baidu. com/view/1231765. htm）。

② 参见余婷《美国报纸调查性报道衰微原因探析》，《新闻实践》2011年第1期。

③ Chris Hogg：“Is there credibility in citizen journalism?”（http：//www. digitaljournal. com/article/271657）。

栏、专版或专门渠道采纳公民新闻。但是，这些媒体也时不时被曝光发布虚假新闻。比如：2009 年，《华尔街日报》等采用微博信息来源参与报道了苹果 CEO 乔布斯去世的假新闻。

进一步问，是什么导致公民新闻能够不加过滤地进入主流报纸？是对新闻来源的渴求。这就引出下一个动向，公民新闻的来源从广泛走向泛滥。①

2. 新闻来源泛滥

在媒介高度商业化的背景下，美国报纸都以拓宽新闻来源并捕捉到爆炸性的消息作为衡量新闻工作质量的重要指标。由于公民记者生活在不同社会阶层，接触着各色人等，经历着纷繁复杂的事件，因此在搜集新闻素材方面往往比专业记者更具优势和灵活性；在发布新闻方面，比专业记者的采写更具时效。正因如此，很多报纸看到凭借专业记者努力拓宽新闻来源的效率远不及鼓励公民记者采写新闻。

利用公民新闻是目前美国报纸拓宽新闻来源的主要手段。据《坦帕湾论坛报》统计，截至 2007 年年末，旗下 22 张周报 40% 的内容来自在线用户。明尼阿波利斯州的《明星论坛报》已经将用户发布的内容整合进了自采新闻，并建立了专门发布这些整合内容的网站 www. vita. mn。北卡罗来纳州的《罗利新闻与观察家报》最近也创立了 http: //share. triangle. com 网站，通过这个网站，用户发布的内容可能很快被编辑成规范的格式为报纸采用。而该报本地新闻版上近三分之二的内容来自该报网站的在线用户在博客或论坛上发布的图片和信息。纵观美国报业，凡是支持融合新闻生产的编辑部，都允许读者在线发布各种内容，这里读者自然地成为公民记者。读者发布的内容一般以帖子的形式出现在报纸网站的 BBS 板块，帖子的内容大多保持原创性，包括文字、图片、音乐、视频、博客等。这些用户发布的内容极大地丰富了报纸的新闻来源。但另一方面，由于这样的内容匿名发布、数量庞大、来源不明，包含信息、数据、人物和事件的准确度都很难得到充分把关。业内人士认为，用户发布的所谓“公民新闻”一方面确实将新闻的触角伸向了专业记者所不能覆盖之处，但由此导致的新闻来源泛滥同样不可忽视。

此外，由于报业裁员加剧，专业记者数量减少的同时，也收窄了媒体

① 参见余婷《美国报纸调查性报道衰微原因探析》，《新闻实践》2011 年第 1 期。

的新闻来源，为了弥补由此带来的新闻来源不足，用户提供的良莠不齐的内容成了填补媒体内容空白的必要补充。以往，传统媒体有着一整套核对新闻来源的措施，如美国广播电视新闻制作人协会（RTNDA）评估消息来源的几点方法，包括：消息来源是如何获得信息的；消息来源过去的可靠性和声誉如何；为什么使用此消息来源等。[①] 现在，这类措施都没有也不可能用于评估公民新闻来源。

3. 传播者从爱好者走向低素质[②]

公民新闻的传播者原本是一群执着于及时发布信息的业余爱好者。随着微博时代的到来，每个人通过“织围脖”的方式似乎都可以成为公民记者。每当有人质疑公民记者的身份、地位和素质时，业内也会涌现出诸多反对声音。在美国数字新闻学网站发起的关于公民新闻可信度的讨论上，自由新闻工作者 Stephen Dohnberg 就反问道：“你能说信息发布者不是记者吗？记者难道不是公民的一员吗?”[③] 事实上，并不是公民记者乐于传播新闻的行为导致了公民新闻的虚假，而是他们普遍偏低的媒介素养导致他们对新闻工作基本准则的淡漠，进而造成了公民新闻的虚假泛滥。

首先，公民记者对新闻真实性的地位缺乏认识。公民记者通常按照自己的喜好拼凑新闻素材，这就容易造成事实的部分失实，或者新闻并不能表现客观事物或事件的全貌。其次，公民记者容易把发布新闻当作自娱自乐，而忽视对受众澄清事实的责任。除了著名的专业新闻人以自由身份发布的新闻外，公民新闻的发布通常是匿名的，信息一旦发布甚至被报纸不加把关地采用，也不会有人对它的真实性负责。再次，公民记者常在信息中加入主观判断。加拿大知名媒体人 Jack Kapica 说：“我常在公民新闻中发现‘我认为’‘在我看来’这样的字眼，如果他们出现在报纸，早就被公众指责为‘有偏见的报道’，然而，在公民新闻中，人们容忍它，是因为人们根本就不准备完全相信它。”[④] 最后，公民记者传递的信息通常缺乏准确性。关于数据、数字、人名等信息，在专业媒体的新闻发布上是需要严格核对查实的，在公民新闻中，这些信息再模糊似乎也没有关系。

---

① 张家东：《西方媒体防范虚假报道的做法和经验》，《中国记者》2009 年第 5 期。

② 参见余婷《美国报纸调查性报道衰微原因探析》，《新闻实践》2011 年第 1 期。

③ Chris Hogg：“Is there credibility in citizen journalism?”（http：//www. digitaljournal. com/article/271657）.

④ Ibid..

在美国的公民新闻网站上能够读到很多疏于对新闻素材加工和编排的文章，甚至有错误的信息。它们能够发布出来，一方面是因为缺乏把关，另一方面也说明公民记者的媒介素养亟待提高。但是，这样的新闻进入主流报纸，则是报业数字化进程中为获得新闻、获得抢先发布新闻的时间、获得眼球而付出的代价。

二　为社会管理造成新的压力

如果说新媒体技术对传统媒体带来的冲击仅限于专业领域，那么它对社会管理造成新的压力则扩展到了更广泛的社会发展领域。目前，新媒体技术为社会管理造成的压力主要表现在：对个人隐私保护带来的挑战和网络舆论传播乱象横生两个方面。

（一）对个人隐私保护带来挑战

个人隐私保护是社会管理的重要环节之一，因此，新媒体技术对个人隐私保护带来的挑战日益受到社会管理者的关注。这种挑战主要表现以下方面：

首先，个人隐私保护与国家安全的冲突引发新的问题。丹布朗在其小说《数字城堡》中讲述了美国国安局以保卫国家之名义随意窃取普通公民电子邮件，并遭到极端民主主义者抗议的算计与反算计的惊险故事。斯诺登事件则上演了《数字城堡》的现实版。由于新媒体技术被广泛运用于追踪可疑邮件、打击恐怖主义等涉及国家安全的领域，这就不可避免地让公众隐私更大范围和更大可能地暴露在以保护国家安全为名而进行的网络隐私探测的行为之下。如果这种行为缺乏合理的解释，就会遭到公众更多的不理解。

其次，大数据对个人隐私的获取。社交媒体和即时通信工具往往通过自带的定位功能暴露用户的位置。出于商业目的，用户在互联网上的搜索痕迹和浏览喜好也通常被网站记录，并用于数据分析后推送相关广告和内容。此外，各种APP下载、论坛登录注册、购物网站注册信息也使网站掌握了大量用户的私人资料。

（二）网络舆论传播乱象横生

网络舆论传播乱象横生的主要原因在于以下三方面：

一是网络媒体把关不严。一方面商业利益追求导致把关不严。部分商业网站责任意识不够，为追求点击率博受众眼球，故意策划一些引人注目、匪夷所思的色情暴力议题，追求刺激，大肆炒作，突破传播底线。另一方面新闻网站的队伍整体比较年轻，专业化程度不够高，整体把关能力不足。此外，由于所有新闻网站都拿不到合法的记者证，在残酷的新闻竞争中，部分网络铤而走险，大肆传播二手信息和抄袭其他媒体信息。

二是网民缺少依法表达的途径和素质，导致网络成为网络表达自己的主要场所。目前中国正处于社会转型期，各种社会矛盾积聚，群众的权利意识日益高涨，客观上助长了一些人通过网络舆论向党和政府施压的心理。一遇到问题，总希望通过网络把事情闹大。由于网络舆论发酵、升温快速，人们几乎来不及冷静思考就仓促发表意见，导致各种虚假性息、非理性言论泛滥。网络舆论活跃的主体是一些“低年龄、低学历、低收入”的人群，这些群体往往激情有余、理性不足，言论观点极端偏颇，容易造成网络舆论的乱象。

三是网络法律法规不完善。对于互联网的信息发布和言论表达，国家先后出台多部法律条文来规制和保护，但这些法律法规存在：（1）表达过于简单粗糙。不同程度地存在语义不详、界限模糊、表述不一致问题，缺乏可操作性。（2）缺乏权威性。关于法律条文中，有 80 多部均是国务院及各相关部委颁布的一些行政法规和部委规章，因颁布主体混乱而缺乏权威性、系统性和协调性。（3）对于谩骂诽谤、发泄私欲与人身攻击等网络现象存在法律监管空白。

本章讨论新媒体与技术。一方面技术的进步对媒介进化起到了积极的推动作用，另一方面新媒介技术的发展也给行业和社会带来诸多新问题。今后，研究新媒体与技术的关系还应着眼于如何有效利用新技术、管理新媒体使之为推动社会发展起到更多积极作用。

第二章

新媒体与政治

亚里士多德曾说：“政治并不制造人类，然而它使人类脱离了自然，并驾驭他们。”这凸显了政治对人类社会发展的重要意义。政治时刻影响着经济、文化等社会生活的方方面面，其中也包括媒体。大众媒体日益深入人们的日常生活，而随着互联网及数字技术的日趋成熟，政治与新媒体之间相互影响的程度更加深化。

第一节　新媒体与政治概述

一　什么是政治

不同历史时期，人们对政治的认识不尽相同，几种较为典型的观点主要有道德政治观、神权政治观、权力政治观、法律政治观、决策政治观、管理政治观。

道德政治观认为政治是一种追求社会价值或道德规范的行为，以中国历史上传统的儒家学说的观点为代表。将政治视为一种治国之道。孔子说：“政者，正也。子帅以正，孰敢不正?”[①] 这里的“正”指以仁、义、礼、智、信等为核心的儒家道德规范。古代中国历史上作为衡量人们政治行为标准的忠孝之道和三纲五常便是这种道德政治观的表现形式。

神权政治观认为政治是一种超自然、超社会力量的体现。中国历史上《诗经》中所说的“文王在上，于昭于天”，以及汉代董仲舒所言的“天

① 孔子：《论语·颜渊篇》，山西人民出版社 1999 年版，第 223 页。

子受命于天，天下受命于天子”，是这一观点的典型代表。西方中世纪神权政治观的典型代表人物托马斯·阿奎那则认为，尘世的一切都是神安排的，“国王是上帝的一个仆人，没有权柄不是出于神的”。①

权力政治观认为政治是争夺和运用权力的过程，这一观点将“权力”视为政治的核心要素。中国先秦时期的法家认为，政治之道就是权力的获取、维持和运用，法家代表人物韩非子在《韩非子·饰邪》中曾写道：“集势以胜众，任法以齐民，因术以御群”，即运用势、法、术，达到统治民众的目的。

16 世纪意大利思想家马基雅维里首次将政治与伦理分开，认为政治是夺取权力、掌握权力必要方法的总和，其目的是获取并保持权力，其手段是玩弄权术。现代德国社会学家马克斯·韦伯认为，“政治指力求分享权力或力求影响权力的分配”②。当代著名政治传播学先驱拉斯韦尔提出，政治学是“对权势和权势人物的研究”③，1952 年他进而指出，“政治主要指权力的形成和分配”④。

法律政治观把政治归结为法律范畴内的立法（立法部门）、执法（司法部门）、守法（公民）所组成的整体过程。最典型的代表者是凯尔逊，他认为法律在国家诞生之前就已经产生，国家的出现是为了保障法律的制定和执行而设立的。

决策政治观从考量如何以权威性的方式，对社会各项资源进行分配的角度入手，对政治重新定义。戴维·伊斯顿突破了以权力来界定政治的传统观点，他认为以权力界定政治并不全面，他将政治活动作为相互联系的系统看待，并认为政治过程就是决策过程，即“通过权威性或强制性政策的制定与执行，对财富权力和名誉等稀缺的社会价值进行权威性分配”⑤。这一观点在当今西方社会得到了广泛认同和引用。

---

① ［美］托马斯·阿奎那：《阿奎那政治著作选》，马清槐译，商务印书馆 1963 年版，第 65 页。

② ［美］艾·C. 萨克：《政治学范围与方法》，郑永年等译，浙江人民出版社 1987 年版，第 21 页。

③ ［美］哈罗德. D. 拉斯维尔：《政治学：谁得到了什么？何时和如何得到》，杨昌裕译，商务印书馆 2000 年版，第 3 页。

④ ［美］哈罗德·D. 拉斯韦尔、亚伯拉罕·卡普兰：《权力与社会：一项政治研究的框架》，王菲易译，上海世纪出版集团 2012 年版，第 9 页。

⑤ ［美］戴维·伊斯顿：《政治体系——政治学状况研究》，马清槐译，商务印书馆 1993 年版，第 123 页。

管理政治观认为政治是管理公共事物的活动。中国民主革命的先行者孙中山先生认为，“政治两字的意思，浅而言之，政就是众人之事，治就是管理，管理众人的事，便是政治。”[①] 不止中国，在英国比较普遍的关于政治内涵的看法是，政治是对社会进行全方面管理的过程。管理政治观突出了政治的公共性特征，强调了政治活动运行必须以科学管理的方式进行，具有一定合理性。

按照马克思主义的政治观点，“政治是阶级社会中以经济为基础的上层建筑，是经济的集中表现，是以政治权力为核心展开的各种社会活动和社会关系的总和。”[②] 这包含了两个方面的重要内容：（1）政治本质上是一定经济基础形成的利益关系。具体涵盖了阶级、民族、社会集团、阶层等之间的关系；（2）只有借助于社会公共权力来维护、实现和协调的社会利益要求或社会关系，才具有政治性，此为政治最本质的特征。

二　彼此交织的政治与媒体

随着媒体的发展演进，现代大众传媒对参与政治进程发挥着越来越重要的作用。政治与媒体自身的属性在很大程度上是吻合的。

从根本属性上看，政治与媒体都具有阶级性。政治的阶级性既包括了不同阶级之间不同程度的冲突对抗，还包括了按照统治阶级的利益需要进行的各个阶级之间的相互协调，同时还包括阶级内部各阶层与社会集团之间的差异性关系。政治的阶级性，往往经由为其代言的媒体来表现，媒体同时也具有阶级性，作为信息生产传播的工具它不可能秉持绝对的客观中立，而总是要带有一定的政治立场和倾向性。安德鲁·查德威克在《互联网政治学》一书中提出，“互联网具有天生的政治性，它的政治性是由它的政治环境决定的。”[③] 这里的政治性是通过阶级性来表现的，我们也可以认为以新的传播技术为基础的新媒体具有阶级性。

从主体特征上看，政治与媒体都具有公共性。政治主体的突出特征主要表现在政治的公共性。政治的主体是公共权力主体，能够对有限的社会资源进行权威性分配。这一政治活动中，政治主体并非为了个人的私利，

① 《孙中山选集》第2卷，人民出版社1981年版，第661页。

② 王惠岩：《政治学原理》，高等教育出版社2006年版，第5页。

③ ［美］安德鲁·查德威克：《互联网政治学——国家、公民和新的传播技术》，任孟山译，华夏出版社2010年版，第239页。

而是在公共领域中争取基于自身主体地位的对公共权力的争夺和保护展开行动的。而媒体作为社会公器，也以公共性为其重要特征。

在现代社会，大众媒体的“居间人”角色日益突出，媒体本身通过各种新闻生产方式不仅传递政治信息，同时表达政治主张，对公众所处的政治环境自身的组织框架和制度框架做出阐释和框定。因此，作为政治行动者的媒体是政治主体的一部分。埃德蒙·伯克充分认识到媒体对健全的民主政治的重要价值，将其称为“第四权力”，与立法、执法、司法相对应。

从活动的根本目的上看，政治与媒体都具有物质利益性。一切政治活动最终都是为了实现对有限的社会资源的占有和分配。“社会资源”是对人类生产和生活具有显性或隐性价值的东西，既包括有形的商品、货币和物质等，也包括无形的权力、地位和信念等。19 世纪早期之前，传播媒介仅掌控在极少数富有的精英阶层手中，随着印刷技术的成熟和普及迎来了人类历史上首次大规模的大众媒介工业化生产的时代。公民读写能力的提升及政治权利意识的觉醒，使前大众媒介时代下精英对社会资源的垄断格局开始松动，民众对政治主体的注意力、耐心宽容度、政治认同等无形的社会资源的重要性得到提升。政治的物质利益性决定了政治对各种社会资源的天生控制能力，媒体作为重要的信息发生场所和舆论生成地，对政治传播和政治宣传往往有着战略性的意义，因此，政治要把控媒体。

从运行核心内容上看，政治对媒体具有一定程度的强制性。政治最核心的内容在于围绕公共权力以权威性和强制性手段实现对有限社会资源的占有和分配。在阶级社会中，国家作为最主要的公共权力机构，或者通过沟通、引导、说服等和平方式，或者通过暴力冲突和革命等激进方式实施资源配置行为。处于政治环境中的媒体，是国家重要的社会资源和舆论阵地。所以，只要媒体存在，就要受到既定的政治规范的约束。

从活动表现方式上看，政治与媒体都具有相互斗争性，突出表现为对“话语权”的争夺。政治斗争一方面主要表现为政治主体以公共权力为依托对政治客体的各种支配和控制行为，另一方面表现为政治客体以对公共权力的制约性权力为依托的各种反支配和反控制行为。政治的相互斗争性是无时无刻无处不在的，而政治斗争经常诉诸的工具就是媒体，媒体则是政治传播的重要平台。

三　政治的媒体传播

（一）何为政治传播

著名政治传播学者丹·尼莫对政治传播过程曾有过这样一段精到的描述："很少人是亲身认识政治的，对大多数人来说，他们的政治现实是经过大众传媒及群体传播的中介而出现。这个中介过程产生、传输及采纳了不同的政治幻想，并确定了什么是真正的现实。"①

政治传播与政治同时诞生。早在古希腊时期，政治家常以政治演说、政治辩论等方式与公民直接交流，处理城邦事务，就是一种显性的政治传播。在庞贝遗迹中，学者还发现了诸多政治竞选的信息，这可以视为政治广告的雏形。早在古希腊时期，亚里士多德也曾对政治传播现象进行过关注和研究。他在《修辞学》和《政治学》中都发表过与政治传播有关的观点。而柏拉图在《法律篇》中也对政治传播有关的修辞术发表过经典的见解，古希腊对修辞和演讲技巧的相关研究客观上为西方政治传播的发展奠定基础。李元书认为，"传播与政治是同时诞生的，自此有了政治，有了国家，也就有了政治传播"②。

英国传播学者布赖恩·麦克奈尔提出了一个被广泛接受的概念：所谓政治传播是指"所有政客及政治行动者为求达到目的而进行的传播活动；所有非政治行动者对政治行动者做出的传播活动，例如选民及报纸评论员；所有在媒介中涉及以上政治行动者的新闻报道、评论及政治讨论"。③

这些概念均是在传统大众传播情形下提出的，而新媒体传播技术的先进性、便捷性，传播环境的广度及开放性，新媒体信息的可复制性以及传受双方的互为主体间性特征，新媒体技术形态对整个社会形成的巨大推动力不仅改变了人，政治活动的主体和客体，也改变了政治活动的内部和外部环境系统，进而通过改变信息的传递方式和组织形式，改变人的心理结构，冲击既有的社会资本的运作方式。本章接下来的内容将从政治主体、

① DanD. Nimmo&KeithR. Sanders, *Handbook of Political Communication*, SAGE Publications, 1981.

② 李元书：《政治体系中的信息沟通——政治传播学的分析视角》，河南人民出版社 2005 年版，第 1 页。

③ ［美］布莱恩·麦克奈尔：《政治传播学引论》，殷祺译，新华出版社 2005 年版，第 4 页。

政治发展、政治文化三条线索条分缕析新媒体与政治的关系。

新媒体时代，政治主体不再是先前政治权力的拥有者这么简单了。在一次政治行为中，能够独立行使自身的政治权利，承担义务的行为主体，便是政治主体。新媒体使政治主体和政治客体之间的相互作用比传统媒体时代更加激烈。民众利用新媒体表达政治主张或者利益诉求，改变舆论流动的格局，成为政治主体，政治权力的拥有者反而成为政治客体。

（二）传统媒体与政治

在政治传播的过程中，政治与媒体相互影响，彼此制约。进入大众传播时代之后，“传播”在政治过程中的战略地位日益受到学者和政治精英们的重视。由于传播往往贯穿了政治活动的各个环节，因此，从一定程度上说，政治过程即政治传播过程，在这一过程中，“政治的首要目标是控制新闻中的政治形象”①。在传统媒体时代，政治在一方面会对媒体形成强有力的约束和制约，具体通过信息把关、议程设置、舆论引导、动员宣传等形式；另一方面媒体又具有一定的独立性，对政治主体和政治环境有监督监测的作用。

我们不妨借鉴伊斯顿著名的输入—输出政治系统模型理论，剖析政治与媒体之间的关系。传统大众媒体作为联结公众与政府的纽带，在动态环流的政治系统中成为信息能量转换的重要职能机构。政治系统与外部环境要形成稳定的互动关系，需要媒体将外部环境对政治系统的要求和期待传递给政治系统；同时政治系统的政策输出也需要媒体来发声；新闻生产与政治治理具有不可分割性。戴维·伊斯顿将传统政治学中“国家”的概念抽象为“政治系统”，将传统政治学意义上的“国家”之外的外部社会抽象为“环境”的概念，建构了一个输入—输出模型，经由反馈机制把政治系统与外部环境有机联系在一起。通过该模型，可以直观看出外部环境对政治系统的“需求”即输入过程所传递的大量信息，而政治系统为维持自身稳定性，所需采取的必要的调整策略，作为决策成为某种重要的输出方式，包含了对外部环境信息的大量回馈性信息。在这其中，输入、输出、反馈中的每一个环节，媒体都发挥了重要的作用。

---

① ［美］W. 兰斯·班尼特：《新闻：政治的幻象》，杨晓红、王家全译，当代中国出版社2005年版，第191页。

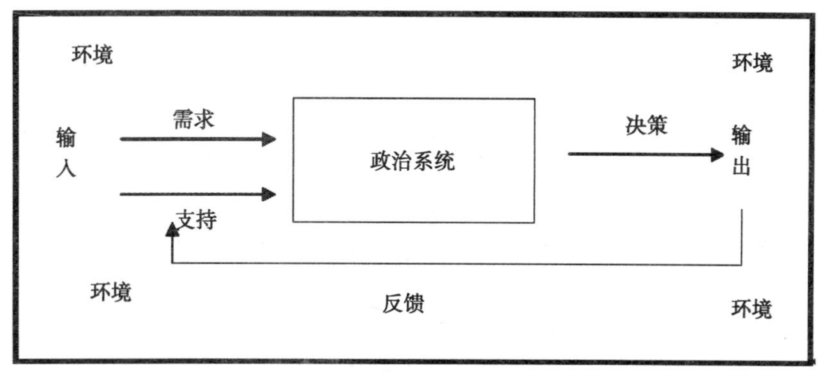

图 2－1　戴维·伊斯顿“输入—输出”模型

资料来源：［美］戴维·伊斯顿：《政治生活的系统分析》，王浦劬译，华夏出版社 1999 年版，第 35 页。

1. 输入过程与公众议程设置

输入主要是指环境对政治系统传递信息及施加压力的行为，如缴税、投票、游行、结社等。通过符号化的需求和支持的信息转换，公众的政治意愿和期待被表达出来。输入过程的最终实现需要媒体的专业化组织化的信息生产，使这一需求或支持的政治信息迈向政治系统内部的视野中去。

2. 输出过程与政府议程设置

输出则是指政治系统以某种方式影响环境的活动，最突出的表现即是对社会权威价值的分配，也就是政策的颁布和执行，此外还包括资源提取、产品分配、行为管制等。此外，政治系统通过对外部环境中信息的组织编排，利用政府议程设置使受众必然地接触某些利于政治主体形象的信息，或者通过对相关政策的权威发布，利用媒体进行合理性解释，潜移默化地在公众内心植入某种认同和理解，确保政治系统的输出过程得到大多数政治成员的认可，获得自身的合法性支持。

3. 反馈过程与媒体议程设置

政策决策的实施过程，实际上是政治系统对外部环境的需求信息所做出的积极响应，也是向环境提供“反馈”的必要过程。借助这一过程，政治系统维持了与环境之间的相对平衡和稳定。而媒体在政治系统与环境之间的“居间”角色是不可替代的，媒体要在公众议程和政府议程中审慎地加以选择，形成媒体议程。媒体议程设置使公众得以掌握执政者的最新动态，执政者亦可及时了解民众的心理状况等，执政者与公众之间可以通过刺激反应相互沟通信息，形成一种不断相互作用的联系，从而使政治系统与环境之间实现有效沟通。

需要说明的是，输入、输出和反馈中的议程设置方式各有侧重，但并非是一成不变的，在某些情况下会出现一定的交叉。戴维·伊斯顿的政治系统论的观点，为我们重新审视传播在政治活动中的地位提供了一个全新的视角，突出了传播在整个政治活动中的战略地位。

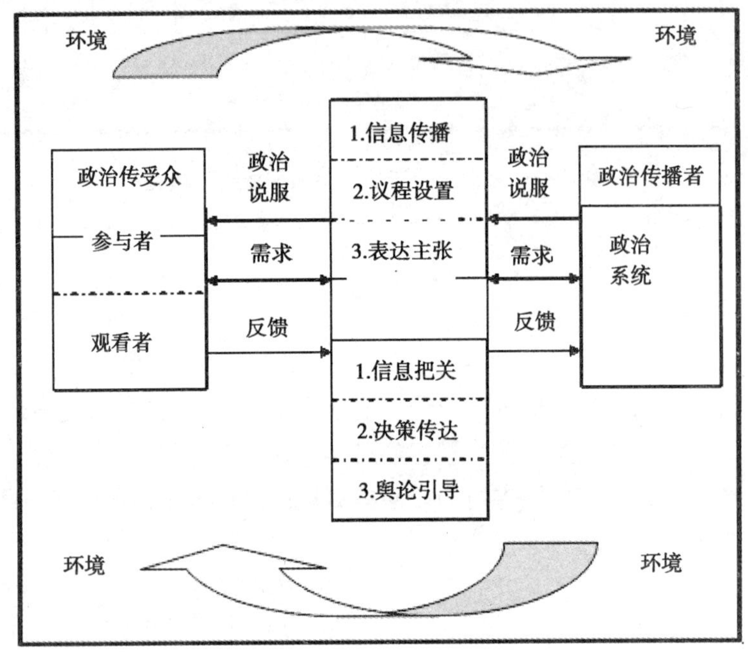

图2－2 新媒体背景下政治系统的信息流动格局

资料来源：苏颖：《政治传播系统的结构、功能与困境分析——基于政治结构功能分析方法的视角》，《东南传播》2009年第5期。

（三）新媒体与政治

与传统媒体相比，新媒体与政治之间的关系的差异在于信息流动格局的变化，既往由传统媒体时代的单向的、点对面的强势传播转向为“对称性的多元流动方式”①。参照政治系统论的模型来看新媒体对政治及政治传播的冲击，具体表现在以下几个方面。

① ［美］W. 兰斯·班尼特：《媒介化政治：政治传播新论》，董关鹏译，清华大学出版社2011年版，第128页。

1. 政治系统与外部环境间的信息流动由单轴回流式转向多轴对称式

传统媒体时代，政治系统拥有权威的消息发布、信息阐释的权力，在引导外部舆论环境方面有着充分的优势。新媒体广泛应用和普及使政治信息的控制主导权从主流的社会精英如政府官员、新闻发言人等向边缘化方向倾斜，如民间意见领袖、草根明星等，可以依靠个人独特的风格魅力赢得公众的青睐和认同，拥有不可小觑的影响力。新媒体的传播环境下，“去科层化的互联网重构了政治科层体系中的信息沟通，也重构了政治体系内的权力关系，中央政府、地方政府与民意间的博弈格局发生一定变化”①。

2008 年 6 月 20 日，胡锦涛主席与人民网网友零距离接触，并向强国论坛的负责人说：“我也是你的网友！”这一声亲切的问候开启了中国领导人借助网络与民众展开线上交流的大门。总书记与网友们网上交流虽然只有短短 5 分钟，但是还是引来了民众强烈积极的反响，人民网的点击率飙升，论坛当天的最高在线人数高达 200 多万。

2. 输入过程中的公众议程的影响力不断扩大

新媒体极大地提升了公众对信息的驾驭空间。以往公众议程设置需要等待媒体来“选中”才有机会进入政治精英和执政者的视野，政治系统内部不同派别之间的政治议程竞争甚为激烈，公众在政治系统中处于被动的地位，公众对事件的关注和解读被局限在有限的信息环境中。此外，新媒体技术革新所带来的“把关人”的削弱，使信息的数量成几何倍数增长，并且同一事件有多种观点，突破了公众建构自己对政治事实的认识局限。公众对政治系统的支持或需求能够通过新媒体的平台发声，公众议程设置的影响力不断提高。

《中国互联网舆情分析报告》提出“新意见阶层”的概念，把活跃在网络上的那些关注时事政治信息、积极表达政治意见与见解的网民作为“新意见阶层”的典型代表。这一群体在现实生活中所处的阶层与其在互联网平台上的传播影响力并非绝对一致的对应关系，他们很可能是在现实生活中的草根群体，但通过在网络上深入广泛的政治交流，使其可以靠新锐的政治观点或鲜明的政治主张，迅速坐拥大批粉丝，凝聚共识，引起情

① 潘祥辉：《去科层化：互联网在中国政治传播中的功能再考察》，《浙江社会科学》2011 年第 1 期。

感共鸣，诱发行动。随着新媒体技术发展日趋成熟和日益普及，“网民间互相纠偏、符合印证以及网络所呈现的结构性的信息提纯能力”①，让人们逐渐认识和领略到新媒体的独特魅力。

3. 输出过程中的政府议程的权威性受到挑战

在传统媒体时代，权威的消息来源一直掌握在政治系统内部的掌权者手中，传播方式是点对面的传播，政治系统对媒体这一特殊的政治资源有着绝对的掌控力。同时传统媒体环境中的信息生产传播的周期较长，留给执政者充足的时间响应公众的输入过程。然而新媒体打破了政治系统对媒体和信息的垄断地位，在多元化的观点交锋和海量信息的汇聚中，公众的理性精神和质疑精神被极大地唤醒，自身的主体意识也不断增强，对政府设置的议程会采取更加审慎的态度。

新媒体使政治系统对环境议程的威权性受到了极大冲击，这一点在2009年伊朗“绿色革命”的群体事件中得到了很好的证明。2009年6月12日，紧随着受到操纵的总统选举的结束，伊朗爆发了名为“绿色运动”的大规模抗议活动，数字媒体在其间扮演了重要的角色：运动领导人米尔·侯赛因·穆萨维，主要通过他的博客、Facebook同伊朗民众进行联系，警察的暴行与抗议者们的反抗形象在反审查技术的帮助下通过Facebook与Twitter传遍了伊朗及世界其他地区。时任总统穆罕默德·艾哈迈迪-内贾德的选举舞弊行为激怒了公众，新媒体推动了这次“绿色运动”。

4. 反馈过程中传统媒体与新媒体的联动效应增强

媒体在公众和政治系统之间扮演看门人的角色。媒体在政治原则和职业道德规范允许的范围内，会以职业眼光选择有价值的政治信息呈现给执政者和公众。新媒体的出现，加速了政治系统与环境之间的输入—输出进程，借助媒体议程，公众议程与政府议程实现了比以往任何时候都更加深入、频繁的互动。新媒体往往在反馈中占据时效性和广泛性的优势，但是新媒体自身的公信力匮乏和新媒体用户的非理性等弊端也制约了反馈的有效实现。传统媒体成为对新媒体信息进行全面深入阐释的优质平台。二者充分发挥各自的特有优势，强强联合，“在权威引导上和理性说明上发挥

① 喻国明：《传媒变革力——传媒转型的行动路线图》，南方日报出版社2009年版，第23页。

更大的作用”[①]，更有利于反馈功能的实现。

在备受瞩目的“两会报道”中，凤凰网以其专业制作水平和突出的多媒体整合能力名列“两会报道”受众影响力与满意度评价排行榜第一位[②]。在两会前一个星期，凤凰网即推出系列策划《盘点两会十年》《中国人看两会》等预热内容，将两会报道关注点提前传达给网友。两会期间，凤凰网陆续推出《温家宝诗言志》、共计七期的自由谈特别版评论专题，关注刑诉法、乌坎等热点话题。两会结束后，凤凰网还策划制作了《我是温家宝》《2012 两会大盘点》《这些年，他们代表我们》等精彩新闻专题。

第二节　新媒体对政治的影响

政治活动至少包含了政治主体、政治客体以及政治文化。政治主客体之间的互动过程，也就是政治系统与环境间的输入、输出及反馈过程。政治客体要充分参与到政治生活中去，对政治系统施加影响，就必须经历政治社会化的塑造过程。而在政治主客体之间的互动与沟通中，所形成的稳定而特有的政治气候，实际上就是政治文化。本节将分别从政治主体的自身变化、政治客体的政治发展及政治主客体间互动所形成的特有政治文化的变迁这三个层面，剖析政治与新媒体之间的互动关系。

一　政治主体自主空间不断提升

“政治主体即政治行为者，广义指所有的政治行为者；狭义指在政治过程中处于支配和主导地位的政治行为者。”[③] 它包括国家、政府、政党、利益团体、政治领袖、公民个人以及国际组织等。在这个定义下，尽管政府与公民都是政治主体，但是放在一起则呈现出主客体的差异性。然而新媒体彻底打破了原有信息流动的秩序，由于新媒体强烈的交互性和去中心化特征，使政治系统中的各个主体呈现出以对等的政治传播为基础的主体

① 胡正荣：《新媒体与传统媒体联动构建舆论新环境》，人民网（http://media.people.com.cn/GB/40606/9506805.html）。

② 清华大学媒介调查实验室：《2012 年全国“两会”网络媒体报道影响力研究报告》，凤凰网，2012 年 3 月 21 日。

③ 王久渊：《政治学概论》，西南交通大学出版社 2010 年版，第 12 页。

间性，即交互主体性的关系。

在新媒体背景下，无论是政治系统内部的掌权者，还是外部环境的公众，又或是外部环境的国际社会，凡是“发声者”，也被视为政治主体。新媒体对政治主体的影响主要表现在以下三个方面。

（一）随时随地的政治信息获取

新媒体的海量性、即时性、整合性及超文本链接等优势，极大地促进了政治主体获取信息的效率。尤其是在查找相关信息、捋清事件发展的前因后果时，新媒体的智能化信息处理方式，能够按照相关程度提供给用户详尽的资料。

新媒体时代主体获取政治信息的途径更加多样化，除各大门户网站的时政频道外，还有以知名主流媒体及个人意见领袖为代表的认证微博提供的各种政治信息和观点，在微博上还可以会聚对某一热点事件有共同兴趣的人，这一“微吧”功能使公众意见更加集中，也能够呈现更为激烈的思想交锋。

另外还有一部分知名论坛成为政治信息传播的重要平台，如凯迪社区、天涯、猫扑等，进行信息交流和讨论。在新媒体时代，重大突发事件的发生和公众对该信息的接收几乎同时，即时通信软件（如QQ、淘宝旺旺等）会在重大突发新闻事件发生的第一时间“推送”给用户相关信息。具有公信力的主流传统纸质媒体主动开拓数字化转型，延续自身政治信息的传播范围和时效。在AppStore中有关“政治与新闻”的移动应用下载排行中，《南都周刊》《看天下》《瞭望东方周刊》等杂志实现了为公众进行深度政治信息解读和互动性的双重满足。

（二）形象塑造

形象一词，与英文中的“image”相对，西方学者科特勒（Philip Kotler）认为“形象指人们所持有的关于某一对象的信念、观念与印象[①]”。政治主体的形象包含了国家形象、政府形象、政治领导者个人形象及公民整体形象等多层次。政治主体的形象是政治传播意象化的象征性符号表达的投射和结果。政治主体积极运用新媒体技术创新政治公关的方式，积极主动塑造自身的良好形象，是对政治传播受众进行深度说服的新型政治营

① Philip Kotler, *Marketing Management, Analysis, Planning, Implementation and Control*, 9thed. UpperSaddleRiver, NJ: PrenticeHallInternational, Inc., 1997, p. 607.

销策略。

马克斯·韦伯曾将政治合法性概括为三种类型，其中最重要的一个是个人魅力型。戴维·伊斯顿也曾论述过政治体系合法性的三个可变来源：意识形态、结构、个人品质。其中，“领袖人物恰恰是通过他们的个人品质，才可以成功地为一个政权罩上合法性的光辉”。[①] 事实上以领导人个人魅力展示为切入点建构主体形象，由于其贴近公众心理更容易取得良好的效果。新媒体的碎片化、娱乐性特征使其在主体形象“描写”中，展现独有的优势。新媒体作为公共舆论的集结地，一方面长于为政治主体“附魅”，一方面又能够通过公众网络化的政治讨论和沟通为政治主体“祛魅”，实现公众对主体良好形象的接纳和认同。

2008 年奥巴马初次竞选总统时，奥巴马的团队建立个人网站（http：//barackobama. com），为了迎合年轻人的喜好，提供了苹果手机配套应用、奥巴马时事新闻短信订阅等个性化服务。该网站还有一个特色在于“无处不在的奥巴马”的复合型平台展现，不论你的鼠标点向何处，右边必定是奥巴马新媒体联系方式的各种链接，亲民色彩十分浓厚。此外，通过购买 Google 关键词广告、向选民定期发送手机短信和电子邮件实现了精准的政治传播。奥巴马分别在 Facebook、Myspace 等 15 个互动网站上开辟了个人主页、联系了近 5000 万位网友，3200 万人关注 Facebook，2000 万人注册官方竞选网站。2012 年奥巴马二度竞选总统时乘胜追击，充分利用现有的庞大网络资源，实现对特定人群的“窄播”动员。2011 年 6 月 19 日父亲节当天，奥巴马亲自在“Twitter”发了一条微博：“作为一个父亲，有时是我最艰难的工作，但从来都是最有回报的工作。”这一条充满了人情味的微博一经发出，就得到了众多粉丝的转发和评论。奥巴马的个人形象浓缩在简短的微博里，但丝毫不妨碍折射出其慈父的形象与光芒。

记者招待会上，温家宝总理因擅于旁征博引古典诗词，被媒体和公众津津乐道。有网友对温家宝总理在 2003—2009 年 9 年间的记者招待会上所引用的古典诗词进行了整理和归纳，总共 43 条，平均每年 5 条。网友甚至结合温家宝的个人形象制作了充满古韵的图片，在各大论坛、微博和 QQ 等聊天工具上广为转发，这种传统的中国式幽默和诗意儒雅的总理形

① ［美］戴维·伊斯顿：《政治生活的系统分析》，王浦劬译，华夏出版社 1999 年版，第 371 页。

象深入网民内心，“诗人总理”也成为温家宝的鲜明标签。

（三）网络问政

网络问政是伴随着各个国家执政者和公众纷纷利用手中的新媒体参与政治生活的趋势，近年来迅速成为一个热点现象。网络问政既包括了百姓问政于政府，也包括了政府问政于民。Web2.0技术催生下的各种网络新媒体形式“互为主体”的特征十分突出，借助于网络新媒体形式，网络问政实现了前者和后者的平等互动。赵红卫教授认为：“‘网络问政’一方面是政府主动上网对网民进行咨询，并对网民提出的问题做积极回应；另一方面，也包含了网民对政府的质问、应答和评议。”① 网络问政这种全新的政治沟通方式由于开放度、透明度的极大提升，使政治沟通的效率也随之提高，政治信息在政府与公众之间更趋于对称性的良性沟通。在这种相互探讨中，政治系统内部和外部的各种现实矛盾和突出问题都有机会呈现在公共平台上，更容易形成公共议程进而影响政策的出台或调整。

案例：脱“马甲”挣人气，湖南株洲纪委书记网上反腐

湖南株洲市原纪委书记杨平曾经被誉为中国网络反腐第一人。2008年5月，杨平开始在网上实名注册自己的姓名身份，充分借助网络的力量，发动网民对身边的贪腐官员进行举报。杨平的这一做法，首先源于一个帖子。2008年以前，他曾在网上读到一则关于株洲市粮食局局长贪污受贿的帖子。后经调查确认消息属实，于是杨平开始脱去匿名马甲，以真实身份发动群众反腐。他的这一真诚的举动赢得了很高的人气。在其注册半年多以后，相关部门共收到举报信多达210多封，有调查结果的信访投诉案件多达49件，还查处了当地若干正处级以上的贪腐违纪干部。

二 参与型的公民政治文化逐渐成形

“政治文化”概念的创始人美国政治学家加布里埃尔·阿尔蒙德认

① 赵卫红：《论“网络问政”及其良性发展的路径选择》，《法制与社会》2010年第5期。

为，“政治文化是一个民族在特定时期流行的一套政治态度、信仰与感情。”① 它代表的是整个政治社会的精神范畴，是人类在整个政治活动中长期积淀下来的相对稳定的精神和情感因素的总和。阿尔蒙德将政治文化划分为三类：村民政治文化（狭隘型）、臣民政治文化（从属型）和公民政治文化（参与型）。② 狭隘型政治文化是与传统的专制政治体系相伴而生的相对落后的政治文化，传播体系较为封闭；臣属型政治文化诞生在集权政治体系的土壤之下，单向传播和自上而下是其主要特征；而参与型政治文化是在政治民主体制和开放、平等、交互的新媒体技术的催生下，逐渐成形的一种现代性政治文化，这种现代性政治文化与民主政治息息相关，并且与民主政治的发展互为保障和前提。参与型的公民政治文化的这种政治结构相互协调的文化形态，是现代政治社会的重要文化表征。

（一）政治社会化

政治文化的形成需要一个漫长的过程，是政治系统的个体与外部环境相互作用的结果。政治文化的具体实现离不开政治社会化。“政治社会化是政治文化形成、维持和改变的过程。”③ 就政治个体而言，其意味着一个人通过学习和实践获得有关政治体系的知识、价值、规则和规范的过程，一个自然的人转变成为一个具有一定政治认知、政治情感、政治态度和政治倾向的社会政治人的过程；从社会整体的角度讲，政治社会化是一个社会将政治文化（普遍的政治知识、价值、规则和规范等）通过适当的途径广泛传播的过程。

通常政治个体的政治社会化的实现过程，除了通过家庭、学校及其他社会团体的教化之外，大众传播媒介也是不可或缺的关键环节。大众传播媒介在政治信息的生产和传播过程中，可以对政治个体形成潜移默化的熏陶。随着传播技术的飞速发展，信息形态和传播格局发生了巨大变化，新媒体的作用更加凸显出来。新媒体技术为政治成员提供了全新的交流平台。新媒体用户由于可以随时随地以高效便捷的方式获取丰富的资讯，公

① ［美］加布里埃尔·A. 阿尔蒙德、小 G. 宾厄姆·鲍威尔：《比较政治学：体系、过程和政策》，曹沛霖等译，上海译文出版社 1987 年版，第 29 页。

② ［美］加布里埃尔·A. 阿尔蒙德、西尼·弗巴：《公民文化》，普林斯顿大学出版社 1963 年版，第 17—18 页。

③ ［美］加布里埃尔·A. 阿尔蒙德、小 G. 宾厄姆·鲍威尔：《比较政治学：体系、过程和政策》，曹沛霖等译，第 91 页。转引自熊光清《中国流动人口中的政治排斥问题研究》，中国人民大学出版社 2009 年版，第 174 页。

民的“线上”政治参与呈现出泛在性的特征。利用新媒体平台，公民接受有关国际时事、国内民生、重大政策等方面的政治信息比以往渠道更加多样，深度和广度前所未有地增加，并且可以通过评论、置顶、分享、“踩”等方式作出价值判断。同时，新媒体强大的聚合力量，将持相同或者相近政治价值观的人群联系起来，突破时间、地域、现实阶层身份等限制，就某一问题充分展开讨论。在这个过程中，实现了公民政治参与、政治表达与沟通的迫切需要，相对成熟的政治人格逐渐形成。而个体政治社会化过程的完整性对整个政治系统内部的政治文化的积淀和发展有着至关重要的作用。

网络政治的兴起为公民政治社会化的实现提供了更加便捷的沟通渠道，更为开明，开放的政治文化氛围也逐渐形成。总之，网络政治加速了中国公民政治社会化过程，并且极大地促进了政治文化的发展。

案例：新媒体培养大学生核心价值观的调查报告[①]

2009 年，四川大学蒋晓丽教授的马克思主义大众化课题研究小组对大学生展开了一项关于以互联网为重要工具的新媒体接触与使用情况的调查研究。结果发现，大学生由于大量接触新媒体，在新媒体所呈现出的主流价值观的长期耳濡目染熏陶下，大学生自身的价值观往往与新媒体呈现的价值主张相一致。新媒体庞大的使用人群和个体占据使用时间的长度，决定了其对大学生而言的媒介工具的主体性地位。如何充分利用好新媒体这一重要工具，发挥对大学生群体的核心价值观的建构功能，成为该课题小组思考的重要命题。

结果表明，大学生使用新媒体的第一动机主要是汲取信息；第二大动机是基于社交网络的线上沟通；第三大动机是基于新媒体和大型网络游戏等的休闲娱乐（比如追热播剧、看大片、玩网游等）。另外，课题小组还发现，大学生是一群有着强烈的自我表达、追寻自我价值实现需要的群体。新媒体兴起以来，大学生始终是利用先进传播工具的“潮人”一族。他们借助博客、微博、微电影、轻博客、知客等各种先进的交流平台，记

① 蒋晓丽、董子铭、曹漪那：《新媒体培养大学生核心价值观的交互机制研究》，《湘潭大学学报》（哲学社会科学版）2010 年第 9 期。

录生活感悟，分享新锐观点，这已经成为新媒体热潮下的一种独特的校园文化现象。

（二）政治亲和力

德国现代著名政治学家马克斯·韦伯曾对历史上合法的政治统治方式进行了一系列考察和归纳，他总结了三种方式，即传统型、魅力型和法理型。传统型是建立在世袭制度和富有神权色彩的统治权力的基础上的；魅力型是将政治领导者个人魅力非凡化，赋予一种超自然的、与众不同的神圣天赋；法理型则是工具理性代替价值理性，责任伦理取代信念伦理的以现代契约和法治精神为支撑的统治方式。随着整个社会的政治文明的不断进步，政治权威的“祛魅”特征愈发明显，政治权力的拥有者越来越多地以平民姿态现身，成为现代主义逻辑中政治传播文化的一种形式上的妥协。传统政治中的神秘化、神圣化的“附魅”光环被逐渐剥除。媒介作为政治活动的重要舞台，成为政治主体维护自身合法化地位的重要武器，在社会多元力量博弈中成为重要的竞争砝码。在前现代社会向现代政治社会的变迁中，“祛魅”是人们获得自身主体性地位、挖掘政治个体的理性精神的巨大进步，伴随着整个现代工业社会的政治生活的理性化和理智化的运转，原本存在于社会共同体中的神圣的终极价值被逐步消解。

工具理性片面化发展到一定程度，人的物化和工具化的倾向就愈发明显，政治生活也难以彰显应有的生机和活力。因此，各国的政客和政治首脑们纷纷意识到，要提升政治系统的凝聚力需要情感的渲染和价值信念的强烈支撑。在具体的实现方式上，就是对政治主体走下神坛之后的“再附魅”过程，这种“魅”不再是马克斯·韦伯先前所指的迷信色彩的巫魅，而是一种贴近公众的亲和力。

最初，“亲和力”的概念用于化学领域，特指一种原子与另外一种原子之间的关联特性，而后被用于心理学和社会学的范畴。在新闻传播学中，亲和力是指“报道与受众之间的紧密感、亲切感、信任感、互动性、关注度和接受度”①。也有学者认为，新闻报道的亲和力既包含了“大众传媒（报纸、广播、电视、网络）通过其新闻报道与受众建立起的某种亲切感、亲近感和认同感”；也包含了“大众传媒构建和具备这种印象感

① 辛文：《传媒小词典：什么是“亲和力”》，《新闻与写作》2006年第8期。

知与效果预期的能力”[①]。在新媒体环境下，由于把关的松散，政府和媒介议程设置较之以往相对削弱，公众开始掌握一定的话语权，政治传播环境的根本性变化使传统政治威权中的神秘感在逐步消失，政治主体要保持与外部政治环境的和谐，就必须努力提升自身健康、开明的亲民形象，最大程度地实现全体社会成员的政治认同。这一政治亲和力的形成包含了两个方面：一是政治主体自觉运用媒体，展开具有接近性的政治公关活动；二是体制内的媒体积极运用有效的政治传播策略，塑造政治主体的良好形象，使公众和政府之间达成相互理解、彼此认同的良性沟通模式。

胡锦涛总书记在2008年6月20日考察人民日报社工作时，强调“坚持以人为本，是做好新闻宣传工作的根本要求。必须坚持以人为本，增强新闻报道的亲和力、吸引力、感染力”[②]。这一要求突出强调了“亲和力”在新闻报道中不容忽视的作用。事实上亲和力的本质是影响力，政治亲和力是将政治传播的效果广泛散播到民众中间，是基础性地稳固政治主体的根基的关键环节。

传统媒体时代的政治传播往往具有浓厚的宣传色彩，往往传播内容单一，形式上单调刻板、呈现出自上而下的强势输出的传播面貌。这种传播思维无形中延续下来，语言表现形式程式化，难以适应后来的政治生活情境。

新媒体时代的政治传播亲和力一方面表现在传播内容上，即硬新闻的软化；另一方面表现在传播形式上，贴近性的增强和吸引力的提升，总之体现出浓厚的人情味儿，极易引起政治传播受众的共鸣。

案例：温总理一件羽绒服穿10年，感动无数网友[③]

2006年，一名细心的网友“老旗”发了一则题为《温总理相隔10年后来山东农村，还穿着那件冬装!》的帖子，没想到该帖迅速蹿红：

“2005年除夕，温总理在济宁、菏泽与农民一起过春节。细看照片，

---

① 操慧，李玮：《新闻报道的亲和力研究：背景、现状与框架》，《西南民族大学学报》2009年第10期。

② “胡锦涛在人民日报社考察时的讲话（全文)”，《人民日报》2008年6月20日。

③ 参见《温家宝总理一件棉衣穿10年 感动数十万中国网民》，《财富时报》2006年2月22日。

似曾相识——10年了，总理还穿着那件冬装……10年前，即1995年冬天，我随时任中共中央政治局候补委员、书记处书记的温家宝前往寿光，在蔬菜批发市场留下了这张照片。左边是时任省长的李春亭，右边是时任寿光市委书记、现任临沂市委书记的李群。这是今年除夕温总理在菏泽的照片，身上穿的似乎还是10年前的那件羽绒服。仔细看了又看，应该是同一件……总理啊总理！”

帖子作者在原文中还同时配发了10年前和2006年除夕的两张新华社拍的图片。羽绒服的样式已经显得陈旧了。而温总理，也比10年之前沧桑了许多。

图2-3　2005年除夕，温总理在济宁、菏泽与农民一起过春节

图2-4　1995年冬天，温家宝在寿光蔬菜批发市场

（三）政治娱乐化

美国总统里根曾将政治比喻为娱乐业。政治传播在随着政治文化的后现代变迁中，要深谙受众接受心理，掌握传播策略与技巧，迎合观众。

政治娱乐化首先表现在政治符号的浅表化。政治主体的媒介形象在新媒体时代以一种更加惊艳的形象亮相，以期博取公众的眼球。美国媒体的一份数据显示，大众传媒进入电视时代以来，总统的候选者总是身材高大魁梧者占据绝对优势。在新媒体时代，政治家充分意识到自身作为国家形象的代言和特殊的政治符号，他们更加注重自己的外表，追随时尚的前沿，用有强烈个人风格的品位进行自我包装，在公众和国际社会中树立自身的良好形象。

其次，政治娱乐化表现在政治语言的煽情化，用夸张等修辞和形象细腻的描写唤醒公众的认同和广泛支持的情感。这种煽情化的语言在政治选举行为中体现得尤为明显。比如2007年的香港特首选举中，曾荫权打出了“我要做好呢（这）份工”的竞选口号。结果劣评如潮，被某些学者指责为没有内容，缺乏愿景。然而事实证明这一政治传播口号效果却出奇的好，从政者以小民文化为出发点，配合平民化口语化的表达基调迎合大众，这句口号的辐射速度极快。有的电台主持人调侃说：“我要做好呢粒钟（这一个小时）！”也有专栏作家做文章的标题为《我会写好呢个栏！》，使这一口号的变种在坊间迅速流传。

再次，政治娱乐化还表现为政治精英和政治领导者通过主动或被动、有意或被迫的隐私曝光来提升曝光度和知名度，成为一种政治公关方式。

图2－5　各国女性领导人形象

案例：女元首服饰密码[①]

韩国总统朴槿惠最近在服装风格上展现出与过去不同的风格。过去在总统竞选拉票时，她经常身穿红毛衣、红西服，戴红围巾、穿红球鞋，红色无处不在，尽显亲民本色。而她最近总是穿橘黄色与粉红色等鲜艳颜色

① 参见凤凰网时尚频道（http：//fashion. ifeng. com/news/detail_ 2013_ 01/15/21195104_ 0. shtml）.

的上衣亮相，韩国媒体形容为“朴槿惠 Style”。专家分析指出，鲜艳的颜色与中式立领的造型，都带有一种特别的信息，即强调希望与威严。

亭亭玉立的泰国英拉经常身穿暗纹印花套装，显得优雅气质十足，再搭配上严谨的盘发，以及珍珠层叠项链十分惹眼，绝对算是美女的她在女元首中的穿衣品味绝对是个人特色十足，让人印象深刻，要不怎么能与奥巴马“眉来眼去”呢？

澳大利亚总理吉拉德，这位至今单身的女总理在情感上和朴槿惠情况相同，而她在衣着上则更为冷峻。她经常身穿淡蓝色衬衫搭配上黑色条纹西服，或是白色西服搭配黑色内搭，唯有那对珍珠耳环能吐露出一丝温柔气息。一丝不苟的搭配法则吐露出她严谨的工作态度。

和朴槿惠情况相近的是，默克尔是德国在战后的第一位女性领袖。拥有傲人身材的默克尔，曾经身穿蓝色低胸晚礼服搭配珍珠项链，霸气中又彰显优雅。而她更常常穿蓝色西服套装搭配同色系项链，显然也是一把搭配好手。

三　网络民主推进政治发展

政治学大师阿尔蒙德认为，政治发展是指“特定的政治体系所在的大众文化出现世俗化或科学化取向，政治体系的结构高度分化，导致更加专门化和自主化的政治角色、相应的层结构及新的互动关系”①。

政治发展从传统向现代、从低层次向高层次的递进过程中，至少包含了这样几个方面：一是政治文化的世俗化，包括对政治个体的政治价值观、政治道德、政治信仰等的共同培育等；二是政治主体决策能力的提升，比如政治生活中职能部门的不断细化和专业化分工合作的政治角色的生成等；三是政治发展的民主化，民主化是政治发展的最终目标，同时也是衡量政治发展水平高低的最重要参考指标。

政治发展的进程是在政治传播的过程中一步步实现的，民主的本质是一种“对话”精神，传统大众媒体给政治博弈的各方提供了信息沟通和表达主张的机会，而新媒体的出现则将这种对话带向高峰。新媒体由于突破了以往媒体存在的时间、空间及其他物理条件的固有缺陷，信息的透明

① ［美］加布里埃尔·A. 阿尔蒙德，小 G. 宾厄姆·鲍威尔：《比较政治学：体系、过程和政策》，曹沛霖等译，上海译文出版社 1987 年版，第 22 页。

度、传播的速率和广度、参与传播过程的各方地位由主客体二元向主体间性的交互性特征的转变等，都给民主政治的发展带来了广阔的空间。

在新媒体语境下，政治民主的内涵发生了新的改变。美国知名新媒体研究学者马克·波斯特教授曾表示："网络民主意味着出现了一种可能性，这就是用笛卡尔空间（Cartesian Space）表达的传统的集会或政治领域可能在网络空间中得到扩展和加强。"① 在新媒体时代，基于网络平台的政治民主的实现方式已经成为现代政治社会的某种政治文明的突出表征。公众借助新媒体平台参与到对话网中去，新媒体对政治发展的影响最突出地表现在两个方面：一是就整体而言的公共领域的构建；二是就个体而言的公民媒介素养的培育和借此不断提升的公民政治参与能力。

（一）公共领域的构建及网络民主的实现

哈贝马斯认为，公共领域是指"介于市民社会中日常生活的私人利益与国家权利领域之间的机构空间和时间，其中个体公民聚集在一起，共同讨论他们所关注的公共事务，形成某种接近于公众舆论的一致意见，并组织对抗武断的、压迫性的国家与公共权力形式，从而维护总体利益和公共福祉"②。

新媒体为公共领域的发育提供了适宜的土壤。首先，网络的去中心化特质使传统政治权力受到一定程度的迁移和分散；其次，新媒体的跨时空特性使政治信息的流动可以逾越既有限制，信息的无限延展与政治权力的有限性之间的矛盾为公共领域的商谈和政治系统各方的博弈提供了可能性。

而在全球化和网络化的今天，新媒体技术的不断进步催生出新的网络共同体，各种网络社区和公共意见的集合造成了新的社会原子化，一定程度上打破了原先传统社会中人与人之间的等级秩序和阶层差异。在新媒体环境下，人人都可以是发声的中心，使政治个体的公民意识和权利意识以前所未有的程度被唤醒。公众开始有意识地借助新媒体工具与政府和官方展开对话和博弈。因此，新媒体催生了新型的公共领域形态的出现。

哈贝马斯的公共领域主要讨论通过人际传播，传播范围非常有限，传

---

① Mark Poster, "Cyber Democracy: The Internet and the Public Sphere", David Holmes (ed.), *Virtual Politics: Identity & Community in Cyberspace*, Sage Publication, 1997, pp. 212—228.

② 汪民安：《文化研究关键词》，江苏人民出版社 2007 年版，第 91 页。

播的场所往往是咖啡馆，俱乐部等。而新媒体条件下公民个人成为独立信息发布的个体，公共领域借助无形的网络，汇聚共识或参与分歧意见的争论。在这种网络政治参与过程中，商讨的人数扩大，意见领袖的影响力借助新媒体的能量以几何倍数猛涨，由于讨论平台的开放性、对等性使公共领域在新媒体时代与传统私人领域和国家分离得更为明显，并且以一种更理性强大的力量对政治生活施加影响，并加速了整个社会由精英政治向大众政治转变的过程。“在理想的公共领域内，传播不仅不受政府约束，而且能够通过其促进协商、建立共识的特性反过来制约政府的议程和决策，而所有公民也能够平等地参与传播过程。”①

案例：豆瓣小组“一元公社”②

“一元公社”是活跃在豆瓣网豆瓣小组上的一个开放式公益活动中心。因为边缘人群提供活动空间的愿望而成立，开发和支持各类公益创意活动，一周七天开放，全部工作由志愿者承担。“一元”的意思是让每位参与者每次至少捐一元钱；“公社”则代表了“共享、共建，公共空间”的理念。“一元公社小组”活动的发起方式，首先是“线上”网罗就某一问题达成共同关注的成员和参与者，在做好活动策划和执行方案之后，再在“线下”某个具体时间地点集合，共同参与到活动之中。活动结束后，参与者回到豆瓣网的线上小组，上传活动照片，交流心得，总结活动的收益或教训，形成一个良性反馈过程。豆瓣网的“一元公社”线上小组在此成为能够与现实公共领域交融和切换的重要平台。“一元公社”所发起的活动往往围绕政治、经济、食品安全、艺术、社科、文化、教育、婚姻等公共议题展开。

（二）媒介素养的提高及政治参与的扩大

媒介素养是一个非常宽泛的概念，包括知识模式、理解模式、能力模式三个层面。媒介素养发展到高级阶段，则意味着一种带有主体意识的对外部信息环境的批判能力。如新媒体条件下的各种数据资源的获取能力以

① ［美］W. 兰斯·班尼特：《媒介化政治：政治传播新论》，董关鹏译，清华大学出版社2011年版，第3页。

② 根据豆瓣小组“一元公社”同城活动整理（http：//www. douban. com/event/18811043/）。

及理性、独立、审慎地对待新媒体中杂芜的信息，加以甄别和判断的能力。媒介素养的培育对新媒体时代的政治传播意义非同寻常。受众的态度不会轻易改变，无论对政府还是公众，参与政治生活不再是简单地说服和制造同意那么简单了，而是在一个更加理性和平等的层面上展开政治生活，在此过程中公民政治参与的范围得以极大地扩展。政治参与的机会多少和程度高低反映着公民在国家政治生活中的地位和作用。

在前新媒体时代，公民政治参与的方式受到政治表达的媒介形态的约束，发声范围和参与度都十分有限。由于传统媒体如报纸、杂志、电视、广播等的信息发布机会十分稀有，这种表达平台往往留给了政治领袖、社会精英和知识分子等，普通民众只有靠有限的媒介接触来感知政治环境的变化，甚至政治投票、政治选举等行为的选择也早已被限制在各种政治新闻报道的框架之中。对此法国著名思想家让·波德里亚甚至将现代政治生活中民众的消极沉默（即政治冷漠）定性为一种抗争和一种反击的模式，冷漠反而成为抵抗政治博弈的主动而明智的策略。

新媒体为公民提供了便利的政治表达的平台，政治参与的渠道更加多样化。由于新媒体自身的易得性打破了传统媒体时代对话语权的垄断，自上而下的科层制的信息发布秩序也在一定程度上变得松动。人人都有机会表达自身的政治态度，维护自己的政治权益，参与政治生活。

其次，新媒体使民众选择接受政治新闻产品的余地扩大了。由于新媒体时代的政治信息的过剩化生产和传媒产业愈加激烈的竞争态势，在新媒体产生之前，提供政治信息的媒体往往是政治系统机构化的一分子，内容经过严格的层层“把关”和“议程设置”的控制，公众掌握的信息质量是难以验证的。新媒体产生之后，通过不同的信息发布渠道，全方位满足了公众对政治信息更高层次的消费。

再次，新媒体为公民的政治参与和表达提供了有效率的途径。公民自由地表达意见，是影响和形成公共舆论和政党政策的基石，同时也是开展公民对政治权利者的监督的有效手段。去中心化的网络信息布局使政治权利者不再拥有对政治信息的绝对控制力，而新媒体时代产生的信息对称式交流恰恰是民主政治的生命力所在。从 2007 年的“华南虎”事件、到贵州瓮安“俯卧撑”事件，从涉及公共食品安全的毒奶粉事件、再到官员涉嫌猥亵幼女的林嘉祥事件，都是在网上引起轩然大波的政治事件，网络民主不仅给公民政治参与提供了更深更广的机遇，同时也在改变着以政府传统的单一权力为基础的治理模式。

第三节 政治对新媒体的影响

尽管新媒体有着各种无可比拟的优越性，但新媒体不单纯是技术，其自身有着某种政治秉性。当新媒体被置于政治体系和外部政治环境中时，须在现有政治体系的法制边界内、体制框架内、文化语境中才能实现。正如美国学者丹·希勒所言："互联网空间与现实世界是不可分割的部分。互联网实质上是政治、经济全球化的最美妙工具。互联网的发展完全是由强大的政治和经济力量所驱动，而不是人类新建的一个更自由、更美好、更民主的另类天地。"① 政治对新媒体的影响主要表现在三个方面，一是政治主体对新媒体的规制和利用，二是政治文化对新媒体的框定和熏陶，三是政治发展对新媒体发展的保障和促进。

一 政治主体对新媒体的规制和利用

新媒体共享性、交互性、平等性的技术理念和发展理念以及其简便快捷的信息制作方式和高效高辐射的传递方式，传统媒体规制方式已经很难有效地开展信息调控和媒介管理。媒介技术的革新直接给传统话语体系带来了巨大的挑战，由于公众自身传播权力的延伸和传播能力的提升，造成了政府和公众之间传播格局的微妙变化，公众有可能在一定程度上与传统政治威权体系相抗衡。政治权力主体也意识到必须适时地调整和转变与公众的沟通方式，从根本上转变对新媒体的操控和规制的理念和思维方式。

政治主体对新媒体施加的影响表现在两个方面：一是政治主体对新媒体的规制，除了传统的媒体规制方式对媒体行为加以规范以外，新媒介环境下的媒体规制方式出现了三个转向，即规制观念转向、规制内容转向、规制机制转向；二是政治主体对新媒体的利用，政治主体主动借助新媒体采取有效策略进行政治传播，积极尝试电子政务的职能运行方式，并把执网能力看作执政能力的重要内容，开展政治公关，成为政治主体实施政治活动的新方式。

---

① ［美］丹·希勒：《数字资本主义》，杨立平译，江西人民出版社 2001 年版，第 289 页。

（一）政治主体对新媒体的规制

政府运用公共权力，通过实行一系列具有约束力的政策及法律规范对新媒体进行限制与调控。政治主体对新媒体的规制始终存在。媒体作为稀缺的公共资源和政治话语权的重要载体，政治权力的拥有者历来重视将其放在战略的高度加以约束。施拉姆曾言："每个国家都保证本国人民享有表达思想的自由，然而各国都或多或少地对大众媒体加以控制，正如对它所有的社会机构加以控制一样。"①

随着媒介技术的革新、媒介环境的变化、媒体产业的发展，媒体受到来自政治主体的规制行为是一个不断调适的过程，规制的目的、内容、方式与媒介变革是互相影响和促进的。库伦伯格与麦奎尔曾梳理了现代政府媒体规制政策的演变过程，将其归纳为三个阶段②：第一阶段从19世纪到第二次世界大战爆发，规制重点是反对垄断；第二阶段是20世纪四五十年代到八九十年代，重点是突出传媒产业公共服务的功能；第三阶段即新媒体技术诞生及蓬勃发展之后，在全球化驱使下，各国作为政治行动的主导者均力求从对媒体的强行干预向逐步放宽的引导型管制转变，充分利用经济、社会和文化福利等激励性措施，在遵循市场规律和传播规律的逻辑下主动参与到新媒体的政治传播过程中。在此我们着重探讨媒介技术革新背景下，政治对新媒体的规制方式的三个转向。

1. 政治主体对新媒体规制观念的转向

传统媒体时代，政治主体对媒体的规制占据绝对优势。首先，信息的获取及把关控制操控在少数政治权利者和社会精英手中，大众只有被动地接受媒体信息；其次，传统媒体往往是政治系统的机构化组成部分，往往具有一定的政治倾向，为特定的政治集团服务，而政治主体也会通过立法、行政命令、财政等强制手段牢牢控制住媒体，把握自身对政治信息的绝对控制权。

新媒体的广泛应用使政治传播的格局和传播观念发生了根本性的变化，给原先僵化的媒体管制理念造成了强烈的冲击：平等、自由、开放的精神以及公民的个性化表达冲击政府对媒体的管理方式。由于公众信息获

① ［美］威尔伯·施拉姆等：《传播学概论》，陈亮等译，新华出版社1984年版，179页。

② Jan Van Schulenburg & Denis McQuail, "MediaPolicy Paradigm Shift", *European Journal of Communication*. Vol. 18 (2): 181—207, 2003.

取的渠道更加丰富，社会信息权力结构发生了反转，单纯靠立法和行政命令等硬性手段未必能取得理想的舆论效果。在全球化驱使下，各国政府均十分重视媒体规制思路的转变：从硬性的强势介入到逐步放宽；强制性与引导性相结合，激励性与惩戒性相结合；从自上而下的管制思维向平等式的服务理念转变。

2. 政治主体对新媒体规制内容的转向

政治主体对媒体的规制主要通过法律法规和传媒政策、相关规定和行政命令的下达实现的。新媒体的出现无疑成为政治主体规制的新领域。政治主体对新媒体规制内容的转向首先体现在，根据新媒体本身的媒介属性，具有媒介规制权的政治主体依照相关法律法规和媒体政策，制定网间接入和互联设置的相关程序，并对新媒体运营机构实施非对称性的监管，比如对 IPTV、手机电视、播客、微博、微信等新媒体内容的适应性政策、内容渠道的规范、信息发布的要求等，各个国家相应建立起相互平衡协调的规制框架。我国改革开放以来，政府出台了一系列合法化政策及法规实施对媒体的规制。

其次，政治权力拥有者有意识地将自身意识形态和执政理念等作为政治传播的核心主旨，对新媒体施加影响。中国政府积极通过规制创新，推动和促进新媒体在传播社会主义核心价值体系中的作用，将主流政治文化渗透到多媒体的节目中，积极鼓励新媒体工作者以生动活泼和极富贴近性的传播方式，大胆尝试节目形态的创新。政治主体除了对新媒体的限制和规定之外，通过鼓励性、扶持性政策引导新媒体的蓬勃有序发展。

3. 政治主体对新媒体规制机制的转向

传统媒体时代的媒介产业结构是条块分割的分立式的，政治主体对不同媒介形态的媒体规制有不同的规定，呈现出纵向分业式，在世界绝大多数国家中，不同产业类型是禁止交叉的。这种规制模式被有的学者称为“竖井”模式。[①] 20 世纪 90 年代以后，随着数字技术日新月异的发展和媒介融合趋势的不断加强，传媒产业的纵向分离式结构开始逐渐向横向交叉式转变，政治主体对新媒体的规制随之转向。

首先是规制机构的法定化。从国际趋势上看，新媒体出现以后，各个

① RichardS. Whitt: A Horizontal Leap Forward: Formulating a New Communications Public Policy Framework Based on the Network Layers Mode, *Federal Communications Law Journal*, 2004, V. 56, p. 596.

国家的政府规制逐渐从单一的专门化规制向行业整体性规制转变。比如欧盟，将原先彼此分隔独立的广电、电信纳入一个融合统一的框架内进行规制。我国的媒体规制也在技术融合的背景下逐步革新，以立法的形式逐步明确规制机构的职责，更有针对性地发挥规制作用。

1996 年，我国成立了国务院信息化工作领导小组办公室，旨在更好地推进我国信息化建设和维护国家信息安全。1997 年 6 月，中国互联网络信息中心（CNNIC）正式成立，作为互联网管理的核心机构，其主要职能是“负责管理维护中国互联网地址系统，引领中国互联网地址行业发展，权威发布中国互联网统计信息，代表中国参与国际互联网社群”①。1998 年 3 月，信息产业部成立，后又根据 2008 年 3 月 11 日公布的国务院机构改革方案，组建成立了中华人民共和国工业和信息化部。1998 年 8 月，公共信息网络安全监察局成立，负责制定计算机信息系统安全专用产品的检测执行标准规范，督查信息安全，打击网上犯罪等。2000 年 4 月，国务院新闻办公室下设并成立了网络新闻管理局，专门开展面向全国范围的全网新闻宣传工作。2013 年 3 月 10 日根据国务院机构改革和职能转变方案，国务院将国家广播电影电视总局、国家新闻出版总署两个机构合并组建为国家新闻出版广播电影电视总局，促进新闻出版广播影视业繁荣发展。

其次是规制主体多元化。法律规定的规制主体须在媒介规制过程中，协调分工，密切合作，有能力作出迅速反应，并开展全方位的互动。政治主体通过相关立法和执法部门的运作，对媒体运行实施有效的监管和约束。其中，立法机构通过制定或修改国家传播体制与媒介制度相关的法律法规和政策，对媒体日常运营开展前期规制；司法机构主要集中对媒体违规行为进行问责和追惩，具有特定职责与功能的行政机构，是对新媒体中端规制的重要部门，尤其是在突发性公共事件中，其作用往往不容忽视。

最后是规制行为规范化。对新媒体的运营机构的处罚或者奖励、放开或禁止都要严格遵照政治主体的媒介规制准则，其根本目的是能够维护好新媒体和谐有序的传播生态环境。只有加强规制行为的规范化操作，增强管理的透明度与针对性，才能更加有效地推进政治民主化、管理社会化，

① 参见“中国互联网络信息中心”词条，百度百科（http：//baike. baidu. com/view/42572. html. ）

加快和谐社会的构建进程。

（二）政治主体对新媒体的利用

政治主体对新媒体的影响除了规制以外，还体现在政治主体将新媒体作为实施政治传播的载体和政治活动的工具，利用新媒体履行自身职能。新媒体技术不断发展和成熟，及政府机构改革和职能转变的客观要求，共同催生出新型政府面貌，也就是常说的电子政务（E-government）。

电子政务指的是“政府机构应用现代信息和通信技术，将管理和服务通过网络技术进行集成，在互联网上实现政府组织结构和工作流程的优化重组，向社会提供优质和全方位的、规范而透明的、符合国际水准的管理和服务”①。究其本质，是政府运用互联网技术和协议化的信息技术进行行政过程的优化，改善政府机构的效能、效率，不断提升其服务质量的产物。电子政务的类型可根据其服务对象的不同而分为四种模式：政府对政府的电子政务（G2G）、政府对企业的电子政务（G2B）、政府对公众的电子政务（G2C）、政府对公务员的电子政务（G2E）。这四种模式是一种互动关系。政府部门在信息化社会的构建中，既是公共平台的搭建者，又是重要的参与者，这两种身份相辅相成、相互促进。

在“前电子政务时代”，政治主体对媒体的影响范式主要有两种：第一种是“宣传统治”式，这与特定的社会背景如战争、高度集权的政治体制、政治民主和文明程度相对薄弱都有一定关系。此时的政府部门借助媒体的机遇非常有限。在政治传播中，政治权力主体往往通过自上而下的命令和教化式的宣传灌输，对传播受众进行政治动员和说服。宣传是主动影响公众的意见，而非传递事实。第二种是随着大众传媒产业的日趋成熟，市场经济环境的不断完善以及公众政治参与的热情不断提高，政治主体对媒体的影响以“新闻执政”（Governing with news）的方式出现。新闻执政政治主体利用新闻提升政府形象，增强公信力，巩固自身存在的合法性基础。新闻执政不仅是政治主体的施政策略，同时也彰显出媒介在整个政治生活中战略性地位日趋提高的传播理念。政治主体通过定期召开新闻发布会，及时发布信息、传递公共政策；借助市场营销中的策略和技巧策划政治公关活动，在媒介事件中公开表达立场；利用媒体有效进行议程设置，引导公众舆论等，以一种潜移默化的方式影响公众的态度，培育公众

---

① 徐晓林、杨锐：《电子政务》，华中科技大学出版社2009年版，第43页。

的信任度，提升自身公信力，塑造公众对政治主体的认同感。

而媒介技术的变革和政治主体优化自身组织结构的要求，使政府执政方式发生了彻底的转变。首先，数字化的网络技术和新媒体的日新月异为电子政务的兴起和发展提供了基础的物质技术条件，使电子政府成为可能，作为生产力的要件成为电子政务发展的最直接动力。其次，电子政务是政府机构改革与政府职能转变的现实出路，政府职能的扩大、现实环境的复杂化以及公众对政府不断提高的要求与期待，成为电子政府发展的内部推动力，使政府的电子政务转型成为必然。

尽管逐步开放的媒体环境造成了信息驾驭权力的逐步下移，但是政府仍然是全社会信息来源最广泛、信息控制最有效的政治传播主体，可以说今天的政府在从“管理型政府”向“服务型政府”转变的过程中，已经成为社会的“超级管理者”。政府组织结构也由工业社会中的垂直等级的科层式向信息社会中的水平网状式改变。与此同时公众对政府的要求与期待也越来越高。孙正兴和戚鲁便曾提出电子政务的5E价值，具体包括：“沟通更流畅（easycommunication）；行政更高效（efficientcorporation）；成本更节省（effectivecostdown）；协作更延伸（extensiblecooperation）；用户更满意（enjoyablecustomer）”①。

根据联合国发布的《2012年联合国电子政务调查报告》②，依据电子政务发展指数（即政府在线服务的范围和质量、电信基础设施的发展状况以及固有的人力资本这三个方面的加权平均数）对会员国政府的门户网站做出评估和排序。通过调查发现，电子政务在世界各国都出现了从分散的单一用途电子政务模式过渡到便利民众使用的统一的政府整体模式的转化趋势，共有193个会员国采用了两种主要的电子政务一体化的模式。其中韩国政府保持了2010年在电子政务方面所获排名第一的位置，荷兰目前排名第二，丹麦、美国、法国和瑞典紧随其后，成为全球电子政务领先国家。根据该报告中国排在74位，这说明和国际社会相比，我国的电子政务水平亟待提高，但是在新媒体蓬勃发展的形势下，我国的电子政务也开始加速发展。2013年3月26日，国务院的第一次廉政工作会议上，中共

① 孙正兴等：《电子政务原理与技术》，人民邮电出版社2003年版，第112页。

② 转引自《联合国发布2012年电子政务调查报告》，百度文库（http：//wenku.baidu.com/link？url=dXp7mpQktT9cQvTR32SMNy4PD9Cln5Wz_RXC1_2NYaHf0AX54gqToV96WriOC5R6FVL-aW6A75lNjSf2JxHv19syuvVtbIwokvO0cm1oSHUW）。

中央政治局常委、国务院总理李克强指出了微博时代政务公开的必要性和迫切性并高度评价了互联网特别是微博在政务公开中的重要作用。

案例：2013 年第一季度新浪政务微博报告[①]

截至 2012 年年底，新浪微博注册用户数超过 5 亿，微博已经成为不少网民社交生活的标配应用，同时也是社会各界讨论公共事件的重要场所。近两年来，政务微博的大量出现，为政府部门听取民意、服务民生、提高自身公信力创建了新的渠道。政务微博经受住了网民的拍砖和质疑，在信息公开、务实办事、问政行政等方面形成了有章可循的运营机制，塑造了亲民、高效、透明的政府形象。相关数据及案例显示纪委、司法系统微博呈现良好发展态势，团委微博在凝聚青年力量组织公益活动中显现优势。同时，行政级别为县处级的政务微博总数超过一万个，@深圳交警等基层政务微博影响力不断凸显，被社会广为称赞，展现了基层政府部门和基层公职人员已经能够通过政务微博与民互动、扩大自身影响力、塑造政府新形象。

通过对目前经过新浪微博认证的 41377 家政务机构微博和 29228 个公职人员微博进行数据统计，得出政务微博排行榜单。总分计算由活跃度、传播力和覆盖度三大指标构成。其中，活跃度代表每天主动发博、转发、评论的有效行为数；传播力与微博被转发、被评论的有效条数和有效人数相关；覆盖度的高低则取决于微博的活跃粉丝数的多少。最后通过计算得出以下政务机构及公职人员排行榜单。

二　政治文化对新媒体的框定和熏陶

“政治文化规定了影响政治输入和政治制度运行的思维、情感和行为模式，同时，又被社会成员视为一种权威性的内在力量。”[②] 政治文化具有两面性，既具有延续性又具有变迁性。当我们探讨重点在新媒体对政治文化影响的时候，要考虑政治文化的变迁特征。反过来，当考察政治文化

① 参见《2013 年第一季度新浪政务微博报告》，百度文库（http：//wenku. baidu. com/link?url = f52D0cE6QgIiy6X - x2Y - OyF1WoqTMrSI - lLq_ vGPzh - _ 5oxd53PEEupZWSX1wnuYVhiFMKG-wFdfa0vkiKnsbZZKSN - swB7w0EtxzjmyU_ 1i）。

② 熊光清：《中国网络政治的兴起与政治文化的变迁》，《社会科学》2012 年第 1 期。

对新媒体影响时，则强调其延续性特征。按照美国学者彼得·穆迪的观点，“如果用文化来解释政治，关注点就应更多集中于延续性而不是变化。文化在持续性行为模式中的体现是明显的，而如果特定的文化模式是持续的，那么，特定社会的政治活动在不同条件下可能就会持续表现出相似的风格①”。因为政治文化在政治社会发展中经历了漫长的积淀过程，所以有相对稳定和牢固的内核，与其他政治文化形态明显相区别。

政治文化对新媒体的影响，主要表现在两个方面，一是政治意识形态对新媒体传播内容和价值倾向的框定约束，二是政治文化的其他因素（价值判断因素和心理过程因素）对新媒体的熏陶。

（一）政治意识形态对新媒体的框定

传统政治学理论认为，政治文化的结构是由政治心理、政治价值评价和政治意识形态三个方面，由低级向高级、环环相扣有机组成的。其中政治意识形态在整个政治文化中占据核心地位，“它代表着政治文化的属性，规定了政治文化的本质。同时，在一个社会中占据统治地位的政治意识形态，只能是该社会统治阶级的政治主张”。②

现代社会，意识形态建构最重要的方式是通过大众传播媒介。而随着新媒体的不断发展，社会网络化和网络社会化成为新媒体发展的两大重要趋势，政治传播模式和传播环境也发生了深刻的变化，导致传统意义上的意识形态构建方式也随之改变。

首先是参与意识形态构建的直接主体发生了改变。使主流媒体成为新媒体时代的意见领袖，通过不断扩大主流媒体的影响力，打造主流媒体的公信力，在新媒体时代掌握政治信息的解读权威，占据舆论引导的制高点。在新媒体出现前，主流意识形态对政治个体的思想教化主要是通过大众传媒、学校、教会、工会共同来实现的，媒介的作用并未被提到显著位置。如阿尔都塞认为，封建社会的意识形态灌输主要通过教会进行，资本主义社会里教育机构和大众媒体是国家意识形态的重要机器。但是到了新媒体时代，泛媒介化的政治传播成为新媒体时代的重要特征。美国学者

---

① Peter R. Moody Jr. “Political Culture and the Study of Chinese Politics”, *Journal of Chinese Political Science*, Vol. 14, No. 3, (Sep2009): pp. 253—274.

② 王学俭：《政治学原理新编》，兰州大学出版社2006年版，第262页。

J. 希利斯·米勒甚至认为“媒介就是意识形态”①。

新媒介作为政治传播主体和政治传播客体共同把持的传播资源，当被政治主体充分利用，并遵循着普遍的传播规律和特定受众的心理特征展开有效传播的时候，政治主体的价值观念、目标动机、政治信仰等都会通过新媒体的政治传播过程传递出来。新媒体同样是政治传播的重要平台，由于其开放性特征更要求主流意识形态在政治主体的规制和管理下，争取自身的主导地位。按照马克思的观点，这种主流意识形态在思想意识方面的支配地位，与物质资料方面占统治地位的阶级是互相统一的。政治主体同时也是媒体的掌控者，在新媒体的政治传播过程中，具有严密的信息采集和把关，组织化、专业化的信息制作，科学化的舆情监控等专门机构，因此在意识形态构建中占有绝对的优势。

其次是主流意识形态构建内容的变化。新媒体不仅是传播技术和模式的革命，在政治传播领域还意味着政治主体传播理念的一场重大洗礼。传统大众媒介时代，大众媒体面向广大受众进行单向传播，政治文化的表现形态是纯粹的意识形态教化。比如新中国成立初期至“文革”阶段，我国大众媒介的主要任务是“利用报纸、广播，面对社会大众，向人们灌输社会主义的理想”②。新媒体的出现，打破了政治掌权者的权威，意识形态的合理性要接受在公众视野中公开讨论的考验，在这种情形下，意识形态逐渐向世俗文化靠拢，主动贴近民众。不再是一味地宣传和说教，而是通过政治硬新闻的强行干预，政治领袖及政治意见领袖利用自身公信力表达政治观点引导受众，与政治主体相关的影视剧作品，通过精彩的故事情节吸引大众，用叙事的方式传递主流意识形态与价值观念。

再次是主流意识形态构建方式的变化。这一点主要体现在传播策略的改变和表达方式的改进，更加侧重于从传播学的普遍规律入手，结合现代商业社会的营销公关技巧，对受众开展更柔性的深度说服。在新媒体条件下，一个政治系统中的主流意识形态的社会结构正在逐步以数字化的形式展示出来，在与新媒体的虚拟世界主动融合的过程中，实现对人们政治价值观念和政治信仰的网络化塑造。“在新媒体时代，其（意识形态的）表现方式无所不在，一部大片、一个电子游戏、一篇报道、一张图片，都可

① ［美］J. 希利斯·米勒：《全球化时代文学研究还会继续存在吗?》，《文学评论》2001 年第 1 期。

② 张昆：《大众媒介的政治社会化功能》，武汉大学出版社 2003 年版，第 415 页。

能暗含意识形态。所谓不存在意识形态的观点，本身就具有很强的意识形态色彩。”①

值得注意的是，在现代文明社会中尤其是新媒体环境下，意识形态的框定和约束并不会影响新媒体政治文化环境的开放性、包容性和多元化的生态秩序。一个国家的整个政治文化体系是由主导性政治文化和属于亚文化系统的非主导型政治文化共同构成的。主导型政治文化是占据核心地位的主流意识形态的表现形式，非主导型政治文化是繁荣政治文化环境的重要部分。

案例：英国男子上选秀唱革命歌曲
穿军装拿毛选走红网络②

唱中国革命歌曲的英国人伊恩·英格利斯（Iain Inglis）火了。

《社会主义好》、《学习雷锋好榜样》、《红星歌》……他乡之人伊恩，带着那些革命歌曲在中国奔波演出。这些歌曲在这个外国人的演绎下，显得分外欢喜热闹。在百度贴吧里，甚至有网友将其视为代表着“当代白求恩精神”的偶像。

伊恩在大学学习的是俄语和德语，按照他的规划，自己的理想是成为联合国的翻译。而早在他14岁初学俄语的时候，就已经从俄语老师那里接触到了大量的苏联革命歌曲，“自由的祖国，你无比光辉，各民族幸福的坚固堡垒！”青年时的这种隔空接触使得他“对共产主义有好感”，他希望看到歌里描绘的“公平公正的社会”。

《社会主义好》是伊恩学到的第一首中文歌曲。他不喜欢一般中文流行歌里的小情小爱，“我爱你啦，我们分手吧，这些歌词没什么内涵”。苦苦寻找下，一次在武汉旅游时，伊恩终于从一家音像店带了一张满是中国革命歌曲的VCD回到日本，此后便跟着光盘学了起来。

2006年，为纪念长征胜利70周年，江西卫视全国首创，举办了以讴歌革命为主题的全国歌唱比赛《中国红歌会》。2010年，已经定居海南的

---

① 刘瑞生：《中国应高度重视新媒体时代意识形态安全》，《中国青年报》2011年12月15日。

② 参见《英国男子上选秀唱革命歌曲 穿军装拿毛选走红网络》，人民网－传媒频道，2013年4月10日。

伊恩在朋友的鼓励下，报名参加了当年比赛。

该届比赛来到那片红土地的外国选手并非伊恩一人，已知的还有来自加纳的“黑鹰组合”，以及来自美国的杨海丽和唐伯虎。作为首批出现在红歌会赛场上的外国选手，他们被统一称为“红老外”。但明显不同于其他人带着新鲜感的生涩，此时的伊恩已经是个中国通。

赛前，伊恩精心设计了自己的演唱形式。于是，他出现在一片红星闪闪的背景屏幕下，穿着红军服，拿着《毛泽东选集》，做着样板戏与革命画报里夸张的动作，用带着口音的中文唱道：“爱憎分明不忘本，立场坚定斗志强”。

（二）文化环境对新媒体的熏陶

政治文化影响新媒体传播的基调和内容。政治文化除了意识形态这一核心要素，还包括了政治心理过程和政治价值评价等。在新媒体的政治传播过程中，政治个体对某一政治事件或政治人物的心理倾向和态度等，会直接影响到其政治行为过程。政治文化中的其他因素既包括了精神层面的政治认知、政治态度、政治情感、政治信仰等存量因素，同时也包含了这些因素对政治主体的政治行为的深刻影响。这种影响的轨迹通过新媒体的政治行为参与和政治表达便可窥见一斑。

新媒体浪潮伴随着我国社会的整体转型过程。改革开放以来我国社会逐步经历着由传统计划经济向现代市场经济、从农村社会向城市社会、从工业社会向信息社会的全方位转型，各阶层的分化加剧，在转型过程中面临着诸多利益矛盾和现实问题。如“贫富收入的差距”、“官员腐败”、“医疗保障体系的各种缺陷”、“农民及农民工群体及其他社会弱势群体的利益保障”等涉及公共政治生活的话题始终成为网络上的热点话题。有学者经过调查发现，在网络空间里传递的诸多信息并非直接与某一社会冲突的事件本身相关，而只是“表达、发泄一种情绪”①。这种微妙的政治心理过程作为政治文化的一部分，对整个新媒体环境构成一种熏陶和渲染的作用。如下面的一则案例，政治个体运用新媒体为自身的合法权益巧妙维权，当事人模仿外交部新闻发言人的话语方式为自己讨薪，这实际是政治文化对新媒体熏陶作用的投射。

① 参见《社会矛盾新警号：“无直接冲突苗头”出现》，《瞭望新闻周刊》2006 年 10 月 17 日。

案例：女民工模仿外交部发言人讨薪：表示强烈不满[①]

2012年10月，一段《女民工模仿新闻发言人讨工资》的视频在网络上迅速蹿红，引发了网友们的广泛关注。其视频发言内容如下：

图2－7 女民工模仿新闻发言人讨工资

“女士们先生们，信访部门的同志们，大家上午好。今天是我们例行上访时间。众所周知，我和农民工兄弟为天津汉沽殡葬管理所干了一个工程。应支付我们各项工程款1400多万元。我们多次催要，而汉沽殡葬管理所于我们友好合作关系不顾，多次声称不支付款项。我们百姓与民政部门一直是鱼水情深，公仆与主人翁的亲密关系。然而殡葬管理处却于事实不顾，于当前维稳大局不顾，做出有伤我方合法权益与自身形象的事情来。

早在2009年，天津就以（2009）二中民四初字第45号法律文书形式，确认应支付我方1400多万元。这一有力证据表明1400多万元应无条件支付给我方。我方为保护农民合法权益，多次严正交涉。殡葬管理所还欠着我方1380万元。这1380万元里，其中350万元是我们民工的工钱，血汗钱。我们强烈要求殡葬管理所立即无条件支付给我们。

我们还看出，殡葬管理所上级管理部门，即汉沽民政局，扮演了极不

① 参见《女民工模仿外交部发言人讨薪：表示强烈不满》，腾讯网－新闻频道（http：//news. qq. com/a/20121009/000977. htm.）

光彩的角色，我们对此表示强烈不满。民政局领导叫嚣民告官的案子输了有损政府形象，所以不能支付判决的款项。我们认为这种说法是完全错误的，是违背了为人民服务的原则的。我们还很遗憾地听到民政局领导李朋同说：我就代表政府，我说不给就不给，你能怎样？我们主张，和平合理合法地索要款项，以和为贵，以维稳为大局，从不非法上访。汉沽民政局置二中院判决于不顾，破坏劳动人民与政府部门的感情，是与其身份，其职能不相符的行为。”

三 政治发展对新媒体的促进和保障

政治发展对新媒体的影响主要表现在：政治发展为新媒体的发展提供了必要的政治生态环境；政治民主的实现程度保证了新媒体传播的自由程度。

（一）政治发展为新媒体的发展提供必要的政治生态环境

新媒体的发展无法脱离现实的政治生态环境的实际状况孤立地存在和发展。作为技术的新媒体与政治发展水平之间是相辅相成的，政治发展为新媒体的发展提供必要的政治环境，是新媒体生存和发展的重要土壤。纵观各国新媒体的发展状况，越是在政治发展水平较高、政治文明更为开化的国家，新媒体的发展和普及状况相对更加理想。而在政治发展水平相对落后的发展中国家，新媒体由于受到政治生态环境的各方面局限而难以取得长足的发展。

路逊·派伊曾在《政治发展的诸方面》中将“政治发展的指标”归纳为这样几个方面[①]：一是普遍平等的政治精神和态度，比如公民主动参与政治活动的积极性，法律的普遍性和公正性等。二是政治体系自身的能力，比如政府施政的范围和工作量及工作强度；公共政策的均衡性制定和实施；政治主体自身的合法性地位的巩固等。三是政治结构的分化与专门化。根据他的观点，我们可以逐一分析出政治发展对新媒体发展所提供的必要的政治土壤是如何展现出来的。

政治发展给新媒体的发展提供了必要的政治环境，主要体现在以下几个方面。第一，是包容性和吸纳性的政治理念。就政治理念而言，政治发

---

① ［美］路逊·派伊：《政治发展的诸方面》，小布朗出版社 1966 年版，第 31—48 页。转引自孙关宏等主编《政治学概论》，复旦大学出版社 2003 年版，第 319 页。

展蕴涵了对多元亚文化和非主流思想和意识形态的包容性和吸纳性。政治发展相对成熟的政治主体，会运用宽容平等的理念去对待与主流价值观念有差异的各种思想文化形态，并自觉将其中合理的部分吸收到自身的意识形态构建中。这给予新媒体适度的开放空间，使其作为政治沟通的平台展示不同政治意见的交锋。第二是法理性和公平性的政治制度。政治发展水平的高低还有一个重要的参照指标，就是政治制度自身是否健全合理，现代政治制度能够取得公众认可的基石在于其法理性和公平性是否存在。法治社会以公正、公平、公开、透明为主要要求的政治制度建设，无疑给新媒体发展提供了相对健康的政治生态环境。第三是高效能和现代化管理的政府作为方式，即政府在职能运作过程中的组织化、专门化的高效履责能力，以及对整个社会先进的、人性化的管理方式。第四是拥有公平参与权利和政治表达权利的政治个体。在政治发展水平较高的国家，政治个体往往拥有强烈的政治参与的积极性和政治表达的热情。他们通过新媒体主动介入到国家的政治进程中去，为新媒体自身的蓬勃发展注入生机。

（二）政治民主的实现程度保证了新媒体传播的自由程度

新媒体能够在多大程度上实现自由发展，取决于整个社会的政治发展水平和政治民主的实现程度。而政治发展的重要目标就是政治民主。在现实的政治实践中，民主“常常体现为一种原则，一种价值，一种工作方式”①。在现代的实际政治生活中，民主是在某种特定的政治和经济关系的基础上，能够使政治个体的诸种政治权利得以平等实现的一种精神理念、政治形式和管理方式。王沪宁在对各国政治发展学说进行总结之后，归纳了政治发展的三个方面，“一是平等的观念的扩大；二是民主制度的广泛实行；三是政治活动的制度化”。② 这三个方面很好地概括了现实政治系统中的制度民主的核心要义，而没有政治环境中的民主，就无从实现新媒体时代的“网络民主”。因此，现实政治发展水平的实际状况和民主程度，是网络民主的前提和基础，为新媒体产业的发展提供制度保障和政策支持。

2013 年 1 月 7 日习近平在全国政法工作会议上强调，要“着力提升

---

① 王浦劬：《政治学基础》，北京大学出版社 2006 年版，第 416 页。

② 王沪宁：《比较政治分析》，上海人民出版社 1987 年版，第 260—263 页。转引自王学俭主编《政治学原理新编》，兰州大学出版社 2006 年版，第 385 页。

新媒体时代社会沟通能力，着力提升科技信息化应用能力”①。通常人们更多地将关注点放在新媒体对政治传播的结构形式和交流模式的巨大改变以及由此带来的政治生活的变化上。然而，新媒体的发展与政治民主发展是一个双向互动的过程，政治文明的不断进步和政治发展水平的不断提高，给新媒体提供了相对宽松的政治生长环境，并为其提供政策支持、法律保障、政务服务等，政治发展中的民主氛围给公众提供了主动进行政治表达、政治参与的宝贵机会，为新媒体的自我发挥提供了适宜的政治环境。

第四节　新媒体政治传播中存在的问题

新媒体日新月异的发展对政治领域产生了一系列革命性的影响，这种改变有令人振奋的一面，但是正如尼葛洛庞蒂指出的“每一种技术或科学的馈赠都有其黑暗面”②，在新媒体的政治传播中，也存在着不容忽视的各种问题。目前比较受学界和社会广泛关注的突出问题主要有数字鸿沟问题、欠发达国家对发达国家的数字依赖问题、新媒体环境下的意识形态安全危机、网络战争及恐怖主义等。

一　数字鸿沟威胁政治平等与政治民主

数字鸿沟也称“信息鸿沟”，即“信息富有者和信息贫困者之间的鸿沟”③。数字鸿沟会使无网络接入途径的个人、组织和社会，承受经济、社会及政治成本。政治成本体现在妨碍个人及组织了解政治动态、参与政治活动，而公民与政党积极参与政治是民主政治的必要条件。故而，在大多数人无法获得网络接入路径的发展中国家，公民和政党的积极政治参与得不到保障，从而抑制其民主化进程。上升到政治层面上看，数字鸿沟广泛存在于国家与国家之间、不同的政治集团之间、同一个国家的不同地区之间，以及在参与政治生活时的不同政治个体之间，成为一个客观存在的由于信息和现代通信技术的传播生产力发展不均而导致的信息资源使用差

---

① 参见新华网《习近平：着力提升新媒体时代社会沟通能力》，转引自网易财经（http：//money. 163. com/13/0107/18/8KKRTANJ00253B0H. html）。

② 尼葛洛庞帝：《数字化生存》，胡泳等译，海南出版社1996年版，第9页。

③ 参见“数字鸿沟”词条，百度百科（http：//baike. baidu. com/view/95170. htm）。

距的问题。

造成信息技术使用差距的原因是多方面的，不妨从社会原因和直接障碍两方面来剖析。社会原因带有某种客观必然性，是更为根本的原因。各个国家或地区之间经济发展的不均衡，成为制约新媒体信息资源占有和利用的重要经济原因。而各个国家或者地区在实际生活中对信息技术产业以及相关电信基础部门和设施的发展战略、管理政策的差异，规制程度的差异等，是拉大信息鸿沟的重要政治原因。互联网技术、移动3G技术、电信网络化建设水平的巨大差距，是导致数字鸿沟的重要技术原因。如人口密度、公民受教育的平均水平、民族的同质性等问题使不同社群之间对待新媒体的使用和操作上存在差异。

除此之外，由于生产力水平发展的差异，使信息技术相对落后的国家、地区、团体或者个人面临着新媒体相关硬件和软件的获取障碍。首先是物质障碍，比如无法获取计算机，不能实现网络链接，对新媒体的使用便无从谈起。其次是精神障碍。精神障碍主要是针对个人而言的，比如有的政治个体对新媒体缺乏兴趣，或者由于文化程度的匮乏及年龄因素导致的新媒体焦虑问题，使一部分人对新媒体的使用产生了抗拒心理。再次是技能障碍，新媒体的获取门槛受到经济因素，文化技能因素的影响。由于教育培训的缺失和社会支持的不足，使一部分人群无法娴熟使用。最后是由于偶然因素的影响，如生活习惯、特殊的工作性质等原因，对一部分个体而言新媒体的接触和使用受到了机会的限制。

根据《第36次中国互联网络发展状况统计报告》的调查结果，“截至2016年6月底，我国网民规模达6.68亿，互联网普及率为48.8%，我国手机网民规模为5.94亿，我国网民中农村人口占比为27.9%，规模达到1.86亿”①，从数据上不难看出，尽管新媒体的不断发展带动了网民数量的持续增长，但仍然有近六成的中国人口尚未接触到互联网，更不用说其他形式的新媒体。同时根据这份报告还可以看出，即便是接触互联网和新媒体的人群，其自身由于性别差异、年龄段不同分层、学历分布、收入结构、城乡差异等原因，在接触互联网的使用频度、深度、使用方式上都有明显的差异存在。不难看出数字鸿沟在不同群体或个体之间是明显存

① CNNIC：《第36次中国互联网络发展状况统计报告》，中国经济网（http：//www. ce. cn/xwzx/gnsz/gdxw/201507/23/t20150723_ 6022843_ 1. shtml）。

在的。

对我国各个省份互联网发展普及水平差异的统计可以推断，从地域上来看，不同省区由于上述经济发展水平、政治文明程度、民众整体素质等的差异，使得各个省份在信息资源的获取整合、利用新媒体进行政治表达和网络沟通等能力也显示出不同的差异。

二　数字依赖对国际政治新秩序的建立提出挑战

数字依赖是伴随着新媒体技术在世界金融和政治体系中的应用而出现的一种欠发达国家和地区对发达国家的依附关系。发展中国家对发达国家新媒体技术软件与硬件的服从与依赖，往往处于被动。这种状况不容忽视，对国际政治新秩序的建立提出了一项全新的挑战。英国学者安德鲁·扎德维克在《互联网政治学：国家、公民与新传播技术》一书中明确提出了这个问题，他指出在全球化的信息社会中，“发展中国家由于缺乏互联网基础设施和通行标准，时常陷入技术软件与硬件升级的困扰之中，这些升级并不考虑是否与其基本需求相匹配，这强化了已经建成信息服务体系的发达国家的优势地位”。[①]

早在2002年，就有学者罗伯特·韦德（Robert Wade）意识到在信息技术发展不均衡的国际政治舞台上存在着数字依赖的隐患。例如随着电子政务成为考量现代化政府的发展水平和工作效能的重要标准，各国政府纷纷引进电子政务系统，大力推进相关硬件基础设施建设和配套软件的研发升级。但是发展中国家不具备足够实力的情况下，就只有从发达国家购买。其结果极可能是政治组织形式和运作方式的趋同化，并且在这一过程中，“从表面上看，对发展中国家而言这似乎是发展，但实际是引进了一种新型的依赖”。[②]

三　新媒体环境下的意识形态安全危机

由于新媒体开放性和自由性的传播特点，在全球化的新媒体传播环境中，国际政治舞台上的意识形态斗争呈现出更加激烈和复杂的态势。互联

---

① 安德鲁·扎德维克：《互联网政治学：国家、公民与新传播技术》，任孟山译，华夏出版社2010年版，第301页。

② Wade, R. H., *Globalization and Its Limits: Reports on the Death of the National Economy Are Greatly Exaggerated*. In Berger, S, and Dore, R. (eds.), Political, 1996.

网以及诸多新媒体已经成为“西方价值观出口到世界各地的终端工具”。[①]意识形态的斗争在国际政治社会始终是客观存在的，尽管西方国家声称“无意识形态”，但这本身就是一种意识形态，是西方资本主义国家构建出的意识形态的新形式，更加隐秘化地对其他国家进行西化的政治价值输出的某种借口。

随着中国的和平崛起，美国等发达资本主义国家开始鼓吹“中国威胁论”，其最为狂热的鼓吹分子克劳塞默在《我们为什么必须遏制中国》中宣称，“美国应当保持在亚太地区的军事存在，加强与日本韩国和东盟国家的军事关系，恢复美国在亚太地区的安全网络，以对中国进行有效遏制”[②]。

新媒体时代之前，国际社会中的意识形态斗争，由于媒介环境自身的限制斗争相对封闭化，很难使公众参与到这一政治行为中来。进入新媒体时代以后，西方国家对我国的意识形态攻势更加直接。如2008年3月的西藏“3·14事件”，西方主流媒体对这一事件歪曲事实，造谣生事，肆意抹黑中国政府，企图激化矛盾，动摇中国政府在民众信任和树立的政治威望。遗憾的是，我国的主流媒体未能第一时间在国际舞台上予以反击，一时间中国在这场国际舆论的攻坚战中陷入被动。清华大学的学生饶瑾等爱国青年，针对CNN的不实报道，收集西方主流媒体歪曲事实的证据，努力发出自己的声音，在3月20日创办了反CNN网站。这一举动迅速引起了国人和海外华人的广泛响应和关注，反CNN的网站日访问量一天之内突破50万。在反CNN网站上，符合事件真相的图片和视频被详尽地展示出来，并与西方媒体的报道细节进行了对比，使人们重新认识了事实。这实际上就是一场意识形态的斗争。而在反CNN网站首页上的宣言：“我们并不反对媒体本身，我们只反对某些媒体的不客观报道；我们并不反对西方人民，但是我们反对偏见。”至今依然给网民留下了深刻印象。

在新媒体条件下审时度势，加强意识形态安全防范已经被中国相关管理部门深刻认识到。《中国新媒体发展报告》中就曾指出，微博等新媒体是事关我国意识形态稳定的关键。近年来，美国等西方国家对华的意识形态攻势阵地开始转移，从传统的广播、电视向互联网新媒体转变。2011

---

① 刘瑞生：《新媒体传播转型视阈下的意识形态建构》，《苏州大学学报》2011年第3期。

② 转引自王传剑《新保守主义与冷战后美国对外战略》，《山东大学学报》（哲学社会科学版）2005年第3期。

年2月“美国之音”宣布停止对华广播，然而9月30日又宣布继续对华广播，并且停止对华广播期间，也只是停止了粤语和普通话两种语言的广播，藏语广播非但没有停止，反而加强了。而“美国之音”“德国之声”广播媒体的网络板块也早已开设，并在推特上设立账户。在“美国之音”公布的2012—2016年的规划中，也明确了要进一步加强新媒体传播战略的思路。这无疑给我国的意识形态防御带来了一定的挑战。

四　网络战争及恐怖主义

恐怖主义向来是国际政治领域中令各国政府普遍警惕的一个问题。新媒体技术使个体轻易获得，并具有病毒式的散播效果，破解限制的技术相对简单，也给恐怖分子从事危害公共安全的政治斗争和实施恐怖行动以可乘之机。

从极具危险性的现实攻击到网络恐怖袭击，恐怖主义经历着质的改变。美国联邦调查局对网络恐怖主义所下的定义是：“由特定的组织或个体出于一定的政治动机，有组织有计划地攻击计算机系统、计算机程序和信息数据，使目标遭受巨大的损失和伤害。”① 网络恐怖主义已经演变成为一种具有高度严密性和专业复杂性的新型恐怖主义形态。网络恐怖主义与传统恐怖主义最大的不同在于非直接暴力性。但是这绝不意味着其危害程度降低了，由于其还同时具有一定的隐蔽性、高智能性，经济成本低廉但引发效果巨大，波及人群和攻击范围广大，因此网络恐怖主义一旦不加以控制，极容易产生灾难性的恶果。如何应对网络恐怖主义，防范网络战争，正日渐成为国际社会普遍高度关切的现实问题。

早在1997年，斯里兰卡泰米尔族的反政府武装组织泰米尔猛虎组织（LTTE）便曾经对斯里兰卡大使馆电子邮件服务器进行攻击，瞬间遭遇上千封邮件的攻击，反政府武装分子试图借此破坏和搅乱政府的正常运作秩序。1999年东帝汶的分离主义分子发动反对印度尼西亚政府的抗议活动。1997年年底东帝汶的分裂分子便开拓自身的“电子疆域”，宣布脱离印尼“虚拟独立”，且注册了新的“国家”域名（. tp）和一家网站（www. freedom. tp），服务器设在爱尔兰。1999年印尼一伙黑客对该服务器发起联合攻击，致使其严重瘫痪。这次攻击是由包括美国、日本、澳大利亚、爱尔

① 参见“网络恐怖主义”词条，百度百科（http：//baike. baidu. com/view/952342. htm.）。

兰等多个国家共同遭受木马病毒感染而导致的。由新媒体所引发的虚拟领土纷争初见端倪。

2001 年中东巴以冲突之时，巴勒斯坦的黑客通过网络散布了大量病毒、木马，目的是使以色列政府的基础信息设施瘫痪。2001 年“9·11”事件之后，美国“9·11”事件调查委员会在调查报告中描述了恐怖分子对搜索引擎、电子邮件和即时通信工具的娴熟运用，使用无法追踪的匿名电话等在其行动中的作用。

2007 年 4、5 月间，爱沙尼亚和俄罗斯两国政府在苏方革命纪念碑的迁址问题上产生了分歧，相持不下，致使两国矛盾一时激化。爱沙尼亚连续遭受多次网络攻击，影响了其国内商业、政务、居民日常生活等的正常运行，破坏力巨大，造成了难以估量的损失。

2009 年 7 月，韩国和美国分别遭到大规模的不明网络攻击。遭受攻击的对象范围相当广泛，不仅包括公共职能部门的网站，还包括商业团体、传媒组织等。对此韩国官方回应称，怀疑这次有预谋、有组织的破坏行动，很可能来自朝鲜。由此可见，网络战争已经成为国际政治斗争的重要战术。同年 8 月，在俄罗斯和格鲁吉亚处于局势紧张之时，全球知名的社交网站“脸书”（Facebook）一度瘫痪，服务器长时间中断使用户无法正常登录。一名俄罗斯黑客称对此次攻击负责，旨在报复一名在网上公开发表支持格鲁吉亚言论的博客主人。

新媒体已经成为恐怖分子实施恐怖活动，发起网络战争的重要工具。各国都深感，“高度的警惕是自由必须付出的代价”①。欲畅享自由安定的网络体验，就不得不加大对利用网络进行的各种恐怖主义活动的防范和打击力度。各国应相互协作，通过外交努力，建立国际合作机制和全球监控体系并协调行动，最大限度地保障和维护好网络空间中的国家政治和军事安全。

① 俞晓秋：《全球信息网络安全动向与特点》，《现代国际关系》2002 年第 2 期。

第三章

新媒体与经济

科学技术是第一生产力，新媒体技术的变革性力量作用于经济活动的生产、交换、分配、消费等各个环节，一方面对其中的经济要素如资本、货币、市场的传统定义与形态产生了颠覆性影响，直接促进了其经济运作的模式的变革；另一方面，又催生了丰富的新经济样态和具有规模效益的产业链群，为经济注入了无限的活力与生机。同时，经济的进一步发展对于新媒体技术将产生反哺之效，这集中体现于国际经济形势和国内经济政策等对于新媒体技术的开发、推广、运用之上。鉴于新媒体发展年头并不久远，其本身的发展依然存在诸多问题，而当新媒体技术与经济的关系从工具和平台的层面深度卷入，新媒体本身所体现的问题也随之成为经济发展中不得不面对的问题。

第一节　传统经济、新经济与新媒体经济

20 世纪 90 年代以后，美国经济出现了二战后罕见的持续性的高速增长，欧洲和世界其他经济体也出现了类似的现象，这种现象被称为“新经济现象”。[①] 新经济被认为是融合了科技革命与金融创新并基于信息技术发明的必然产物，具有高增长的持续性、高就业率、低通货膨胀的特征[②]。新经济又被称为网络经济、知识经济和信息经济等，这些说法都同新经济的实质——信息化与全球化密切相关。经济全球化时代的到来，要

---

① 唐齐昉：《〈华尔街日报〉的二元价值容介态分析》，《广义虚拟经济研究》2011 年第 6 期。

② 燕玉：《关于新经济与传统经济的对比分析》，《云南社会主义学院院报》2012 年第 1 期。

求信息资源、物质资源全球范围内的流动与共享，这就需要建立起全球化的网络沟通和运营模式。而从信息资源和信息载体，到信息网络之中的经济活动，再到全球网络交织而成的新的经济体系的形成，都需要以科学技术作为支撑。全球经济一体化催生了新经济，而新经济又以新技术手段和新技术创新成果为先锋。而这样的新技术创新的后果，其中就包含了多样化的新媒体的诞生与极大丰富，新媒体技术勾连了全球的经济贸易和信息共享，又使全球经济一体化成为可能并获得急速发展。全球化、新经济、新媒体技术，三者构成了相互影响的不可切分的循环链。

要明确新媒体与经济的互动关系，首先必须厘清为新技术驱动的新经济与传统经济的联系与区别。

一 传统经济与新经济

传统经济，即自给自足的自然经济，与商品经济对立。伴随着改革开放以及新的技术手段和工具的运用，传统经济具有了新的含义。就当前而言，传统经济是指与新经济相对而言的以制造业为基础的经济体系。而新经济是知识经济、网络经济和信息经济三者的融合，是一种以信息技术为基础、知识要素为驱动力、网络为基本生产工具的新的生产方式。[①] 新经济是依托于传统经济而发展起来的一种新的经济模式，通过新技术的开发有效地抑制了传统经济发展过程所出现的环境问题。新经济和传统经济的主要差异如下：

首先，从经济要素来看，新经济以知识、信息、网络和人力为主；传统经济则以自然资源、资金和物力为主。

其次，从劳动方式来看，新经济崇尚脑力劳动，主要参与者为知识分子和技术人员；而传统经济则通过手工操作而获利。

再次，从经营理念上来看，新经济追求技术创新以生产创新产品，从边际收益的递增中获利，从而扩大自身的影响力；而传统经济则为了积累资本而有效地配置和利用资源，增强资源供给、扩大物质产品生产与销售，从而提升自己的经济实力、扩建生产场所等，其边际收益是递减的。

综上所述，新经济与传统经济的实质区别主要在于对技术的运用之

① 邓继先、陈承明：《新经济解析——兼论我国发展新经济的对策》，《上海金融高等专科学校学报》2002 年第 1 期。

上，这也是新旧经济的分野之处。美国经济学家索洛认为，在20世纪的后50年中，美国资本利润增加量的90%都是靠技术的进步而得来的。[①]技术成为新经济作用的根本动力。从全球化经济的实现以及知识、信息成为经济中各方竞相争夺的要素来看，这种技术则主要是信息技术和网络技术，即我们所说的新媒体技术。

二　新媒体技术与新媒体经济

新媒体技术的定义，本书在第二章新媒体与技术中就已经谈到，若从技术的角度定义新媒体，则新媒体是指基于数字技术、网络技术和移动通信技术的媒体形态，这些形态包括两个方面：第一是传统媒体的新形态，如数字电视、多媒体报纸、电子杂志、3D影视等；第二就是全新的媒体形态，如门户网站、微博、博客、BBS、楼宇广告、手机，等等。新媒体技术的三大主干技术是：数字技术、网络技术和移动通信技术。回顾这三大技术的含义可知，三种技术分别对现实信息的进行技术转化、传输和获取，并主要以互联网和移动终端的网络化平台为依托。因此，可以说信息技术和网络技术实际上就构成了新媒体技术。

从技术角度看，新经济是以新媒体技术为主要支撑而发展起来的一种全新的经济模式，即新媒体经济。本书认为新媒体经济应该具有双重含义：其一，从广义上来说，新媒体经济泛指一切基于数字技术、网络技术和通信技术发展而形成的新的经济模式，在这里等同于新经济；其二，从狭义的角度来说，新媒体经济主要指与新媒体形态相关的传媒经济，包括报纸、广播影视、出版等传统媒体的数字化、电子化的发展，以及手机、互联网等新媒介所开创的经济，是新经济在传媒领域的体现。本书对新媒体与经济互动关系的探讨，则主要从技术角度出发，所以我们将采用第一种对于新媒体经济的广义的理解。

三　新经济的多重形态与数字化技术本质

在新媒体环境下诞生了多种经济形式，这些经济形式或以技术要素而命名，或以呈现的技术特征而命名，呈现出多重经济样态，如网络经济、信息经济、知识经济、数字经济、虚拟经济、比特经济等，这些经济样态

① 丁又双：《新经济与传统经济》，《东北财经大学学报》2002年第4期。

从技术的角度上来看，皆以网络、数字和通信技术为基础，以互联网为平台的以电子商务为主要运营方式。其在含义、范围以及特点多有交叉，也存在部分差异，这些差异主要在于对新经济特色的偏重不一。

（一）多重定义辨析

为了对新媒体环境下的新经济作更为深入的了解，有必要对当前存在的多重经济样态的定义和特点作出辨析，从多样的现实呈现的经济样态以及共同的技术特征上去把握经济的当前特点。

1. 信息经济

信息经济又被称为资讯经济、IT 经济，是主要依托于现代信息技术的发展、以信息产业为主导的基于信息、知识和智力等要素生产与交换的新经济。美国企业家保罗·霍肯针对“物质经济”提出了“信息经济”。他在《未来经济》一书中指出：每件商品，每次劳务，都包含物质和信息两种成分。并认为，传统经济是物质经济，整个社会中占主导的产品和劳务，都是物质成分大于信息成分，而相比之下，在新的信息经济之中的产品与劳务则是信息成分大于物质成分。早在 1967 年，美国国民生产总值中 46% 的收入就同信息活动相关。

与物质经济对比，信息经济的特点是：第一，信息经济以信息、知识和智力等要素为基本生产资源；第二，信息经济中的企业结构具有知识和技术密集性的特点；第三，与知识技术密集性的特征相对应，信息经济的劳动力结构以高技术水平和知识水平的从业人员为主，主要从事脑力劳动；第四，从社会效益来看，信息经济走的是低能耗、高效益，减排清洁、能源再生循环的产业道路。

霍肯在对未来经济发展的趋势中表示：未来的趋势将是物质经济向信息经济过渡，产品中的物质同信息成分的比例正在发生变化，而这种变化将进一步决定经济繁荣的程度。从以上的信息经济的特征也可以看出，信息经济对于粗放的、高能耗的传统物质经济来说，具有可持续发展的优势，终将引领经济的发展。

2. 网络经济

不言而喻，网络经济是一种建立在计算机网络之上、以现代信息技术为核心的新型经济，它不仅囊括了在互联网平台上开展的一系列经济活动，同时又包含了为互联网经济活动提供平台的网络基础产业。与信息经济不同的是，网络经济并不与传统的物质经济相对立，相反，网络经济是建立在传统经济基础之上的经济形式，因此传统经济借助信息技术和计算机网络而开展的经济活动也堪称网络经济的一种，如各种基于网络平台而开展的电子商务，统统都是网络经济。

从定义可知，网络经济具有如下的特征：第一，其核心要素是信息技术和计算机网络的运用；第二，网络经济下，实体经济实现了交易活动平台、场所的转换，经济活动的四个环节均可在网络空间进行；第三，网络经济中的经济交易活动建立在信誉机制之上；第四，网络经济具有去货币化的特点，形成了网络支付、在线支付等消费方式；第五，网络经济具有快捷、便利、优化资源配置等特点。

3. 知识经济

自 20 世纪 80 年代开始，知识就越来越多地卷入了经济活动，而经济的增长也越来越多地依赖于知识含量的增长。对于高素质人才、高文化内涵的产品、富有创意的广告以及营销手段的需求，越来越受到企业和商家的重视。知识经济是建立在知识和信息的生产、分配和使用之上的经济。[①] 从定义的关键要素——知识、信息看，知识经济与信息经济似乎是同一种经济形式，其实不然。

首先，从技术层面来看，信息经济必然依托信息技术而展开，而知识经济则是建立在一切科学技术的基础之上的，它既可泛指一切以知识含量带动经济增长的经济活动，又包括部分以信息、知识为生产和加工资源的经济。

其次，从知识与信息的具体内涵来看，二者也并不等同。知识包括了信息，并包括其他科技、文化和创意要素，因此知识经济涵盖了各种卷入并重视知识要素的工业、农业以及信息产业，范围比信息经济更宽泛。

再次，知识经济脱生于信息经济，是信息时代到来之后才开始出现的一种新的经济形式。

知识经济的主要特点：第一，以知识作为主要的、基本的生产要素；第二，知识经济时代的经济增长、价值创收都主要依赖于知识要素；第三，知识经济中，提升产品质量、提高服务水平、加快科学技术的运用成知识经济的主要方向。

---

① 舒英华：《比特经济》，商务印书馆 2012 年版，第 30 页。

4. 虚拟经济

虚拟经济的概念是从虚拟资本延伸出来的，马克思在《资本论》第三卷中提出，虚拟资本是指那种以有价证券形式存在的，能给其持有者带来定期收益的资本。[①] 因此，虚拟经济就是指虚拟资本相对独立于实体经济的交易循环活动，如证券、期货、期权等虚拟资本的交易活动。

另一方面，从当前来看，虚拟经济被看作是“网络经济”的同名词，这主要是从技术的角度来说的。虚拟空间、虚拟平台、虚拟社区身份、虚拟货币的出现，以及经济实体、经济活动的网络化操作等，网络技术创建了一个独立于现实世界的虚拟环境。因此，人们的各项社会、政治、经济活动，各类社会、政治、经济关系都为技术所仿拟、搬移。这样，当前基于互联网络平台的经济活动，都应纳入虚拟经济的范畴。

国内对于虚拟经济有多种看法，这主要在于对于“虚拟”一词的定义。本书有鉴于对新媒体技术的偏重，主要采取后一种基于网络技术的定义，而将虚拟资本的独立化当成对其内涵的一种补充。如此一来，虚拟经济与网络经济的范围相差不大，但是从“虚拟”的特点来看，虚拟经济是更为彻底的网络经济，更能凸显网络技术时代的技术特征。

与网络经济相比，虚拟经济具有自身的特点：第一，虚拟经济更强调经济活动的电子化与虚拟化特点，不仅产品是无形的，其货币也是虚拟货币、电子货币；第二，虚拟经济以虚拟资产和货币的流动为主要交易方式，流动快，波动大，同时风险也大。

5. 比特经济

比特（Bit）是早期电脑术语，取自“Binary digit”两个单词的首尾部分。[②] 比特经济主要以全新的比特产品生产和消费而区分于传统经济。舒英华认为，比特产品从狭义的角度上着重突出产品的存在形态，狭义的比特产品是指以比特或比特流形式存在的信息产品，这种产品以比特的形式存储和流动，并在信息网络等硬件媒介上以比特流的形式被传输。而广义的比特产品还在此基础上包括了以比特或比特流形式传输与存储的比特服务。[③]

因此，从具体的产品形态来看，凡具有数字化特征、建立在二进制码

---

① 舒英华：《比特经济》，商务印书馆 2012 年版，第 34 页。

② 同上书，第 49 页。

③ 同上书，第 59 页。

元基础上的产品和服务都可以看成是比特经济的产品。结合国内外学者对于比特产品的功能分类来看，可以把比特产品分为如下几类：

第一，基础应用工具及系统。如计算机各类操作系统、办公软件、搜索引擎，以及各类数据库系统和应用等，主要支撑整个计算机系统的运行以及人们日常基础性的工作和使用。

第二，社会服务工具及平台。如各类网络社交媒体、社区、论坛，各类提供政治、经济、社会交往、查询等服务而出现的工具及平台等。这是建立在第一部分产品的技术支撑之上而产生的，该类服务是性质明显的比特产品，属于社会服务向网络延伸的一部分。

第三，信息知识娱乐化内容。如电子书报刊、电影、音乐、新闻、游戏等等具体的可供个人消费的具体产品。显然，该部分具体的比特产品又是从上一级的服务类产品之中形成的。从上述分类以及具体的比特产品举例来看，比特经济的产品具有易复制、易增殖、易传播等特点，可随时随地共享，消费起来无损耗以及不具有物质产品形态等显著的数字化特征。

比特经济涵盖了以下将讨论的注意力经济、宅经济以及免费经济等多种样态，同时包孕在信息经济、网络经济、知识经济和虚拟经济之中，其具体的经济模式也纷繁复杂、多种多样，成为以数字化技术为基础的多种新经济形态的抽象概括，并已上升为一种拥有特殊产品形态、拥有自身经济规律的经济体系。

（二）新经济的技术本质

新媒体环境下的新经济形态丰富多样，名目繁多，除了上述五种经济形式之外，还有为人耳熟能详的“影响力经济”“注意力经济”“宅经济”“免费经济”等等，这些全新的经济形式，不仅包括新媒体技术带来必然经济创新形式，又包括新媒体技术衍生出来的特殊经济现象，如“宅经济”——这些经济形式与现象，连同上述的五种经济形式，无一不都具有共同的特点，那就是新媒体技术的本质。

这种新媒体技术本质的凸显，主要集中在生产要素、渠道、平台、内容产品等多个层面之上，不论出于经济活动的哪一个环节，都需要借助于新媒体技术的支撑与辅助才能完成交易，这是新媒体环境对经济带来的最大的影响。

就生产要素方面来说，主要有信息、知识、科技等。与传统经济相比，新媒体技术时代对这些生产要素的追求与拓展呈现出空前的局面，信息技术的发展是首要的原因，而以新媒体技术为主的科学技术对于经济生产方式的革新引发了从要素到产品、从现象到本质的转变。

就渠道与平台方面来说，均依托于网络技术、数字技术等主要的新媒体技术。无论是信息经济、知识经济，还是网络经济和虚拟经济，都无法离开技术平台的运用。尽管知识经济并非完全依托网络技术平台，但是从其诞生的时代和条件来看，需要科学技术的发展与运用。

就内容产品方面来说，除了部分实体经济形态在网络空间的映射以外，其他大部分经济形式的产品都是附带有数字流、比特流等的无形产品和劳务。

第二节　新媒体对经济的影响

新媒体对经济的影响主要来自于技术层面。新媒体三大技术渗入到整个经济活动中，影响整个经济体系的发展。新媒体对经济的影响主要体现在两个方面：第一，新媒体作为一种技术手段或者工具影响经济的基本生产要素；第二，新媒体作为一种社会环境对经济生活的影响，不仅包含对于整个经济活动的宏观影响，也包含对各个具体经济环节中对经济行为、理念以及心理等的影响。

一　新媒体作为一种技术手段对基本生产要素的影响

新媒体本身是一种技术手段，具有工具性，是一种富有变革力量的生产力，其给各个社会领域都带来了影响。作为一种技术手段，新媒体对经济的影响涵盖了其对资金、自然资源、劳动力、基础设施、政策、科技，交通等多个层面构成的触动。结合技术发展同经济之间的历史联系及本质关系来看，新媒体作为一种科学技术手段主要变革了生产力这一关键要素，才给经济带来全新面貌。从生产力的构成来看，生产资源、生产工具以及生产者是整个经济活动中最基本的三个要素，基于三个要素在经济活动中的基础性地位，因此在经济与新媒体接触的开端，这三个要素最先发生改变，并带动了其他因素连锁式的反应与发展，如生产规模、劳动方式等。从技术的角度切入，新媒体对基本生产要素的影响主要体现在五个层面。

（一）丰富工具形式、搭建虚拟平台

新媒体具有纷繁复杂、多种多样的新媒介形式，这些媒介形式都是科学技术的一种表征。每一种媒介，以及每一种媒介形式背后所体现的科学技术，都具有工具性，都可以为其他各个领域所用，当然经济不会例外。

1. 丰富工具形式

新媒体对经济活动的介入，首先体现在丰富的工具形式。与以往的机械工具不同，新媒体工具更具有灵活性、普及性以及简易操作性。麦克卢汉认为：媒介技术是对人的肉体和中枢神经系统的力量和速度的延伸。若不存在力量和速度的变化，则没有延伸。新媒体对生产工具的延伸同样大大提高了生产效率。

新媒体对经济工具形式的丰富主要包括两个层次：第一，直接作为一种生产工具，丰富了经济活动的生产工具形式；第二，作为一种辅助性的加工、包装的营销工具，丰富了经济活动中的广告形式。后者效果更为显见。

（1）新媒体作为直接的生产工具

从传统刀耕火种的农业社会到大批量集中生产的机械时代，生产工具的革新都走在社会进步的前面。而各种各样的新媒介形式如雨后春笋，不断延伸着人的各种感官以及神经中枢系统，更提升了人们在劳动中的工具选择余地和劳动效率。新媒体的多种媒介形式，作为一种技术性、工具性的存在，都可以成为经济活动的直接生产和加工工具。

新媒体作为一种加工工具，其简单可操作的技术特点带有重复编辑和加工等各项功能，如手机拍的照片可以剪裁、调色、放大或者缩小，通过博客写作的小说和文章可以改变字体大小、颜色、添加图片和音乐等。而当前新媒体技术的发展更让人惊叹的是3D打印机的出现。3D打印机“以计算机三维设计模型为蓝本，通过软件分层离散和数控成型系统，利用激光束、热熔喷嘴等方式将金属粉末、陶瓷粉末、塑料、细胞组织等特殊材料进行逐层堆积黏结，最终叠加成型，制造出实体产品。这种数字化制造模式不需要复杂的工艺、不需要庞大的机床、不需要众多的人力，直接从计算机图形数据中生成任何形状的零件，使生产制造向更广的生产人群范围延伸”。①

---

① 参见《3D打印机的原理技术》，中电网（http://design.eccn.com/design_201508260936-1584.htm）。

（2）新媒体作为高效的营销工具

作为一种工具，新媒体为产品推销起到“击鼓拉号”的作用。当前，新媒体广告不仅成本低、制作简单、富有动感，而且依托新媒体技术，可以将广告信息精准而直接地推送给个人和目标群体，主要有网络广告、手机广告、户外新媒体广告、移动新媒体广告等。传统广告局限于电视时段和实体推销，很难迅速地到达受众，而新媒体广告不仅图文并茂、色彩鲜艳，而且兼具视听效果，能够准确、集中、快速地到达目标受众。

2. 搭建虚拟平台

新媒体成为经济的工具，更多地体现为经济对于新媒体所开创的虚拟平台的征用。计算机网络所开创的“虚拟世界”对现实生活做了高仿真的仿拟，开创了现实世界之外的赛博空间、网络社会或虚拟世界。在这个世界中，人际交往被延伸的同时，政治、经济等各项社会活动也在其中得到拓展。新媒体的出现为经济活动在异度空间搭建了虚拟平台，为各项经济活动的开展提供渠道、平台和场所。电子商务就是新媒体技术平台作用之下而兴起的。

电子商务是基于数字技术、网络技术和移动通信技术而发展起来的商业经济模式，宏观层面上，电子商务即整个商务过程中的贸易活动实现数字化、电子化和网络化；微观层面上，电子商务是指使用各种电子工具从事商务活动，这些电子工具包括电报、电话、电视、传真、广播、计算机等等，其中，以互联网平台的运用计算机网络而开展的商务活动成为当下电子商务主要所指。

通过电子商务平台，现实经济活动被搬演至虚拟空间，借助数字技术和网络技术，以及移动通信技术，经济活动在虚拟空间以更加高效的方式进行着。

经济信息的传递和交流即时互动，全球跨区域的经济会议可以通过网络视频开展，有关于经济活动变动的即时信息不断更新、随时可以获取，而交易活动靠鼠标轻点生成等等，这些都缩减了经济活动的时间和开销。借助庞大的商务平台，生产者、销售者和消费者三方之间，以及生产者之间、销售者之间、消费者之间，以更为复杂的交叉关联，展开高效而便捷的联系，促进了经济活动的顺利开展。

（二）衍生全新生产要素，生产非物质产品

传统经济中，生产资源主要取自于自然资源，生产活动就是生产者通过生产工具对自然资源进行加工生产的过程。自然资源是原始的、粗糙的、物质的，自然资源经过手工制作以及机器加工之后，依然具有物质形态。而当新媒体与经济迅速结合后，两者衍生出全新的生产要素，如信息、知识、数字、创意等，这些要素都是新媒体环境中重要的生产要素，更是新媒体经济中的主要生产资源。新媒体环境下经济出现如信息经济、知识经济、比特经济等形式，具有以下特点：

首先，脱离了大自然这个生产母体，完全借助新媒体所依托的各项技术而产生，也不再具有物质形态，而以抽象的、概念性的或者技术性的形式出现。信息和知识，以及个人创意、数字化等都是新媒体时代中特有的要素，都是依托三大骨干技术而生产出来的。

其次，既可以成为原始的生产资源，又可以成为产品，还能被反复加工成为其他产品。上述特殊的生产要素，是新媒体技术下的生产资源，同时又是三大骨干技术的产品，具有使用价值、可供人们直接消费。基于其技术特性，这类资源可以被反复加工，即便成为产品也可以由消费者进行加工，成为富有个性特点的作品，如一幅画、一部电影，个人可以通过photoshop、画图工具、视频剪辑软件等再次进行加工，附加文字，配上独白，加入动态等效果，成为个性鲜明的作品。当再次加工的作品具有较大的传播价值，即可升值为产品。如胡戈对电影《无极》进行恶搞，创造了《一个馒头引发的血案》，引爆网络点击。

再次，可供永久性储存、重复使用，不会产生损耗。一封放在电子邮箱里的邮件，多少年之后，依然可以点开阅读，现在网络上提供的“云相册”、“网盘”等，都是一种专门化的数字存储空间。文本、歌曲、视频等在线播放，往往会达到上千万的点击量，但是不会被损耗；同样的，被下载下来的文本、歌曲和视频也可以反复使用、分享、传播、再加工制作，数字技术特性可以使之永久存储，不会出现任何损耗。当然，只有部分在媒体之间的格式转换，有可能出现部分损耗，如手机下载的网络图片就会出现像素的调适问题，但不会有品质上的损耗。而一旦被转化为物质性产品，随着年代流逝，都会破损、陈旧。

新闻机构通过对信息的加工，生产出新闻；广告公司通过对创意的加工，可以制作广告短片；音乐公司通过对数字音频进行剪辑、混音等，可以生产出动听的歌曲。同时，个人也可以通过对自身脑海中的各方面信息的整合、创意的提炼，运用数字技术、网络技术等，写出诗歌、撰写电子小说、生成创意策划等。这些在线的歌曲、视频、文本等统统都是数字化的、无形的产品。

（三）泛化生产者群体，生产者和消费者身份重合

传统经济中，要成为一名生产者，首先，要拥有土地、厂房等生产场所；其次，要拥有生产资源，如牛羊、棉花、稻谷等；再次，要配备用以生产的工具、设备以及劳动者等。进入新经济时代，尤其是在新媒体的影响之下，生产者已经不再是传统经济中的生产者，其内涵和外延都已经发生改变，成为一种具有宽泛意义的群体或者个人的指代。

这种改变与新媒体技术作为工具带来的利好密切相关：第一，压缩生产成本；第二，更新管理和操作方式；第三，简化经济交易原则。这三个方面的直接后果就是降低了整个经济活动的门槛，让经济活动走入人们的日常生活，让每个人都能够直接地参与到经济活动中来。而这三个方面的利好也都是建立在新媒体技术尤其是计算机技术的普及之上的。

首先，计算机的普及，网络的接入，将经济信息和与此相关的知识带入了千家万户，使普通百姓对于经济活动有了进一步的了解，也开始表现出参与兴趣，这都促成了经济活动和专业信息大众化、生活化。

其次，网络技术对经济实体的传播，开拓了新的经济活动平台，在全新的网络平台之中，经济活动程序大大简化，实名登记、匿名显示，只需要相关的个人身份信息，便可以注册成为经济实体。可以说，新媒体技术解放了生产工具对人的捆绑，以及对广阔土地和厂房的依赖，而正是这一切，让生产成本大幅下降。

再次，计算机的简单操作接替了大多数的人工管理，成为当前主流的智能管理终端。不仅可以远程遥控，还能够按既定安排执行任务，而且操作极为便利。这就使个人更容易从经济生活的边缘而进入中心。只要个人拥有较为充足的流动资金和一套生产技能，即便是在家里，通过一台可以接入网络的二手电脑，就可以参与到经济活动之中，联系商家、消费者，对自己的产品进行售卖，或者对整个生产进行远程监控，无须再耗费大量资本聘请员工来管理。

而正是因为经济活动的日常生活化，个人成为生产者的机会大幅提升，在每个人都是消费者和潜在消费者的社会中，生产者和消费者的身份重叠和交错了。正如在C2C的经济模式中，任何一个生产者都可以直接转换为潜在的消费者，而消费者也可以随时转换为潜在的生产者——这都

源自新媒体技术对于经济活动原则的简化和经济信息的大众化，才使人们在两种身份中自由穿梭。

（四）减缩生产规模：从组织到个人，从集中到分散

正是由于生产工具的简易可操作特性、生产成本的降低、经济信息的日常化等，生产者的准入门槛大大降低。加之新的网络平台的构建以及远程遥控功能等管理方式的突破，成本再度被压缩，劳动力的雇佣减少，生产组织得以精简，等等。所有一切技术利好都使生产者不再受限于场地、工具和人员，在经济活动中拥有较大的灵活性和自由度。经济领域中的生产者从集体走向分散、从组织走向个人、从大规模的生产集团走向小规模的厂房甚至家庭和个人、从综合的大批量生产走向个性化的单一产品的生产——整个生产规模发生了变化，而且经济活动的中心也被分化，出现了经济中心分散布局的形势。从场地和资金等解放出来的个人，与庞大的生产集团和公司不同，拥有了更多的经济选择余地和灵活转变的自由，如改变生产地点、生产内容等。

但这种解构式分散的小规模的经济组织模式，并不具备大规模企业的影响力，又如何在当下的经济环境中存活下来的呢？这主要在于：当前分散的、小规模的生产契合了新媒体时代突出个性化的特点。

首先，市场供需在新媒体技术的影响下，同样发生了转变。由于技术带来了“平权”的局面，边缘群体通过网络进入社会中心，并拥有了自己的话语渠道，宣扬个性话语、解构权威话语成为网络时代突出的社会标签。在这种社会情境中，消费者的个性需求成为生产者的目标。而传统的大规模集中生产，实际上是一种批量生产，只能顾及普通大众的一般生活需求，而小众化的、分散的、多元的个性需求，则只能由相应的小众生产者来承担。传统经济中，小规模经济实体无法应对来自大规模经济实体的竞争与挑战而走向崩溃，或者被购买和兼并，而现在来看，小规模经济实体更有市场。因此像“淘宝”商城等个性化生产者群集之处，就充满了生机活力。

其次，在全球化经济中，由于各个区域和国家之间的密切联系，经济危机牵一发而动全身。而小规模的经济反而呈现出了独特而顽强的生命力。在传统经济中，大规模集团化的生产模式遭遇破产等危机，将释放出大量的失业人群，社会资产受损的同时，社会问题也将凸显。在这样的情况下，小规模的经济实体反而具有更多的竞争优势和选择权。

（五）转变劳动方式：从体力劳动过渡到脑力劳动

在进入信息化时代之前，人类社会经历了从农业社会和工业社会，前两种社会形态都以体能和延伸体能的机械能为主，而信息化时代的到来，智能即脑力劳动成为社会主要的、也是大势所趋的劳动方式。托夫勒在《力量转移》中指出：我们这个社会正在从过去的暴力、财富的社会向知识的社会过渡，知识是世界的主宰。从事象征处理（即信息处理）的人已经开始超过从事物质处理（即物质生产）的人，而且从事物质生活的人也不得不从事一些象征处理工作，如通过计算机显示来监视炼钢的状态。实际上，托夫勒所说提到的象征处理，即信息处理的人都成为脑力劳动者，或脑力工作者。①

信息处理，即信息的生产与加工，主要是指通过计算机对信息进行生产、传播、存储、转换和消费等，这个过程又被称为“知识生产”。显而易见，知识生产就是一种脑力劳动。目前，各个行业的运行都离不开信息处理。以往传统经济中的具体的手工活动、体力劳作等都以由机器替代，监控机器运行的则成了计算机智能，而人通过开发科学技术站到了技术的终端，进行着复杂的头脑活动。

当脑力劳动越来越受到重视的同时，体力劳动者面临失业。当机器化大生产进入社会生产时，大量的工人已经被机器从工作岗位上驱逐出来，而在信息化时代中，更多的劳动者被迫面临着下岗的危机。

二 新媒体作为一种社会环境对经济行为的影响

正如“第二人生”游戏一样，通过网络技术、数字技术和移动通信技术，人类生活的绝大部分都可以在网络空间开疆拓土，成为现实生活的映射、延伸，甚至一种“异度空间”的真实存在。当网络空间对现实生活做出超现实仿拟，同时，现实生活中的社会交往、文化交流、政治联系、经济交易等都通过网络而进行之时，“网络虚拟空间”已经不再是一种原初的“虚拟”空间，而成为人们全部社会生活以及行为的真实场所。新媒体就是一种社会环境，它通过技术渗入到人们生活的方方面面，与人类生活密不可分；同时，作为一种社会环境，影响着整个人类的社会心理、观念及社会行为。

① 廖剑桥：《论脑力劳动研究在信息时代的作用》，《人类工效学》1998 年第 4 期。

探讨新媒体对经济行为的影响，本节将从经济活动的生产、交换、分配和消费四个环节出发，集中呈现新媒体环境中经济行为的主要特征。

（一）生产：趋于互动式的创意生产过程

1. 新媒体环境下的社会“生产方式”

新媒体环境中的生产也是创造价值和财富的过程，除了现实经济实体借助新媒体平台实现整个交易活动之外，处于新媒体环境中的经济也出现了全新的经济形式，即完全依赖新媒体提供的要素、工具和平台来生产和实现交易的经济形式。由于其资源和工具已经发生显著变化——要素由土地等变为信息，工具形式和手段也富于变化，这种经济形式的整个生产过程也已完全不同于现实经济的生产过程，而带有更多的新媒体技术特征。

新媒体环境中的社会生产，即由生产者和消费者共同参与，利用计算机等工具共同对信息等要素进行组合、加工，制造出无形产品并创造出精神财富的过程。

2. 网络文学：一种互动性创意文本的生产

网络文学即以网络为载体而发表的文学作品。网络文学包括两大类：第一类是已经存在的文学作品被扫描或被输入计算机而在网络上发表；第二类是借助计算机网络直接创作的网络文学文本。其中，第二类网络文学文本又有两种创作方式，一种是个人独立创作完成，另一种是通过软件生成、网民等共同参与、“接龙”等生产出来小说。不管是个人完成还是网民共同参与，在新媒体的开放性、交互性特点下，文学作品生成都要受到网络读者的影响，具有极强的互动性。这种互动性，具体体现于网络读者对持续更新的文学文本的直接文字跟帖评价，或者是“送花”、“扔鸡蛋”、“赞”，以及各种超链接的“分享”“推荐”行为，而这些行为将直接影响创作者的写作思路，干预创作者行文或者赋予创作者以新的灵感等，既可以推助文学作品的生产，也有可能中断整个生产过程。

网络小说是最常见的文学作品形式，较为常见互动性的生产文本，而网络小说中的“网络接龙”小说就是由网民共同创造的，不仅极具互动性，更具有结局不可预知、可无限发展的过程，可以说是一种网民创意的融合。而现在很多国内知名的网络文学网站也竞相推出“接龙”的活动，以鼓励文学创作并从中获利。

1999 年，新浪网上有一批年轻作家与网民共同读写网络接龙小说《网上跑过来斑点狗》，人民文学出版社出版了 BB 留言跟帖小说《风中玫瑰》；“榕树下”网站出现了网友接龙的小说《城市的绿地》等。[①]《古代·祈盼的青春》就是一篇由8位海外华文网络女作家共同完成的接龙小说，在表现海外第一代移民于中西文字、文化、文明的差异和冲突尤方面见特色。[②]

在“梦溪论坛”中，名为“老耳”的坛主在论坛中曾贴出接龙小说广告：“为活跃老家气氛，特推出接龙小说，通过大家的努力创作出属于我们老家自己的小说，当然版权属于全体老家成员所有！大家集体创作出来的小说一定会成为‘骂艾，你我咬咬’的最佳原创小说。为增强小说趣味性，文中人物可使用小佳成员马甲。为保证小说的连贯性，必须沿用之前人物的名字，当然有朋友不喜欢这个人物，可以充分使用自己的权利，把他和她写死掉。呵呵……我先来抛砖引玉，写个开头吧。”[③]

这种网络小说数不胜数，充分体现了创意生产过程的交互性。而正是基于共同参与的形式，使整个创意过程开放，充满趣味，也将吸引更多的网民参与创作以及点击，以获取经济价值。

除了网络文学之外，各种为电视剧而开设的百度贴吧等也是互动性生产的场所。韩国电视剧粉丝对剧情的“吐槽”、追捧和抨击等都影响着整个受众群体对该剧的收视，而美剧中也常见“砍剧”行为，即将播出后反响一般的电视剧取消播放，这种决定的作出也是基于收视率之后的网民评价。

（二）交换：基于在线支付的交易方式

1. 新媒体环境下的“交换方式”

在经济活动中，交换指人们相互交换劳动以及产品等过程，是经济活动的流通过程。而在交换的过程中，劳动和产品交换的实现，需要有等价商品才得以进行。因此，货币的出现成为交换活动关键的一环。经历了古代的“物物交换”，再到后来货币从商品之中分离出来，固定地充当一般等价物，在交换的发展过程中，劳动和价值的让渡最后固定由货币承担。

---

① 荀利波、关云波：《网络文学创作中的读者介入类型分析》，《乐山师范学院院报》2012年第4期。

② 施雨：《北美华文网络文学中的接龙小说——试析〈古代·祈盼的青春〉》，《湛江师范学院院报》2008年第2期。

③ 荀利波、关云波：《网络文学创作中的读者介入类型分析》，《乐山师范学院院报》2012年第4期。

而在进一步的社会发展中，金银等货币逐渐不能满足社会的需求，在20世纪之后，纸币成为当前经济交易的主要货币符号。

鉴于新媒体环境中经济活动发生的空间和平台都已经转换，交换环节也呈现出了新的特点。基于网络虚拟平台的经济活动，由于双方经济交易活动并不在现实接触中得以发生，形成了以网络信誉机制为前提的在线支付交易方式，而人们在线支付的并非现实货币，而是通过“支付宝”“电子货币”“虚拟货币”等预付的一种信用，而这种建立在交易双方相互信任基础上的网络信誉机制更像一种网络社会交往规则，或者是一种新缔结的网络社会“契约”。只有共同遵守该契约，相互信任，才能够实现交换。一旦交易双方中的任何一方违背了该“契约”，就会导致交易活动的中断或者无法进行，通常出现的网络诈骗、不良商家等，都破坏网络信誉机制。这种在线交易方式几乎已经遍及所有电子商务活动。

在线支付又称为“网络支付”，是指依托公共网络或者专用网络在收付款人之间转移货币资金的行为，这种转移货币资金的行为包括银行网银、支付宝，财务通等网络支付形式。这种支付没有具体的物理形式，也没有现实可感的网络形式，但是在互联网高速发展中，却成为最为流行的支付方式。

也存在“电子货币”的说法。商务印书馆《英汉证券投资词典》中将“电子货币”解作：e-money；digital money；e-cash；e-currency；electronic cash；electronic money；electronic wallet 等，是指可以在互联网上或通过其他电子通信方式进行支付的手段。显而易见，不论是电子货币、虚拟货币等皆与网络支付基本同义。

网络信誉机制又称为“对等网络（peer to peer network）信誉机制”，即通常所提到的P2P信誉机制。一般来说，在复杂的数字模型和求证之外，信誉机制主要依赖“可靠度”“可信度”来衡量，而“声誉”常为消费者看重。比如消费者对于“皇冠”和“钻石”淘宝网店的选择、对12306火车票订购网站等权威网址的依赖，其中就暗含了其对该商家在发货、支付等方面品质的信任，故能顺利展开在线支付等行为，实现交易。

因此，新媒体环境中的交换活动是一种通过网络虚拟平台、在网络信誉机制之下通过在线支付（或网络支付）而实现价值和劳动让渡的行为。

2. 电子商务：一种全新的网络经济模式

电子商务是基于数字技术、网络技术和移动通信技术而发展起来的商业经济模式，宏观层面上，电子商务即整个商务过程中的贸易活动实现数字化、电子化和网络化；微观层面上，电子商务是指使用各种电子工具从事商务活动，这些电子工具包括电报、电话、电视、传真、广播、计算机等。如通过互联网开展的商务活动，而网络购物只是电子商务初级功能的一种。

1998年3月，中国出现了第一笔网上交易，被认为是网络购物正式拉开序幕的标志。[①] 同年7月，中国商品交易市场正式宣告成立，中国商品现货交易市场是我国第一家现货电子交易市场。而发展至今，电子商务已经深入经济活动中心，成为经济活动在新媒体环境下的主要形式。

电子商务涵盖了经济交换环节在新媒体时代呈现出来的种种特征和全新概念，如网络支付、网络信誉、电子货币、虚拟货币、虚拟平台等等，是新媒体与经济活动完美结合的产物，主要有三种模式，即B2B、C2C和B2C。[②]

B2B模式即企业对企业（Business to Business）、商对商的电子商务模式，在这个过程中，企业或者商家之间利用网络技术或者各类商务平台来展开合作、交流，进行买卖、提供服务等多项经济活动，此时交易双方均为企业或商家。当前，国外较为知名的B2B商务平台有：Alibaba（阿里巴巴国际）、GlobalSource（环球资源）、BusyTrade（万国商业网）等，是国内外诸多大型企业和商家的汇集之地。国内B2B的主要商务平台有阿里巴巴、Hc360（慧聪网）、铭万、114企业贸易网等大型的综合类商务平台，又有中国食品交易网、万户通（箱包批发中心）等以特色行业为代表的专门性商务平台，更有以“地域+行业”命名的商务平台，如河北建材网、河北商贸网、浙江民营企业网、重庆项目网等。

B2C模式即企业对消费者（Businessto Customer）、商对客的电子商务模式；在该模式中，企业或者商家利用网络在线平台，直接面向消费者出售产品与服务，即商业零售，是国内网络购物的基本模式。国内主要的B2C平台，有亚马逊、卓越、当当、京东等综合性商城，也有各个品牌汇聚的“聚美优品”“唯品会”等，还有各类以实体店为支撑的官方网络商城等。消费者在以上网络商城里选购产品与服务，就如同在实体店内选购

① 唐谦：《电子商务在中国发展的探思》，《中南民族大学学报》（人文社会科学版）2005年第12期。

② 陈守强：《我国电子商务模式分析》，《黑龙江对外经贸》2008年第6期。

一般，选择自由，并可以退货。

C2C 模式即消费者之间（Customer to Customer）、客对客的电子商务模式。这是基于个人与个人之间的简单交易方式，只要消费者拥有可以上网的电脑或者移动终端，就可以将手中的物品或者某种服务出售给另外一个消费者。这就意味着原本是客户的消费者一边可以把自己的东西放到网上去，又可以对自己感兴趣的其他消费者“晒”出的物品进行选购。当前国内规模较大的 C2C 模式主要有马云所创的“淘宝”网、2006 年依托腾讯而生的拍拍网、易趣网、123 拍、一拍网、百度有啊等等，其中“淘宝”网具有领先地位。

此外，还有 C2B（个人对商家）、M2C（厂家对个人）、I2C（信息提供者对消费者）等多种形式，涉及生产厂家和信息提供者等多重身份，实际上是对企业或者商家的进一步细分。

（三）分配：以影响力为先的积累方式

1. 新媒体环境下的“积累方式”

分配指将社会产品分给社会或国家、社会集团以及社会成员的过程和形式，和交换环节一起，沟通生产与消费，影响着社会的再生产过程。我国当前的分配制度以按劳分配、按需分配、按资分配为主，以及其他多种分配方式并存。而在具体的分配环节中，又包括社会总产品的分配、国民收入的分配、个人消费品的分配，以及生产资料的分配四个部分。新媒体环境中的社会主义主体分配制度并未受到撼动，但从经济主体的角度来看，其收入分配和生产资料的分配，在具体操作层面出现了新的特点。本节将“分配”视为一种经济实力的“积累”方式，针对新媒体环境而重新调整的社会收入分配在经济活动中表现为：以科技、人才和新媒体营销积累为先。

传统经济中，经济主体对于社会收入的分配，除了工人的工资分配，还将用部分资金来扩大生产规模。而新媒体环境下的经济实力的积累大相径庭。伴随生产要素和劳动方式的改变，经济主体将技术和人才的储备以及社会影响力当成重要经济实力的主要积累。而其中的技术和人才的积累一般通过加大科学技术尤其是新媒体技术的投入，引入新信息时代人才来实现，而社会影响力的积累则通过新媒体营销来实现。新媒体营销手段集中体现在新媒体广告的投放以及危机公关层面。

2012 年 9 月，金融服务公司 Cowen 访谈了美国不同行业的 50 个主要广告主，发现8/10的广告主计划在未来12—18个月内增加移动广告方面的投入。也就是说到那时，会有超过3/4的受访者将至少5%的广告预算投入到移动广告中。[①] 而2012年伊利新媒体广告占投放比也首次超过了10%。[②] 尽管经济广告中，传统媒体广告依然占据主体，但是新媒体广告不可小觑，新媒体环境带来的网络开放、交互的局面，新媒体的鼓吹之效登峰造极，成为一种经济实力的体现，而在海量信息之中，获取受众的"眼球"之困难，让"注意力"成为一种稀缺资源。

而在新媒体环境下，若不重视危机公关处理，一旦遭到舆论的围攻，媒介形象下跌，影响力就会骤然消失。在新媒体所建构的社会环境之中，一方面经济主体需要尽可能地吸引消费者的目光，另一方面又要防止自身的问题被新媒体曝光、放大。

2. "影响力"和"注意力"：信息爆炸时代的新经济的出路

关于科学技术和人才的引入已经成为21世纪的老生常谈话题，但影响力问题则与新媒体影响密不可分。发展到今天，出现了"影响力经济"和"注意力经济"等新的经济形式，这从另一个角度说明：在新媒体环境之中，面对海量信息中注意力的涣散，经济主体必须对稀缺资源"注意力"进行争夺，并注意自身对影响力的积累。

注意力经济（Attention Economy），又称为"眼球经济"，诞生于信息爆炸和过剩的互联网时代。托马斯·达文波特和约翰·贝克认为，注意力是企业和个人的真正货币，纯粹派经济学家可能会对我们把注意力视为一种"货币"表示异议，但它的确具有一种货币工具所具备的许多特征。[③] 同时，他们认为，在后工业社会，注意力已经成了一种比储存在银行账户上的钱更有价值的货币。[④]

而提到影响力，人们可能会想到"权威""实力（财力）""人格魅力""资历""信誉良好""品质高"等，推及而论到"影视明星""国家政要"，甚至大的危机和灾害等。美国著名的心理学家罗伯特·西奥迪尼

① 参见《广告主加大新媒体投入　移动广告费用将会上涨_ 新营销》，2012年12月11，艾瑞网（http://a.iresearch.cn/new/20121211/188815.shtml.）。

② 参见《伊利新媒体广告占比首超10%　公司称将加大投入》，2012年2月21日，搜狐视频（http://tv.sohu.com/20120221/n335393612.shtml.）。

③ ［美］托马斯·达文波特、约翰·贝克：《注意力经济》，托马斯·达文波特译，中信出版社2004年版，第4页。

④ 同上。

(Robert B. Cialdini) 将影响力与说服力二者结合，对影响力的六大原理做出了阐释与案例分析，他认为“互惠”“承诺与一致”“社会认同”“喜好”“权威”以及“短缺”是成功说服他人并影响我们自身决策的重要因素。

在传统经济中，影响力主要来自品牌效应和经济实力。如“老字号”“老品牌”，大规模的厂房和员工等，这些经常是让消费者放心购买和产生信任的因素。而随着信息的大量涌入，罗伯特·西奥迪尼也承认：由于大量的信息和极易伪造的信息，使得有人引诱我们作出机械的反应并从中获利。[①] ——虽然他对经济中的广告和促销手段持批判态度，但是其判定的确揭示了新经济时代中的商业信息左右人心、引导消费者做出购买行为的现实。比如即将上映的电影宣传中，一方面强调明星数量与级别，另一方面又片面放大某个明星的裸露镜头等来抓取眼球，提高票房。

然而，要通过影响力起到说服的作用，首先就必须获得人们的眼球；而只有具有影响力的事物才足够引起消费者的注意。二者密切结合，成为促成购买行动和消费行为的两个要素，从这个层面来看，注意力与影响力融为一体。在信息过剩的时代，注意力和影响力都是一种稀缺资源，谁拥有了其中一者，就很有可能会能获得第二者，两者都可以被转化为一种虚拟货币和资产来进行营销。

新媒体产业，“注意力经济”经常与“影响力经济”同时出现，二者如影随形，常被混淆、混用。从当前的经济形势来看，两者都是当下新经济发展的方向；而从具体作用机制来看，二者是一体之两面，密切相关又存在差异。

首先，注意力经济诞生于新经济时代，更凸显了新经济的特征，而影响力经济在传统经济与新经济中都普遍存在，这是两种经济在本质上的区分。如上所述，注意力经济诞生在信息过剩的时代，技术使人们对信息的获取极为便利和丰富，受众的注意力越来越成为一种稀缺资源，注意力才为商家竞相争夺。影响力早在传统经济中就存在，在新经济时代也获得了发展。传统经济对于影响力的关注主要体现在资本积累等经济实力，以及产品年代久远等品牌效应上。

---

① ［美］罗伯特·西奥迪尼：《影响力》，陈叙译，中国人民大学出版社 2006 年版，第4页。

其次，注意力经济以消费者为本位，而影响力经济强调自身的创新与信誉积累。注意力经济为了夺取消费者眼球，从各方面迎合其品位和兴趣爱好，提供各色各样的产品，鼓励个性消费，甚至逆向标出，进行炒作等，消费者本位意识凸显，负面后果也较为明显，如低俗、艳俗、媚俗广告的出现以及以“星”“腥”“性”为内容的产品广泛流传于市。而影响力经济则通过对自身品牌的塑造和信誉度、美誉度的积累来扩大自身的影响力，如参与公益活动、做慈善等，或者邀请权威专家、国际知名影星等来提供高质量的产品。

一般说来，有了影响力，就能拥有注意力资源，但是反过来拥有了注意力资源，并不一定能够形成影响力，这主要在于注意力是短期的，而影响力是一种长时间累积而成的。如刚刚兴起的微电影产业，作为一种新经济形式，早期与恶搞文化相结合，以爆笑和反讽的剪辑效果和情节吸引了受众广泛的注意（如“一个馒头引发的血案”），但发展至今，只有较少的微电影广告、微电影公益短片和校园爱情短片吸引了网友的注意，总体来看整个微电影行业仍然缺乏影响力，未形成长效的规模效益。这从另外一个层面说明了经济发展中对于产品质量、产业社会形象以及美誉度、信誉度等积累的重要。

（四）消费：形成宅居式、团体型的消费行为

1. 新媒体环境下的“消费方式”

消费是经济活动的最后环节和最终目标。只有消费达成，整个经济活动才得以再次循环进行。传统的消费行为是通过人际交往实现的，如集市贸易中，小商小贩带着货物纷纷赶集而来，而需要购买物品的人们则穿梭流连于各个市场摊位，货比三家，甚至进行多次的讨价还价之后完成消费过程。伴随着经济实体力量的进一步强大和消费者需求的多样化，集中式的大型超市和百货商场开始涌现。超市和百货商场等为人们悠闲自如地选购各色商品带来了极大的便利，让消费方式变得更加具有集中、自主、自由，而“逛街”成为一种超脱于日常生活必需品采购之外的休闲方式。但是，建立在电子商务平台的基础之上，新媒体环境下的消费方式带有更多“技术解放”的特征。

这种“技术解放”，包括三个层面。第一，网络虚拟平台的搭建，现实经济实体的网络商店以及完全依托于网络而展开商业活动的网络商店，都让消费者可以通过网络而进行选购，而不用再耗时、耗力出门逛街。

第二，网络交易和支付，伴随电子商务而快速发达的物流行业，都使消费者可以快速支付、收货，免除了排队结账、搬运商品的过程，甚至在退货方面也更加便利。可以说，这两个层面体现了技术把人们从时间、地点、体力、天气等各方面的束缚中解放出来，让人们可以足不出户就能选购到自己称心如意的商品。这样一来，宅居于个人生活空间而开始大为流行的“宅男”“宅女”“宅文化”等词汇，与新媒体成为一种社会环境密不可分。而当前，宅居式的消费行为已然成为时下最为时髦的消费方式，同时，也成了当前人们的一种生活习惯。

第三，“团购”的出现，一方面进一步地推销了商品，另一方面又为消费者获取更为物美价廉的商品创造了可能，消费者可以与其他陌生人一起参加团购买产品，而解脱于现实人际交往的繁杂。“团购”是一种特殊的网络购物具体形式，在今天尤为火热，几乎席卷了人们吃喝玩乐的各个层面，想看电影，去“团”一个；想吃美食，去“团”一个；想旅游，也可以“驴友”组团；想选购高品质商品，也可以在规定的时间内参团预订……很显然，“团购”已经成为人们的生活的一部分，也成为人们的消费习惯了。

因此，新媒体环境之下人们的消费行为相比于传统消费方式而更加自主、自由，轻松、便利，而且趋于宅居式、团体化。

2. 网络购物：一种全新的“宅经济”模式

“宅经济”是指在家中上班，在家中兼职，在家中办公或者在家中从事商务工作，主要包括居家办公，从事全职或者兼职的商务工作，或利用电视、电话、网络等进行消费的行为。① “宅经济”不仅涵盖了足不出户的生产、交换等经济贸易活动，更包括了消费行为。同时，包括在线娱乐、网络游戏等为代表的网络经济产业，也包括了以电子商务为基础的其他各个行业的商业活动。电子商务是“宅经济”产生和繁荣发展的前提。

而网络购物是电子商务的重要组成部分，也是当前的主要电子商务模式。网络选购产品、网络支付，以及伴随网络购物而快速发展起来的物流等使消费者足不出户，手指轻轻一点，就可以尽览商品信息，与商家展开交易并即时互动等，因此建立以网络购物为主的电子商务模式基础上，

① 王莉：《创新网购新模式繁荣发展经济宅经济》，《现代商场化》2012 年 10 月（上旬刊）。

“宅经济”影响了人们的日常生活和经济活动，并开始形成全新的社会文化——“宅文化”。

多种网络购物模式的出现，让宅居于小天地的个人都能成为商家、店主和老板；另一方面，伴随各种模式的发展和壮大，个人也可以足不出户，在家中尽情选购自己生活和生产所需，不论地域距离、不限时间，只要下单，便可在一两天内收到自己的选购产品。书籍、电器、潮流服饰和鞋帽、礼品、快餐等等，从人们主要的吃穿住用行等主要层面，再到柴米酱醋茶的具体细小方面，网络商店汇集到一起，集合人们所需，提供了应有尽有的商品。这种极为便利的消费方式大大刺激了网购的发展。

尽管受全球经济增长迟缓的影响，2012 年中国电子商务市场整体增速有所回落，根据艾瑞咨询最新的统计数据显示，2015Q2（第二季度）中国电子商务市场整体交易规模为 3.75 万亿元，同比增长 22.1%，环比增长 7.8%。[①] 尽管 2015Q1（第一季度）中国电子商务市场整体交易规模达 3.48 万亿元，环比下滑 10.1%，同比增长 23.8%，但通过持续的数据对比分析，艾瑞指出：第一季度是中国内外贸易的传统交易淡季，B2B 与网购交易规模环比均呈下滑趋势，从而会导致电子商务整体交易规模环比下滑。但是，艾瑞咨询通过该种下滑指出：中国电子商务市场已进入成熟期；并且，B2B 仍占主体，而网购占比重将持续扩大[②]。据悉，2015 年中国电子商务市场交易规模达 16.2 万亿元，增长 21.2%，本地生活 O2O38.4%、网络购物 37.2% 的强劲增长拉动了电子商务整体的增长。[③] 显然，网络购物已经成为宅经济的主要动脉，而且拥有不可预计的蓬勃发展力。这种生命力主要来自于成长的青年群体，他们崇尚简单、便捷和宅居生活，并对网络商场和网店的拥有不减的尝试和好奇之心。另一方面，网络海量信息、产品以及服务能够极大满足年轻消费者多元、个性的需求，这也是网络购物蓬勃发展的重要原因。

当前，最为消费者所熟悉的“宅经济”可以说是网络购物。而网络购物在当前“宅文化”成为一种流行和生存状态之时，更成了“宅经济”

① 参见《2015 年第二季度电子商务核心数据发布》，2015 年 11 月 20 日，艾瑞网（http://www.iresearch.com.cn/data/256178.html#a2）。

② 参见《2015Q1 中国电子商务整体发展情况》，2015 年（无具体发布时间），艾瑞网（http://news.iresearch.cn/zt/250194.shtml#a2）。

③ 参见《2015 电商规模达 16.2 亿 B2C 占比首超 C2C》，艾瑞咨询 2016 年 1 月 15 日，电商网（http://www.iecnews.com/shuju/2016/0115/39868.html）。

的主要生命力。依托网络而成长的网络购物成为一种潮流主要在于其便利快捷，物美价廉，以及个性多元需求的被满足。

第三节　经济对新媒体的影响

新媒体对经济的影响和作用是持久、深入而广泛的，同时，经济对新媒体也有着反刍之效。二者相互作用，共同支撑，共同发展。

已有的和已经成型的经济体系、经济发展基础或经济实力、经济政策和经济发展路径，甚至处于持续变换中的经济形势等，都对新媒体产生了影响。但是总的来说，其中最为关键的是经济形势、经济政策的作用。形势和政策作为新媒体的一种“环境”“背景”或者“刺激因素”而存在，制约和促进着新媒体技术乃至整个新媒体产业的发展。具体而言，以资金为代表的物质条件也影响着新媒体技术的采用、开发，甚至是推广速度等。

需要厘清的是：第一，当我们在谈论经济对新媒体的反作用之时，主要谈论经济对新媒体作为一种技术以及其所形成的产业的影响；第二，经济对新媒体的影响也同样包含了两个方面：积极的影响和消极的影响。因此，综合以上考虑，我们对经济之于新媒体的反作用，将着力从国际宏大的经济形势、国内具体的经济政策共同构建的经济环境来阐释，并由宏观进入微观，概括说明经济对于新媒体的作用。

一　国际经济形势对新媒体的影响

一般来说，按地域来划分，可以将经济形势分为国际经济形势及国内经济形势。然而在科学技术高歌猛进的当下，各个国家的经济都迫不及待或是没有选择地“与国际接轨”，走上全球化的道路，从而使国内形势紧紧跟随国际形势而发生变化。形势有好有坏，充满了机会的同时也充满了风险。在信息化、数字化等重要的时代趋势中，全球化成为经济领域的重要时代标签，“全球经济一体化”也成为整个经济领域最突出的形势和特征。而这种“全球化”“一体化”背后裹挟的风险也不容忽视，频发的“经济危机”对各个国家的巨大影响，也成为当下一种突出的时代现象。可以说，各个国家和经济体一边用力挤上全球化的征途，一边又不得不焦头烂额地应对经济危机。总而言之，全球化以及全球化背景下的经济危机成为经济领域需要面对的两大时代问题和形势，也是整个经济发展的现实背景。

(一) 经济“全球化”刺激新媒体技术超速发展

麦考姆斯（Maxwell McCombs）表示：“全球化”本身或许是一个新词汇，但是其形成的根基已有一个世纪之久。[①] 麦考姆斯从经济的角度来看待全球化，他认为在20世纪后半叶，尤其是最后十年，国际贸易发展到了我们称之为“全球化”的阶段——世界经济被极大地联系在一起。[②] 也有学者认为：全球化实际上是一种社会变化的过程。[③] ——不论文化的，社会的还是经济的视角，“拉近距离”“突破地域”“沟通连接”“物资共享”等概念已成为人们头脑中对“全球化”的共有印象。从当下来看，全球化更多的是一种经济交往层面首先的全球化。

从麦考姆斯的观点来看，在20世纪，全球化建立在技术的发展之上，成为殖民主义的轮船、大炮、电报等技术的发展结果，而在新世纪，新媒体技术的发展却得益于整个经济全球化的前提。

如前文所述，经济全球化时代，要求信息、物质资源全球范围内的流动与共享，这就需要建立起全球化的网络沟通和运营模式，从信息资源和信息载体，到信息网络之中的经济活动，再到全球网络交织而成的新的经济体系的形成，都需要以科学技术作为支撑。而新媒体的三大主干技术正满足了经济全球化的需求。

1. 网络技术联通全球各个角落，共享信息

网络技术从1990年开始发展，主要作用和特征就是共享资源，消除信息孤岛，创建关于信息和资源的社区性网络、局域性网络，家庭乃至个人的网络。

经济体可以建立自己旗下的公司内部网络，沟通工作、反馈信息。具有经济合作和交易的经济体之间也可以建立关联商户网络，及时更新物资、产品信息，增加经济合作互动。经济信息变得至关重要，是整个全球化最重要的特点之一，瞬息万变的股票期货市场和商业竞争对手的信息，在一瞬间就能决定经济体的生死存亡，因此，网络技术带来的突破地域的

① 张国良：《全球化背景狭隘的新媒体传播》，上海人民出版社2008年版，第1页。

② 同上。

③ 陈国明：《全球化社会的新媒体与文化认同》，《北京论坛（2007）文明的和谐与共同繁荣》，2007年。

信息共享，成为全球化过程中的必需的且至关重要的一环。

2. 移动通信技术加速信息的流动，促进物资交换

移动通信技术经历了第一、第二、第三代技术的发展，进入了高速传输、交互性极强的第四代，即4G时代。4G集3G与WLAN于一体，可传输高质量视频图像。移动通信技术一边摆脱了传统拨号上网的限制，一边创新移动客户终端、无线接入网络、传输速度、高清晰视频图像等技术，让各种各样的局域“网络”成为人的肢体延伸，随时可以接入、随处可以沟通。因此，这种趋于更加自由的网络的连接，极大地加速了信息的传播，同时，促进了物资的快速交换和运输。在全球化的过程之中，移动通信技术为全球化的经济联系和超速发展插上了技术的双翼。

3. 数字技术建立起基本的信息传输渠道

数字技术，又称“数码技术”“数字控制技术”等，是与计算机技术相伴相生的技术。其主要的功能在于：将各种文字、图片、声音、影像通过二进制转码，转化为计算机可以识别和存储的0和1的组合，在解码之后再次还原，并传播和输出。数字技术广泛运用于各种与计算机、数码电视、手机等各种电子产品之中，并融入了网络技术和移动通信技术之中，可以说，网络技术和移动通信技术都必须以数字技术的二进制转码为基础。

建立在其编码和解码的主要功能之上，模拟和虚拟图文声像的“仿真”技术更加突破了时空的局限，生动逼真、可视化、立体的信息传播，以及场景、物品的仿拟等，让全球化的“疆域”大大拓宽。阅读电子书，从骨架构造可以还原远古时代的恐龙等，都是数字技术带来的便利。而对于全球化而言，基础的信息传输和未来仿真技术的发展，决定着整个经济体的未来。可以说，全球化的到来，促成了新媒体在整个世界范围内的技术扩张。

全球化带来一系列的变化：庞大的社会成为自由切分和组合的社区，各种文化相互碰撞、交融，衍生出新的文化形态，政治上的联合和分裂，民主和自由的进一步拓宽，经济市场的海外拓展和自由交易等等——各个领域的发展，都与新媒体这个“加速器”分不开。因此，有学者认为：近20年来，加速全球化社会发展的最大助力非新媒体莫属。① 新媒体对于

① 陈国明：《全球化社会的新媒体与文化认同》，《北京论坛（2007）文明的和谐与共同繁荣》，2007年。

经济发展的推动作用不容忽视。

（二）金融危机进一步造就新媒体产业

全球化背景下，金融危机对于经济体的影响是巨大的。位于经济链条之上的每一环，犹如多米诺骨牌，一张倒塌，其他也难以幸免于难。

2008 年 9 月 15 日，美国雷曼兄弟公司宣布破产，一场金融危机波及世界上各个主要经济大国，而国际金融危机给我国经济也带来了创伤。在这场金融危机之中，由于其他行业的崩塌和缩水、受众市场的低迷，整个传媒行业的广告收入骤减，不仅传统媒体，以户外广告和网页广告等为主的新媒体也饱受危机的风霜雨雪。

2008 年，因三季度业绩和对四季度业绩的预计低于预期，分众传媒股价 11 月 11 日大跌 45.12%，创上市以来最大单日跌幅。受到“分众冲击波”影响，同日华视传媒股价大跌 17.65%，新华财经传媒和航美传媒也分别下跌 7.56% 及 3.94%。[①] 金融危机带来的直接影响是资金链条的断裂，消费者信心受挫，民众需求下降，广告投放缩减，因此，新媒体行业大幅裁员。危机中分众传媒表示：拟通过重组玺诚等手段应对新媒体广告业危机，并将缩减来年的资本投资和并购规模。[②]

然而，危机有“危”也有“机”。2008 年开始的金融危机让整个传媒业在 2009 年进入了一种并购潮之中。快速发展和盲目跟进的新媒体产业也在这场危机中获得了新的整合机遇，去除了冗余和泡沫，清理了行业秩序，反而让拥有实力的新媒体产业获得了更好的发展。

凤凰新媒体 CEO 刘爽指出：“金融危机中，新媒体行业的市场秩序将被重建，泡沫将被挤掉。在金融危机到来的时刻，人们对经济信息的需求将增加，并且希望在任何时刻都能得到信息。”[③] 因此，新媒体与传统媒体为抗争金融危机，从竞争走上了联合谋求发展的道路。传统媒体上网，电子报纸等成为潮流。

同时，新媒体的互联网广告也为危机中的企业带来了新的营销利好。如交通媒体广告获得受众青睐：公交、地铁、航机等的新媒体广告相比电

① 参见《金融危机波及新媒体 分众股价大跌 45%》，2008 年 11 月 13 日，网易新闻（http：//news.163.com/08/1113/09/4QKDFS5I00012QEA.html）。

② 同上。

③ 参见《中国传媒科技：金融危机下中国新媒体趋势分析》，2009 年 2 月 5 日，中国记协网（http：//news.xinhuanet.com/zgjx/2009－02/05/content_ 10765495.htm.）。

视，要廉价得多，由于空间封闭和频道的锁定，因此受众关注度和到达率不会比电视低。值得一提的是，户外广告投放一度被认为出现了泡沫，而在金融危机之中，分众传媒等遭遇到的危机，让整个户外新媒体领域出现了大的变局，弱者出局，强者坚持主营业务，多数企业纷纷缩减广告投放，通过利用新媒体来展开营销，这样一来，有实力的新媒体产业反而拓宽了市场份额。天宇普华传媒销售经理魏来认为：若非金融危机，新媒体的发展还会推迟2—3年。

二　国内经济政策对新媒体的影响

国际经济形势对新媒体的影响是宏观的，而不同国家内的政策环境又形成了不同的新媒体发展格局和道路。政策是影响新媒体发展的更为具体的因素，它们为新媒体的发展提供了更现实的环境。

（一）政策对新媒体的影响

政策的影响主要是制约和扶持。处于转型时期的中国，经济、文化、政治体制改革不断。针对新媒体领域的各个层面的体制改革正在不断地进行之中。考虑到经济基础与上层建筑的关系，我们很难把文化政策、经济政策乃至管理政策断然分成三个孤立的部分，且从长远来看，社会管理、经济、文化、政治等多个维度已经深深勾连在一起，他们共同作用于经济，作用于新媒体的发展。

随着新媒体的高歌猛进，以及新媒体在传媒产业和其他行业创造的经济价值，国内政策开始从过去的传统媒体转向新媒体，扶持和鼓励新媒体的发展。其主要政策内容分为以下三个方面。

1. 准入门槛和资格的政策

2003年，政策严格限制新媒体业务的开展。国家第1190号文件《关于印发〈广播电视有线数字付费频道业务管理暂行办法〉（试行）的通知》，对广播电视有线数字付费频道开办和运营作了严格的规定："开办付费频道，应该经过国家广播电视总局批准；未经批准，任何组织或者个人不得擅自开办付费频道"[①]，只能允许"中央、省级、省会城市、计划单列市的广播电视播出机构、经批准设立的广播影视集团（总台）、经特

---

① 参见《广播电视有线数字付费频道业务管理暂行办法》（试行），广发办字〔2003〕1190号，中国政府网（http：//www. gov. cn/gongbao/content/2004/content_ 62903. htm. ）。

殊批准的其他中央广播影视机构及其他拥有节目内容资源占优势的中央单位”① 开办付费频道。

2004 年，广电总局颁布的《关于促进广播影视产业发展的意见》中，允许符合条件的机构和节目内容资源占优势的国有和非国有机构进入付费电视领域，可以成立公司并展开市场化运作。当然公司的国有制股份必须不少于51%。在2004 年底，《中外合资、合作广播电视节目制作经营企业管理暂行规定》颁发，其最大的变革在于：允许外资以合作方式进入广播电视节目制作领域。

而2005 年，《关于推进试点单位有线电视数字化整体转换的若干意见（试行）》文件规定：境内非公有资本可以参与数字电视业务。

新媒体产业在发展过程中，门槛降低，并逐渐走向市场化，其资金和股份来源由单一趋向多元，因此，其内容和创意生产的质量也大幅度提升。整个行业由于政策的拓宽而充满了生机与活力。

2. 内容分类与优化政策

新媒体的内容生产和监管向来是最富有争议的部分。由于新媒体内容生产主体的多元化和个性化特点，导致新媒体的内容管理十分困难，质量也难以提高。而且目前新媒体的受众趋于年轻化，受众对于新媒体移动终端的接触率大为提高，同时媒介素养不高，因此，新媒体内容生产成为国家政策的焦点。

政策的分类管理，一方面限制了创意生产的空间和内容，但另一方面又规范了整个新媒体内容生产的秩序。以数字付费频道内容生产为例，2003 年《广播电视有线数字付费频道业务管理暂行办法（试行）》中就对付费频道播出的内容作了严格控制：“开办机构对付费频道的节目内容负责，试行播前审查、重播重审”②，并规定了十条禁止内容。

2004 年，广电总局颁发的《互联网等信息网络传播视听节目管理办法》（第39 号令）对互联网和手机播放的音视频节目也作了规定，将之分为新闻类、影视剧类、娱乐类和专业类四类来进行分类管理。总体而

① 参见《广播电视有线数字付费频道业务管理暂行办法（试行）》，第二章“付费频道开办和运营”，广发办字〔2003〕1190 号，中国政府网，（http：//www. gov. cn/gongbao/content/2004/content_ 62903. htm. ）。

② 《广播电视有线数字付费频道业务管理暂行办法（试行）》，第三章“付费频道节目要求”，广发办字〔2003〕1190 号（http：//www. gov. cn/gongbao/content/2004/content _ 62903. htm. ）

言，整理了整个互联网海量信息的秩序，让各类内容的管理都有所依据，质量上也有了标准和权衡。

3. 版权保护政策

由于新媒体的内容生产的个性化、上传下载的快捷性，复制与存储的随意化等，使新媒体时代的网络版权纠纷不断。信息和资源共享是新媒体的特征之一，然而，这种没有限制的共享，反而伤害了新媒体时代个性化内容创作的热情，并造成新旧媒体之间的冲突，阻碍传统媒体与新媒体合作发展。如，王蒙等六位作家起诉世纪互联通讯技术有限公司，以及韩寒等多名作家状告百度文库就成了新媒体时代版权冲突的典型案例。

2001 年 10 月 27 日，国家通过了《中华人民共和国著作权法修正案》，为应对互联网环境中的著作权保护而对原有《著作权法》作出修改。其第九条提出：信息网络传播权，即以有线或者无线方式向公众提供作品，使公众可以在其个人选定的时间和地点获得作品的权利。[①]

2003 年 12 月 23 日，最高人民法院对《关于审理涉及计算机网络著作权纠纷案件适用法律若干问题的解释》（2000 年）作出修正；2005 年，《互联网著作权行政保护法》出台；2006 年 5 月，国务院第 46 号令颁布，《信息网络传播权保护条例》出台。

（二）政策对新媒体的具体扶持案例

在宏观的各项政策举措之外，国家鼓励新媒体的发展，引导新媒体技术和创意生产为传媒以外的产业服务，以促进整个国家多种经济体的发展。

2005 年 12 月 31 日，经过国家科技部的批复，北京大兴国家新媒体产业基地正式成立。该基地是国家火炬计划批复的全国唯一以新媒体产业为主的专业聚集区，2006 年 12 月，成为北京市首批认定的文化创意产业聚集区之一。此外，该基地也是国家广电总局认定的唯一的“中国电视节目制作基地”，也是中国工业设计协会认定的全国唯一的“中国工业设计基地”，更是全国唯一的国家的设计硅谷——“中国设计硅谷”的所在地。[②]而且北京整个电子商务中心的“CEO”的电子商务总部基地也坐落在此。

---

① 《中华人民共和国著作权法修正案》，2001 年 10 月 27 日，中国人大网（http：//www. npc. gov. cn/wxzl/gongbao/2010 - 05/10/content_ 1580444. htm）。

② 中关村管委会：《国家新媒体产业基地纳入中关村》，新华网 · 北京频道，2013 年 8 月 15 日。（http：//www. bj. xinhuanet. com/bjwq/wq/zgcgwh/2013 - 08/15/c_ 116960905. htm. ）

整个基地占地面积约10平方公里，形成了以新媒体产业为核心，以影视制作产业、出版印刷产业、设计创意产业和文化休闲产业为重点的文化创意体系。国内知名企业如新华网、央广购物、香港卫视、中国电视体育联播平台（CSPN）等一批知名文化创意企业已经入驻。

2012年年底，该基地被纳入中关村国家资助创新示范园规划范围。国家将该基地纳入中关村示范区范围后，大大地提升了该基地的企业和资本的吸引力。2013年上半年以来，共有112家新增企业入园，其中注册资金超过千万的企业18家，过亿元的企业2家，另外还有30家重大项目储备企业，预计年收入将达10亿元，税收超亿元。①

还制定了《关于促进大兴区经济发展的若干意见》（京兴政发〔2009〕6号）和《关于促进大兴区劳动力就业的暂行办法》等文件，分别对企业发展和劳动力雇用等方面提出多项鼓励和奖励政策，积极扶持新媒体产业的发展。

当前，国内的关于新媒体的基地和产业园区越来越多，涉及技术开发的软件园区也依托经济发达的城市而蓬勃发展起来。国内各项政策为整个新媒体的发展提供了良好的环境，并为新媒体的发展整顿了市场秩序，建立了规范，引导其成为一种技术和创意的力量，更好地服务于整个经济和社会。

① 中关村管委会：《国家新媒体产业基地纳入中关村》，新华网。北京频道，2013年8月15日。

第四章

新媒体与社会

新媒体日益嵌入到人们的日常生活中，重塑着人们的信息接收模式，提供给人们更多参与和改变社会的条件；同时，新媒体的发展也受到社会发展境况的影响和制约。新媒体应用和发展推动了社会发展，促使社会价值观的多元化呈现，而社会发展又进一步鼓励新媒体的新发展和更广泛的应用；或者相反。人们沉浸其中，一方面不断地使用新媒体进行信息交流，另一方面也不得不重新思考社会新的基本准则等。

本章着重探讨微博等新媒体与社会之间的互动影响，先简述不同时期新媒体演进与社会发展的关系；然后，从新媒体促使社会信息从单向闭合模式传播向多向开放模式交流转变、新媒体促使传统平面化社会结构向立体网络化社会结构转换、新媒体促进社会从整体性共识向碎片化表达发展和新媒体促成全方位链接的社会交互网络形成四个方面探讨新媒体对社会的影响；最后，从社会主流意识形态对新媒体的影响、社会规范对新媒体的影响、社会的媒体接近权差异对新媒体的影响、社会秩序对新媒体的影响及虚拟社会与现实社会的互动五个方面对社会对微博等新媒体发展和功能发挥的影响进行分析。

第一节　新媒体的演进与社会发展

社会发展与媒体的演进有着密切的关系。在人类社会形成发展过程中，人们依赖于彼此之间的信息交流沟通，来形成有机的联系，互利合作形成群体的集合。随着人类社会的发展，人们用来进行信息沟通交流的介质不断地发生变化，影响的范围也逐渐扩大。从口耳相传到文字传播，再到印刷传播，这尚属于小范围的信息传播沟通，人们对于信息的传播知晓仍然局限在很小的时空之内。随着信息传播技术的发展，人类社会进入大众传播阶段，在这一阶段纸质媒介、电子媒介、网络媒介相继发明、发展，形成种种不同的媒体，并深刻影响到人类社会的发展。正如美国学者杜威在《民主主义与教育》一书中所明确指出的那样，“大众传播是社会变迁的工具……社会不仅通过传递（transmission）、通过沟通（communication）而继续生存，而且简直可以说，社会在传递中，在沟通中生存”。[①] 从媒体的角度来审视人类社会的发展，我们会发现伴随着媒体的演进，不同社会时期都有着自身的主流媒体。人们使用媒体进行信息沟通交流，在共同生活中实现共同利益、价值观和目标，人类社会深深地刻上了媒体的痕迹。

从宏观角度看，新媒体形态对社会发展产生了积极和消极影响。在前文字媒体时代，人们的信息交流传播是面对面进行的，个体即媒体，信息的保存仅靠口口相传；文字时代，通过文字符号载体，信息第一次离开了事物本身，得以在更广阔的空间延展，更重要的是打破了时间的束缚，信息可以高质量地代代相传；加之后来造纸技术的发明提高，由极少数的书籍发展为可以日日更新、月月不同的报纸和期刊，文字依附于类纸载体形成的媒体，将人类社会又大大地向前推进了一大步。而伴随着电子脉冲等的发现和使用，依附于电话、电影、广播、电视载体形成媒体，将人类社会带入到电子媒体时代，人们的交流方式以及信息获取方式更加多元化，人们已经逐渐感受到了诸多冗余信息带来的烦恼，正如李普曼所认为的，由报纸、广播、电视等新闻报道、信息传播形成的“拟态环境”成为人们了解自身社会生活状况的重要途径，“拟态环境”即“传播媒介通过对象征性事件或信息进行选择和加工、重新加以结构化之后向人们提示的环境。[②] 因此，媒介环境可能掺入个人想象，和现实环境存在差异，影响人们对于社会的认知。人类社会从口语传播到文字传播时代，再到电子媒体时代，媒介对人们的生活越来越重要，对人类社会的发展影响也越来越大，人类社会逐渐进入大众传播时代。

在20世纪最后十几年间，互联网媒体开始出现并迅猛发展起来，它

---

① 吴飞：《新闻专业主义研究》，中国人民大学出版社2009年版，第8页。
② ［美］李普曼：《舆论学》，林姗译，华夏出版社1989年版，第89页。

使时空消逝，人们得以在瞬间进行信息的交流与传播，人类开始进入网络信息社会时代。“人际传播 + 大众传播”将人际面对面交流以在线互动的形式进行扩大，个体依附于互联网媒体、手机媒体以及数字化媒体等进行实时的互动传播，将人类社会带入到一个新的发展阶段。

我们目前正亲历着由互联网媒体、手机媒体以及数字化媒体等新媒体构建的时代。在这一时代，新媒体由于承载信息及机构的物质形态随着科学技术的进步与发展所含的信息的内容、形式、方法也发生了质的转变。新媒体的出现及其迅猛发展，不仅是商品经济及社会发展的要求和必然，也是人类社会物质文明和精神文明、科学文化文明、政治文明和社会文明的必然结果和体现。随着知识经济和信息时代的到来，科学技术的变革，新的软件的开发，以及新的信息服务方式，都会不断地改变新媒体的发展方向和功能，最终作用于人类社会。所以说，现代意义上的新媒体所承载的内容及其作用与功能，与以往媒体相比已经发生了一场质的飞跃或革命。因此，以数字技术、互联网技术和移动通信技术等新技术向受众提供信息服务的新媒体对社会发展影响是深刻的。换言之，新媒体的出现与发展具有颠覆性的社会意义。我们正处在人类社会发展历史上最伟大的一场变革之中，面对着新媒体已经给我们带来的或可以预见的变化，其扩散速度是如此之快，令人目不暇接。正如费德勒所指出的，“这场革命的种子早在工业时代开始的 200 多年前就已经播撒上了，但是，直到 20 世纪的最后两个十年，才开始生根并且开始扩散到全世界”①。费德勒指出了新媒体与传统媒体的连续性，即不能孤立地看待新媒体对社会的影响，而是要从社会发展的连续上来观照互联网、手机等新媒体对整个社会发生产生的影响。对此我们从媒介发展的历史也可以清楚看到：新媒体的出现和发展不仅仅是技术的原因，社会发展本身的内在需要也促使了新媒体的发展。由此，人们深深地认识到新媒体对社会的发展起到了越来越重要的作用，从来没有哪个人类社会历史的发展阶段与媒体的发展这样关系密切，甚至成为社会发展极为重要的驱动力之一。

如前所述，互联网媒体、手机媒体和数字化媒体等都具有新媒体的一般特征，对社会发展产生了深刻影响；博客、维基百科、人人网、播客，

---

① ［美］费德勒：《媒介形态变化：认识新媒介》，明安香译，华夏出版社 2000 年版，第 35 页。

尤其是微博（即Twitter）的迅猛发展，更是给我们的社会生活带来了革命性的变化。这种变化是对以往人类社会传播的一种颠覆，使人们从根本上找到了我们原本拥有的、但在漫长的人类社会发展中已经逐渐失去的交流能力：一种面对面多点对多点的即时互动性交流。人们由此正在重新编织着我们的社会之网，重新确定我们自身的社会价值。

随着技术的发展，“信息社会已不再仅仅是一种观念，而已是一种活生生的社会现实，它给人类社会带来全方位的变革，其中不仅包括经济体制的变革，而且包括对政治体制、文化体制、生活体制和观念体制产生的深刻变革”①。学者曼纽尔·卡斯特在《网络社会的崛起》② 中认为，我们的社会正经历着一场信息革命，信息技术如同工业革命时期的能源一样重要。而根植于信息技术的网络，已成为现代社会的普遍技术范式，它使社会再结构化，这改变了传统社会中权威中心化和既有的社会规则。当下社会已经飞速进入信息时代，一切活动都带上了信息化的特征。网络信息社会正在逐渐形成之中。平等交流、及时交流成为现实，这改变了社会中人与人之间的关系。新媒体在这一个社会发展阶段担负着重要的作用，互联网媒体、手机媒体和数字化媒体等的广泛使用，进一步促发传统社会向信息社会的转变。这一变革是对传统的工业社会的一种解构，而构建起新的网络信息社会的过程，信息成为社会发展的关键因素，新媒体所承载的数据信息成为社会发展的主要驱动力。

当今社会正在新媒体的推动下逐渐形成网络社会，新媒体是我们接触、了解世界最有力的工具。正如舒茨所说，“我不仅发现了我对于我周围这个生活世界的全部思考，我和其他人的生活及其相关的、各种共同体的形成过程也属于这个生活世界，它们既主动又被动地把这个生活世界塑造成一个社会世界”③。新媒体环境下，新媒体与社会一起发展，新媒体正在成为我们这个社会的“血管”，四通八达，无所不至。在新媒体的作

① 邬焜、邬晓梅：《信息社会及其对人类文明的全面变革》，《图书与石油科技信息》1996年第3期。

② 在《网络社会的崛起》中，曼纽尔·卡斯特以在美国、亚洲、拉丁美洲与欧洲的研究为基础，建构一个有系统的信息社会理论，在书中描述了创新与应用的快速步伐，对我们理解当下新媒体与社会的发展互动具有借鉴性，但也需注意其研究对象与我国具体境况具有很大的差异性。参见［美］曼纽尔·卡斯特《网络社会的崛起》，夏铸九等译，社会科学文献出版社2006年版。

③ ［奥］舒茨：《社会世界的意义构成》，游淙祺译，商务印书馆2012年版，第283页。

用下，原有的社会权威进一步分散化，由高度集中控制向分布集中控制转变，集中的少数精英阶层在社会中的权威角色迅速被分散的广大网民代替；网民以互联网为平台，应用 RSS、SNS、博客、威客等，社会观念表达正从个性化、多样化向个体化、多元化转变。[①] 这是一个正在被颠覆的社会时代。美国未来学家托夫勒在他的《第三次浪潮》一书中，把人类历史上的文明划分为农业文明、工业文明和信息社会文明三个时期。尤其是进入到 21 世纪的十余年间，以互联网、手机等为代表的新媒体正在成为现代世界的科技、经济、社会高速发展以及一系列巨大变革的巨大推动器，所带来的不仅仅是技术上的变革，也是整个社会的转型变革，正在迅猛向前推进着网络信息社会的形成与发展。随着人类社会的进步，大众传播媒介也得到了迅猛发展，各种类型的新媒体在快速发展的科学技术环境中层出不穷。例如互联网媒体、手机媒体和数字媒体，以及包含着其中的博客、维基百科、微博等诸多新媒体形态。

新的媒体以它们独有的传播优势和特性占据不同的传播空间，特别在三网融合的媒介技术催化下，各种新媒体相互取长补短，交叉叠加发展，使大众从“沙发土豆”（couch potato）向“鼠标土豆”“手机土豆”转移（mouse potato and cellphone potato），进入一个混合的传播时代。[②] 随着信息技术发挥的作用越来越重要，它所带来的第三次浪潮已经大大地改变了社会所倚重的力量，已经改变了工业社会的大机器大生产给社会的影响，进入到一个新的社会阶段。随着大数据时代的到来“数据”成为理解“新媒体与社会”的关键词，通过对“数据”的分析、评论和反馈，由网络实践驱动，并通过网络不断获得的，赋予数据意义的节点聚合。[③] 最终对社会产生深刻影响。在这一阶段，新媒体嵌入到人们的日常生活、生产过程中，并以数据的形式保存，聚合对社会发生作用。

麦克卢汉曾经预言的“地球村”，在互联网媒体、手机媒体和数字媒体等新媒体出现并迅猛发展之后逐渐成了现实，新媒体为全球传播建筑起了一条四通八达的信息高速通路，同时新媒体也成为储存海量信息的仓库，与生俱有的交互性和跨时空性的优势和特点，对人们——特别是青年

① 参见高宪春《论 Web2.0 时代“去中心化”对网络文化的影响》，《济宁学院学报》2011 年第 4 期。

② 易丽平：《新媒体环境下受众媒介依赖的原因探析》，《今传媒》2011 年第 2 期。

③ 高宪看：《传统媒体的“大数据变革路径”》，《中国记者》2014 年第 3 期。

一代——产生了无法抗拒的诱惑力。随着手机媒体与互联网技术的完美结合，形成了新媒体独有的优势：新媒体从传播方式上整合了以往所有媒体——书籍、报纸、广播、电视等——的传播特性，人们在进行文字、图像、声音等传播（例如QQ、博客、微博、微信、FaceBook、播客、网络电视IPTV、网络广播，BBS论坛等等）中，还具有了生产上传分享的能力，可以随时随地地下载、储存、交互沟通、发送自己需要的信息。新媒体的传播功能具有了质的变化，新的媒体的传播形态由点对点或点对面转变为面对面的交流、沟通，不论是互联网媒体还是手机媒体，任何人都可以便捷地传送信息。因而，新媒体的传受主体也发生了变化，它改变了以往传统媒体单向固定的传受方式，再没有恒定的传播者与接受者，任何人、任何组织可同时兼具主体与客体的双重身份，他（们）可以根据自己的理解去解释甚至改变所接受的信息，并加以生产和创造，进行着多层级、多方向的传播。

总之，新媒体和社会两者是同步发展、相互作用的，不过就表现而言，新媒体（新媒体技术）对于社会的影响是显性的、微观的、具体的，社会对新媒体（新媒体技术）的影响是隐性的、宏观的、抽象的。从新媒体对社会的有效性而言，我们可以从积极和消极影响两个方面来探讨，即新媒体在使用的过程中可能会对社会产生的正能量和负能量。下面两节我们从两个方面来分析新媒体对人类社会的影响。

第二节　新媒体对社会的影响

“这条消息是从博客中看到的吧？”“我们俩是在人人网上的，我们很幸福！”“让我们看看维基百科上是怎样解释这个词条的。”“微夫妻”以及新媒体——互联网媒体、手机媒体和数字化媒体——已经牢牢地嵌入到人们日常的社会生活之中，它的影响是如此之大，在信息日益剧增、生活节奏加快的当下，无法想象没有互联网、没有手机我们还能怎样生活，如同我们无法想象再回到19世纪前没有发明电灯的时代一样。我们已经深深地陷入新媒体构建的社会环境之中，成为在其中游泳的一条鱼。

一　新媒体促使社会信息从单向闭合模式传播向多向开放模式交流转变

传统媒体的信息传播者与接受者界限相对清晰，缺少及时反馈，表现为闭合式的信息传播。新媒体改变了信息传播的方式，人们在社会信息交流中不再是被动接收，它降低了社会信息交流的门槛，人们具备了积极主动地参与到信息传播的生产过程中来的条件和可能。就技术而言，只要在线就可以对接收的信息及时反馈，这大大扩展了信息传播范围，向多向开放模式的交流模式转变。尤其是博客、微博、维基百科、Facebook 等新的媒体的出现给予人们不同的社会生活生活体验，以虚拟空间的形式影响并改变了人们头脑中原有的现实空间的认知，并对人们的现实社会生活产生了极大的、实质性的影响。

在这一个过程中，社会结构发生了很大的变化。不仅是个别的个体受到影响，整个社会群体阶层都受到了影响，尤其是对社会弱势群体而言，新媒体提供了更多表达自己的利益诉求的机会和可能。

互联网媒体、手机媒体和数字化媒体等新媒体，表面看来具有不同形态，但就信息传播模式而言有着共同的特征，表现在：（1）从信息传播的量来讲，新媒体已将我们带进了“大数据”时代，海量的信息使人们得以从多方面得到自己所需要的部分；（2）从传播的时效性而言，新媒体已大大缩小了社会信息交流的时间间隔，就技术而言，新媒体已将整个社会形成一个信息全时交流的整体；（3）从社会信息交流渠道而言，新媒体提供了图片、文字、音频、视频等多媒体功能，使社会信息交流立体化展示，更为逼真形象；（4）从传播涉及的范畴而言，新媒体使分散的个体能够通过新媒体从全球化视角进行观照，也使这些全球化问题与个体更加息息相关。

这些新特征改变了社会信息传播自上而下点对面的单向度传播模式，转变为平等的、多点对多点的、多向度开放式的交流模式，原有的封闭的传播链条被开放的兼容的交流链条所替代。由此正在形成新的信息交流模式。传统媒体环境下，社会传播大多由少数的专门机构——如报社、广播电台、电视台等——所垄断，它们所进行的社会信息传播，一般是经过了既有价值观念的把关后的结果，表现为既有主流价值观和社会共识的再现，而非主流的意见和个体的观点常常被压抑，被边缘化，难以得到展现。因为被社会孤立而成为社会的异类的压力，这是任何个人甚至是群体都无法承担的。新媒体提供了条件，分散的个体开始发出个体自己的声音，威权者在社会信息传播的中心地位被消解，取而代之的是由高度集中控制向分布集中控制转变，个体成为新媒体时代社会的真正核心所在，模糊的大众逐渐转变为有意见指向的信息发布者和接收者的双重角色，而角色的转变可以在瞬间完成。

新媒体提供给个体更多自由，从理论上来说，个体可以更好地提出自己的需求，并尽可能得到满足。这使信息需求从“千人一面”走向“个性彰显”。在以往的传统媒体下，个人的需求和表达淹没于群体之中，千人一面而缺少特色，上传下达而缺少个性信息。社会联系性和扩展性增强，正是以个性化需求和表达的实现为基础的。在过去单一视角、单一领域的情况下，我们的媒体在新闻传播和信息传播过程中毫无个性和特色可言的面貌特征，社会表现出明显的同质化现象。

新媒体的信息传播随着媒体定位的细分化而具有相应的个性化特征，其具体视角、领域、对象和风格各有不同，丰富多彩，尤其是以微博为典型的新媒体形态，提供给个体精准信息，社会结构由此发生了变化，个体明确的需求与表达而非群体的代言成为重要的标准，也是社会结构发展的必然趋向。

中国互联网络信息中心（CNNIC）第36次《中国互联网络发展状况统计报告》显示，截至2015年6月，我国网民规模达6.68亿，互联网普及率为48.8%，较2014年底提升了0.9个百分点。截至2015年6月，我国微博客用户规模为2.04亿，较2014年底减少4452万，网民使用率为30.6%。其中，手机微博客用户数为1.62亿，相比2014年底下降744万，使用率为27.3%。根据报告，截至2015年6月，我国手机网民规模达5.94亿，较2014年底增加3679万人，网民中使用手机上网人群占比由2014年12月的85.8%提升至88.9%。

微信、微博为代表的新媒体正在迅速扩张其影响力，这些不断出现的新形态媒体打破了博客、E-mail、BBS、IM（即时通信软件，如QQ、MSN）等传播模式，创造出新的传播模式——“扩散的分众传播”模式。首先，它的Follow产品设计，保证普通的微博至少有了固定的“听众”。微博中某人的“粉丝”会一直接收他的微博，Follow机制保证了一个普通的微博与他的受众是“连接”的，这就创造出一个“分众”。[①] 这就在很大程度上扩展了社会信息交流的广度，在降低了个体与个体之间信息交流的门槛的同时，已经逐渐地将信息传播从权威的大众媒体等机构转向了分

① 张力、唐虹：《微博信息传播机制及其发展困境》，《新闻世界》2011年第1期。

散的活跃的个体和群体。虽然微博的140个字的限制造就了微博信息内容碎片化特点，但微博集文字、声音、图像、视频、超链接等于一体的媒体特征，以及它广泛的传播范围和惊人的更新速度，使其在短时间内被大量用户关注，人们关注的焦点也被分秒刷新。而且从技术角度而言，一些微博端推出了轻微博、长微博等，这实际上是以“超链接”的方式解决了超过140字的限制问题。用户通过发表、转发、评论等功能迅速传递信息、自由发表言论、拥有更多的话语权，因此，新闻事件一旦进入微博用户的视线，便可在瞬间爆发重大影响，如“李刚门”事件、紫金矿业“污染门”事件、宁德“量身招聘”事件等。

微博只是新媒体的一种形态，虽然不能涵盖所有新媒体，但是通过这一新媒体我们可以清楚地体会到传统传播方式已经在发生着革命性的变化，而这种变化还在持续进行中，毋庸置疑，微博、微信等新媒体形态正在促使社会信息从单向闭合模式传播向多向开放模式交流转变。

二　新媒体促使传统平面化社会结构向立体网络化社会结构转换

作为一种社会化媒体的微博是新媒体的典型代表，它在促进社会信息交流模式转变的同时，在更深层面上产生的影响在于促使传统平面化社会结构向立体网络化社会结构的转换。传统平面化社会结构中个体之间的交流具有局限性，信息传播往往受到地理空间的限制，由此导致信息交流的延迟，个体湮没于平面化传播中，很少能够主动激起其他特定个体的反馈，因此往往表现为沉默的社会原子。而微博正在促成立体网络化社会结构的形成，使人类社会进入到Web3.0时代，个体成为社会立体化网络结构的一个节点，在这一时代，信息的接收者即是信息的生产者，而生产者并非专业人士，而是普通的个体，他们通过微博等新媒体联结起来，彼此互动，并且这些个体可以根据自己的兴趣和才能选择适合的新媒体形态（播客、微博、微信等）去传递自己的信息；这种立体化网络结构从根本上是与自上而下的信息传播控制相抵触的，而恰恰体现为开放多元化的信息交流，它更看重个体个性的表达和张扬。进而更大意义上促进了社会从二元社会向三元社会的过渡，即由政府直接作用于社会的形式，过渡为政府通过新媒体作用于社会的形式。

传统媒体时代、报纸、广播、电视等，通常是平面化社会结构的具体倡导者和体现者。无论何种意识形态的社会制度，它们都是作为一种重要的社会舆论机构存在的，报道与政府主流意识形态相一致的新闻，从维护社会稳定的角度来解读发生的事件。新媒体时代，就技术而言，微博等不再是由政府完全掌控，它不再是政府的传声筒。个体因新媒体而增强参与能力，反过来，这又强化了新媒体在监督和促进的作用。

案例[①]

延安“8·26”特别重大道路交通事故致36人死，2人重伤。陕西省安监局局长杨达才视察事故现场微笑的照片引起轩然大波，民众对他进行了人肉搜索，从这位官员身上“搜”出了各种名表。截至2012年8月31日，杨达才被网友发现的名表总数已达11块之多。其中高级手表5枚，每块价值万元以上，最高达20万—40万；此外，网友指出那条裤带也要2000多。陕西省纪委开始介入调查，并承诺：如确有违纪或腐败问题，将依法严肃处理。

人们在杨达才“微笑门”事件中的反应速度已经超过了大众媒体和政府组织，通过关注、转发、评论等方式人们迅速形成围观，通过人肉搜索和信息互动，从当事人杨达才在事故现场不合时宜的“微笑”转向其所佩戴的手表，又从手表转向其所配戴的眼镜和腰带……一波一波的信息互动影响事件的进展，迫使政府和大众媒体不得不跟进事件。这种随时互动反馈、群策群力的立体化网络社会，很难从某一个节点上对信息传播进行管控。从社会控制的角度来看，立体化网络社会所体现或所要求的是与以往单线式或粗线条式的管理思维或管理方式不同的，处于网络中的个体体现为信息的节点，这就使社会结构呈现一种动态性，它不仅是一种纵向的上下衔接、政令畅通，而且还是横向的主体平等、相互合作、彼此互动，这种常态性已经颠覆了以往我们对于社会结构的认识和理解。

微博、微信等新媒体已经深深地嵌入到人们生活的方方面面，由此产生的更大影响改变了原有的传统型平面化社会结构，个人和所属的群体成为立体化的网络社会结构中的一个联系广泛的节点。而且在这一节点之

① 参见“杨达才”词条，百度百科（http：//baike. baidu. com/view/3341638. htm#5）。

上，人们对信息的需求和对信息的使用手段、使用目的以及产生的社会影响，都发生着颠覆性的变化，网络信息社会真正地、逐渐地建立了起来。进而言之，在立体化网络社会中，人们普遍享受着数字化媒体带来的方便和快捷，突破时间和空间的束缚，体验着从未拥有的自由交流的畅快，从技术上第一次真正拥有了信息需求与满足的自我掌控的可能。因此新媒体对社会结构的改变具有极为重要的意义。

三　新媒体促进了社会从整体性共识向碎片化表达的发展

新媒体第三方面的影响是社会的碎片化。所谓“碎片化”，英文为Fragmentation，原意为完整的东西破成诸多零块，这里用来描述社会的一种重要变化过程。在这一过程中，由于信息传播方式的改变，社会结构的变化，个体有了更大的发言权，在“人人都有麦克风，人人都是通讯社”的当下，个性化的信息需求进一步被满足、被强化，这在很大程度上改变了传统社会认同感向新型社会认同感，促成社会的碎片化。由此，“新媒介技术带来社会多元化冲突的加剧、个体化的上升螺旋和社会信息的碎片化”①。

首先表现为阶层的“碎片化”，同时各个分化的阶层内部也在不断分化成社会地位和利益要求各不相同的群体，因此，现代社会是一个正在不断碎片化的社会。特别是微博、微信等新媒体的发展进一步强化了这一过程。微博等新媒体的门槛很低，有人总结为微博的“4A”特性，即Anyone、Anytime、Anywhere、Anyway。这也是当下新媒体的主要特性。任何人只要愿意，即可通过持续的开放微博等新媒体，阐发自己的观点或者关注他人，做到随时收发更新信息。

微博、微信等新媒体在传播形式、内容以及意义表达等诸方面进一步加强了社会的碎片化，对此，有学者认为，碎片化传播体现在两个层面上：“第一个层面是事实性信息传播的碎片化，这里的碎片主要是指信息来源的多元化、观察视角的分散化、信息文本的零散性和信息要素的不完整性；第二个层面是意见性信息传播的碎片化，这个意义上的碎片，不仅指零散性，更指意见的异质性、分裂性。”而“事实性信息传播的碎片化

① 高宪春：《新媒介传播语境下的网络社群“正义观”及影响分析》，《南京社会科学》2015年第8期。

是人们提到碎片化传播时关注的重点，它是由新媒体传播平台的特点导致的。但如果从长远来看新媒体传播的影响，我们还应当注意意见信息的碎片化及其传播效应，因为它反映的整个社会生态的变化”。她进一步指出了新旧媒体对这种碎片化传播的不同影响，即“过去媒体所反映出来的社会意见的一致性，在网络等新媒体平台上被大大削弱。新媒体平台上的意见形成，是各种碎片意见碰撞、冲突的过程”。[①] 相对应的是整体性共识的削弱。

人们逐渐感觉社会变得支离破碎，要了解周围日益复杂的社会环境变得越来越困难。以微博为例，这种新媒体传播的内容本身只有寥寥 140 字左右，只言片语或以表情符号表达，难以深入事件之中，更难以有深刻思考，而且每一页面上的文本多是不成系统的，语法混乱，甚至前后不搭，只要意思阐释清楚就行。另一方面，微博的内容所涉及话题也极具碎片化特点，人们可以任意选择自己感兴趣的话题进行交流，也可以提出议题，理论上都不受任何限制。因此涉及的议题具有空前的广泛性，包括政治、经济、文化、教育等方方面面，以及家长里短、闲言碎语的唠叨和琐碎的生活细节。不仅微博、微信，连陌陌等新的媒体都在通过不断地嵌入人们的日常生活，以碎片化的形式，构成人们对社会环境的认知图像。

社会的碎片化不仅仅是对信息传播而言，整个社会的演进规律也是一个碎片化与重构过程交错反复的过程，而且部分学者认为，在这样一个碎片化与重构的反复过程之中，多数时候碎片化的过程遵循熵的宏观上不可逆性，也就是说，从长期程度来看，多数碎片化现象，其碎片化程度是不断加深的。虽然不是每一次经历重构之后的碎片化都会比上一次更加严重，但这种碎片化不断加深的趋势却非常明显。时至今日，整个社会的碎片化已经成为一种趋势，而网络时代的到来也使这一趋势越来越明显。[②] 这直接影响到社会权力的重新分配。分散的从自身利益出发凭借新媒体不断地发表碎片化的信息，来消解权威对事件的垄断与封锁，使社会事件的舆论发展由不同的碎片化信息组合产生影响力，而不是围绕着既定的路径发展。

杨达才“微笑门”事件中，人们从自身的角度来对事件进行解读，

① 彭兰：《碎片化社会背景下的碎片化传播及其价值实现》，《今传媒》2011 年第 10 期。
② 梅林晨：《论网络时代的碎片化生存》，《网络与信息工程》2013 年第 18 期。

既有现场“微笑”的批评，也有对事故本身的反省；而更超出大众媒体和政府相关部门意料的是，一些网民对杨达才在不同场合所戴的手表、眼镜、腰带等进行搜索，进而将其与其收入进行联系，将事件引向另一个发展方向。当大众媒体和政府相关部门规避不理，并不能阻止网民通过微博等新媒体继续对自己所关心的问题进行讨论，这就迫使大众媒体和政府相关部门的及时跟进。

杨达才“微笑门”事件的发展已经不仅仅是关乎他在事故现场的微笑本身是否适宜，而在于不同社会利益诉求的表达和关注，关注同一事件不同的方面，从不同视角对同一事件进行解读，在很大程度上体现出了事件所引发的多元化信息需求，而社会进一步被分化。“社会的碎片化”并非新媒体的弊端，而是人类社会发展的一个阶段。这一阶段不同于我们已经习惯了的由报纸、广播、电视等传统大众传播方式所形成的传统媒体环境。尤其是个体观念的表达更为便捷，信息的流动更为海量化、平等化，这都促成了个体自我的重新再发现，人们不愿意仅仅成为某种社会组织的附庸，也不愿意应和于大众媒体和相关部门的新闻报道或意识形态的宣传，避开了大规模生产和消费对个体的侵蚀，追求一种个性化表达。杨达才在“微笑门”中对网民的质疑轻描淡写的回应并没有遏制住舆论的进一步升级。主流大众媒体也对事件当事人提出了质疑。这种“碎片化”既是互联网媒体、手机媒体和数字化媒体等新媒体赋予人们新的权力和能力，也是社会进步发展的必然，这势必对原有的高度集权化社会模式产生影响。微博、微信、Facebook 等正在引领我们步入信息碎片化社会之中。

有研究者指出，“随着现实社会利益结构、组织方式和生活方式等方面的变化，由价值观念的差异而导致的社会群体冲突正在成为一种新的矛盾类型，特别是由于权力与资本的日益结盟，人们对传统宏大叙事已渐渐淡忘，尤其是对传统权威所产生的怀疑或抗拒而引发的自我权利意识成长，致使主流价值观虽仍有其外在话语权力空间，但却失去了昔日的内在感召力。”① 价值观的多元化，即人们审视、认识事物角度的多元化，体现出利益诉求的多元化，即使是客观的事实性信息，同样也不可避免地会受到人们主观认识的影响。杨达才“微笑门”事件中体现出的不仅是网

① 潘自勉：《社会转型中的价值冲突与价值整合》，人民网（http：//theory. people. com. cn/GB/49154/49156/4484214. html）。

民对事件的看法，更是体现出原本被掩盖或被边缘化的不同的利益诉求，如此，围绕所发生的事件及所关涉的人物的事实性信息或是意见性信息，人们的认识与表达都不再千篇一律。在这一过程中，新媒体碎片化也是个性多元化自由展示的标志，我们更需要的是逐渐熟悉习惯这种碎片化带来的社会变化，适应社会的发展，而不是要回到报纸、广播和电视等大众传统媒体构建的自上而下控制的社会中去，这一过程中，我们不仅要熟悉新媒体的使用技能，更要用心智真正地驾驭它，使其作为我们的“仆人”，而不是我们的“主人”而存在。而随着新媒体的发展，媒体素养的自我觉察、自我培养显得更为重要。

四 新媒体促成全方位链接的社会交互网络的形成

这一影响实际上与前三点密切相关，具有一定的重合性，从某种程度上来说这一影响实际是前三点的进一步延伸，全方位链接的社会交互网络的形成体现出了“社会关系”的革命性变革。让我们从美国社会心理学家米格兰姆（Stanley Milgram）的六部分离理论开始探讨。在20世纪60年代，米格兰姆提出六步分离理论（Six Degrees of Separation）。米格兰姆的理论认为，最多通过六个人，任何两个陌生个体即可建立联系，亦被译为“六度互联”或“六度空间”。根据这一理论，我们形成了一个彼此交错的社会交往领域，人们在立体地生活，对社会文化产生重大影响。人们通过博客、社区、SNS、网络交友或微博、微信等新媒体彼此连接，形成了一个庞大的群体，足以影响到社会表征的变化，信息传播方式的变化直接反映了社会结构的变化，也使社会的碎片化影响呈现裂变式扩散。从功能上来看，社会化交互网络致力于以新媒体为渠道实现个体与个体之间的沟通，从而通过网络中的信息交流拓展人际关系圈，信息交流中的个体不仅仅是信息的接收者或传播者，而是兼有这两种身份，尽情享受社交和沟通的乐趣。社会化网络顾名思义是在虚拟的网络中所存在的一个个小型的社会，这些小型的社会里面彼此之间发生真实存在的社会活动，为达到某种或者多种目的，拥有共同兴趣的群体所成立的一个个社区而以网络的形式存在，即为社会化网络。[①] 在杨达才“微笑门”事件中，人们彼此通过匿名扩散、转发信息的同时，也以微博互粉的方式实现圈子内的信息交

① 参见“社会化网络”词条，百度百科（http：//baike. baidu. com/view/1368319. htm）。

流，形成强大的影响力，关注“微笑门”“事故本身”“手表门”“腰带门”的不同网民形成不同的圈子，不同的个体也在交流过程中逐渐形成“关系”的链接，进而对事件当事人施加压力，大众媒体和政府相关部门若忽视这种关系链接的力量，显然会触犯众怒，是不明智的，也正因为如此，主流大众媒体和相关部门对网民的种种质疑予以了种种解答，个体的价值在这种全方位链接的社会交互网络中显示出来。

从这个角度进一步深入探讨，我们会发现新媒体本身不仅是信息传播新的技术平台，同时也充当传统媒体甚至是传统人际传播的技术平台。因此新媒体是实现了大众传播与人际传播兼容的媒体。这一特征使网络传播表面上看来与网络媒介别无二致，另一方面也使先前像印刷和广播那样性质截然不同的技术鸿沟正在逐渐消失。[①] 而在类似微博、微信、SNS 等新媒体所构建起新型的社会交互网络中，每一个人都是网络中的一个节点，理论上讲都可以通过这一网络进行联系，即使是完全陌生的个体之间，也可以实现实时沟通，成为“朋友”。这改变了原有的社会交流方式，对社会关系的形成具有深刻的影响。人们需要重新定位自身在社会交往中的位置，不是仅仅根据实际面对面地交流形成的社会关系，也包括通过类似微博、微信或 SNS 等新媒体渠道进行的交流，建立起来的社会关系。实时互动的社会网络正在形成，由现实世界延伸到虚拟世界，而又有虚拟世界影响到现实社会本身。它提高了人们交往的频率，也提高了交往的透明度，尤其是对于隐私的看法会随着新媒体的发展方向和新的功能提供而出现较大的改变。由此，我们倾向于认为，由微信、微博、陌陌、Face book 等新媒体构建起来的社交网络，正在通过不断加快信息扩散的速度和范围，深刻影响着社会变革的速度和方式。

在美国智库皮尤（Pew）研究中心开展的互联网与美国人的生活（Internet & American Life）的调查显示，美国 47% 的成年人、也就是 49% 的互联网用户使用一种以上的 SNS，这一数字与 2008 年 26% 的成年人、34% 的互联网用户的情况相比，几乎翻倍。同时，成年 SNS 用户的平均年龄由 2008 年的 33 岁上升到了 2010 年的 38 岁，如今（截至 2011 年，引者注）超过一半的成年 SNS 用户年龄在 35 岁以上，56% 的 SNS 用户是女性。其中 Facebook 主宰了 SNS 市场，有 92% 的 SNS 用户都使用 Facebook，

① 蒋海斐：《网络传播特点刍议》，《新闻知识》2012 年第 5 期。

而 MySpace、LinkedIn 和 Twitter 的使用比率依次为 29%、18% 和 13%。用户使用不同社交网站的方式也有所不同。① 虽然这一数据是对美国 2011 年新媒体情况的调查，但相对于当下中国新媒体发展而言具有一定的借鉴意义，它体现出新媒体的使用对社会变革的影响。在当下中国，人们对微博、人人网等新媒体的使用日益广泛，产生的影响正在日益日常化，都体现出全方位链接的社会交互网络逐渐形成这一发展趋向，对社会发展产生深刻影响。《新周刊》在 2010 年初对微博评价道：

> 它是“围脖”，它制造了“围脖控”，它成了最时髦的互联网身份证。人人都能发言，人人的发言都有人在听。在围脖上，关注一位脖友是一次投票，赢得一位粉丝是一次当选，转发一条围脖是一次赞美教育，评论一条围脖是加入聊天。在围脖上，一呼百应，一帖百评，一帖千转，信息裂变式传播，你能感受到社会并不如我们想象中冷血：人心未死，就算微博，也是媒体；就算微博，也是心跳；就算微薄，也是力量。②

这段文字虽然描述的是微博，但同时也一针见血地指出了新媒体具有与生俱来的裂变型共性。新媒体所促成的个体与个体之间的“关系”链接，从来就不是平面的，而是立体的。换言之，微博、微信、SNS 等新媒体在积极的层面上使信息传播的图景趋于丰富和立体化，并且构成未来社会结构的重要要素。

换言之，新媒体的出现和发展，提升了人们之间交往的可能和条件，伴随而来的是社会性联系的增强。这时网络、博客、微博等新媒体往往从公民的正当利益、兴趣、需求和心态等角度来进行信息的传播，力图构建起更为广泛的联系，从而进一步加强了彼此间的联系，开拓了人们权利诉求的新视角。注重从维护社会公民的合法权益的角度参与信息传播的生产、传播的全过程。无论是突发性事件、重大纪念事件，抑或是一般性的公共事务，都表现出从未有过的广泛的社会性联系，也表现出参与社会事件、观照社会环境的视角的变化的共同特征。

---

① 参见《研究称社交网络用户会得到更多社会支持》，新华网（http://news.xinhuanet.com/it/2011-06/18/c_121551581.htm）。

② 《2010 网络生活价值榜》，《新周刊》2010 年第 1 期。

新媒体传播既继承社会传统，又开拓个体参与社会的新视角，注重从维护社会公众的权益层面来参与信息的传播与交流，新媒体提供了对社会权利意见的有机表达。

总之，新媒体的出现促使我国社会生活和社会结构不再是一种扁平化的状况，变得更加丰富多彩，呈现出多元化的特点。社会信息的需求和表达具有历史性，它是社会生活的意识系统和观念形态。新媒体通过专业化的搜索和服务，满足受众个性化需求和表达，进每一步强化业已形成的广泛的社会性联系。

第三节　社会对新媒体的影响

媒体技术的发展是社会的产物，只有在一定的社会发展阶段才会使某种媒体受到人们的关注，新媒体同样如此。莱文森曾说过，“常识告诉我们，关于技术后果优劣利弊的问题，就像是刀子的问题，刀子既可以用来做好事，比如砍柴，又可以用来做坏事，比如砍人，根据这个观点，刀子和一般的技术完全处于人的掌控之中。”① 而真正掌控新媒体的人是受特定社会境况限制的。如微博（Twitter）在美国被用来作为联络关系的工具，甚至被奥巴马用于总统大选，获取大量选票，在伊朗则曾被反对派用作反对政府的工具，“微博问政”一度成为中国微博发展独特风景。手机短信同样显示人们对于新媒体的运用、所发挥的功能，以及可能造成的后果。因此，我们不仅要看到新媒体对社会所可能产生的影响，还应该看到社会对新媒体发展所产生的影响。

一　社会主流意识形态对新媒体的影响

这里我们将意识形态理解为一种具有理解性的想象、一种观看事物的方法；在社会中存在着不止一种的意识形态，其中占有优势地位的意识形态作为形成“大众想法”或共识的基础，以社会主流意识形态呈现，而所有其他与这个标准不同的意识形态则常常被视为极端。人们在使用微博、SNS或微信等新媒体过程中，发布信息、发表评论、转发观点等，通

① ［美］保罗·莱文森：《软利器：信息革命的自然历史与未来》，何道宽译，复旦大学出版社2011年版，第43页。

常是与社会主流意识形态密切相关的。

案例：微博炫富事件[1]

郭美玲，微博昵称“郭美美 baby”，湖南人。2011 年 6 月 20 日，郭美玲在网上炫耀其奢华生活，并称自己是中国红十字会商业总经理而在网络上引起轩然大波。6 月 22 日中国红十字会称“郭美美”与红十字会无关，新浪也对实名认证有误一事而致歉。

年轻、名车、豪宅……使网民很难将其与红十字会这样的慈善组织联系在一起。“人家刚 20 岁就这么有出息”，“红十字会看来真的很有钱”，陆续有网友质疑说。此外，还有网友将其与中国红十字会副会长郭长江联系起来。尽管其认证已被腾讯微博取消，但在个人说明里，“中国红十字会商业总经理”仍然停留在照片旁边的显著位置。

6 月 21 日早上，腾讯微博上出现了一个名为“郭长江 RC-”的未认证微博与“郭美美”互相关注。其发布三条微博，发布不到两个小时，就引来了诸多网友的口水，不少网友认为这是中国红十字会副会长郭长江的微博。有些网友还在留言中表示：“唾沫淹死人啊，您闺女太高调了。”6 月 21 日晚 23 时，博主本人“郭美美 Baby”继 6 月 19 日发了微博后又再度现身，澄清其身份，称自己“所在的公司是与红十字会有合作关系简称红十字商会，我们负责与人身保险或医疗器械等签广告合约，将广告放在红十字会免费为老百姓服务的医疗车上。之前也许是名称的缩写造成大家误会”。

“郭长江 RC-”则迅速删除了之前的三条微博，并发布了新讯息，“清者自清，八卦别人的生活真那么有趣吗？偷窥狂可以休矣。”

人们对于郭美美炫富提出种种质疑，并非仅仅是针对炫富行为本身，而更多的是针对巨额财富来源的合法性，郭美美的“红会”身份更是增加了事件围观的可能性。正如一些评论所说“从所在过去 20 多年，中国公益慈善组织主要瞄准受益人的需求，捐赠人却常常被忽略，知情权、监

---

① 参见“微博炫富事件”词条，百度百科（http：//baike. baidu. com/view/5963871. htm）。

督权被剥夺。善款的使用情况，大部分捐赠人无从知晓。因为善款流向及慈善机构本身行政支出不透明”。[①] 微博等新媒体之所以会发挥作用，并非仅仅是它们所具有的数字化特征，而是事件本身对社会主流意识——对社会公正、公平的追求——相悖。新媒体作为一种重要的信息交流渠道，恰恰迎合了社会主流意识形态的表达的需要。

社会主流意识形态并非是一成不变的，而是随着社会的发展和人们对事物的进一步认识而动态变化。分散的个体得以在新媒体中影响社会主流意识的形成过程中发挥作用。这种参与性既是媒体技术提供的可能，也是社会主流意识的默许，这种契合性是社会与新媒体的互动中不断推进的。这也正说明了社会主流意识形态表达通过新媒体而得以不断地推进，进一步促进了新媒体某一功能的发挥：简短评论并易于转发等，都在不断充实人们对事件的认识，在郭美美事件中，人们从郭美美炫富的批评，转向对红会的质疑，在微博、SNS 等新媒体中不断讨论，这些讨论得到广泛的共鸣，新媒体在社会中的影响力进一步扩大。

当违背社会主流意识形态时，新媒体则会朝着不同的方向发展。作为工具的新媒体也可能会传播非主流意识形态，但从影响的范围和发展的趋向来看，很难得到网民的共鸣，社会予以批判时，这种新媒体的发展就会受到限制。因此，我们获得成功的微博、SNS 等新媒体一般倾向于与社会主流意识形态相一致，这既是指涉传播的内容，也是从新媒体传播功能开发发展来说的。简单而言就是社会主流意识形态的发展需要新媒体来予以推动，这时的新媒体可以最大限度地发挥功能，并且能够进一步获得发展。在中国，微博很快取代博客，在很大程度上正是因为微博迎合了人们参与社会主流意识形态构建的需要，这种具有中国特征的新媒体发展，已经远远超出了它的发明者的初衷：“Twitter”原本是人们寻找彼此位置、询问私人问题的工具，在我国“微博问政”却成了人们使用的重要功能。这表明新媒体受到社会主流意识形态的影响。如郭美美事件中，人们通过微博“围观”，不断表达自己的观点，推进社会主流意识形态发展，也在客观上影响了微博等新媒体的发展。

2014 年 8 月 7 日“名噪一时的‘网络红人’郭美美终于‘倒下了’，

---

① 参见朱晓萌《郭美美事件沉思录：真相或是最大奢侈品》，《中华工商时报》2011 年 07 月 4 日，转引自新浪财经。

其炫富、涉赌、性交易背后，暴露出中国在快速发展和转型过程中的多种‘社会病’，拜金、奢靡、钱色与权色交易，从价值观念扭曲到社会行为失范，一股腐朽思潮正在逆势涌动，与社会主义核心价值观背道而驰”。2015 年 9 月，东城法院第二法庭公开审理郭美美一案，以定郭美美犯开设赌场罪，判处有期徒刑 5 年，并处罚人民币 5 万元。[①] 事情似乎尘埃落定了，但其影响却没有消失，新媒体促发的郭美美事件，引起了社会各方的多维思考，对社会主流价值观也产生了不小的冲击。[②] 郭美美事件引发社会的多维思考，影响主流价值观的发展。

二 社会规范对新媒体的影响

社会对新媒体的影响，不仅表现在隐性的社会主流意识形态，同时也表现在显性的社会规范的影响。这表现为通过明确甚至是成为条文的法律法规，对新媒体予以管理，包括对个体在使用新媒体过程中产生的问题的管理，这是从社会层面以政府组织的名义对新媒体的发展以及功能的发挥进行的干涉，它通常以公众利益维护为其出发点，维持社会主流意识形态，保持社会的稳定。国际上对新媒体制定了专项管理法规中采取的通行做法主要有以下几点：一是实施实名制。如韩国 2007 年 7 月通过了《信息通信网法》，正式实施网络实名制。这一制度规定，网民必须经过本人真实身份认证，才能在每日访问量大于 20 万人的媒体和访问量大于 30 万人的门户网站留言。[③] 二是实施分类许可。如 1996 年 7 月，新加坡宣布由政府广播管理局对互联网实行管制，实施分类许可证制度。三是设立非政府组织。如英国政府推动成立了旨在消除通过互联网传播儿童色情和种族仇恨等内容的互联网监管基金会。四是安装过滤软件。如法国要求互联网服务供应商必须向用户介绍并推荐使用内容过滤软件。在内容上，各国普

---

① 《郭美发福被判入狱 5 年 母亲出庭面容憔悴默默流泪》，人民网，2015 年 9 月 11 日。

② 刘欢、郭鑫：《述评：“郭美美”事件折射中国快速发展过程中的多种“社会病”》，新华网，2014 年 8 月 7 日。

③ 2012 年 8 月 23 日，韩国宪法裁判所全体审判官一致作出了“网络实名制”违宪决定，从而使引入仅 5 年的网络实名制将寿终正寝。韩国宪法裁判所的判词是，网络实名制“控制上传非法信息、在造成损失时能获知加害者的立法目的完全可以通过 IP（网络地址）追踪和刑事处罚、损害赔偿等得以实现”。（参见《韩国为何废除网络实名制?》，《新民周刊》2012 年 9 月 17 日。）目前主要国内外主要在应用软件的使用过程中，要求用户进行实名登记，如 Facebook 要求实名登录，日本通过 IP 地址备案和手机实名注册等方式，这些都是事实上的网络实名制。

遍规制的主要是对公共秩序和国家安全、种族和宗教和谐以及公共道德规范的侵害。[①] 中国从1998年开始进行金盾全国公安信息化工程，进行网络警察建设。这些社会规范对新媒体的发展和功能的发挥造成了影响。这在很大程度上削弱了微博、SNS等新媒体匿名性带来的无限制交流的可能性，人们不再可以随意地发表自己的观点、转发某些信息。

之所以如此，一方面是因为要考虑到这样做可能会付出的代价，因而不得不谨言慎行。还在手机短信这一新媒体发轫初期，在“彭水诗案”中已经让人们看到了这种非匿名性的意见表达可能造成的后果[②]。也正因为以此类事件为鉴，所以“微博实名制”一直就争论不休。但是在“网络实名”尚未完全实施的情况下，“微博实名”依然被推行。北京市在2011年12月推出《北京市微博客发展管理若干规定》，《规定》提出，“后台实名，前台自愿”。微博用户在注册时必须使用真实身份信息，但用户昵称可自愿选择。新浪、搜狐、网易等各大网站微博在2012年3月16日全部实行实名制，采取的都是前台自愿、后台实名的方式。在7日召开的贯彻《北京市微博客发展管理若干规定》座谈会上，北京市网管办相关负责人表示，3月16日将成为北京微博老用户真实身份信息注册的时间节点，之后未进行实名认证的微博老用户，将不能发言、转发，只能浏览。[③] 随后从2011年12月22日起，广州实行微博客用户使用真实身份信息注册。2012年3月16日后，新浪、腾讯、搜狐及网易四大微博将全部实行实名制。这一规范对微博的影响是很明显的：微博自经过2010年和2011年两年的飞速发展后，2012年增长趋缓，而到了2013年更是低于微信等其他新媒体的增长速度，除了事物客观发展规律外，实名制的推行也是一个重要的原因。

另一方面，新媒体领域并非法外之地，人们进行信息交流的过程会受到不同层面的约束。从技术层面看，相关部门可以通过设置“关键词屏

---

① 王叶臣：《国际上对新媒体管理的五条“法规”》，《中国记者》2011年第11期。

② “彭水诗案”是指2006年中国重庆市彭水县人秦中飞因写作并用手机传发打油诗《沁园春·彭水》，彭水县公安局以涉嫌“诽谤罪”刑事拘留秦中飞，关押在看守所里。10天后，经过数次提审，公安局于9月11日对其正式下发逮捕令。事件还波及100多名接收并转发该诗的人。事件被媒体披露后，彭水县公安局不得不承认错误，并对秦中飞作出了“国家赔偿”。这一事件在一定程度上反映了新媒体时代匿名性的重要性，而这恰恰是社会控制的关键所在，相关的社会规范往往是针对“匿名性”可能触发的不可控的危害，却忽略了舆论监督方面的有效性。

③ 参见“微博实名制”词条，百度百科（http：//baike. baidu. com/view/7099303. htm。）

蔽”来过滤信息，使得新媒体可以进行无限制性的信息交流变为遵从算法规则的有限性信息交流；从社会层面看，政府法规政策、社会道德习俗等也会形成无形/有形的监督与约束，使得话题的设置与表达措辞等，需要体现社会主流意识，不能肆意妄为，违反社会良俗。从利益诉求层面看，不同阶层，不同利益群体控制信息传播的企图从来没有消失过，只不过新媒体提供了新的平台和渠道，也必然采取新的形式与之适应，但社会话语权的争夺依然是核心。这也再一次表明，新媒体技术上的可能性不能等同于社会的现实性，仍然受到社会诸多因素的影响。人们所看重的微博等新媒体的价值所在正是在于它能够提供的那些突破传统信息交流控制的可能性上，而鉴于中国具体的社会境况。

从某种程度上说，在郭美美事件中微博围观也是一种受到社会规范后的结果，过于极端的评论和信息也会在社会规范下被屏蔽，等等。微博在中国火爆一时的主要原因在于，它为社会各个体和边缘群体提供了一种表达的途径，“微博问政”是适应人们表达需求的特定表现，而非微博本身功能的必然表现。删除不良微博、屏蔽关键词等行为，在优化新媒体舆论环境的同时，也不可避免地限制了其多功能发展。正如有研究学者指出的，“随着人们媒介素养得到不断提高，我们清楚地知道自己的一举一动、一言一行均被‘记录在案’，因此会更为小心谨慎地遵守‘应有’的规范，服从权力的规训。重要的并不是惩罚，而是可能的惩罚。这就是福柯所说的‘有意识的和永久性的可见状态’。”① 新媒体的发展、受到了社会规范的影响，当然这种影响可能是双重的，产生的后果既可能促进新媒体的发展、也可能会制约新媒体的发展。

三　社会的媒体接近权差异对新媒体的影响

如果说社会的确会有一致性的主流意识形态，而这一主流意识形态通过社会规范性进一步被巩固，那么，它会进一步影响社会媒体接近权的差异，进而对新媒体产生影响。任何社会都有其特定的境况，新媒体提供的可能并非对每一个体都是平等的。马克斯·韦伯曾说，人是悬挂在自己所编制的意义之网之中的动物。新媒体在个体使用的过程中，逐渐形成自己社会定位。这种定位既是个体参与信息交流的根本动力所在，也是新媒体

① 何威：《网众传播》，清华大学出版社2011年版，第94页。

逐渐成为连接个体认识与客观社会之间的重要途径，因为信息和传播技术的进步不仅决定人们怎样得到接近权，也建构（shape）和重构（reshape）这个过程的结果：人们接近什么信息？何时、何处获得接近权——这影响你所知道的事、你所认识的人、你所消费的物品和你必须拥有的技能。[①]进而在这一过程中，个体对媒体的接近权直接影响到了新媒体的发展。尼葛洛庞帝曾指出后信息时代的到来，而这种后信息主要特征是个体对新媒体使用的自主性和便捷性。在同步参与交流互动的过程中，人们彼此联系，同步表达自己的个人见解，接收他人的观点。从技术上而言，这种交流的有效性大大提升了新媒体在社会中的地位和影响力；平等而充分的新媒体接近权对新媒体发展有着重要影响。只有公众广泛地使用，新媒体才能在应用深度、使用功能的丰富性方面得到进一步扩展。但事实上，新媒体的接近权并不平等。

根据2016年1月中国互联网络信息中心报告统计，截至2015年12月，中国网民规模达6.88亿。其中农村网民占比28.4%（2014年是30.1%），规模达1.95亿，较2014年底增加1694万人。两次报告显示，城乡网民数量差距由34.1个百分点扩大到43.2%，仍呈扩展趋势；同时，虽然农村网民绝对数量快速增长，但由于我国各地农村经济发展水平不一。农民电脑操作水平有限，信息公路“最后一公里”的问题在农村还是特别突出。[②]而男性与女性居民、学历不同的居民、收入不同的居民互联网使用率仍存在一定差距。[③]从这一数据来看，不同的个体接触新媒体的机会是不同的，而对于新媒体的使用则更凸显出其明显的差异性。在城市居民开始追求新媒体所可能带来的信息交流新体验时，农村居民仍然停留在大众媒体阶段，后者甚至主要用电脑看电视等而不是用来进行更广泛的关系链接，进而影响到了新媒体的功能的发挥。郭美美事件中我们看到“微博围观”的热闹，但是这些围观群体的范围依然狭小，很难说是全体民意的代表，至多是反映了部分公众的意见。农村居民甚至城市边缘

---

① ［英］拉克斯：《尴尬的接近权——网络社会的敏感话题》，禹建强、王海译，新华出版社2004年版，第4页。

② 数据来源参见：中国互联网络信息中心：《第37次中国互联网络发展状况统计报告》（2016年1月），《第36次中国互联网络发展状况统计报告》（2015年7月）。

③ 参见中国互联网络信息中心（CNNIC）《第36次中国互联网络发展状况统计报告》，2015年7月，中国经济网（http：//www.ce.cn/xwzx/gnsz/gdxw/201507/23/t20150723_6022843_1.shtml）。

群体都被排除在外。这都局限了新媒体的发展，很大程度上是迎合了部分具有参与能力的公众的需要，而不是全体公众的需要。虽然我们看到的新媒体标榜是草根的工具，但从使用有效性而言，更利于部分公众的需要。因此，对新媒体的接近权显然是不平等。

严格意义上来讲，在谈到由新媒体所促发的舆情事件时，我们实际上所指的应该是有能力、有条件接触微博等新媒体的那部分人——有时被称为微博大 V。这部分人活跃于新媒体之上，他们的关注通常会影响到其他人对事件重要性的认识程度。无论是郭美美“炫富”事件，还是杨达才“微笑门”事件，参与的群体基本同质。新媒体所关注的事件往往同新媒体的使用者有着很大的关联性。边缘个体或群体的新媒体接近权依然受到社会的限制，对新媒体功能的发挥或发展产生了影响，他们可能作为新媒体事件的促发者存在，但并不都能自主地全程参与到事件中来。并且不同的个体在微博等新媒体中的发言权有着很大的不同。在现实社会的位置在新媒体中依然发挥着影响力。微博大 V 往往集中于少数人身上，有着百万甚至千万级别的粉丝，如此，在新媒体接近权上已经造成了事实上的不平等。对此，英国学者威廉·达顿等人认为，个体参与者应关注社会和技术的选择如何建构他们接近信息、传播设施和技术的相对权力。他们进一步指出，在权力均衡的另一端，社会和技术的选择如何重构其他的参与者——朋友、对手、企业和政府——的权力，来控制对他们的接近权?[①] 从这个意义上来讲，拉斯韦尔所提出的“谁? 通过何种传播渠道? 对谁? 说什么? 产生什么效果?”有了更多的社会含义，因为新媒体在为个体提供了更多机会去选择的交流对象、交流方式的同时，社会的媒体接近权也在深刻地影响着新媒体功能的发挥和发展，进而从物质层面（媒体的拥有）到精神层面（新媒体的使用）对普通个体和群体介入社会公共事件进程等产生深刻影响。社会层面对人们媒体接近权的影响并没有因信息技术的发展而削弱，反而由于数字技术的隐匿性变得不易被人觉察，扩大了不同个体和群体对新媒体接近权的差异。

四　社会秩序对新媒体的影响

从隐性的社会主流意识形态、到显性的社会规范，再到现实中的社会

① ［英］拉克斯：《尴尬的接近权——网络社会的敏感话题》，禹建强、王海译，新华出版社 2004 年版，第 4—5 页。

媒体接近权，从社会层面对新媒体及其功能发挥的影响逐渐递进。最后我们再来探讨社会秩序对新媒体的影响。前三点最终是落脚在新媒体的发展是否有利于良好的社会秩序的建立和维护。正常而稳定的社会秩序为新媒体提供了有力的支持，这种支持是以新媒体对这一社会秩序的稳定和巩固为回报的。否则，就会制约新媒体的发展，也会给社会秩序带来混乱。

英国骚乱再现社交媒体之惑①

几天来，英国暴力骚乱引起世界舆论关注，人们都在探究其原因。英国首相戴维·卡梅伦11日说，英国政府正研究今后发生骚乱时关闭微博客、社交网站和“黑莓信使”服务，以阻止骚乱者利用这些社交网络工具串联。唐宁街10号的这次表态与其以往对网络监管的立场迥然不同。此前，英国政府是绝对网络自由的鼓吹者之一。

英国向来以社会治安良好、秩序稳定著称，此次席卷多地的暴力骚乱让英伦三岛蒙羞。经历了此次惨痛的教训后，英国政府终于认识到要把握虚拟空间中自由与监管之间的平衡。卡梅伦自己都承认：“信息自由流通可以用来做事，但同样可以用来干坏事。如果有人利用社交网络制造暴力，我们需要阻止他们。”

骚乱“推手”

社交媒体是近年来兴起的一些以网络通信技术为基础、为用户提供便捷社交平台的媒体的统称。无论通过网站还是手机形式，社交媒体都能在人与人之间快速传递信息。在英国近日发生的骚乱中，许多青少年利用手机、互联网传播信息，煽动、组织犯罪活动。在社交媒体的推波助澜下，骚乱被极度放大并快速演变和传播。

今年年初以来，发生在突尼斯、埃及、也门、叙利亚、巴林等国的示威游行活动，同样充斥着社交媒体的影响力。尤其是在埃及，导致前总统穆巴拉克结束30年执政生涯的最大“推手”之一，就是社交网站。埃及《消息报》社会调查部主任哈米德在接受本报记者采访时说：“埃及这次所谓的‘革命’，事实上就是互联网和社交网站的力量催生的。没有这些

① 李文云等：《英国骚乱再现社交媒体之惑》，人民网。

工具，穆巴拉克政权不可能被撼动。”美国旧金山最近也出现青少年通过社交网络集结闹事的情况。

难以约束

脸谱、推特等社交网络诞生之初，无数美国年轻人曾为之兴奋。但随着时间的推移，此类社交网络上出现越来越多不该出现的内容，破坏了社会秩序并影响社会安全与稳定。

哈米德指出，社交媒体存在着两面性，它是有益知识的传递者，但同时也传播情报和暴力场面。个人的言论经过社交网站等社交媒体传播后，其力量可以大得惊人，甚至无法约束，而当前各国社会在应对这个问题时的表现还很脆弱。

关注监管

布鲁塞尔智库机构“安全与防务议程”专家吉尔斯·莫里特在接受本报记者采访时说，各国政府应该制定相关法规对社交媒体予以规范，防止滥用，然而这不是一件容易的事情。

哈米德说，政府应该对社交网站加强监管，尤其是对那些海量的不道德信息、破坏民族团结和国家安全等方面的信息，应该及时发现和删除，从而把危害和损失降低到最小的程度范围内。①

微博等新媒体传播成本最低，交流效率高，社会成员彼此之间的交流在瞬间完成，大大降低了个体之间的空间限制。这使新媒体可以被人们广泛应用，但是技术具有中立性，在可以用来传递“正能量”，有利于社会秩序的稳定的同时，也可能传播“负能量”，破坏正常的社会秩序。在英国伦敦发生的“8·6骚乱”中，社交媒体体现出两面性：它可能是有益知识的传递者，但同时也传播情报和暴力场面。美国社交媒体研究专家马克·德拉波博士说，社交网站传播信息的步伐之快前所未闻，这很大程度上是由社交媒体的开放性、通信成本低廉等特性所决定的。北京大学新闻与传播学院副教授胡泳说，“之所以社交媒体扮演了骚乱‘推手’的作

① 李文云等：《英国骚乱再现社交媒体之惑》，《人民日报》2011年8月16日，有删减。

用，是因为年轻人是英国这次骚乱的主体，而这些年轻人喜欢使用社交媒体”。[①] 个人的言论经过社交网站等社交媒体传播后，其力量可以大得惊人，甚至无法约束，虽然事件发生在英国，但社交媒体容易激化社会矛盾，与国家制度无关。在西亚和北非的阿拉伯国家发生动荡时，包括英国在内的西方国家极力推崇社交媒体，并鼓励当地青年人积极使用这一工具，参加到推动社会变革和普及民主化进程的活动中，如今他们自己也遭遇了同样的问题。

由此，对于一个社会来说，秩序反照出该社会是一个整合的单元，任何对社会秩序的威胁都可能会造成社会的失序，扰乱人们正常的生活，甚至可能卷入针对生命或财产的暴力或暴力威胁的活动。这就强化了社会层面对新媒体的影响，因为新媒体嵌入人们的日常生活，对于社会秩序和社会失序的影响更为密切，倘若新媒体造成社会秩序的混乱，社会结构可能会分崩离析。正因为如此，对于新媒体的监管成为各国普遍关注的问题，即使是在极力推崇新媒体使用的美国，也以维护社会秩序、维护国家安全等为理由，加强了对新媒体的监管。

这种监管体现了社会层面（特别是政府）对新媒体不可控性的“再控性”努力，很可能会因为一个事件的发生对新媒体的发展提出种种新的管制要求，而直接表现在对新媒体某些功能开发或应用的限制。在新疆“7·5”事件中，新疆地区网络断网，被公众认可，认为是政府合理的举措。但对当时刚刚借鉴 Twitter 建起的当下微博雏形饭否等也被关闭，客观上推迟了微博在中国的发展，同时也不可避免地对于后来迅速发展新浪微博、搜狐微博等技术设置产生了影响，如实名制注册等，从传递“正能量”、避免难以寻责的极端言论、维护社会秩序角度来看，发挥了效用。

无论何种社会制度，新媒体技术倾向于破坏社会秩序时，就会受到社会各方的压力，而政府也就有了采取措施的合法性，英国伦敦“8·6 骚乱”不是个案，政府采取的对新媒体的制约措施也不是个案，这在很大程度上限制了新媒体的发展和（至少是部分的）功能的发挥。社会秩序表现出对社会主流意识形态的认可，对社会规范的模范遵守，体现出具有媒体接近权群体的共识，客观上，通过新媒体表现的个体化在很大程度上对

① 参见《社交媒体是把“双刃剑”　“网络自由”已悄然改口?》，《广州日报》2011 年 8 月 19 日，转引自新华网（http://news.xinhuanet.com/world/2011-08/19/c_121880501.htm）。

这种整体性提出了挑战，提升了社会失序的风险。因此忽略社会秩序对新媒体的影响，很容易陷入技术乌托邦，而不能解释新媒体在不同社会境况下发展的巨大差异性，而人们对新媒体评价、对新媒体功能的运用又有如此多的不同。

因此，从现实来看，新媒体对社会的影响是显性的，引起人们对新媒体功能“无局限性”的幻想；社会对新媒体的影响是隐性而深刻的，它直接左右着新媒体的发展趋向，脱离具体社会境况来探讨新媒体的发展，将降低探讨的现实价值。

五 虚拟与现实的互动

从以上的探讨来看，新媒体与社会的互动是经常性的。新媒体促进了虚拟性、模糊性、全球性、裂变性是与现实生存根本区别的社会主体的一种存在方式，这种存在方式带来了人类生存中虚拟生存与现实生存、理想化生存与世俗化生存、全球生存与民族生存的矛盾。不可避免地形成了虚拟社会与现实社会的互动，这种互动体现了人们对新媒体具体运用与现实社会博弈的过程。尤其是各种新媒体技术的发展，提供了更多彼此勾连互动的方式和手段。现实社会就是为我们不与电脑或手机互动是在物质世界里的生活。我们在网上做一切事情时，真实生活或闪亮在前台，或潜隐于后台。但人们在虚拟社会中的活动在现实社会中产生了深刻的影响。有观点认为，网络社会实践的最本质特征是虚拟化，即人们的实践活动从过去以物质和能量为基础的活动平台转移到以网络为基础的新平台，也就是从物理空间转移到电子空间。[①] 郭美美炫富事件通过微博等新媒体的裂变扩散，在将其虚拟化，人们的探讨不仅仅是针对这一现实人物，而是这一类“人”，人们由炫富本身延伸到对红会财务监管的质疑，而参与探讨的成员来源广泛，却无法明确其具体的现实身份，新媒体的虚拟化取代了现实肉身，也促使当事人对事件质疑的回复不可能针对具体的某个人。新媒体的实时交互性是当下社会信息交流的另一个基本特征。有研究者认为，交互性是指网络社会系统作为一个整体，其行动后果是在人们网络行动的交互过程之中显示和扩张出来的。[②] 交互性导致了网络社会的中心化、个人

① 朱庆：《“虚拟社会”与“现实社会”》，《光明日报》2001 年 9 月 25 日。

② 冯鹏志：《延伸的世界：网络化及其限制》，北京出版社 1999 年版，第 127 页。

化、一体化等特征。“每一个网络参与者均不再是单纯的主体或者单纯的客体，而是处于一种交互主体的主体际界面环境之中。参与者既可以是某一信息的发出者，可操作信息发布，同时又是他人信息的接受者；他既可以对某一信息源进行反馈、评判，又可以选择某些他认为有用的信息，而摒弃无关信息。”[①] 此外，网络社会具有开放性的时空特点，信息交流是多向进行，彼此联通的，这并非一个封闭的系统，从技术上讲个体传播的信息总是可以到达它所要到达的另一个个体那里。这不仅仅是指网络社会具有一种空间上的无限拓展，同时也意味着一种时间上的压缩。网络社会的虚拟性、交互性与开放性特征的核心是虚拟性特征，而交互性、开放性特征实际上是以虚拟性为基础的，同时网络社会的交互性、开放型以一种动态的方式体现了网络社会的虚拟性特征。[②] 正因为如此，“网络社会”又被称为“虚拟社会”。

新媒体使虚拟社会成为可能，在网络热点事件中，网民通过新媒体进行交流，或者说只有在互联网媒体、手机媒体和数字媒体条件下，虚拟社会才能成为和现实社会同样重要的一种存在形态。“人们依赖新的传播媒体所提供的拟态环境交往、娱乐、工作，在媒介化的状态下生存，对新媒体所生产的信息从最初的轻信到盲从再到极度的沉溺，成为了新媒体下寄养的生命体。”[③] 这一过程中，新媒体成为重要的联系渠道。传播学者德弗勒曾经在 1976 年提出过媒介的“双重依赖”理论，认为一个人越依赖于通过某种媒介来满足需求，媒介在这个人生活中所扮演的角色就越重要，而媒介对这个人的影响力也就越大；尤其是当发生重大事件时，人们对某些权威的媒体异常依赖。从“双重依赖”这一理论出发，人们在构建虚拟社会的过程中越是依赖于新媒体与现实社会进行互动，那么正如德弗勒和鲍尔·基洛奇（DeFleur & Ball. Rokeach）所认为的那样，由于媒介资源对于受众而言比受众资源对于媒介更为稀有和独特，因而在这一双向依赖关系中，受众对媒介的依赖表现得更为明显和强烈。[④]

当人们发现在社会生活中大部分需要与外界接触的事情都可以通过新媒体来解决或实现，那么沉溺于新媒体所构建的虚拟社会也就不足为奇

---

① 韩璞庚等：《网络与人类生存》，陕西人民出版社 2000 年版，第 7 页。

② 徐莹：《网虫网络行为探析》，硕士学位论文，广西师范大学，2005 年，第 7 页。

③ 易丽平：《新媒体环境下受众媒介依赖的原因探析》，《今传媒》2011 年第 2 期。

④ 转引自易丽平《新媒体环境下受众媒介依赖的原因探析》，《今媒体》2011 年第 2 期。

了。这里我们并不评论这一现象是好或是不好，但我们需要明白的是，当下人们不可能完全脱离虚拟社会和现实社会的影响，这种冲突和融合是在互联网媒体、手机媒体或者数字媒体的渠道得以完成的。所以，现代人已经无法置身于各种新媒体所构成的虚拟社会和现实社会之外，“如果说传统媒介构筑的媒介环境是对现实世界的复制和仿拟，那么，电脑网络技术则开辟出一个虚拟的、想象的，甚至是超出想象的异度空间，它比现实更丰富、更完美、更真实、更适合人性的伸展，这已经构成了现代人越来越乐于寄生于其中的一个新的空间，人们在这个超越物理时空和社会时空的虚拟空间中，获得了前所未有的自由。”① 传播学大师施拉姆说过，“大众传播媒介是时间的窃贼，而人们却心甘情愿地让这个温情而聪明的窃贼盗走大量弥足珍贵的时间”②。在这一过程之中，人们越来越依赖于新媒体在虚拟社会和现实社会中穿梭游走。新媒体的主流地位得以强化，在人—媒介—社会的互动过程中，形成渠道依赖，智能手机上网已经成为众多用户的日常行为。这种虚拟与现实互动，体现出当下社会的主要发展趋向，无论是否愿意，人们不得不游走于虚拟与现实之间，在角色的转变过程中，不断地改变着自身，改变着社会。

互联网媒体、手机媒体和数字化媒体等新媒体已经深入到社会的各个角落，并不断地发生变化，信息能够以出乎意料的方式被人获取，因此，在新媒体强化虚拟社会和现实社会的联系——或者说促进两者的融合——的同时，也是在强化新媒体自身功能的过程，促成人类社会的新媒体技术依赖。新媒体越来越人性化的设计，已经更容易融入现实生活之中，随着新媒体的发展，人们进入到数字化时代，而且似乎正在呈现出一种高速进化的状态，社会发展随之而来，不仅仅是形态上的变化，更是社会思维方式、行为方式以及社会主流思想的变化，在这一过程，微博、SNS、微信等新媒体，这些呈现在互联网、手机或者其他数字平台之上的新媒体，正在影响着我们所生活的社会，改变着社会的方方面面。

总之，新媒体同传统媒体一样，都是双刃剑。新媒体的虚拟性、非真实性，其迷惑和引诱胜过了现实社会中的吸引力，新媒介融合语境改变了人们观察和思考问题的方式，将人们的线性思维逐渐发展为非线性的扩散

① 樊葵：《媒介崇拜论》，中国传媒大学出版社 2008 版，第 17 页。

② 转引自樊葵《媒介崇拜论》，中国传媒大学出版社 2008 年版，第 35 页。

思维，增加了人的选择，创造了新的感观、生活体验。[①] 在人类历史上是空前的，它具有的强大的传播能力，使许多潜在的危险容易被放大，但和其他技术一样，决定新媒体技术社会功能的因素不是技术，而是使用新媒体技术的个人或群体。当我们使用微博客来拯救一个需要救治的病人，或者帮助被拐卖的儿童重新回到亲生父母身边时，我们看到了新媒体对社会发展起到了积极的推动作用，体现的是一种正能量；当微博客被用来传播谣言，推广恐怖分子的主张，煽动不明真相的人们故意制造混乱时，我们说新媒体对社会发展起到了消极破坏的作用，传递的是负能量。新媒体对我们生活的现实社会产生着重要的积极或消极影响。新媒体发展正使我们的社会进入“大数据时代”，这将重塑人们的生活、工作乃至思维方式。新媒体导致了以“大数据”为核心的新型社会的发展。或许正如保罗·莱文森所说的，新媒体的实质就是“选择”。而这既有新媒体的选择，也有社会的选择。面对新媒体提供的多元化的选择，面对这种新型社会的发展，我们准备好了么？

① 高宪春：《新媒介融合背景下主流媒体发展的五大趋向》，《中州学刊》2015 年第 4 期。

第五章

新媒体与文化

传播媒介的时代更替，将人类卷入一轮轮信息的漩涡，人类也因此获得体验世界的种种视角，并因此成就如今多元的文化。在以新媒体为代表的第三媒介时代，我们不仅面对着“信息爆炸”，而且处于一波又一波“文化爆炸”的浪潮之中。新媒体不仅对传统的文化形态、语言、阅听习惯、交流方式等产生潜移默化的影响，改写着既有文化形态的面貌，甚至还催生出具有当代意义的新的文化形态和文化现象。正如麦克卢汉所说，“媒介即信息”，新媒体不仅是传播文化的工具，其本身已经形成了一种文化。

本章将首先对文化这一概念进行梳理，然后从文化与传播媒介的关系谈起，结合社会热点案例，着重分析和讨论新媒体这一全新的传播媒介对既有文化的调适和对文化形态的重构，以及给文化发展所带来的困境与挑战。

第一节　第三媒介时代背景下的当代文化

一　何谓文化

文化是个非常广泛的概念，因此也是个难以精确定义的概念。一百多年来，包括哲学、历史学、社会学、人类学在内的各个学科的学者都试图从各自的角度来给文化下定义，但是到目前为止，国内外学术界也没有一个公认的说法。美国文化人类学家克罗伯和克拉克洪在其著作中就列举了西方学术界从 1871 年到 1951 年出现的各种文化定义 160 余种。1965 年，在莫尔的著作《文化的社会进程》里出现了关于“文化”的250多种说法。之后，俄罗斯学者克尔特曼在从事文化定义的对比研究时，发现文化的定义已逾400种。这些定义随着时间流逝而不断深化，可以说，文化定义的演变，就是文化史的演变。

为了更准确地把握“文化”定义的本质，我们需要回到原点，从词源上来追溯一下汉语中“文化”一词和英文中“culture”一词的词义及其历史演变过程。

1. 汉语中的“文化”一词

在汉语中，“文化”是“文”与“化”两个字所组成的词组。“文化”一词最早出现在《周易》之中。在《易·贲》中，有“刚柔交错，天文也。文明以止，人文也。观乎天文，以察时变；观乎人文，以化成天下”之说。“文”从纹理之意而来；“人文”，与顺应自然规律的“天文”和“地文”相对应，指的是人所创造的事物，以及纵横交错的人际关系、风俗习惯和人伦规范等等。意思是说既要观察自然现象以了解事物的运行规律，也要观照社会人伦以精神教化来治理天下。

通过了解自然界和人类社会的各种现象，随宜教化，用教育感化的方法来治理天下。到了西汉时“文化”一词正式出现。刘向在《说苑·指武》篇中说：“凡武之兴，为不服也，文化不改，然后加诛。”这里的“文化”是与“武力”相对的概念，指以文德教化天下，体现的是“以文教化”的思想。而这种以伦理道德来教导世人，用文治教化来治理国家的主张就是古汉语“文化”一词的基本含义。

2. 英文中的“culture”一词

西方开始探索文化的含义比中国晚，但是其论述内容却更为广泛。英文“Culture”一词来源于拉丁文的动词colo、colere等词，意思是耕作、栽培、照管，其含义就是通过人工劳动对自然界，尤其指土地和动物，进行培养和驯化。后来在实际使用逐渐扩展了内涵，从对土地的耕作、宠物的驯化引申至个人技能和品德的培养、对友谊的照看、人际关系的维护等等。“Culture”一词在当时西方人的语境中指的是自然的人化以及人的品德和能力的培养。到了19世纪初，“Culture”一词的词义和用法都发生了巨大的变化。英国学者威廉斯在《文化与社会：1780—1950》一书中考证说，“在这个时期以前，Culture一词主要指‘自然成长的倾向’以及人的培养过程。但是到了19世纪，这种文化作为培养某种东西的用法发生了变化，文化本身变成了某种东西。它首先是用来指‘心灵的某种状态或习惯’，其后又用来指‘一个社会整体中知识发展的一般状态’。再后是表示‘各类艺术的总体’。最后，到19世纪末，文化开始意指一种物质上、知识上和精神上的整体生活方式。”①

3. 广义文化与狭义文化

这种将文化视作为某一时期、某一种特殊的社会生活方式的整体称谓可以说是一种宽泛的定义，也被称作广义的文化。经济、政治、法律、宗教等都可以视作是属于文化的领域。比如“华夏文化”就是指华人这个特定团体的整体生活方式，除了艺术活动、礼仪风俗、价值规范，也包括他们的经济生产活动，政治制度、宗教信仰和法律规范，等等。对文化的这种广义理解最早是由英国人类学家E. B. 泰勒提出的，他在《原始文化》中提出，“文化或文明，就其广泛的民族学意义来说，乃是包括知识、信仰、艺术、道德、法律、习俗和任何人作为一名社会成员而获得的能力和习惯在内的复合整体。”② 泰勒将文化看作是社会发展过程中人类创造物的总和，包括了物质生产和精神财富，这个定义具有非常深远的影响力，不少学者都沿着这种宽泛的理解思路对文化概念展开定义。美国人类学家克莱德·克拉克洪（Clyde Kluckholn）就说，“文化代表了人类群体的显著成就，包括他们在人造器物中的体现”。③ 当代著名人类学家马林诺夫斯基（Bronislaw Malinowski）在《文化论》一书中也指出：“文化是指那一群传统的器物，货品，技术，思想，习惯及价值而言的，这概念实包容及调节着一切社会科学。”④

但是自20世纪50年代以来，不少人类学家和文化学者认为这种广义的文化定义太过宽泛，无助于对文化现象的理解，进而主张以一种更为专业化和更具理论解释力量的方式来定义文化，因此有了狭义文化的概念。狭义的文化专指精神文化，或者说是观念的文化，即社会意识形态以及与之相适应的价值观念、风俗习惯、社会组织、文学艺术等等。狭义的文化本身是由知识、规范、行为准则、价值观等人们精神或观念中的存在所构

① 韦森：《文化与制序》，上海人民出版社2003年版，第9页。

② ［英］E. B. 泰勒：《原始文化》，连树声译，上海文艺出版社1992年版，第1页。

③ Clyde Kluckhohn & A. L. Kroeber，“*Culture：A Critical Review of Concepts and Definitions*”，Kraus Reprint Co.，1952.

④ ［英］马林诺夫斯基：《文化论》，费孝通译，中国民间文艺出版社1987版，第2页。

成。美国人类学家古德诺夫（Ward H. Goodenough）指出："一个社会的文化由人们为了以社会成员所接受的方式行事的须知和信仰所构成。文化不是一个物质现象。它不是由事物、人、行为和情感所构成，而是它们的组合。文化是存在于人们头脑中的事物的形式，是人们洞察、联系以及解释这些事物的方式。"① 这种将文化看作一个精神或观念的系统的观点在当代著名文化学家克利福德·格尔茨（Clifford Geertz）所著的《文化的解释》一书中得到了进一步的阐释，从而得到了学术界的广泛认可。格尔兹将"文化"定义为："一种通过符号在历史上代代相传的意义模式，它将传承的观念表现于象征形式之中。通过文化的符号体系，人与人得以相互沟通、绵延传续，并发展出对人生的知识及对生命的态度。"他把文化视为一个表达价值观的符号体系，而这个符号体系所承载"意义"包括认识、情感、道德在内的一般性思考，这些正是文化的核心内容。②

广义文化和狭义文化的区分体现了文化定义的多层次，也从另一个侧面说明了文化概念的复杂。从学术研究的角度来看，对文化的这种狭义的观念型的理解更具理论可操作性，因此当今学术界所公认的文化观则是在赞同多层次文化观的基础上，主要指人类的精神形态、观念形态方面的内涵。本章对新媒体与文化的分析，即是属于狭义文化的研究范畴。

二　文化的一般特征

尽管文化这个词因其涵盖了极其宽泛的领域而实在难以定义，但这并不意味着我们就无法理解和把握文化的概念。因为虽然从不同的层次和角度对文化进行分析可以得出上百种阐释，但这种种阐释都脱离不了文化这一概念的本质。不管是从社会学角度将文化分为主流文化和亚文化，还是从地缘政治学角度将文化分为区域文化和全球文化，或者从人类考古学角度将文化分为游牧文化、农耕文化和工业文化等等，所有这些文化类型都具有相同的一般特征：

1. 文化是人类所特有的，是人区别于动物的主要标志

文化的一个必备条件就是通过模仿或观察来进行学习。虽然动物也表现出了一些类似的文化行为，比如黑猩猩在用棍棒捕食蚂蚁的时候，有的

① 韦森：《文化与制序》，上海人民出版社2003年版，第15页。

② 董建波、李学昌：《"文化"：一个概念的内涵与外延》，《探索与争鸣》2004年第10期。

猩猩会用长棍，有的猩猩则会选择用短棍，如同人类进食时，西方人会用刀叉，东方人会用筷子一样，选择不同的餐具体现了不同的文化反应。但是动物的这种行为是受环境驱使的自发行为而不是模仿，而文化则必须是由一个个体拥有向另外一个个体传递知识的目的而自觉地教导的。

2. 文化不是与生俱来的，而是人类通过后天习得而创造的

文化不能通过生理遗传而在人类社会中传递，不通过学习就能获得的先天本能也不是文化。比如饿了就要进食是人类的本能，但是吃什么、用什么方式烹制食物、吃饭时的礼仪等却是后天习得的文化行为。

3. 文化是一个群体或社会全体成员所共有的

某一个体的特殊习惯和行为模式，只有在为社会认可之后才能称之为文化。可以说文化与社会是密切相关的，没有社会就不会有文化。

4. 文化是一份社会遗产，是一个连续不断的传承过程

人类繁衍生息，文化也世代相传，不会因时代变迁而消失。文化是有机的，具有继承性的，在吸收过去的经验成果基础上进行发展的。

5. 文化同时具有多样性和共同性的双重特征

相对于世界文化的整体，民族文化是多样化的。各群体和社会总是通过不同的形式来表现其文化的，这些形式包括语言、宗教信仰、风俗禁忌、传统节日、文学艺术等等。丰富多彩的民族节日，差别迥异的饮食习惯，形形色色的民族服饰等都是文化多样性的表现。文化多样性是人类社会的基本特征，也是人类文明进步的重要动力。而从世界文化整体来看，在文化的诸多领域，如哲学、道德、文学、艺术和教育等，也同时包含着全人类的、共同的原则。比如各国的教育方式和手段虽然千差万别，但达到知识传承的目的却是相同的；全世界的语言虽然多达5000余种，但由于人类思维在本质上有一致性，所以各种不同的语言可以通过翻译达到互相理解。

三 文化与传播媒介的关系

文化和信息一样，具有向四周扩散的特性。传播是文化固有的内在属性。“如同任何事物都具有与周围环境进行物理的化学的物质交换活动一样，凡文化就必然向周围传播，变成一群人共享的东西，这才是文化。”①

① 王城：《通信文化浪潮》，电子工业出版社2006年版，第45页。

我们已经看到，文化是一个随着人类社会发展而不断积淀的动态过程，诸如语言、阅读习惯、文化观念等等都在这一过程中发生着深刻的变化。回顾文化的发展史，这些变化无一不与传播媒介紧紧地联系在一起，尤其当一种新的媒介出现，更是促使文化发展产生了质的飞跃。“即使在远古时代也只有得到了技术支持的文化才能被称为文化，因为文化离不开传承，而传承是必须被记录的。文化在被记录、展现和传承中存在，因此它被记录、展现和传承的方式必然会影响文化的形态和结构。”媒介是文化传播的必然手段，它决定了文化的形态和结构，甚至媒介本身就是文化。

表 5－1

历史阶段	传播技术	文化形态
口语时代	语言	口传文化
文字时代	文字	读写文化
印刷时代	报纸、杂志	精英文化和大众文化
电子时代	电视、广播、电话	大众文化

如表 5－1 所示，人类传播经历了从口语时代、文字时代、印刷时代到电子时代等几个阶段。口语时代的主要传播媒介是示现媒介系统，即面对面地传递信息的媒介，主要指语言，也包括表情、动作、眼神等非语言符号，他们是由人体的感官或器官本身来执行功能的媒介系统。这一时代的文化是一种口传文化，受到传播媒介的限制，人们的文化传播通常是口头诵读，神话传说和游吟诗人是典型的文化传播形式。

文字出现以后，人类进入了文字传播时代。文字是人类传播史上第二座重大里程碑，它的产生使人类传播在时间和空间两个领域都发生了重大变革。文字启动了文化积累与发展的历史。在口语时代，人类以语言和记忆来传播和保存文化，使文化传承局限于缓慢的经验积累和世代相传。而文字作为人类掌握的第一套体外化符号系统，使文化以书面形式得以记录和传承，大大突破了口口相传的时空局限，人类得以有效地保存古往今来的文化，文化积累变得更加容易。这一时期的文化被称作读写文化。

随着印刷术的发明和普及，书籍和报纸、杂志、期刊等各种各样的印刷品成为印刷时代的主要传播媒介。印刷业的快速发展带来了书籍的普及，从而影响了与之相适应的整体阅读环境：知识不再是少数精英阶层的特权，市民大众也获得了接触和传播文化的权利。报纸的出现和发展进一步促使“公共领域”的形成，“阅读公众”作为新的社会范畴得以确立。随着19世纪中后期识字率的提高和廉价报纸的普及，报纸以市民阶级为对象的政治报纸开始转向以一般大众为对象的综合性报纸，并因此产生了崭新的文化模式。报业的大众化带来了文化的大众化，以娱乐性、消遣性、商业化为特征的大众文化开始形成。

以电话、广播和电视为主体的电子媒介是人类传播史上第四次传播革命。电子媒介在时间和空间上大大突破了以往传播媒介的局限，电话使远距离实时交流成为可能；录音、摄影、录像技术的出现进一步完善了人类体外化符号系统，使声音和图像得以体外化保存；广播和电视更是集合文字、声音和图像等多种符号手段，使大面积的跨国传播和全球传播成为可能，带领人类进入到了“读图时代”。电子媒介既具有口语媒介的直观性，也能像文字符号一样克服时间和空间的局限，更重要的是，电子媒介能对声音和图像进行远距离的、实时的传播，却又不像印刷媒介一样，要求受众必须掌握相当的阅读技能才能获取信息，因此电子媒介更具有大众性和开放性。电子媒介的出现大大推动了大众文化的兴起和发展，也打破了大众文化与传统精英文化之间的壁垒，使以影音传播为主的大众文化开始取代以印刷品传播为主的精英文化成为主流文化。

四　新媒体与当代文化的发展

继电子时代之后，我们又迎来了数字时代。数字时代，也就是数字化的时代。数字化是以计算机和数字化视频信息采集、处理、存储和传输技术的普及开始的。在信息爆炸的数字时代，信息处理主要采用网络传输手段，数字时代的传播媒介包括被称作“第四媒体”的互联网，被称为“第五媒体”的手机以及互动电视、户外数字广告等等，也可以统称为新媒体。

1995年，美国新媒体研究者马克·波斯特在《第二媒介时代》一书中提出了“第二媒介时代”的概念。他将电视、广播和电影等一点对多点的播放型传播媒介为主导的时代称作第一媒介时代，而以互联网为代表的多点对多点的双向传播媒介则意味着第二媒介时代的来临。在第二媒介时代，制作者、销售者和消费者三者间的界限不再泾渭分明，互联网、虚拟现实等电子媒介的新发展正在改变人们的交流习惯，呈现出“一个去中心化的双向交流过程”。时至今日，以web2.0、手机和移动通信技术、互动电视为代表的新媒体又进一步深化了这种多点对多点的互播模式，它融合了人际传播和大众传播的特征，在交互使用中达到了前所未有的深度和参与度，而从前泾渭分明的各种传播媒介也越来越趋向融合，不同媒介之间相互汇聚、联盟，构建出多媒体传播模式。因此也有学者将数字时代称为“第三媒介时代”。

多元、去中心化、深度参与是新媒体的主要传播特征，因此，当代文化也呈现出前所未有的多元性和去中心化。

表 5－2

	第一电子媒介时代	第二电子媒介时代	第三电子媒介时代
主要媒介形式	广播、电视、录像、电影	互联网	新媒体
主要文化类型	复制文化	仿拟文化	移动文化
社会表征	现代性	后现代性	后现代性
交往行动空间	物理空间	赛博空间	混合空间
主要交往途径	面谈、书信	电子邮件、BBS	短信、语音、图像、视频
传播模式	传者少、受者众	传者逐渐增多	传受融合
传播方式	线性传播	非线性、超链接	非线性、超链接
意识形态	法西斯主义	言论相对民主	进一步的民主对话
话语方式	单向言说	双向去中心化	个性化随意多元交流

表 5－2 比较了第一媒介时代、第二媒介时代和第三媒介时代的特征和相应的文化类型。① 我们可以看到，从工业革命以来，技术越来越成为社会发展的主导推动力。当今世界正在经历着新一轮的媒介技术革命，这些新兴的传播手段带来了人类感知方式的变化，扩大了人类交往和行动的规模，一种新的结合形态或者说世界观正在悄然形成。新媒体比以往任何一种媒介都更加吸引我们，当个人将大量惊人的时间投入到微博、QQ、在线电影、网络购物以及这样或那样的媒体文化活动时，新媒体已经渗入到我们日常生活的各个层面，成为我们跨入数字时代的一大标志。新的文化形态正在崛起，而传统文化形态也得以更新。于是我们发现，大众文化打破精英文化的统治地位成为当今文化主流；多元文化代替了文化的二元分离，诸如“女性主义”“青年亚文化”等各种亚文化纷纷兴起；后现代

① 孙慧英：《多重视域下的第五媒体文化研究》，北京邮电大学出版社 2010 年版，第 6 页。

社会和消费社会的到来，催生了消费文化的发展。这些都将在后面的章节一一分析。

第二节　新媒体与既有文化的互动与调适

随着科学经济和市场经济的发展，媒介对社会文化的产生有着广泛而深刻的影响。众所周知，文化是一社会的精神基因，是其他社会元素得以产生的前提，媒介也不能例外。尤其以新一代数字技术、网络技术、信息技术为代表的新媒体，受到文化的影响是巨大的，使大众媒介以一种惊人的速度进行重组和结构性调整。传媒文化（Media Cultures）这个概念最能反映传媒与文化的关系，体现出大众媒介对社会文化的产生和发展的巨大影响，同时表明传媒自身也构成文化系统。[①] 文化，尤其是大众文化、青年亚文化、消费文化更是将新媒介推向一个又一个高潮。

一　大众文化与新媒体

大众文化对新媒体的影响是深远的，它直接关乎新媒介的意义生产机制。大众文化的狂欢性、无深度、碎片化状态，后现代主义理论家弗雷德里克·詹明信（Fredric Jameson）认为，后现代社会是个“文化主导”的时代，后现代社会的最根本特征之一便是大众文化的盛行、传统的高雅文化和大众文化区别的消弭。体现为无深度、大杂烩、历史感的减弱，本质与现象、真实与虚假、能指与所指等二元对立的消解，后现代文化不是怀着创造一种特别效果的意图对其他文化进行滑稽模仿，它只是通过一种游戏的方式进行的、没有最终目标的肆意拼贴而已。[②]

这里的大众文化，一般是指17—18世纪以来工业革命以后，以工业化科学技术为依托而形成的社会民众文化的范围。大众文化的产生要依赖几个条件的满足，如商品经济的产生和发展、言论出版自由的保障和社会观念的普遍开放和科学技术的发展。“大众文化是以大众媒介为手段、按商品规律运作、旨在使普通市民获得日常感性愉悦的体验过程”[③]，它具

① 转引自蒋晓丽《传媒文化与媒介研究》，四川大学出版社2007年版，第2页。

② ［英］阿雷恩·鲍尔德温，布莱恩·朗赫斯特等：《文化研究导论》，陶东风等译，高等教育出版2004年版，第417页。

③ 王一川：《大众文化导论》，高等教育出版社2004年版，第8页。

有大众媒体性、商品性、流行性、娱乐性等特征。

大众文化是新媒体文化最显著的表征，两者的主体都是社会范围上最广泛的民众，往往共处于同一社会机制中，散布社会各个阶层，并具有草根性、平民性。但是，较传统媒体相比，新媒体文化中的受众更具生产性，集生产与消费一体，注重分众和小众的划分，追求多样化和自由化，美国社会学家查尔斯·霍顿·库雷在1909年就指出了新媒体的传播优势，“表达性，它们能传送范围广泛的思想和感情；记录永久性，即超越时间；迅速性，即超越空间；分布性，即能达到所有各阶级的人们”。[①] 因此新媒体为大众文化提供了足够空间，并使之达到从未有过的发展高度。

娱乐性是大众文化的重要表征，这个特征表现在，受众在新媒体的使用过程中很重要的一个目的便是寻找娱乐。以网络传播和手机传播为代表的新媒体催生了新的娱乐形式和娱乐浪潮。罗宾·乔治·科林伍德指出：“如果一件制造品的设计意在激起一种情感，并且不想使这种情感释放在日常生活的事务之中，而是要作为本身有价值的一些东西加以享受，那么，这种制造品的功能就在于娱乐或消遣。”[②] 但新媒体文化体制异于传统媒介的，“由于娱乐变为社会的通用媒介，文化受到了改变；但是，各个文化将根据自己的特点与之相适应”。[③] 视频是新媒体的不可缺少的娱乐形态。从国内视频网站来看，内容版块包括电影、电视剧、播客、综艺、娱乐、搞笑、动画、音乐、体育、科技、教育等版块，基本上是为了满足受众休闲娱乐的需求，大量娱乐、搞笑的内容满足了受众猎奇的心态，实现了感官的刺激。

除了内容，视频在观赏形式上也具有娱乐性。比如网络电视，改变了传统电视娱乐的单向度传播，形成一种在互动和参与中实现狂欢。网络电视是一种利用数字化宽带网络传播信息和节目，给人们提供信息和娱乐服务的媒体形式，它有着传统电视的优势，又很好地改变单向传播的不足，革新了电视传播方式。IPTV的互动特性正好契合了年轻观众的个性需求、IPTV可以提供时移功能、视频点播、信息浏览查询等互动服务，观众随

① ［美］库雷：《社会组织》，转引自［美］德弗勒和鲍尔—洛基奇《大众传播学绪论》，杜力平译，新华出版社1990年版，第27页。

② ［英］科林伍德：《艺术原理》，中国社会科学出版社1985年版，第80页。

③ ［美］米切尔·J. 沃尔夫：《娱乐经济》，黄光伟、邓盛华译，光明日报出版社2001年版，第28—29页。

时收看自己喜欢的内容。目前，从视频点播情况来看，网络电视频道和用户多会选择具有互动点播特色的音乐、电影、电视，IPTV 是家庭娱乐的新平台。

大众文化的娱乐性，体现在新媒体空间中是一种狂欢的娱乐，娱乐成为一种元意识形态。任何人都可能是传递信息者，能够自由表达情感诉求，成为网络内容的生产者和文化建构者，同时，网民是传播者也是接受者，获取网上的资讯，并能够及时反馈，实现真正的双向交流。用户可以在互联网、手机上随时发表言论，设置议题，建立自己的话语权，并利用 BBS、电子邮件、MSN、个人空间、博客、微博等传播手段与其他用户沟通。网络的匿名性和虚拟性让每一个进入互联网的人深刻地体验到非现实或虚拟世界交往的狂欢快感。以一定的网络服务平台为技术支撑，由一定人群基于共同环境或兴趣进行集聚的互动性的网络社区的形成，更为娱乐化提供了空间。它的形式是多样的，包括论坛、讨论组、聊天室、在线贴吧、校友录、个人空间、交友俱乐部、博客、微博等多种表现形式。在网络社会中，成员是匿名的，是符号性的存在，个人性别、年龄、相貌等都可虚拟，成为一种富有娱乐性的生活方式。嘲弄、讥讽、调侃、戏仿、挪移等成为社交网络用户进行解构的惯用手法，这些为娱乐上升至狂欢化备足了工具。

也正是在大众文化的娱乐狂欢中，精英文化的道德训诫和理想追寻被淡化。新媒体文化在渲染、张扬娱乐消遣、物质享受的过程中，使社会大众追逐世俗的、物质的利益。新媒体文化传播在文化主导取向上与以意识形态为意义负载的精英文化传播取向在话语上存在着一定的冲突。“在红尘滚滚的时代事实而面前，精英知识分子的批判不仅仅失去了倾听者，而根本无法改变大众文化疯狂生产和消费的意识形态策略。在知识分子最后的苍凉手势当中，我们才深刻感到知识分子的话语权威地位已不复存在，留下的仅仅是个华丽而优美的背影。”①

二 青年亚文化与新媒体

根据第 36 次中国互联网络发展状况统计报告，截至 2015 年 6 月，我国网民总数达到 6.68 亿，其中青少年占 78.4%②，由此可见，新媒体用

① 汪敏：《新媒体文化征候探析》，《理论与创作》2007 年第 11 期。

② CNNIC：《第 36 次中国互联网络发展状况统计报告》，2015 年 7 月，中国经济网（http：//www.ce.cn/xwzx/gnsz/gdxw/201507/23/t20150723_ 6022843_ 1.shtml l）。

户多为青年人，新媒体天然地受到青年亚文化的影响。青春亚文化是指“一种在当代都市文化环境下，以青年为文化主体的一种非主流文化活动。这种文化活动，一方面是青年的青春期生理—心理的文化表现，另一方面是当代都市文化活动（大众文化）在青少年文化群体中的表现。这两方面的因素结合在一起，相互作用，构成了青春亚文化的三个主要特征：青春感性冲动、青春偶像崇拜和都市文化（大众文化）模式”。[①]“青年亚文化”，青年意味着一种涌动着自然生命与感性欲望的生存方式，青春气息和反抗陈规就是这种生存方式的常态。亚文化是与主流文化相对而划分的，受到主流文化排斥和压抑的文化形态。

首先，青少年更强的玩耍性、狂欢性、颠覆精神对新媒体影响很大。这种玩耍性和狂欢性使新媒体充满了青年人的生命力、游戏性与创造性。

游戏是人类置于某种假定性情境，用来娱乐身心、甚至逃避现实的方式。它有利于缓解紧张工作环境和复杂人际关系的焦虑。目前的网络游戏主要有两大类，一类为线上的传统棋牌休闲类游戏，另一类是以动作、装备、角色扮演为代表的网络 RPG 游戏。

青少年在富有开放性、自由性和影像性的游戏中，实现了虚拟与现实的交融，利用数字化技术对图像与故事重新构造，为中心的虚拟世界的游戏，现实与虚幻、权力与自我与性别角色的逆转，象征地避开了意识形态的控制，在心理抚慰和心理放松中实现娱乐功能玩游戏是大众娱乐中最令人“心解神迷”的狂欢。

案例一：

网络流行语也是如此。2009 年，在百度贴吧里出现了一个只有标题的帖子：“贾君鹏，你妈妈喊你回家吃饭”，短短两天时间，该贴回复数定格在了 300621，点击量 7607617，一下子激起网友疯狂的模仿，创作了大量诸如“某某某，你妈妈喊你回家吃饭”的句子，大量出现在歌词、政治评论、新闻报道和电子杂志标题上。除此还有类似“哥吃的不是面，是寂寞”“不要迷恋哥，哥只是个传说”“不管你信不信，反正我信了”等流行语，在全民娱乐和恶搞中被迅速套用和模仿。

① 王一川主编：《大众文化导论》，高等教育出版社 2005 年版，第 218 页。

案例二：

凤姐，原名罗玉凤，传发过成千上万份征婚传单，并曾在电视台情感类节目上公布七大极为苛刻的征婚条件，誓嫁1.76—1.83米的清华（或北大）硕士生，必须具备国际视野，并且长得要阳光、帅气等条件的男人，因此走红。后来又不断冒出各种雷言囧语，比如："想当范冰冰，要做奥巴马情人"、"以我的智商和以我的能力的话，往前推三百年，往后推三百年，总共六百年之内不会有第二个人超过我"、"我经常看的都是人文社会的书，例如《知音》、《故事会》"等，并且因后来如整容、参加《真人秀》、代理广告等一系列搞笑的事件，引起各路媒体和广大网民的关注，被网友戏称为"宇宙无敌超级第一自信"。

网络流行语和凤姐事件的例子，是网民积极参与形成的网络狂欢的不同形式。带有调侃性、现实针对性的流行语和炫"丑"和捧"丑"狂潮，也可理解为青年亚文化对社会文化的生产和控制的现象。发挥民众的智慧和敢暴露自己的形式激起了全民的参与热潮。正如菲斯克所说，狂欢的本质是它对规范着日常生活的规则的逆转：狂欢的必要性源自被压制者最终对屈服于社会规范的拒绝。所以狂欢的力量是从属者的日常生活中起压制和控制作用力量的对立面。观众在这种"围观"中，以及个人与群体的笑声中，看与被看的满足，全民积极参与造星和成名之中达成皆大欢喜、全民狂欢的局面。"这种创造的另一面是'事后的再书写'，即假设剧本书写本来应该发生什么，能像前文本那么富有创造性。以这种方式，迷的闲聊填补上文本的裂隙。它说明了文本省略或掩埋了的动机和结果，它扩展了解释的空间，提供了另一种或者额外的洞见；它再诠释，再表现，再创造。原初的文本是一种文化资源，从中可以生产出无数的新文本的范围，但是永远不可能限制使用它的'迷'的创造力和'生产者的特性'。"①

其次，青年亚文化对成人文化的抵抗性，也淋漓尽致地表现在新媒体

---

① ［美］约翰·费斯克：《理解大众文化》，王晓珏、宋伟杰译，中央编译出版社2006年版，第175页。

当中。青年亚文化处于社会秩序与权力结构的边缘，对成年人社会秩序往往采取一种反叛、颠覆的态度，具有反叛性、颠覆性。萨拉·桑顿（Sarah Thomton）在《亚文化读本》的总论中指出："亚文化具有社团的特性，但这个词语又有着天生的反抗性质，是一种追求与主流成人社团相异的社会团体。""亚文化通常倾向于被建构为剥夺了公民权的、充满敌意的和非官方的组织，他们无法通过正常渠道表现自己。""抵抗成为亚文化团体表达自己主张，发出自己声音，表征亚文化风格和表述亚文化存在理由的核心价值所在。"①

新媒体时代的青年亚文化不再是那种"披头士列侬式"充满愤怒式的抗争，即反叛阶级、种族、性别主流文化的意识弱化了，取而代之的是以狂欢化的文化消费来抵制成年人文化。比如，追星便是抵抗主流文化的一部分。这里的"星"绝非主流文化塑造的明星人物，而是平民阶层通过新媒体塑造出来的公众人物。费斯克在他的《追星族的文化经济》一文中说，追星文化即是对主流文化意义的抵抗，追星族典型地与主流价值系统所鄙视的文化形式有着密切的联系。近几年出现的"哈韩""哈日"现象，是偶像文化的典型表现，这也说明偶像文化在青春期是不可避免的，因为这些是青少年断奶期表现出来的文化形式，因此，对成年人强加的文化产生抵触在所难免。

青少年就是借助使用媒介创造属于自己的话语权，实现对成年人掌控世界的逃避和抵抗，恶搞在疯狂的嘲讽和在集体狂欢的热潮中实现反叛。

2005年有网民模仿《中国法治报道》制作了视频《一个馒头引发的血案》，对商业大片《无极》的故事戏谑、嘲讽，受到热捧。由此引发了恶搞热潮。根据红色经典影片《闪闪的红星》制作的《闪闪的红星之潘冬子参赛记》、红色经典影片《铁道游击队》制作的《铁道游击队之青歌赛总动员》等，在网络上引起很大的反响。

除此，青年亚文化使新媒体充满了颠覆性。大量主流价值产品，如名人、名剧、名著、名典、名物等遭到恶搞，恶搞基本是主流价值和社会现状的一种讽刺和解构，作为对中心化、秩序化和权威化的主流话语的反抗，以此求得集体狂欢化的娱乐生存感受和抵抗。但是，亚文化往往要被主流话语遏制和收编，按照伯明翰的观点，亚文化主要是通过被整合和被

① Gelder，Ken&Sarah Thomton，*The Subculture Reader*. Routledge，eds. 1997.

收编的途径进入社会秩序中，方式是把亚文化的符号转化成大量生产的产品的商品的方式和以意识形态的方式，如警察、媒介、司法系统等对亚文化进行规约。

三 消费文化与新媒体

所谓消费文化就是指人类在消费领域所创造的各类与消费相关的现象与关系的总和，是指消费者的消费价值判断、指导思想与行为准则，以及反映在物质产品上的文化层次和文化趋向。[①] 关于消费文化的理解，褒贬不一，有学者认为消费文化是社会文化的重要组成部分，是社会文明的重要内容，也有学者认为消费文化指出对制造出来的消费欲望的满足。总的来说，消费文化是一个中性词，包括三个基本层次：消费品、消费观念和消费方式。

消费文化为新媒体提供一种动力来源。首先，在日益激烈的竞争格局中，新媒体更倾向于以新鲜、时尚、富有趣味性的娱乐、休闲内容来吸引受众注意。其次，在新媒体的盈利模式中，广告扮演了消费文化的领袖角色，它可以引领流行、时尚或成为象征某种社会地位的标志，成为助推经济，成为消费体系的重要一环。因此，从新媒体的生成到生存，都与消费文化有重要的联系。消费文化背后的资本逻辑会为新媒体运作机制的产生和完善提供动力之源。因为与传统媒体相比，新媒体对消费有新的优势，如让人们轻易地获取大量各种相关信息，有强大的覆盖面，在短时间内形成强大的集聚效果。根据消费者差异，更能够完成分众化趋势；互动性；手机支付、网上支付的便利性；强制收视性，如移动电视、楼宇电视的内容传播、网络自动弹出的窗口等。

消费文化往往会以推波助澜的力量掀起新媒体的种种浪潮，让新媒体成为引导社会消费欲望的生产、向消费主义迈进的渠道。消费主义源于欧美，消费主义是一种生活方式，消费的目的不是实际需求的满足，而是不断追求被制造出来、被刺激出来的欲望的满足。即商品和服务的使用价值被丢弃一旁，而去追求它们的符号象征意义。波德里亚在《消费社会》的开篇中就直言："今天，我们的周围，存在着一种由不断增长的物、服务和物质财富所构成的惊人的消费和丰盛现象。它构成了人类自然环境中

① 鲁锐：《消费文化问题探讨》，《黑龙江社会科学》2000 年第 6 期。

的一种根本变化。恰当地说，富裕的人们不再像过去那样受到人的包围，而是受到物的包围。”① “费瑟斯通则着重强调了媒介在形塑消费文化方面的作用经过广告、大众传媒和商品展陈技巧，消费文化动摇了原来商品的使用或产品意义的观念。并赋予其新的影像与记号，全面激发人们广泛的感觉联想与欲望。”② 随着互联网、手机、数字电视等新媒体的出现，媒介消费已经成为民众最为重要的生活方式之一，符号消费成为一种普遍的消费形态。

所以就有我们今天看到的结果，新媒体各个链接、结点都充斥着消费文化的气息，也看到新媒体在拟态环境中，为人们打造充满炫耀色彩的现代生活，满足人们对自我生活的一种想象和自我身份认同。在消费主义价值观的主宰下，“消费商品对人们无非具有这样两种意义：表现和维持社会差距，并因此实现自己对商品的满足，在对商品的占有中取得某种社会地位；满足情感快乐与梦想、欲望等”。要满足这两种意义的生产，新媒体往往是通过广告、名人报道、视频等为代表的视觉形象来完成的。

消费文化在新媒体的呈现主要有以下几个层次：第一，通过不断制造欲望传播消费主义观念。新媒体在宣传消费品上更具“个性化”“符写化”，更易激发消费者的消费欲望和消费行为。新媒体广告通过不断地制造消费者的自我陶醉，让消费者反观自我，力图通过消费来建构自己。第二，新媒体除了向消费者传输消费观念外，渗透主流意识形态，从而达到对受众的控制。以新媒体广告为例，广告是一种通过符号实现劝服的艺术，商品的使用价值在广告表达中被淡化，而人为加诸其上的符号价值代替了本质属性，成为主导的价值层。如豪车的符号意义是成功、自信、男性魅力等，开豪车的男人是事业有成的。除此，新媒体不断生产和创造各种消费文化，为人们构架消费欲望系统。越来越多的东西，人为赋予意义和价值，通过新媒体迅速传播开去，形成 广为接受的消费价值，而受众往往无法觉察。“宫廷生活、异国风情、明星之梦、爱情新情、家，这几个因素成为传媒文化中欲望修辞的基本代码。受众永远不能识破这其中的

① ［法］波德里亚：《消费社会》，刘成富、全志钢译，南京大学出版社 2001 年版，第 1 页。

② ［英］迈克·费瑟斯通：《消费文化与后现代主义》，刘精明译，译林出版社 2000 年版，第 166 页。

诡诈。”[①] 消费文化的欲望系统正为新媒体提供越来越多的动力，同时也构成新媒体最具影响力的文化因素。

第三节 新媒体文化形态的重构

新媒体文化已经形成了自己独特的文化系统，有特定的价值内涵和社会功能，是理解社会结构、认识社会文化的重要范畴。新媒体文化是时代精神和科学技术相结合的产物，其生成和发展有以下几个原因：

首先，新媒体文化的内在特质和逻辑离不开新媒体的母体特征。综观媒介发展史，在每种媒体诞生的背后，都有新的传播技术推动。新媒体作为技术革新产物，其外在形态与传播方式都和技术存着天然联系。数字技术、网络技术、移动通信技术是新媒体的技术依托，其中数字技术是新媒体的核心技术，其他为新媒体提供信息传播渠道，实现随时随地的传播。新媒体具有交互性、个性化的传播特性，这些特性决定了新媒体文化的生成环境。其次，经济发展的需要也是重要的原因。当技术使新媒体成为一种不可避免的文化现象的时候，影响新媒体普及的至关重要的因素就是资费。我国手机网民规模巨大，意味着无限的商机和经济潜力，经济发展为新媒体文化的生成提供了经济基础。再次，受众的“使用和满足”为新媒体文化提供了心理条件。“使用和满足”理论把受众对媒体的需求分为四个大类别：守望环境，即认为媒体“可以影响人，或者帮助人完成某些事情；获得个人认同，通过媒体了解自我，探查真实情况，并获得自我价值观的加强或再确定；发展人际关系，即以媒体为伴，使用讯息获得人与人之间的沟通；获得娱乐消遣，把媒体作为感情发泄渠道，或是逃避日常生活和问题的避风港”。[②] 受众的这些心理需要和实现，构成了新媒体文化持续不竭的动力。

一 新媒体文化特征

与传统媒体文化相比较，新媒体文化主要具有草根性、交互性、人人都是媒体中心、内容传播的碎片化、传播主体的草根化等几个特征。

---

① 陈龙：《传媒文化研究》，中国人民大学出版社 2009 年版，第 94 页。

② ［美］德弗勒洛基奇：《大众传播学理论》，杜力平译，五南图书出版公司 1993 年版，第 227 页。

（一）草根性

新媒体文化从文化主体构成、文化内容消费到文化形式创新，皆具草根性。草根词义指普通人的，平民的、群众的、民间的。品价值、大众的消费需求。民俗学家艾君在《改革开放30周年解读》中这样界定草根文化："属于一种在一定时期内由一些特殊的群体、在生活中形成的一种特殊的文化潮流现象，它实际是一种副文化、亚文化现象。它具有平民文化的特质，属于一种没有特定规律和标准可循的社会文化现象，是一种动态的、可变的文化现象，它有别于阳春白雪的雅文化、上流文化、宫廷文化以及传统文化。"①

近年来，其意义得到扩展出以下几种：出身地位贫寒卑微；泛指相对于上层人物或富有阶层而言的平民大众阶层；代指弱势群体；形容另类的、反传统的、极具个性的、经常有超乎常规的人；非主流、非官方、非传统的事情。② 由此当下新媒体文化中出现了一些新词汇，如草根族、草根大使、草根偶像、草根力量、草根组织，等等。

在新媒体文化，草根是草根文化的创造者和消费者，是主体又是表现对象，表现内容也是他们的本真的生活和状态。因此，草根的声音通过互联网、手机等传达自己的草根诉求。在一定程度上讲，草根阶层对精英传播和主流话语的反抗，有利于塑造中国社会的自主意识、平等意识和开放意识。

新媒体文化的草根的多元价值取向表现得最为明显。草根文化传播"内容庞杂，流行音乐、民间艺术、街头俚语、股市金融、国家政策，都是草根或创作、或传播、或点评的范畴，草根们打破了现实中因为地理、职业、年龄、民族和个人文化修养而造成的局限性，各种原生态的、未经修饰的文化和价值观自由平等地交流，在草根文化的传播领域，没有尊卑贵贱，没有纲常名教，没有秩序重心，没有话语鸿沟，庄严可以被嘲弄，真与伪、美与丑、雅与俗可以共存，信息环境空前开放、民主、宽松。草根文化传播的这一特征表明了中国社会转型期多元文化并置的背景下草根阶层寻求文化出路与争取话语空间的愿望，不受主流文化规制和牵引的大

① 艾君：《改革开放30年解读》，参见百度百科"草根文化"词条。

② 苑秀杰：《凝视"焦点"中的"草根"——探寻"草根"的词源、词义》，《美与时代》2004年第4期。

众意志和审美自主充分得以表达，社会因此可能变得更加包容和扁平”。[①]因此，因为新媒体的大众性、娱乐性，以及准入身份隐秘性，权威被拒绝、瓦解，草根性作为一种修饰性的词语，正成为一种大多数人的意识形态，主宰。或分割新媒体文化领域，重新构成一个个披着自由和民主的权力机构。

（二）交互性

相对于传统的大众传播而言，新媒体媒介的突出特征是交互性，其文化传播也明显具有交互性的特征。这种互动有两层含义：一是，人机互动，即传播个体与电脑终端之间的互动；一是，人与人之间互动，指在网络虚拟空间中人与人之间的多种形式的交流。在传播过程，个人既是信息的加工者也是信息的传播者，同时能够根据反馈的变化信息及时调整。

网络传播的交互性得益于传播技术的进步：一方面，网络技术的发展使一对一、一对多、多对多的传播均成为现实，改变了信息的线性存在方式，形成立体化的网状结构；另一方面，数字技术的发展使信息的采集和制作都变得更容易，网络也为人们提供了便捷的发布和传输渠道。由此交互性才成为网络传播的突出特征，正如泰普斯科特所指出的：“网络时代的文化核心就是互动。”[②]

具体说来，网络传播的交互性，即信息发送者和接收者之间的交流是双向的，参与主体在信息交流过程中，占有主动权和控制权。在网络空间，任何人都可以自由地参与进来，无论何种身份，都可以实现传递信息、表达情感的诉求，成为网络内容的创作者和网络文化的建构者；任何参与网络传播的个体，既可以是信息的接受者，也可以是传输者，传者与受者之间不再格格不入，双方均可以在任何时候、以任何方式获得关于新闻、娱乐、教育和消费等方面的资讯，并可以得到即时的信息反馈，从而实现真正的双向交流。比如网络社区论坛、新闻跟帖留言等，有效地实现了传、受者之间的直接交流与对话。[③] 手机传播也是如此，尤其3G、微信等技术、业务的产生，开创了更多的互动途径。新媒体技术的双向互动特性，对单向大众传播模式和隐性垄断权进行了有效突破。

① 李文冰：《草根文化视阈公众媒体素养教育》，《浙江传媒学院学报》2010年第6期。

② ［美］唐·泰普斯科特：《数字化成长：网络时代的崛起》，陈晓开、袁世佩译，东北财经大学出版社1999年版，第111页。

③ 宫承波：《新媒体文化精神论析》，《山东社会科学》2010年第5期。

（三）人人都是媒体的中心

传统媒介垄断新闻传播的时代，具有话语权的主体是特定组织或少数个人。而在新媒体文化中，每个人都是信息的接受者，同时也可以是传播者，传播过程中人人平等，突破了长期以来媒体间的介质壁垒和机构割据，人人都可能成为媒体的中心。尼葛洛庞帝在《数字化生存》中宣称，“后信息时代的根本特征就是‘真正的个人化’”。人的主体性蕴含着人的自由创造与解放，新媒体为主体建构机制的重新构筑提供了种种可能。

新媒体提供了最大可能的广泛参与性。凡是有网页的人都成了出版人。在因特网创造的环境下，纸张装订、发送和宣传的成本都不是问题，把关人被“放逐”，呈现了“人人皆是报道者”的盛况。博客说明了“全民写作时代”的到来。而如ohmvnews所倡导的“每个公民都是报道者”，就预示“全民记者时代”、“用户制作内容时代”的到来。随着手机功能、摄像机的普及和便利，用户制作内容变得可能，大量具有草根性的视频将内容制作推向前台。作为一个全新的新闻传播形态，用户制作内容将话语权交给最广大的草根群众，打破了以往新闻传播机构掌控新闻源的单一性和专业化，将引起所有用户广泛的兴趣和参与热情。

在这个真实、透明的微世界里，我们可以清楚地看到：美好与邪恶都自然地显现出来。相对而言，这向更具人性化的交往方式前进了一步。

尤其自媒体这个概念的提出，极准确地概括了“人人都是媒体中心”的传播特质。自媒体（We Media）这个概念由美国新闻学会2003年提出，是指为个体提供信息生产、积累、共享、传播内容兼具私密性和公开性的信息传播方式。自媒体是普通大众经由数字科技强化、与全球知识体系相连之后，一种开始理解普通大众如何提供与分享他们本身的事实、他们本身的新闻的途径。平民化、普泛化、自主化的传播者，以现代化、电子化的手段，向不特定的大多数或者特定的单个人传递信息，私人性的媒体更为明显。

（四）内容传播的碎片化

“碎片化”，英文为Fragmentation，从20世纪80年代末开始，常见于“后现代主义”研究文献中，指完整的东西破成诸多碎块。到90年代，碎片化之说延展到社会学、广告学，我国学者黄升民教授认为：碎片化已经成为一个社会学、消费行为学、传播学界的热门概念。具体而言，“碎片化”主要指后现代背景体现出来的多样性、游戏性、差异性、零散化、不确定性、流动性的状态，体现为随意性、游戏化与狂欢等特征。新媒体从受众、内容和传播方式都有其碎片化的一面。

零散化和碎片化是新媒体的信息传播特色，也是后现代主义的表征。在后现代主义的语境下，社会内爆导致意义的弥散和各种界限的消解，同时也造成零散化、碎片化的内在特征。后现代主义学者詹姆逊认为，“后现代文化的首要特征是零散化、碎片化、缺乏连贯性，给人一种拼贴感，与此相应的是情感和历史感的消失，以及内在和外在、本质与现象、隐义与显义、真实性与非真实性、能指与所指等几种深层次模式的消失，后现代文化表现出缺乏深度的浅薄和没有连续性的断裂”。①

案例：微博小说的碎片化特征②

微博小说是微博客发展的衍生物，属于微型小说，限定140字，要求用简练的语言表达出更多的信息，能够逼迫作家锤炼语言。首部微博小说《围脖时期的爱情》开创了微博小说先河。作者闻华舰表示，自己将继续完成并出版“围脖三部曲”中的《围脖时期的婚礼》和《围脖时期的葬礼》，以期将其发展成一项产业文化。

闻华舰说：“微博存在很多年，但是在我之前并没有人写出真正的微博小说，很多人以为把大长篇分成段在微博里发就是微博小说了，事实上那和传统小说没区别，只是分节发而已。”闻华舰认为真正的微博小说“1. 每节都要有包袱、有完整的情节点。要在140字里写出张力和内容来。2. 故事情节的发展要围绕着微博发展，比如小说里有微博里正在热议的热门话题。3. 大部分人物是在微博里真实存在的。4. 充分利用微博功能，配上相关图片、视频、音乐”。

微博小说作为一种以新媒体传播的文学形式，从内容构成、传播形式到接受方式，皆具碎片化传播特征。每段140字的限制要求小说整体风格明快活泼，故事紧凑、生动。文字具有相当的张力和逻辑性；在技术应用

① 转引自陈莉《碎片化与意识形态批评——詹姆逊后现代文化批评研究》，《阜阳范学院学报》2007年第2期。

② 参见《微博写成小说140字的爱情格调不高?》，《华西都市报》2010年3月17日。

上，很好地利用新媒体的快速传播优势，碎片式阅读方便、快捷，适应不同时空环境，加之多种阅读器的研发与使用，使数字媒介阅读逐渐流行。调查显示："我国国民中接触过数字化阅读方式的占24.6%，比2008年的24.5%增长了0.1%。这其中，分别有16.7%的国民通过网络在线阅读，比2008年的15.7%增加了1%；14.9%的国民接触过手机阅读，比2008年的12.7%增长了2.2%；1.3%的国民使用其他手持阅读器进行数字化阅读，比2008年的1%增加了0.3%，增幅为30%。有专家分析，数字化阅读先进性的功能无法遏制，数字化阅读规模还会继续扩张。"①

媒介之间的竞争强化了传播主体的碎片化。信息传播的渠道增多了，受众选择的多元化。只有满足特定受众群的特定信息需求，就有存活的可能。而互动的加强，使无数"小众"的碎片散落在新媒体各个角落，呈现了纷扰异常的局面。

二　典型的新媒体文化现象

哈罗德·英尼斯在《传播的偏向》中写道："或许我们可以假定，长期以来对媒体的使用在某种程度上决定了被传播的信息的特性，而且这种广泛的影响最终会建构起一种文明。在这种文明之中，难以保持生活的原样及其灵活性。因此，一种新媒体的诸多优势最终会导致新文化的产生"。② 新媒体改变了人们的生活方式和思维方式，正因为如此，孕育出新的文化形态。

（一）拇指文化

有人称我们已经进入"拇指时代"，在手机传播中蕴藏着巨大的财富。它不但改变了大众的消费观念和方式，还拓宽了消费途径，刺激了消费行为，开拓了消费市场，因此被人们形象地称为"拇指经济"。用手指熟练操作手机的人被称为"拇指一族"。由手机短信构成的产业和市场被称为"拇指经济"。由此产生了"拇指文化"这种独特的文化现象。

拇指文化，包括短信、彩信、彩铃、手机文学、手机电视、手机游戏、手机杂志、手机广播、手机广告等多种形式。由于随身携带方便、屏

① 参见《国民阅读调查：报纸优势明显 数字阅读持续增长》，《北京日报》2010年4月20日。

② Innis, H. A., *The Bias of Communication*. University of Toronto Press, Toronto, 1951.

幕清晰度低等手机特征，拇指文化指向一种新的消费方式和交往理性。

案例：短信作为拇指文化的形态[①]

短信不仅只是信息传播手段，短信以快的传播速度，在主流媒体无以覆盖的间隙自由穿行，表达人们愉悦的心境和活跃的思想，它成了特别的书写方式和语言特色，更多地承载着现代人日益增长的交流需求。每条短信限定在短短70字以内，却充满了修辞，在形式上，诗词歌赋，对联故事，古典白话，五花八门，不断翻新。内容上，丰富多彩，个性十足，妙趣横生。不少短信融思想性、艺术性于一体，读来兴味盎然。“我们刚吃上肉，你们又想吃野菜了；我们刚吃上糖，你们又开始尿糖了；我们刚能歇会儿不流汗了，你们又去健身房桑拿房流汗了；我们刚吃饱穿暖，你们又开始减肥了；我们刚把青菜上的害虫灭掉，你们又爱吃虫子啃过的青菜了。”这个在短信幽默而不乏艺术，巧妙地批评了社会分配不公及浮躁心理。每逢节日，各种温馨的短信表达着人们的关怀。“世界上本无沙漠，我每想你一次，上帝就落下一粒沙，于是有了撒哈拉；世界上本无大海，我每想你一次，上帝就落一滴泪，于是有了太平洋。”

这些富于艺术色彩的优美短信，衍生一种异于纸质文本、网络空间的语言文化。

（二）“客”文化

“客文化”作为社会现象，产生的时间并不遥远。“网客”，根据英文发音上都加上后缀ker，音译为中文的“客”，这种新兴的称呼，具有独特的语言和颇具前卫风格的形式。它是计算机网络发展到一定程度的必然产物，体现了民主社会的演进趋势。有黑客、红客、博客、维客、威客、炫客、掘客等。

根据不同“客文化”概念构成特点，目前“客文化”大致分为五类：（1）共享型“客文化”；（2）合作型“客文化”；（3）技术型“客文化”；（4）智慧型“客文化”；（5）商务型“客文化”。“客”文化立足于新媒体的一种文化形态，它因为极具个性而具有个人性；只要不违反国家

① 于国建：《拇指文化刍议》，《泰州日报》2006年3月6日。

法律，任何话题都可以涉及；受众之间的交流产生意义的交互性；以及参与主体和内容丰富多样的多元性等特征。

“客”文化产生主要有以下几个原因：第一，个体表达的需要，互联网具有隐匿性，为民众提供了放松自我的平台。现实中无法表达的，在网络虚拟世界中都可以肆无忌惮地表达，不必遭受规则的限制。第二，成本最小化，网络的即时性、便捷性降低了现实生活中交易活动的成本，这种省时省力且能够在长时间聚集大量人气的交易方式吸引了很多人，成为“客文化”发展的新动力。第三，身份认同性。在无边无际的虚拟世界，身份不分高低，主体被分散在不同空间，撕碎，自我认可被巨量的信息和空间的无边冲淡，身份认同感让一些有共同取向，“谈话投机”的人聚集在一起。

“客文化”是一个动态的概念，随着网络传媒的发展，一方面会不断地产生新的“客文化”元素，而一些“客文化”元素会被淘汰，但是作为集聚人气的文化形态，正在人们影响生活形态和交往实践的文化形态，仍是值得深入研究的议题。

（三）“微”文化

现代快节奏的生活方式和网络的即时性，酝酿了微文化的产生。微文化是现代人们表达生活和情感的一种方式，一种正在影响社会的参与方式。这种碎片化的信息能完成对某个事件的完整报道和传播，同样也可在只言片语中表达自我。现实生活中的一次消费行为或生产活动，主要形态有等。

案例：微博客、微表情、微支付、微视频、微信等“微文化”形态

1. 微博，以140字左右的文字更新信息，并实现即时分享。2007年进入中国，2010年取得井喷式发展，用户达2.2亿。2010年被称作中国微博元年。“在微博客上，140字的限制将平民和莎士比亚拉到了同一水平线上。”的确，微博客的出现，让每一个“小我”都有了展示自己的舞台，引领了大量用户原创内容的爆发式增长。为世界带来了一个“人人都能发声，人人都可能被关注的时代”。

2. 微表情。“微表情是心理学专业术语，指不到五分之一秒的表情，

但通常却含有丰富的信息。招聘季，应聘者们开始注意起自己的微表情。大学生心理咨询专业委员会发布的《中国大学生面试压力调查》中一项调查结果显示，有82%参加面试的毕业生会出现各种小动作。拒绝不断抿嘴、拒绝眼光闪烁，应聘者开始有目的地训练自己发出合适的‘微表情’，以获得面试官的青睐。”①

3. 微支付。“微文化不仅渗透在个体当中，看似不起眼的几分钱网络支付费用，实际上也隐藏着大生意。两分钱一章的网络小说，8分钱一本的电子版《剑桥中华人民共和国史》，三五毛钱一篇的学术论文，或者淘宝网上几元钱的鱼食，这些互联网上的小金额支付，被称为‘微支付’。网友不经意间付出的几分、几毛钱看似微弱，但聚集起来的能量惊人。美国市场调查机构Strategy Analytics在2009年底发布的虚拟世界战略服务研究报告中预测：未来5年虚拟世界的总收入中，约有86%的份额，来自微交易。”②

4. 微视频。泛指时间很短的视频短片，一种说法是不超过20分钟，一种说法则是在1分钟以内。优酷网总裁古永锵说：“微视频是指短则30秒，长则不超过20分钟，内容广泛，视频形态多样，涵盖小电影、纪录短片、DV短片、视频剪辑、广告片段等，可通过PC、手机、摄像头、DV、DC、MP4等多种视频终端摄录或播放的视频短片的统称。‘短、快、精’、大众参与性、随时随地随意性是微视频的最大特点。”微视频的制作、上传、浏览、评论，基本都是青年人所为。“每个人都是生活的导演”，用DV、手机拍摄，用网线、蓝牙上传的年轻人们，终于可以在激情的年轻时光还没有褪色的时候，就把自己的故事、自己对新鲜世界的感受说出来。

微电影是微视频重要的种类。微电影又称微影，“是指专门运用在各种新媒体平台上播放的、适合在移动状态和短时休闲状态下观看的、具有完整策划和系统制作体系支持的具有完整故事情节的‘微（超短）时’（30秒—300秒）放映、‘微（超短）周期制作（1—7天或数周）’和微（超小）规模投资（数千/万元每部）”的视频短片，内容融合了幽默搞怪、时尚潮流、公益教育、商业定制等主题，可以单独成篇，也可系列成

① 王晶晶：《“微文化时代”来了吗》，《中国青年报》2010年3月2日。
② 同上。

剧。2005 年那个 20 分钟的《一个馒头引发的血案》是微电影的雏形。作为历史上第一部微电影，吴彦祖主演的《一触即发》是源自微时代的产物，其剧本来自微小说《一触即发》，除此还有《神射手》《依靠》《意外》《鱼塘边》《僵尸快餐》《格斗高手》《要加薪》《青春期》等微电影。[①]

5. 微信。“微信是腾讯公司于 2011 年初推出的一款快速发送文字和照片、支持多人语音对讲的手机聊天软件。用户可以通过微信与好友进行形式上更加丰富的类似于短信、彩信等方式的联系。微信软件本身完全免费，使用任何功能都不会收取费用，微信时产生的上网流量费由网络运营商收取。因为是通过网络传送，微信不存在距离的限制，即使是在国外的好友，也可以使用微信对讲”。[②]

以上，我们看到当下“微文化”的几种文化形态的发展概况。

从当今社会文化的发展走向和人们消费内容来看，社会对于微内容的消费在总量上将超出宏内容的消费（所谓“宏内容”是指社会共同需要的、具有普遍价值的内容，而“微内容”则是指差异化、个性化的内容）。草根大众喜欢个性表达，传播原创的、短小精悍的，却又富于想象的草根信息，以获取浏览点击量，进而确立个体在族群结构中的权威地位。

第四节　新媒体与当代文化的互动与反思[③]

新媒体对文化的传播和塑成固然有极大的推动作用，但是对文化的发展也带来一系列问题。在新媒体技术推动的文化全球化，文化已突破原有的地域限制走向全球。不同地域、国家的生活方式和思维方式发生剧烈的变化，将文化由地域扩展到全世界。文化的碰撞和冲突，强势文化对其他

① 参见“微电影”词条，百度百科（http://baike.baidu.com/link?url=D95trYWxhkpYYwR-9SlwtT2ZS7sAooSHH-tq-SAoXG3GBdYgwhtzr_2wow4Rkq0p_19bc—nWcbmw6abEUKAwbq）。

② 参见“微信”词条，百度百科（http://baike.baidu.com/link?url=vaWDst5-YorOiycnx8-ZedswE9jOd_D-FI3M0Dplsp3hxbh6tUCvc-qdAYgWexL55nt2U0GxKBcy_QuJdZTLCm7MRdDLGkq-mwxjxjl1AVrrO）。

③ 本节内容参见颜小芳、晏青《新媒体与文化发展的困境及路径思考》，《重庆邮电大学学报》（社会科学版）2012 年第 3 期。

文化的压抑和排斥，难免造成文化的“同质化”，以及在狂欢下，主体的分裂和迷失的困惑。

一　多元文化表象下的文化“同质化”

文化在新媒体传播过程中，相互交流和碰撞，其中有优势互补，有弱势文化对强势文化的依附，有强势文化对弱势文化的压制，也有在碰撞和摩擦中产生出新的文化。在这种全球化文化渗透下，文化难免走向趋同。因为文化多样性已经成为一种无法发生作用的文化内核，以及滑动在社会文化表层的文化现象，它作为一种炫目的表象，成为文化“同质化”，即同一价值观和文化内核的附庸。

西方强国具有传播优势，他们制定了全球的信息传播方式。早就有学者预言：如果以这种趋势发展下去，在21世纪将会只剩下5—10家超大型媒介企业。而这些“信息控制者”将控制世界大部分的报纸、杂志、书籍、广播、电视、电影、唱片、网络等产业，实现对全世界的艺术文化、意识形态生产和流通，从而无法保障文化的多样性。

文化同质化，不仅是指以美国为主的西方文化扩散到其他文化之中而使全球文化呈现的一种趋同和标准化趋势，还意味着一系列广泛而深刻的文化和社会后果，关联到不同的文化传统的传承和发展，以及社会的稳定和社会结构的演变。① 从工业时代开始，技术和经济实力的强弱一直在加剧西方文化和非西方文化的不平等关系。正如哈贝马斯所说：“在这个充满暴力和危机的世界社会中，正是生活机遇分配的极端不公平、权力和财富占有的南北鸿沟和东西差距，使文明和文化冲突绵延不绝，使其愈加容易在政治上被利用。”② 文化同质化，跨越文化领域，已成为社会各个层面亟待解决的问题。

因此，新媒体不但是信息的载体，还是意识形态的传播载体。新媒体具有专门机构和从业人员，拥有现代的传播设备和一定传播管道，代表并维护一定阶级的利益的组织，在这个过程中的加工、处理、制造、生产都是在一定理念和利益下进行的。新媒体作为当今社会的重要媒体，已深入社会各个层面，在舆论引导、娱乐休闲等方面潜移默化地影响着社会生

① 孙英春：《跨文化传播学导论》，北京大学出版社2010年版，第245页。

② ［德］尤尔根·哈贝马斯等：《作为未来的过去》，章国锋译，浙江人民出版社2001年版，第18页。

活；成为现代社会具有主导地位的文化形态。新媒体文化借助大众传播媒介进行议程设置，寻找话题，捕捉热点，传播社会主流文化，媒体文化也含有多样化的亚文化，它能生产不同品种、不同风格、不同层次的文化产品，满足人们不同层次的精神需要。媒体文化是一种新型、开放、互动的文化模式和意义生产机制。除此，群众的趋同心理也是同质化的重要原因。诺依曼提出的“沉默的螺旋”理论或许可以帮助人们回答这一问题，诺依曼认为，人们在表达自己的意见和看法时，必然会对周围的“意见环境”进行观察和了解，再决定是坦然表达还是保持沉默，这是因为人的“社会天性”是害怕孤立而受到社会的惩罚。这种沉默的大多数导致文化“同质化”的到来。

所以在一定程度上讲，新媒体文化传播也是意识形态传播，新媒体是意识形态争夺和斗争最重要的意义空间。正如斯图尔特·霍尔认为的，媒介文化是文化符号的表征领域，不仅仅是一个知识生产、信息交流和审美愉悦的领域，它还是一个利益争夺和权力斗争的领域，人类社会迄今最主要的几种权力关系——阶级、性别、民族和种族等，会以各种形式渗入其中。对于现实中的各种权力关系来说，文化表征领域是一个争夺文化领导权的领域，是不同价值观念之间垄断与反垄断的领域，是一个压制与反压制的领域。

早在1998年，联合国教科文组织的《世界文化报告》描述了全球范围的文化同质化趋势：文化的产业化加剧了交流的不平等，弱小国家和社会群体对自己文化的不安全感增大，文化多样性受到前所未有的威胁；全球一体化的市场不可能期望会对弱势经济和强势经济对等的收益，强势的经济集团和文化产业集团造成并维持着各国之间不平等的发展；文化传播方面加剧的不平等，使弱小国家和社会群体对自己文化的不安全感增大，保证本国本民族文化安全的问题成为中心任务，人们不断地表达对文化的价值观和文化认同丧失的关心。总之，“那些能表明当地或国家特征和连接当地或国家的文化价值观，似乎处于被全球市场的冷酷力量打垮的危险之中”。①

互联网以传播迅速快、范围广、内容无限制等天然优势，自其诞生之

① 郝永华：《Representation：从再现到表征——论斯图尔特·霍尔的文化表征理论》，《江西师范大学学报》（哲学社会科学版）2008年第12期。

日起，就自然而然成了西方发达国家推行文化霸权的工具。“如果说自由贸易是经济强大的国家渗透、统治经济弱小的国家机制，那么信息自由流通是美国的生活方式和价值观强加给贫穷、羸弱的社会管道。”① 西方国家拥有强大的政治影响力和雄厚的经济和技术实力，它们控制着媒体文化的生产和传播，造成了媒体文化传播过程中的信息流向的不平衡。西方的媒体文化产品能够在全球得到普及，新媒体发挥了重要作用。法兰克福学派学者指出，“文化工业的每一个运动，都不可能避免地把人们再现为整个社会所需要塑造出来的那个样子”。② 并且引用托克维尔的话抨击道：“暴政对肉体倒是没有什么压制的，而直接压制的是灵魂。统治者不再说：你要像我一样思考问题，不然的话，你就得死去。他现在则说：你不用像我一样思考问题，你的生活，你的财产，你的一切都可以保存，但是从这一天开始，你在我们之中就是外人。”③

在强势媒体文化和弱势媒体文化的碰撞中，强势文化同化或压制了弱势文化，后者则导致同化成一种趋势、一个媒体王国、一种相同的文化声音，世界媒体文化逐渐走向同质化。所谓媒体文化同质化是以媒体作为呈现方式的媒体文化，它生产出的文化产品在定位、内容、形式上具有一致性，并且这些媒体文化产品渗透着同一种价值观和文化内核。媒体文化同质化现象在媒体各个层面已经表现得很明显了。

联合国教科文组织《2000 年世界文化报告》资料显示，目前世界上有 52 个国家将无形文化和民俗文化遗产保护作为国家文化政策的一部分；在 82 个国家的立法中，包含了对无形文化和民俗文化遗产的知识产权保护的条款。还有一系列举措，如《世界文化多样性宣言》《文化多样性公约》等对文化同质化的抵制，以挽救多元文化的坠落。这些措施发挥了一定的作用，但是在当今以政治、经济为主导的社会体系和价值系统中，抵制语言、消费、行为无个性的文化“同质化”，塑成文化多元化的景观还有很长的路要走。

---

① 联合国教科文组织：《世界文化报告 1998》，关世杰等译，北京大学出版社 2000 年版，第 120 页。

② ［美］戴维·莫利、凯文·罗宾斯：《认同的空间：全球媒介、电子世界景观与文化世界》，司艳译，南京大学出版社 2001 年版，第 301 页。

③ ［德］霍克海默、阿多诺：《启蒙辩证法》，渠敬东、曹卫东译，重庆出版社 1990 年版，第 118 页。

二　"逻各斯主义"颠覆之后的主体性分裂

新媒体是大众媒介中最富于草根性和平民性的媒介，是反"逻各斯中心主义"的重要操练现场。逻各斯主义的去中心、意义的逻辑，被后现代浪潮解构，主体被失散在新媒体各处，甚至迷失。"在消费的普遍过程中，再也油层有灵魂、影子、复制品、镜像。再也没有存大之矛盾，也没有存在和表象的必然判断。只有符号的发送与接受，而个体的存在符号的这种组合和计算中被取消……标志着这个社会特点的，是'思考'的缺席、对自身视角的缺席。"①

解构主义是对现代主义正统原则和标准加以批判地继承，运用现代主义的语汇，却颠倒、重构各种既有语汇之间的关系，从逻辑上否定传统的基本设计原则，由此产生新的意义。用分解的观念，强调打碎、叠加、重组、重视个体，反对总体统一，从而造成不确定性的文化现象。传统意义上的中心的功能被弱化甚至被大量新的中心覆盖。传统价值观念和权威的话语被弱化，主流话语首当其冲成了被怀疑、被解构的对象。

互联网主体的碎片化，有以下两个层面的含义："其一是互联网导致了世界图景的分化。世界被分成两部分，一部分已经被数字化、被赋值，进入演算系统，另一部分则没有进入。世界也被分成两种人：一种人决定何种东西要进入计算机，进入网络以及如何进入；另一种人则接受这种安排。碎片化在这个意义上就是分裂化。一种可能遭遇多次编码、重复编码、混合编码，任何实体都不能免除被编码的命运，但同时又是完全编码的，总有一引起未进入系统的内容。其二是从事物呈现的角度看，由于编码的部分参与运算几乎是不可控制的，事物的不同部分存在被处置的多种可能，事物的面目有多种重现解读方法，主体的唯一性将被彻底粉碎。"②

网络传播是最为典型的"去中心化"的信息传播。"网络媒体给人们带来一种'去中心化'的文化和政治、话语范式的遐想，在这种想象中，传统的话语霸权和集权似乎经受着平民、平等、开放的话语力量的颠覆，网络媒介被赋予了强大的去中心、反权威和开放、平等的解放性文化力

---

① ［法］让·鲍德里亚：《消费社会》，刘成富、全志钢译，南京大学出版社2001年版，第225页。

② 段永朝：《互联网：碎片化生存》，中信出版社2009年版，第165页。

量。”[①] 无论是 wed 1.0 背景下的新闻、BBS，还是 wed2.0 催生的博客、SNS，它们都是在“去中心化”力量的作用下兴起并发展的。也正是由于 wed2.0 比 wed1.0 更强调互动性和草根性，更强调信息传播的“去中心化”。所以 SNS、微博等的发展比新闻组、BBS 要迅速、强劲得多，这也从侧面印证了网络媒体的后现代发展趋向。网络技术本身是民主、平等、去中心的，然而，现实中的各种因素会阻碍这种去中心化的想象，导致网络媒体在某些方面的“中心化”。在当下网络媒介环境中，行政指令的干预、商业营销的炒作、名人效应的影响以及“数字鸿沟”的扩大等因素，都会使网络媒体，尤其是网络媒体的传播内容重新趋于“中心化”和“权威化”。[②]

手机媒体也参与了构建虚拟社会关系进程。看似充分融入了人的社会性和个性化特点，但本质上却是对人的“物化”。在手机媒体所构建的虚拟社会关系网络中，每个人至少拥有一个手机号码，成为各自最主要甚至是唯一自身份标识，各个手机号码就组成了虚拟的社会关系网络。这与互联网的结构特征非常相似：各个 IP 地址的连接构成了互联网络，在这个网络中，IP 地址是每台计算机的身份标识，代表不同的计算机个体。而在手机媒体所构建的虚拟网络中，手机号码就充当了 IP 地址的功能，使用这个手机号码的用户则变得毫无差别，每个人都成为手机号码背后的操作者，变成了被物化的个体，失去了原有的主体性。

借用托夫勒的《力量转移》的话说，暴力和金钱的时代已经过去，利用“知识”控制人类的时代已经来临。数字化、比特化、网络化，就是这场“知识革命”的外部表征，并且这种表征通过历史主体、传播工具不断放大，通过与财富、“媒体软暴力”的形式，内化为关于历史的思考和未来的期待。在此之后，“一切关于人的思考的路径都将被归顺到这种‘数字语言’的氛围之中，向‘尚未被数字化’的世界告别的丧钟已经敲响”。[③] 主体的“平面化”也日益严重。互联网每天巨量的信息铺天盖地袭来，人们应接不暇。往往快速切换浏览，浮光掠影。长期如此，人的感知能力下降，越来越成为信息的奴隶，沉溺于信息大海中无法自拔，

① 翁主伟：《新媒体的后现代主义精神论析》，《当代电影》2011 年第 6 期。

② ［美］马克·波斯特：《第二媒介朝代》，范静晔译，南京大学出版社 2000 年版，第 48 页。

③ 段永朝：《互联网：碎片化生存》，中信出版社 2009 年版，第 156 页。

并且更严重的是形成被动式的思维习惯，想象力和创造力退化，人的主体性弱化，形成了单向度的人。

除此，现实生活人际关系是复杂多变的，而网络的身份隐藏、虚拟性使人际交往变得相对安全。主体在互联网得到情感认同与满足的同时，越来越多的人依赖网络，而厌倦现实，造成自我封闭。人际交往减少，造成人与人之间的疏离与冷漠。

新媒体主体成为被卷入的被动的主体，不可避免地，作为一种无法规制的主体碎片进入数字化、编码化，成为巨量主体中的一分子，毫无个性的，成为新媒体空间万千世界的附赘。主体已无法掌控，无数散落在新媒体空间的分裂性主体，主体的分裂和迷失，势必夺去个性独立思考的支点，造成信息潮流中没有主体活力的一片死寂。

第六章

新媒体与法律

以互联网为代表的新媒体，是一个无组织的电子疆域，它背后隐藏的是一种分权化的公众权力。自新媒体的主要代表——互联网诞生的那一刻起，新媒体空间的秩序与规范便成为人们所需要思考但又充满争议的问题。一方面，许多公民自由论者（civil libertarian）坚决抵制强制性的政府干预，认为新媒体空间需要一种浪漫的无政府主义、自由主义；另一方面，许多人认为，新媒体已经广泛且深度地嵌入当今的经济贸易和社会生活，与现实空间一样，某种秩序和规范必然需要被建立，以约束和制裁那些我行我素的新媒体用户。

在新媒体空间里，相信我们不止一次地遭遇色情、暴力、憎恨言论、恐吓短信以及不请自来的垃圾邮件与商业广告等问题，我们也不止一次地疑惑，广告商、诈骗者们是怎么知道我们的电话信息或邮件地址，进而引发对个人隐私不被保障的恐惧。不仅如此，知识产权、名誉权、虚拟财产安全等也常常使穿梭游荡于新媒体空间的我们小心提防和谨慎面对。我们没有理由否认，新媒体空间需要一种秩序，需要一种规范。

这种规范，可以是劳伦斯·莱斯格的“代码”：物理世界的架构限制在网络空间里的对应物，体现为程序员们编写的程序协议、软件结构，“在网络空间里，我们必须明白代码的规制机理——那些造就网络空间的软件和硬件如何来规制该空间”①；可以是理查德·斯皮内洛的“网络伦理”：“内在于人性、对人类繁荣必不可少的知性之善，在规范网络空间

① ［美］劳伦斯·莱斯格：《代码 2.0：网络空间中的法律》，李旭、沈伟伟译，清华大学出版社 2009 年版，第 6 页。

方面起着结构性的或指导性的作用"[①]，"编写程序和制定法律规范网络空间的人应当把伦理规范作为指导……负责和谨慎地将蕴涵自主和隐私等基本道德价值的结构整合到网络空间架构中，且政府对网络空间的管理也一定不能屈服于某些诱惑而强加过分的控制"[②]；也可以是现实空间中的常见约束因素"市场"和"规范"：前者常常"通过商品和服务（含劳务）的价格调节行为"，后者则主要指"社区非正式的民意表达，包含一些约定俗成的礼仪和习惯"。此外，还必须包含一种具有强制性和溯及力的政府法律，用以适用于那些其他规范手段所无法解决的争端或无法调节的问题，如新媒体侵权、新媒体犯罪等。因此，如同法律对社会其他领域的作用一样，法律对新媒体空间同样发挥着规范、限制不良行为与现象的功能。

然而，作为社会大系统中的两个子系统，法律和新媒体之间所存在的不仅仅是规制与被规制的作用。新媒体凭借其自身的技术工具性和网民社会性特征，对法律的制定、实施和执行等各环节都发生着巨大的影响，一方面是机遇、是协助，另一方面是威胁、是挑战。

第一节　法律与新媒体互动关系概说

一　法律概说

我国现代汉语中的"法律"，有广义和狭义之分。广义上的法律，泛指一切法律规范，指由国家制定或认可的、由国家强制力保证实施的、以规定当事人权利和义务为内容的、具有普遍约束力的社会规范。它是指整体意义上的法律，其外延包括：国家专门机关（立法机关）制定的"法"（成文法），法院或法官在判决中创制的规则（判例法），国家通过一定方式认可的具有法律效力的习惯法（不成文法），其他执行国家法律职能的法（如教会法）。狭义上的法律，专指拥有立法权的国家机关依立法程序制定颁布的规范性文件，即特定意义的法律，通常指

① ［美］理查德·斯皮内洛：《铁笼，还是乌托邦——网络空间的道德与法律》（第二版），李伦等译，北京大学出版社2007年版，第6页。

② 同上书，第7页。

成文法（制定法）。[①]

依据马克思和恩格斯的科学论述，法律的本质是国家制定或认可的统治阶级的意志，是社会上层建筑的重要组成部分。法律的主要作用，则在于“镇压敌对阶级的反抗，维护统治阶级的统治；调整统治阶级内部关系，解决统治阶级内部的矛盾和纷争；确认统治阶级的经济制度，促进经济的向前发展；处理公共事务，执行社会一般的公共事务的作用”[②]。

通常，作为一个文本的法律，主要由法律原则、法律概念和法律规范构成。每一法律规范都包含行为模式和法律后果两个部分。其中，法律的行为模式为人们提供行为的标准和方向，有“可以这样行为”“必须这样行为”和“不许这样行为”三种，分别称为授权性规范、命令性规范和禁止性规范，后两者又合称为义务性规范。法律后果则为行为人指明具有法律意义的行为在法律上所应承受的结果，包含肯定性法律后果——行为人按照法律规范的行为模式的要求行为，从而导致国家承认行为合法、有效、应予保护甚至给予奖励等积极性结果与否定性法律后果——行为人违反法律规范的行为模式的规定而行为，从而导致国家不承认行为合法、行为无效或受到法律的制裁的消极结果。

作为一项实践的法律，则包含以下必经环节：国家权力机关按照一定程序制定或修改法律的立法环节；国家司法机关及其工作人员依照法定职权和法定程序，运用具体法律处理案件的司法环节；国家行政机关依照法定职权和法定程序，行使行政管理职权、履行职责、贯彻和实施法律的执法环节；普及法律常识的普法环节；有意志的公民自觉自愿遵守法律的守法环节。

而作为社会的一个子系统的法律，是一个包含法律文本、法律权力机构与工作人员、法律适用下的社会公民等在内的行为、关系和实践的总称。它一方面具有客观独立的工具性，另一方面具有主观能动的社会性。

所谓“工具性”，指某事物具有客观独立地、不以个人意志为转移地充当某种工具、手段的能力与特性。法律的工具性，体现为其是一种

① 张棉生：《法律基础教程》，辽宁大学出版社2010年版，第1页。

② 同上书，第2—7页。

用来规范社会秩序、维护社会正义、保障社会平等的工具，是用来衡量人们在社会活动中的行为限制的标尺。它以法律条文的形式明确告知人们，什么可为，什么不可为，哪些行为合法，哪些行为不合法，以及违法者将要受到什么样的制裁等，具有明示作用；它通过明示作用和执法效力以及对违法行为进行惩治力度的大小等来防止部分人的潜在社会违法违纪行为，具有预防作用；它还通过强制执行力来机械地校正社会行为中所出现的一些偏离了法律轨道的不法行为，使之回归到正常的法律轨道和社会秩序中来，具有校正作用。总之，法律的工具性体现于其公正不偏的、相对独立、不随便以个人意志而改变的法律精神和法律规范之中。

本书所谓的“社会性”，是用以区分作为“物”的、相对客观独立的技术或手段的，指那些附着在“物”周围的有一定主体性、能动性的“人”的社会群体性。法律的社会性主要体现在附着在法律规范、法律标尺周围的参与法律实践或潜在实践的社会人群，包括立法机关、司法部门、执法群体、普法工作人员以及所有需要运用法律维护自身权益的社会公众群体。对于法律而言，仅有法律条文和法律规范显然是不够的，只有在法律实践当中，法律才能体现其旺盛生命力，此外，社会公众对法律完善与否、公正与否的感受，也来自各项立法、司法和执法实践。因而，要考察法律，不仅要考虑法律规范，还需考察与之相关的法律颁布、实施、执行等法律实践。

需说明的是，本章是在最广泛意义上使用“法律”这一概念的。换言之，凡是可容纳进“法律”这一概念范畴的内容，从法律观念到法律文本再到法律实践，从法律行为模式到法律后果，从法律的工具性到法律的社会性，都可被容纳进本章的内容。

二　法律与新媒体的互动影响

近百年来，对人类社会影响最大的科学技术，首当其冲要数以计算机的发明和使用为开端的新媒体技术。随着技术的持续发展和更新，计算机技术、数字信息技术、网络技术、移动通信技术等新媒体技术已越来越广泛地应用在日常生活当中。在多种新媒体技术的支撑下，我们常说的“新媒体”形态包含：报纸、广播、电视、期刊等传统媒介的数字化、网络化、移动化形态；门户网站、搜索引擎、网络论坛、博客、播客等新兴形态；以及集纳数字杂志、数字报纸、数字广播、数字电视、数字电影、移动电视、手机短信、触摸媒体等多种媒体功能和无线通信技术的媒介融合形态。

与作为社会子系统之一的法律一样，新媒体也是社会大系统的一个子系统，它也同样具有工具性和社会性双重属性。就新媒体的工具性来说，新媒体是一种集现代微电子技术、数字技术、移动通信技术和网络技术等为一体的技术，尽管人们以不同方式参与其中，但最初都是出于工具性原因，将之视为“人类认识和改造世界的现代信息工具系统”[①] 而加以认识和使用。换言之，新媒体，首先是指与“人”相独立的、自在自为的“物”层面的新媒介技术。基于新媒介技术自身的智能性、海量性、全时性、全球性、可移动性、交互性和高效性等特征，人们将其用于塑造新生产力、提高生产效率、促使核心经济资源转换、催生新经济组织和经济范式等以加速社会的物质文明建设，用于加快社会信息流通、扩大社会交流、加强社会联动、丰富社会生活等以提高社会的精神文明建设。新媒体的工具性特性所折射出来的价值，“从根本上看在于以互联网为代表的信息网络不仅是先进的通信、信息交流渠道，且成为集信息生产、处理、传播、开发与利用于一体的综合性信息基础设施，广泛而深入地扩散、渗透到社会生产和生活的各个领域、方面和环节，使信息化、网络化成为当代先进生产力的重要标志，并对社会生产方式变革产生了重要的推动作用”[②]。

而新媒体的社会性，是作为“人”的个体、群体、组织与作为“物”的新媒体技术、新媒介相作用的产物，它表现为人们在新媒介上建立起的跟现实社会既相似又相异的新媒体社会，它强调的是附着在新媒体上的人群，也即通常所谓的“网民”或“网络用户”，以及来自这些人群的智慧或反叛的影响。早在20世纪末，尼葛洛庞帝就在其著名的《数字化生存》中高喊“‘信息的DNA’正在迅速取代原子而成为人类生活中的基本交换物”，并将这种状态定义为“数字化生存”。[③] 戴森将其概括为“数字化生活”，认为“网络可以成为我们所有人的潜在的家……是由上千个小

① 魏钢：《网络观与网络的工具性和文化本质》，《探索》2004年第2期。

② 魏钢、戴金平：《论哲学网络观》，《科学技术与辩证法》2005年第6期。

③ ［美］尼葛罗庞帝：《数字化生存》，胡泳、范海燕译，海南出版社1997年版，第15页。

家庭和社区自我营造、定义并设计的一种环境”。① 迈克尔·海姆则从哲学上将网络视为与物理空间相对应的网络空间，是一种完全模拟的环境和一个虚拟实在的世界。② 如今，随着新技术的不断发展革新，网络媒介迅速渗透至社会生活的核心主流，扩散至社会生活的各个角落，各式各样的人在这里寻找到同类，形成群体、团体甚至组织，并且越来越依附于网络而生存。“网络化生存”已经不停留在一种理论预想，而成为一种现实常态，这种生存状态赋予了网络媒介以社会性特征。

新媒体的海量信息、迅速便捷、互动分权和超链接等特征，使其不仅能为受众提供海量的信息选择，还能为受众提供快捷迅速的信息接收和信息发布。由于其零守门、零把关、零距离特征，任何一个电子论坛，任何一个博客，任何一条手机短信，都有可能成为富有影响力的意见领袖，这就使原本集权在传统媒介手中的话语权分至每个民众手中，使每个公民都有可能成为新闻发布者、文化传播者、学术评论者和各式发言人，且发言的声音较之印刷媒体和电视传播更迅捷、更本真、更现场、更喧哗也更多元。③ 同时，新媒体技术的广泛应用，使原有的时空观念被打破了，不同地区的文化差异也逐渐缩小了；人们的生产方式、工作方式、社会活动方式甚至家庭生活方式也被大大地改变了。不仅如此，新媒体技术的应用对社会与个人的财富创造和积累、对民主与法制的建设，对公民权利的充分实现，都产生着不可忽视的影响。

新媒体对社会生活方方面面的渗透和影响，使其无法避开作为社会子系统之一的法律。一方面，新媒体对社会生活的渗透，挑战了传统法律的边界，拓宽了传统法律的范围，也催生了一系列新的法律的产生。另一方面，新媒体对社会生活的渗透，也必须符合法律的规定，不能与法律精神和法律规范相违背。总言之，立足于法律与新媒体二者的工具性与社会性，二者之间的相互影响关系可以体现为表 6 - 1 所示的情形。

---

① ［美］埃瑟·戴森：《2.0 版数字化时代的生活设计》，胡泳、范海燕译，海南出版社 1998 年版，第 11—12 页。

② ［美］迈克尔·海姆：《从界面到网络空间——虚拟实在的形而上学》，金吾伦、刘钢译，上海科技教育出版社 2000 年版，第 85—86 页。

③ 王彦：《试析新媒体语境下的舆论监督与司法公正》，《杭州研究》2010 年第 3 期。

表 6－1

<table>
<tr><td rowspan="4">新媒体对法律的影响</td><td>新媒体之“工具性”作用于“工具性”的法律</td><td>作为工具的新媒体可能替代作为工具的法律，而成为公民维权抗争的手段。</td></tr>
<tr><td>新媒体之“工具性”作用于“社会性”的法律</td><td>“社会性”的法律工作者群体可以充分利用新媒体这一工具，实现自身的群体形象塑造，或“电子取证”“网络取证”等。</td></tr>
<tr><td>新媒体之“社会性”作用于“工具性”的法律</td><td>新媒体空间的诸多特殊现象和特殊问题，如网络婚姻、网络医疗、名人域名侵权等，在现有的法律体系里没有明确的解决方案。此时，新媒体的“社会性”问题就呼唤着扩大法律的适用边界，增添法律的相关内容，以有效填补新媒体空间中的法律缺失。</td></tr>
<tr><td>新媒体之“社会性”作用于“社会性”的法律</td><td>这一维度的影响包含着两种性质，一种是合作式，另一种是对抗式。法律工作者群体有效利用新媒体空间中的人力资源，协助自身执行法律任务，比如通过发布网络通缉令的方式，高效地追捕犯罪嫌疑人，就属于前一种；以“网民”为主体的新媒体使用者群体以掀起一阵新媒体舆论的方式对法律工作者群体施加影响，监督法律工作者群体立法是否合理、司法是否公正、执法是否严明等，就属于后一种。</td></tr>
<tr><td>法律对新媒体的影响</td><td>法律之“工具性”作用于“社会性”的新媒体</td><td>通过不断的法律变更与完善，直接或间接地规制新媒体空间中的组织、机构或个人的相关有违法律的行为，保障人们在新媒体空间的合法权益。</td></tr>
</table>

第二节　新媒体对法律的影响

根据不同的内容侧重，本节对新媒体影响法律之探讨，主要集中在以下几个方面：新媒体之社会性影响社会性的法律实践，包括网民评议影响立法改革、在线陪审影响司法公正、网络民众协助网络追捕；新媒体之社会性影响工具性的法律，如网络社会中的各种法律边界冲击；新媒体之工具性影响社会性的法律，如网络替代法律成为公民的维权手段，法制工作者借助新媒体的形象重塑。

一　新媒体之社会性影响社会性的法律

（一）网民评议：新媒体语境下的立法改革

新媒体之社会性影响社会性的法律，首先可以体现为：作为社会群体的新媒体用户的意见和建议，可以直接或间接地影响到同样作为社会群体的立法者、司法者和执法者的态度和行为。

案例：英政府改革立法程序：经网民评议方可通过新法①

综合国外媒体2月15日报道，为了在立法中体现民意，提高公众的参与程度，英国政府邀请民众从当天开始在网络上评论新法案，并把网民的评议交由议院相关委员会讨论，使之成为立法过程一个法定的程序。

第一个被英国政府放在网上供网友讨论的法案是《自由保护法案》。

英国政府通过这个试点项目测试供网民阅读与评议的网站能否有效工作，并检验把公众意见纳入立法系统的可行性，希望网民提意见的公共阅读阶段能成为今后所有新议案变成法律前都必须经过的一个标准程序。

……

网民发表的意见将由政府收集、呈交给下议院一个跨政党的公共议案委员会审查。政府希望议员们在审查议案的时候，把普通民众的建议、想法与关注放在立法程序的核心位置。

英政府认为新议案传统的意见征集方式太过狭隘，通常只限于一些受邀的专家，政府希望能把议会立法程序对尽可能多的人群开放。

虽然多数国家还没有像英国一样将网民评议提升到新法是否能够通过的核心位置，但为了让政府立法过程更加公开化、透明化，有效平衡不同阶层与不同群体之间的利益与矛盾，避免法律法规成为某一强势利益群体的意志表达，"开门立法""民主立法""让公众参与立法"已经成为现今政府立法工作力求实行的创新路线。

新媒体技术的互联性，使得在互联网这一虚拟空间里，能针对某一论题高效率、低成本地集结一大批持有不同观点、不同态度的人群，进行意见征集和公众评议，进而吸取民间智慧。因而，对于新法的立定，新媒体技术充当的是中介和桥梁，将立法机构和社会公众连接起来的中介，为立法者"上层"与"下层"之间的沟通和交流而搭建起来的桥梁，其目的指向那些附着在新媒体上的广泛人群，那些对立法有着直接影响的具有主

① 参见《英政府改革立法程序：经网民评议方可通过新法》，中国广播网新闻中心（http：//www.cnr.cn/allnews/201102/t20110216_507681163.html）。

体性、能动性和社会性的广大网民。

公众参与立法，是政治民主化中的必经过程。早在2007年1月1日，我国首部规范公众参与行政立法的地方政府规章——《广州市规章制定公众参与办法》就开始施行。为了有效拓宽公众参与和监督渠道，该《办法》中创设了“电子卷宗”的概念，要求法制办在其官方网站上新设一个电子卷宗栏目，用于网上公开规章制定的全过程，包含各阶段的公告、草案文本、立法背景材料、公众意见和部门意见等材料，以使公众只要点击就可以浏览政府每一件规章的动态实时更新的立法卷宗材料。此外，还要求在预公开和草案征求意见的两个阶段，公众在网络上提出的意见要被及时公布，而在规章制定完成后，也将把意见的吸纳情况以及不吸纳理由等公布在网站上，便于公众查阅。

如今，我国也开始不断尝试将新媒体引入立法的民主参与、公众评议过程中来。2010年3月人民网最有影响力的中文时政论坛“强国论坛”推出“E两会”大型互动专区，鼓励网民模拟两会参政议政，即是这一尝试最直接的体现。在E两会上，网友们可以模拟两会代表与委员上交提案、投票联署、拍砖评论、互动调查等，通过网络渠道真实地体验“两会”。[①] 其中，网友的众多提案和意见，集民智民慧于一体，为后期的相关制度性立法提供了重要参考和相应启示。2011年6月，中国人大网公布了《社会公众对个人所得税法修正案（草案）的意见》，就免征额由2000元提到3000元征集网上意见，根据全国人大常委会法制工作委员会经济法室统计，在全国人大网上征求意见期间网上，共有82536人对此发表了意见，对将3000元作为个税起征点，赞同的占15%，要求修改的占48%，反对的占35%，其他意见的占2%。[②] 关于立法的网络意见征集，虽然内容并不能完全体现大多数网友的意见，但它确实起到了扩大投票委员们的视野的作用。

立法机构更为主动地利用网络邀请网民参与立法评议的典范是美国。为激发公众参与立法的热情，美国立法机构充分利用因特网，在网上设置列表让公众进行登记，一旦有新的规章制订计划，或针对某一规章有新的

① 参见人民网强国论坛：“E两会”互动专区，（http://elianghui.people.com.cn/2011/index.html）。

② 参见《个税法修正案草案二次审议维持起征点3000元不变》，东方财富网（http://finance.eastmoney.com/news/1366，20110627144781020.html）。

意见，有关部门将根据列表向登记在册的公众发去信件，方便其了解最新情况并评论。不仅如此，美国的法制机构还在网上开设聊天室，提供公众交流的平台。

总的来看，在新媒体技术的支撑下，将网民评议和网民投票作为通过立法的必经程序，将是民主政治化历程中的一个必然趋势。

（二）在线陪审：新媒体语境下的司法公正

附着在新媒体上的社会人，不仅对立法过程发挥影响，也同样影响着一些案件的司法公正。

案例："七十码飙车案"①

2009 年 5 月 7 日晚上 8 时许，杭州师范大学体育系大三学生胡斌驾着一辆疾驶而过的三菱跑车在文西路口撞飞了一名正在斑马线上行走的年轻人谭卓，受害者被撞飞至 20 米外，送医不治。

之后，一篇题为《富家子弟把马路当 F1 赛道，无辜路人被撞起 5 米高》的帖子中，发帖者随时更新事件的最新动态，引来大批网民发表对飙车族的留言。

同时，论坛上一张摄自车祸现场的肇事者同伴在出事后勾肩搭背、嬉笑风生的照片，让网民群情激愤。而一些目击者"'赶紧找找人，看看有啥路子，到底该怎么处理'，肇事者母亲随后打了长时间电话"，以及"可以用钱摆平"等来自事故现场的细节描述被反复传播，聚合起了网民的情绪。

细心的网民还搜索了肇事车牌号，发现这辆肇事车还有超速的"前科"。

胡的"QQ 空间"也被网民找到并破解。主人心情在 5 月 8 日凌晨 2 时 49 分的"一片空白，闯大祸了"的内容"更新"，让网民们质疑，肇事后，胡没在第一时间被刑拘，竟还能回家上网？

搜索到的信息的曝光，引起了社会舆论的强烈追问，这样一个富家子，无论怎样飙车、怎样违法，执法部门为何熟视无睹？在网民看来，这

① 参见《杭州飙车撞人案变公共事件 70 码成网络新名词》，中青在线 - 中国青年报新闻（http：//news. qq. com/a/20090515/000096. htm）。

样的执法行为，显然比胡某的违法行为更可怕。

随后，围绕肇事者胡斌及其父母，网民在网上进行“人肉搜索”。胡斌及其父母的身份、职业、工作单位、家庭住址及联系方式被公开。

5月8日，杭州市西湖交管部门召开第一次新闻发布会，警方称，依据当事人的陈述及相关见证人的陈述，初步认定肇事车辆时速是“70码”左右。一句“70码”，将杭州交警送上了风口浪尖，舆论纷纷质疑交警有偏袒肇事方之嫌。

与此同时，“70码”“欺实马”在网上迅速蹿红，成为新的网络名词，汹涌的网络舆论变得更加炽热。在此期间，各大网站都以显要位置追踪报道此事件。在“百度”输入“谭卓、飙车”，相关网页达22700多个。

……

在强大的舆论压力下，5月11日，杭州警方承认肇事者存在违法超速行为。5月15日，杭州警方以交通肇事罪向检察院提请批捕，并认定本次事故由胡斌承担全责，同时就早前的70码说法向公众道歉。5月20日，胡斌以涉嫌交通肇事罪被移送杭州市人民检察院审查起诉。受害者谭卓家属与肇事方达成协议，谭卓父母获赔113万元。7月20日下午3点半，杭州市西湖区人民法院一审判决被告人胡斌有期徒刑3年。

早在1804年，美国著名思想家托马斯·杰斐逊就提出新闻媒体的“第四种权力”观。“第四权力”所表达的内涵是：新闻传播媒体总体上构成了与立法、司法、行政相并立的一种社会力量，对这三种政治权力起制衡作用。通过1923年伊利诺伊州最高法院关于“芝加哥市对《芝加哥论坛报》案”的判决、1964年最高法院关于“《纽约时报》对苏里文案”的判决、1971年由“专业新闻人员协会”提议创立的“盾牌法”等，美国确立了报纸批评政府、记者批评官员的绝对权利，保证了新闻人员对新闻来源的保密权以防止官员钳制舆论。基于此，西方社会提出了媒体的“监督功能理论”，强调传媒作为“第四种权力”，发挥其监督政府、防止权力滥用的制度性功能。[①] 无论是“第四权力说”，还是“监督功能论”，都说明，传播媒体因其在信息传播中的特殊地位，拥有着影响舆论这一社会无形资本的强大能力。

① 林子仪：《言论自由与新闻自由》，元照出版公司1999年版，第74页。

作为第四种权力，新媒体舆论对立法、司法和行政的监督作用散见于一系列的案件中："孙志刚案"、云南"躲猫猫"事件、周久耕的"天价香烟"案，以及"邓玉娇事件"等等。在一系列的司法案件监督过程中，我们可以看到新媒体"在线陪审团"对于事件处理的作用和意义。一定程度上说，正是新媒体"公众陪审团"的强势介入和全程跟进，有效促进了法治信息的传递和案情的处理。无论是案发时网友第一时间的信息播报，还是后期对肇事者的人肉搜索、论坛的集中讨论、网站的民意测验，还是办案过程中网民对信息公开透明的呼吁、对舆论议程的设立以及对具体法律适用的质疑与追问，都令这些具体的事件突破地域的限制迅速演变为一场全国性舆论事件，让对其的调查、处理过程被迫接受公众的监督。

在这些新媒体参与的舆论监督案件中，共同点是舆论的关注点都集中在司法公正。因为有富二代和官员涉案，舆论就抱有强烈的质疑而担心司法不公。的确，当原本是常识的"司法公正"却需要在"警方反复重申"和"上级领导批示"时，我们便能理解舆论为什么如此敏感和多疑。当然，正是由于有了公众舆论的强行介入，才促进事件获取了高效、快捷且相对公正的司法裁决。

时至今日，新媒体所传递的舆情民意已然成为监督司法公正、推动司法进步的重要舆论力量，成为维护司法公正的有效实现的关键力量。因为公众的关注可能给办案人员带来舆论和民意方面的压力，促使侦查人员、审判人员在办案、审理的过程中更加细致、认真，在作出结论时更加谨慎。

但同时需要注意的是，如果舆论因此而无限膨胀，超越舆论边界去干涉司法判断，必然容易陷入"媒介审判""舆论法庭"甚至"网络暴力"等为人所诟病的尴尬境地。毕竟，对一些较为复杂的司法案件，新媒体舆论通过带有偏见的合理想象进入侦查，其结果肯定不如司法机关的专业审查办理。不仅如此，网络的匿名性削弱了道德法规的约束力，使公民知情权、参与权、表达权、监督权得以保护和彰显的同时，却可能侵蚀和损害其他一些公民的名誉权、隐私权、肖像权等人格权利，这是需要防患于未然的。

（三）网络追捕：新媒体语境下的执法创新

在新媒体语境下，为了提高破案效率、节约破案成本，部分执法机关也开始将附着在新媒体上的广大社会人群，视为协助执法的有利资源，大胆开创网络追捕这一执法新手段。

案例："网络淘凶"成功第一案[①]

2010年11月26日，天宁警方在"天清地宁"官方微博上发布了关于以500—10000元RMB或Q币的悬赏金额捉拿犯罪嫌疑人常学军的悬赏通缉令："【天网1号】"。

在【天网1号】系列微博中，天宁警方陆续披露了犯罪嫌疑人常学军的信息，还附上了常学军的照片。

接下来的日子里，警方相继发布10多条相关"淘凶"信息。

Q币悬赏，向网民"求智"，常州天宁警方的"网络淘凶"在网上引起很大的反响。几天来，不少网民纷纷向天宁警方提供破案线索。

12月3日上午，常学军的老乡兼网友陈某致电天宁公安局分局说，他在媒体上看到"悬赏淘凶"的消息后，已与常学军取得了联系，并做了他的思想工作，常也愿意向警方投案……随后，常学军投案。

早在2009年4月22日，杭州市西湖区法院在探索破解"执行难"措施的过程中，就正式建立了全国第一家悬赏举报网，法院将被执行人的姓名、性别、照片、身份证号以及家庭住址等信息公布于网上，让广大网民以"人肉搜索"的方式协助查找犯罪嫌疑人。[②] 自那之后，山东济南、浙江绍兴嘉定等警方相继启动网络"悬赏"违法犯罪嫌疑人的事迹也屡屡出现在媒体的报道中。

"网络淘凶"创意源于目前风头正劲的"淘宝"购物，其特点是网络受众面广，破案成本低，效率高。其目的是试图通过新媒体技术平台发布信息，通过邀请附着在新媒体网络上社会成员共同参与进执法机构的嫌疑犯追捕行动当中，进行一次新媒体使用者的社会总动员，实现执法机构人员有限感官的无限延伸。无可厚非，这一举措具有积极意义。

---

① 参见《警方在网上悬赏1万Q币缉凶一周内抓获嫌犯（图）》，腾讯新闻（http://news.qq.com/a/20101205/000855.htm? qq=0&ADUIN=396464529&ADSESSION=1291532539&ADTAG=CLIENT.QQ.3007_.0）。

② 参见《杭州西湖区法院设立全国首家执行悬赏举报网》，新浪网新闻中心新闻（http://news.sina.com.cn/c/2009-04-22/230617666426.shtml）。

网络"淘"凶　A3

帮警方抓嫌犯　奖你一万Q币

常州天宁警方试水"网络淘凶"，在博客和微博里发布悬赏"通缉"

网友叫好：这就叫天网恢恢，不法分子想逃的妄想都是浮云，自首吧

微博和博客"淘"凶

有效"报料"，警方奖励Q币

警方越来越会用微博了

公安局长详释"淘"凶

网络缉凶的创意，来自淘宝购物

"网淘"对象必须慎选

特定的对象才能被网络"缉凶"

厦门警方用微博征集破案线索

图6-1

我国《刑事诉讼法》第六条中确立了"依据人民群众办案"的基本原则，《公安机关办理刑事案件程序规定》也规定了"公安机关可以通过广播、电视、报刊、计算机网络等媒体发布通缉令、协查通报或悬赏通告"。可看出，作为现代网络技术为警察依靠群众力量侦查案件提供的一种新渠道，警察网络通缉犯罪嫌疑人有其一定的法律依据。不仅如此，我国大多数的网络用户对法院、公安机关等公权力机关的网络通缉被执行人、犯罪嫌疑人方式也表示赞成和肯定态度。2009年7月20日《检察日报》正义网发起的一项针对公安机关通过网络通缉形式人肉搜索违法犯罪行为人的网络调查，其中57%选择"支持，警方侦查手段可以采取多种方式，只要不违法就可以运用"；12%选择"支持，警察的目的是快速破

案，维护社会安定，出发点是好的”[①]。同样，在中国调查网2011年8月21日的“您赞成网络通缉吗”的网络调查中，有68.9%的网民选择“赞成”，有31%的人选择“不赞成”[②]。

但这里涉及“目的正义”“程序正义”与“结果正义”的问题。首先，其目的是好的，因为执法机关网络淘凶的出发点，是高效而低成本地破案。其次，其结果有好有坏：对那些高效地追捕到犯罪嫌疑人的网络淘凶，其结果是好的；但对那些网络淘凶不成功甚至是“淘”错了人的情况，其结果则是不好的。再次，从程序正义上来看，“网络淘凶”虽然有其一定的法律依据，但却无法保证在网络淘凶的程序完全正义。

正因为此，在“淘凶”事件中所涉及的执法公权力部门与微博私权行为的交汇中，我们要避免“捡了‘芝麻’丢了‘西瓜’”[③]的法律苦果。原因在于：其一，“网络淘凶”中的涉案人员只是嫌疑人，而不构成罪犯。一旦出现冤假错案，这无疑会造成对当事人名誉权、隐私权、肖像权等人格权利的严重侵蚀和损害。其二，依据我国的相关法律规定，除《公安部通缉令》外，省、市、县只可在所辖区域内对在逃涉案人员发布通缉令，而“网络淘凶”将犯罪嫌疑人的相关信息在网络这个开放性的平台予以发布，明显超出了所辖区域的界限，将其信息传递至全国乃至全世界，这势必意味着执法部门是在公开地用不合法的手段办案，如此一来，将使法律执行者本身成为法律破坏者，这有损法律的效力和权威。其三，根据《中华人民共和国人民警察法》相关规定，人民警察抓捕逃犯是职权行为。行使职权行为必须要满足其行为主体合法，并能独立承担法律责任。但“网络淘凶”中，所有的新媒体使用者都可以通过大量“转帖”形式予以转播，这样也就不排除在“围观”扩散式传播的过程中，“以讹传讹”“偷梁换柱”的错误信息出现。其四，所使用“淘凶”之“淘”，到“惊爆价”“秒杀”“给力”等网络词汇，而缺乏“缉拿凶犯”等法律正规措辞，无不体现了将法律执行这一严肃问题娱乐化的倾向，甚至严重者，有哗众取宠之嫌。此外，“网络淘凶”在公布了嫌疑人信息，

---

① 转引自孙巍峰《网络“人肉搜索”的侵权责任及法律调整研究》，硕士学位论文，山东大学，2011年，第10页。

② 参见《您赞成“网络通缉”吗?》，中国调查网（http://www.zdiao.com/pk_show.asp?pkid=376399）。

③ 陈龙：《“网络淘凶”切莫捡了‘芝麻’丢了‘西瓜’》，凤凰网评论（http://news.ifeng.com/opinion/gundong/detail_2011_12/15/11342226_0.shtml）。

若被嫌疑人掌握，则反倒可能成为帮助嫌疑人潜逃的指南。

总之，“网络淘凶”是一把双刃剑，法律工作者需要明确其中利害，谨慎地使用。

二　新媒体之工具性影响社会性的法律

（一）网络维权：新媒体语境下的维权抗争

法律本是社会公民用以维护自身权益的手段。依据法律原则和法律理念，通过法律，任何民事纠纷或刑事案件都能得到比较客观、公正的裁决。然而，在遭遇一些特殊人群与特殊案件时，法律手段往往呈现出诉讼渠道不够通畅、成本较高却效率不高等问题，此时，网络新媒体便被作为点燃舆论、引导舆论的阵地，充当起法律诉讼的替代性手段。

案例：宜黄拆迁事件[①]

9月10日，江西抚州市宜黄县因拆迁引发一起自焚事件，房主钟家三人被烧成重伤，其中一人抢救无效死亡。

9月16日上午，钟家两姐妹在南昌机场准备登机，赴京接受凤凰卫视采访，宜黄县县委书记、县长带领数十人对两姐妹实施阻拦，她们逃过对方控制，进入机场厕所，恐惧地向媒体记者电话求救。这场持续40分钟的现实版《保持通话》，被媒体记者邓飞在微博上实时直播。这次微博直播，受到了数百万网民关注，第二天其他传统媒体也予以报道。这让钟家的小女儿钟如九认识到网络尤其是微博的巨大力量。于是，这个22岁的女孩选择了微博维权。

9月17日11时19分，钟如九开通了自己的新浪微博。钟如九的微博发布了这些信息：9月18日凌晨，烧伤者中的一人由于伤势过重，抢救无效死亡，当地政府为了避免家属在医院闹事，竟然组织抢尸。随后还将多名家属拉回宜黄县，“软禁”在一个宾馆内，家属手机全部被收缴……网民被当地蛮横的做法激怒了，钟的微博内容被海量转发，很多人鼓励钟家挺住，并呼吁宜黄官方立即放人。

---

① 参见贾庆森《宜黄事件：微博翻开公民维权新一页》，价值中国网（http://www.chinavalue.net/General/Blog/2010-10-9/488692.aspx.）。

18日10时许，新华社突然发布消息称，17日夜抚州市委决定对宜黄县县委书记、县长等8名官员作出处理，县长书记被立案调查，一名组织强拆的副县长被免职。然而，很多网民对此并不买账，认为这是抚州市委看到网上舆情扩大后的“救火”措施。网友推理，市委处理决定并非如新闻稿所讲是在17日晚作出，而其实极可能是18日上午作出的，因为如果前天晚上宜黄县长书记已受到处理，第二天宜黄官方的喽啰们谁还愿意受指使去抢尸、软禁家属？“行家”微博对此的分析、质疑，受到了网民转发、共鸣。舆论的怒火向抚州市委延烧。随后有网民在微博上公布了抚州市委办公电话和市委书记的手机号码，不少网民打电话发短信，要求立即放人。

9月18日当天，钟如九的微博及“邓飞”“石扉客”等知名媒体人的微博，搅动、占领、引领、主导着网上舆论，其他海量博友则跟随他们奔跑呼号。以至于本应成为当天网络热点的“9·18”国耻日，完全被宜黄事件铺天盖地的信息压过去。

在传统的维权方式中，最常用的是法律诉讼和求助媒体两种。法律诉讼途径的特点在于其成本高、效率低。就效率而言，一般民事诉讼，短则一个月，多则几个月甚至几年。就成本而言，一般的诉讼都要交纳特定的诉讼费。这对于部分经济困难的普通公民可能会有一定的经济压力。就结果而言，由于法律从业人员的道德素质的良莠不齐，最后能得到公正审理还算不错，如果遇到与强势权力集团与利益集团之间的案件纠纷，可能压根就不被接受审理，或得不到公正的审理。

求助媒体这条路径也是艰难的。首先，传统媒体作为一种资源本身也是稀缺的。其次，新闻从业队伍中也有能力不及者或道德良知泯灭者，这些人“轻则不能准确传达当事者的声音，重则为了炒作故意歪曲事实，恶劣者则大肆采写有偿新闻，且即使有幸遇到了有良知的记者，稿件也不一定能登上报纸版面，因为他们上头还有领导‘把关’，有新闻管理部门的发布指令”①。因而，对于缺乏话语权资源，又缺乏经济社会资源的普通公民而言，要利用传统途径充分实现维权目的，其道路是漫长且艰辛的。

---

① 参见贾庆森《宜黄事件：微博翻开公民维权新一页》（http://www.chinavalue.net/General/Blog/2010-10-9/488692.aspx）。

然而，新媒体技术的发展改变了传统路径下媒体记者话语垄断的现状。在交互式的新媒体技术环境下，人人都有麦克风，人人都是新闻记者，人们都可以自主、实时地发布自身的信息，也可以积极地转发他人的信息。在此技术环境下，一则信息一旦引起网民关注，就会产生难被阻断、难被封杀的爆炸式传播。而当所有人的所有声音汇集并协调起来时，就形成了可感的民意与强大的舆论，继而很容易发展为现实世界中的实际行动与事件干预。纵观整个宜黄事件发展始末可以发现，是微博这种新媒介形态的介入，促使了事态根本性转向的发生。在此过程中，微博在关键聚焦、实时跟踪、事态推动方面将其优势展现无遗，网上意见领袖的引导更是直接改变了网络关注的焦点。不可否认，在传统的权利维护、救济与抗争渠道堵塞、失效的情况下，新兴的微博如同一把便捷灵活的利器，给公民维权以助力。

以“微博维权”为代表的新媒体维权方式，其本质是公民基于互联网技术进行相关信息披露，行使表达权与知情权，影响舆论，进而促进公正司法的一种行动手段。而作为一种社交媒体、自媒体，论坛、博客与微博之所以能成为强有力的维权工具，是因为它们有着传统媒体所不能匹敌的网状传播、实时搜索、使用便捷等强大功能。尤其是微博，它允许任何一个使用因特网的人利用全球范围内的潜在力量来发动一场社会变革运动，它赋予了普通民众以惊人的力量来质疑和追问，它通过不同的消息来源、组织、支持者向当权者们施加影响与压力。它超越了信息封锁，超越了新闻管制，将话语权资源从集中在少数人手里转为分散于多数人手中。在这里，当事者发布的信息、见证人发布的信息、意见领袖发布的意见……通通都可以被其他博友（其中不乏知名博友）以几何乘积式的转发，信息就像病毒一样被链式传播开去。

如前“新媒体影响司法公正”部分所述，这种网民情绪也可能被误导、被煽动，可能发展为一种网络“多数人的暴力”，出现“舆论法庭”和“新媒体审判”。在中国社会转型期所出现的如贫富悬殊、贪污腐败等新问题和新矛盾日益加剧的情况下，如果传统的法律诉讼维权机制不能足够高效、公正地审理相关案件，利用新媒体这种方式维权，还会成为众多公民首选的维权替代性手段。因而，要想避免新媒体维权过程中可能出现的负面影响，避免代表官方和主流的传统媒体与相关法律机构陷入被动、尴尬的局面，传统的维权渠道尤其是法律诉讼渠道需要尽可能地修复、完善和畅通，传统的维权机制需要尽可能早尽可能多地树立其自身的良好信誉，赢取公众的信任。

（二）形象重塑：新媒体语境的法律工作者形象塑造

在新媒体环境下，我国法律工作者的群体形象，相比于社会公众理想中的法律工作者形象，还有较远的距离。如何利用好新媒体这个技术平台来进行良好的形象重塑，是法律工作者这一社会群体所需要努力思考和实践的课题。

2007 年，有研究者通过在百度搜索引擎上键入“法官”“法官腐败”“法官不公”等关键词进行搜索，并用后两者搜到的网页个数相加的总和来除以前者搜到的网页个数，初步显示有近 13.4% 的网页呈现了法官的负面形象认知。[①] 如今 5 年过去，笔者再用这个办法进行大概检验，得到数据显示，同样有约 7% 的网页涉及法官的“腐败”“不公”等负面形象。如果再加上“法官冷血”、“法官贿赂”等关键词进行搜索的话，得到的涉及负面形象的网页比例能达到百分之十几。

本应是社会公平正义化身的法律工作者群体，却常常与贪污、受贿、腐败、不公的形象联系在一起，这会让外界对司法系统的信心和信任受到冲击。法律工作者的任务是为社会建立公平的游戏规则，通常，为了让法官能在专业上安心、放心、无后顾之忧地工作，制度上已经尽可能地给予其保障与照顾。社会对法律工作者，常常也抱有较高的期待。如果法官都还有不公、腐败、贪污受贿等现象发生，就会增大社会对司法系统、对社会公平规则制定者和执行者的不信任感。台湾民间常有戏言谓：“一审重判，二审减半，三审猪脚面线。”意思是说一审法官大多比较公正，因此会重判；二审后，被告即开始进行各式各样的关说及疏通之道，因此法官会判得轻一点，刑度甚至只剩下一半；三审无罪释放，被告只需要回家吃吃猪脚面线去去霉运就好。这种说法背后即充满了对司法职业和系统的极度不信任。在我国内地近几年来的诸多新媒体热点事件中，如云南普宁县的“躲猫猫”事件、上海交通管理部门的“钓鱼执法”事件、杭州“七十码飙车案”事件、浙江湖州“临时性强奸”案、“湖北石首群体性事件”等在网络上引发的高关注度、高点击率和评论量，企图通过舆论来促进司法公正的现象，都可以反映出我国网民对相关司法执法部门的不

① 武志勇、郭恩强：《博客：法制工作的新媒体》，《新闻记者》2007 年第 12 期。

信任。

这种现状说明，法律工作者群体面临着形象重塑的必要性和迫切性。而据 CNNIC 在 2015 年 12 月发布的《第 36 次中国互联网络发展状况统计报告》统计，截至 2015 年 12 月底，我国网民数量为 6.88 亿，互联网普及率为 50.3%。[①] 可见，以网络为主体的新媒体汇集了远胜于传统媒体的巨大受众注意力，其蕴藏着强大的影响力和表现力，自然，这里是法律工作者开展形象塑造的必经之地。

法律工作者借助新媒体平台的形象塑造，主要可以依靠以下几种途径。首先，法律机构开设专门的法律网站。在其网站上发布基础的法律知识，以及当下面临的法律困境等，并且由专门的人员来管理和经营网站，以保证能及时、有效地为身陷法律案件中的人们提供有效的法律咨询服务。其次，法律工作人员开设法律博客、法律微博。以第一人称叙事的方式，扩大对自己及同事的法务工作态度和行为的信息发布，以具体可信的法律工作事实，来彰显法律工作者的专业主义信念，增大广大社会民众对法律工作者的认同感。如河北省公安厅创办的“中国公安第一博客”，以“展现警察原生态”为基本定位，固化栏目设置，建立策划小组，明确专人管理，进一步规范博客的选题、工作程序，透过普通公安干警的博客文章，让网友看到了警察光环背后的辛酸苦辣和现实生活中的平凡。[②] 再次，也是最重要的一点，在整个信息发布的过程中，始终要秉持诚恳、友好的态度。

形象塑造本身就是一个长时期的过程，不能期望一蹴而就，更不能半途而废，它需要法律工作者长此以往、坚持不懈地借助新媒体技术平台，给社会公众展示正直、公正的法律工作者的形象。

三　新媒体之社会性影响工具性的法律

互联网是 20 世纪人类最伟大的发明之一，它使人类突破了时空局限，充分实现了“网络无国界”。然而，互联网的全球性和开放性，总是与现实世界中的法律的国家性与封闭性相冲突；飞速前进的互联网络，总是抛下慢吞吞的法律条文；新媒体空间中的种种新生现象和问题，总是不断冲

---

① CNNIC：《第 36 次中国互联网络发展状况统计报告》，中国经济网（http：//www.ce.cn/xwzx/gnsz/gdxw/201507/23/t20150723_ 6022843_ 1.shtml）。

② 参见河北省公安厅《中国第一公安博客的创新实践》，《中国信息界》2007 年 1 月 28 日。

击着现有的法律边界和法律适用。新媒体技术的超前性以及法律的滞后性，使新媒体空间中的立法盲区和执法困惑不断凸显。

（一）网络婚姻：是否重婚？是否应获精神赔偿？

那些在网上组建的虚拟的、精神上的“婚姻”——网络婚姻，即是新媒体对传统法律边界形成冲击的重要一站，它冲击着传统法律的边界，因为传统法律并不能解决网络婚姻给现实家庭带来的困扰。

网络婚姻，具有虚拟性、便利性、不真实性、符号性、非单偶性、夫妻性别的可转换性、夫妻生活的无性化、商业性、现实人伦关系的消匿性等特征。① 据悉，中国网上婚姻的网民人数早在2007年就达数百万人②。网络婚姻的盛行有悖于传统伦理道德和社会公序良俗，使家庭观念产生变异。在诸多由网络婚姻引起的离婚案件中，网婚者把大量的时间和精力都投放在网络婚姻中，对现实配偶缺乏必要的关心和体贴，减少了对现实婚姻的付出，也减少了与现实配偶之间的交流，使之在心理上感受到了怠慢与冷落，最终使现实婚姻中的夫妻感情和家庭关系失和，进而导致了现实婚姻的破裂。

在由网络婚姻导致的离婚案件中，无过错方大都认为过错方犯了重婚罪，违背了夫妻之间的“相互忠实”义务，并以过错方的“背叛”行为严重伤害自己的感情为由提出精神损害赔偿。但，首先，根据现有法律规定，重婚是指有配偶者又与他人结婚或明知他人有配偶而与之结婚的行为，它包含有配偶者又与他人办理了结婚登记、有配偶者又与他人以夫妻名义同居生活、无配偶者明知对方有配偶而与之办理结婚登记或以夫妻名义同居生活几种情况。③ 网络婚姻既没有到法定婚姻登记处登记，也没有在现实生活中以夫妻名义共同生活，因而，即便有配偶者有网络结婚行为，也不能构成法律意义上的重婚。其次，现行《婚姻法》虽然规定了“夫妻应当相互忠实”，但没有明确界定“忠实义务”的具体内涵。狭义上说，“相互忠实”专指性生活的忠实，即不为婚外性行为，即不能有身体背叛，此时，网络婚姻不算违反忠实义务；广义

① 张迎秀：《网络婚姻引致的法律问题与法律规制》，《河北法学》第2010年第4期。

② 数据参见《数百万人网上结婚　专家称网婚是出轨前奏》，中国经济网（http：//www. ce. cn/xwzx/shgj/gdxw/200702/03/t20070203_ 10306591_ 1. shtml）。

③ 参见法律快车《“网婚”引起的离婚诉讼的法律适用》（http：//www. lawtime. cn/info/hunyin/hynews/2010031824500. html）。

上说，“配偶一方恶意遗弃他人，同时构成忠实义务之违反，为第三人之利益牺牲对方之秘密或利益者，亦为忠实义务之违反”①。此时，有配偶者网络婚姻即算是违反了忠实义务。再次，《婚姻法》第三十二条第3款规定，准予离婚的法定事由包括：重婚或有配偶者与他人同居的；实施家庭暴力或虐待、遗弃家庭成员的；有赌博、吸毒等恶习屡教不改的；因感情不和分居满2年的；其他导致夫妻感情破裂的情形。② 只有依据其中最后一项，网络婚姻可以成为准予离婚的法定事因。但根据《婚姻法》第46条，网络婚姻的受害者想要通过诉讼手段得到精神赔偿，在现阶段还没有法律可依。

综上不难看出，网络婚姻这一新生现象，折射出法律的滞后性以及由此而来的立法盲区和执法困惑。对于是否应该立法规制网络婚姻，北京邮电大学网络法律研究中心主任刘德良认为，“网络只是提供给人们相互认识、交流的平台，法律不可能对每一种事物都进行完全具体的规范，只要没有对人身权益、财产权益产生侵害，法律是不能介入感情世界的……在感情世界，法律唯一要规范的就是骗财骗色等违法行为”③。但也有研究者认为，可以通过将有配偶的网婚者对现实婚姻中的配偶的冷落与怠慢视为一种“冷暴力”，并将其列为婚姻过错损害赔偿行为之一，或加强对网络婚姻网站的经营与管理的法律规制，以从法律的途径有效遏制网络婚姻的泛滥。④ 因此，如何让网络婚姻健康发展尚是难题。

（二）域名抢注：是否侵犯名人姓名权或企业商标权

互联网上的域名如同网络空间的“姓名”“商标”，不仅有助于识别，还潜藏着巨大的商业价值和广告效应。域名抢注所带来的法律冲击，则表现为域名注册管理制度与姓名权、商标权相关法律之间的矛盾冲突。

---

① 王歌雅：《夫妻忠诚协议》，《政法论丛》2009年第5期。

② 参见《中华人民共和国婚姻法》，中国政府网（http://www.gov.cn/banshi/2005-05/25/content_847.htm）。

③ 参见《网恋诈骗防不胜防　恶性案件时有发生网络婚姻入侵现实：“网络情感”游离法律之外的诸多问题》，凤凰网（http://finance.ifeng.com/roll/20110915/4592548.shtml）。

④ 张迎秀：《网络婚姻引致的法律问题与法律规制》，《河北法学》2010年第4期。

案例：鲁迅域名抢注案[①]

2004年，安徽市民梁某成功注册了“鲁迅.cn”“鲁迅.中国”等简体和繁体中文域名共4个。鲁迅之子周海婴在发现父亲的姓名被人注册成网站域名并被公然叫卖后，将梁女士告上法庭，要求她立即停止上述域名使用，并转给原告注册使用。2009年10月26日下午，北京市第一中级人民法院第二审判区开庭审理此案。

原告的代理律师认为，被告对鲁迅名字不具备任何合法权益，也没有注册和使用该域名的正当理由，因此，其抢注行为便构成恶意抢注，违反了相关的法律规定，侵害了鲁迅先生的姓名等人格利益，对原告造成了极大的精神伤害。

被告的代理人则一再强调，域名注册遵循的是先申请先注册的原则。根据国家域名管理相关的法律法规和国际惯例，被告的注册行为在注册前就已经得到了合法性审查，因此，要其向原告转移域名是没有法律依据的。

北京市盈科律师事务所律师董冬冬提出：“现行的有关规定并没有对注册名人域名进行限制，在先到先得的互联网规则下，用名人姓名注册域名究竟构不构成侵权，目前也尚无判例，法院的判决将会起到一个很好的示范效应。”

其实，除鲁迅外，孔子、老子、白居易、秦始皇、成吉思汗、乾隆、巴金、金庸、莎士比亚、李嘉诚、巴菲特等中文域名也纷纷被抢注。名人域名之所以屡遭抢注，很大原因在于名人姓名就有特别的号召力，用名人姓名注册的中文域名，特别容易识别记忆，且可以给自己带来更多流量，具有很大的经济价值。据报道，在中国，林书豪的域名，已经争夺得白热化，www.linshuhao.com的域名已经被抢注，并在网上竞拍，竞拍价格竟然已经超过了26万元[②]。

---

① 参见《周海婴起诉鲁迅域名抢注人 用人名字是否侵权尚无判例》，法制网（http://www.legaldaily.com.cn/index_article/content/2009-10/27/content_1172053.htm）。

② 参见《抢注网站域名成新生财捷径：中外名人鲜有幸免》，新浪科技（http://tech.sina.com.cn/i/2012-02-22/01396752223.shtml）。

根据《中国互联网络域名管理办法》中对域名（Domain Name）的界定，“域名是指互联网络上识别和定位计算机的层次结构式的字符标识，与该计算机的互联网协议（IP）地址相对应”。它是互联网用户用以确定其在网上的位置并与其IP地址相对应的名称，专门为了方便人们收发电子邮件或访问某个网站而设计，起着在网络空间的地址指示、身份识别和网站认知等作用。

域名的注册管理制度使之具有了全球唯一性和国际通用性的特征，因而，注册一个既易于记忆又通晓生动的域名，无疑可以吸引网络浏览者的访问。根据《中国互联网络域名管理办法》规定，域名注册服务遵循“先申请先注册”的原则。域名注册申请者只需要提交真实、准确、完整的域名注册信息，保证注册域名中不含有“反对宪法基本原则、危害国家安全、泄露国家秘密、颠覆国家主权、破坏国家统一、损害国家荣誉和利益、煽动民族仇恨、破坏民族团结、宣扬邪教和封建迷信、散布谣言扰乱社会秩序、散播淫秽色情暴力、侮辱或诽谤他人等法律法规禁止的内容”，即可与域名注册服务机构签订用户注册协议，待其域名注册完成后，便可以合法成为其注册域名的持有者。且域名一经注册，其他任何人不得再行注册与此完全相同的域名。

但，域名的在先注册尤其是域名的抢注行为，产生了大量的权利冲突和纠纷。常见的域名争议，主要是域名与其他域名以及与商标权、商号权、姓名权、企业名称权及其他权利的冲突。

对于域名与商标、商号和企业名称之间的冲突，世界各国都已采取了相应的法律措施。在美国，《联邦商标反淡化法》及其修正案规定，通过对他人商标的不正当使用，来影响商标权人的商标权，降低该商标知名度，损害、玷污商标权人商誉的行为，可以作为驳回域名注册申请的事由之一。在法国，法院判决域名抢注者放弃使用域名，且不得使用原告商标。在德国，法院通常会核查域名注册人是否有以非法方式威胁将来使用该域名的行为，如果有，禁止这种行为；如果域名注册人向可能在网络上销售商品或提供服务的人兜售域名，则视为侵权。在日本，《有关域名注册等事项之规则》则确定了申请在先原则和单一域名制，前者指申请注册按提交申请的先后顺利处理，后者指为了避免域名纠纷，一个机构只能注册一个域名。

在我国，关于域名对商标权的可能侵犯，1996年9月生效的《域名争端法则》修正案第二号有规定：可以向互联网络信息中心提出争议，同时向有关法院提出诉讼。互联网信息中心根据争议双方提交的证明材料，从确认企业拥有商标权或企业名称权之日起，为域名持有方保留90日的域名服务，期满时该域名停止使用，直至法院对争议作出判决或裁定。1997年5月30日由国务院信息化工作领导小组颁布的《中国互联网络域名注册暂行管理办法》规定，注册域名如与他人在先商标冲突，该域名停止使用，但是否构成侵权，仍应根据相关的法律进行判断。如在2007年12月12日审判的“草珊瑚”域名侵权案中，江西省南昌市中级人民法院对其进行了判决：“原告的‘草珊瑚’为注册商标，符合商标法第14条规定的认定驰名商标各项条件。被告南昌市民胡某的行为可以造成‘草珊瑚’驰名商标的淡化，对‘草珊瑚’商标利益造成了潜在的、可能的损害，因此其行为属于侵权行为。被告必须立即停止使用并撤销域名www.江西草珊瑚.com和www.caoshanhu.net，并赔偿经济损失2000元。”

而对于鲁迅域名抢注案，据悉，其最新进展是，2010年11月25日，梁某收到法院判决书：梁某停止使用鲁迅域名，承担原告6000元费用，但对于四个域名转入周海婴名下，法院不予支持。而梁某已再次上诉。鉴于“目前法律上还没有保护名字不被他人注册为域名的相关条例”，也没有可资借鉴的相关法律判例，目前还没有等到三审开庭。由此可见，域名无论是与名人姓名权之间的权利之争，还是与企业商标权之间的权利之争，在网络域名的财产权与分属人格权的姓名权以及分属知识产权的商标权之间，有着诸多难以协调和解决的难点和困境。

（三）人肉搜索：自由表达权与隐私权的法律界限何处

人肉搜索的概念源于网络的猫扑论坛。区别于普通搜索引擎点对点式的人机交换模式，人肉搜索指“将网络搜索引擎机器自动算法获得结果的搜索机制与真实网络用户亲身参与人工搜索结合在一起，针对某一个网络用户在网络社区里面提出的问题或事件，通过广大网络用户的力量，集中网络用户的注意力，收集和整理该问题或该事件的信息和资料，并将收集和整理到的信息发布于网络之中的一种搜索方式和行为”①。其搜索流程一般为：由某一事件或任务引发，某个个体或组织（搜索发起者）在某

① 孙巍峰：《网络“人肉搜索”的侵权责任及法律调整研究》，硕士学位论文，山东大学，2011年，第1—2页。

个社区里面（网络服务提供者）针对某个问题或事件（被搜索者）提出问题，人肉搜索令发布——众多网络用户（搜索跟帖者）纷纷跟进，对被搜索者的信息进行收集、分析和整理，并将收集整理的信息在网络上予以公布，尽可能地确定被搜索者的身份——随着信息的不断补充和完善，新的更多的搜索跟帖者将被搜索者的更多更详尽的资料公布出来——一些人肉搜索事件从虚拟网络蔓延到现实生活，对当事人及其亲属进行骚扰甚至恐吓。

从2006年至今，人肉搜索可谓“战绩辉煌”，其中影响较大的事件有虐猫、铜须门、华南虎、辽宁女视频辱骂四川地震、“范跑跑”、“很黄很暴力”、天价理发店，以及引发“中国网络暴力第一案”的“姜岩死亡博客”等。人肉搜索时刻显示着网民互动战争的浩瀚、壮阔，如此强大的人海战术威力的确也不能不让人折服。

一定程度上说，人肉搜索是公民实现其言论自由权、知情权和舆论监督权利的方式和手段，它体现着公民权利的成长。当人肉搜索被用于一些正当利益的合理表达与监督时，它是一把利剑，锋利而有效。但从“人肉你没商量，只要你存在于地球，照样找到你”、“如果你爱他，把他放到人肉引擎上去，你很快就会知道他的一切；如果你恨他，把他放到人肉引擎上去，因为那里是地狱”等标语中，我们又可看到，公众对人肉搜索的诟病，主要集中于其对公民个人隐私权、名誉权、肖像权的侵犯，以及因此而变异发展出来的“网络暴力”。

因此，新的问题就产生了：个人的隐私权、名誉权和肖像权在遭遇公民的言论自由权、知情权、舆论监督权时，如何确定各自的法律界限？如何解决由此引发的法律冲突？如何规定网站和个人的法律责任？在具体的法律实践中，如何确定侵权责任主体？

2009年1月，宣称“为了加强网络公民的网络道德意识，使人肉搜索向正确的方向发展”的人肉搜索公约1.0Beta版在豆瓣社区公布，2010年1月推出的人肉搜索公约2.0Beta版，对网络用户如何更好地使用人肉搜索提出了更加详细的约定。[①] 但这种公约只是网络用户之间的一种自律约定，其实现有赖于网络用户的自愿参与和自觉遵守，缺乏违反约定后的

---

① 参见《人肉搜索公约1.0Beta版》，豆瓣网（http：//www.douban.com/group/topic/5032183/）；《人肉搜索公约2.0Beta版》，ido社区（http：//ido.3mt.com.cn/Article/201001/show1795286c13p1.html）。

强制性惩罚措施，因而其有效性还有待商榷和考证。

从法律角度来讲，言论自由是每个公民的政治权利，隐私权是公民的民事权利，它们受到法律保护。但《宪法》第五十二条同时也规定了："公民在行使言论自由时，不得损害国家利益、集体利益、社会利益和他人的合法利益。"换言之，言论自由权是相对权，而非绝对权，行使言论自由的权利，须以不侵害他人隐私权为界限。因而如果网络人肉搜索事件中，人肉搜索的各参与主体都做出了独立的行为，且行为人在主观上存有过错，具有实际恶意，并在客观上造成他人隐私的泄露或社会评价的降低，存在使当事人及其家人的正常生活受到严重骚扰的法律损害后果，那么，人肉搜索行为便侵犯了他人的隐私权和名誉权。

值得注意的是，对社会公职人员和公众人物来说，这些权利之间的界限会有所不同。现代社会学和当代侵权法普遍认为，由于社会公职官员和公众人物的行为所涉及的不仅是他们作为公民的自身的权利，且涉及国家利益和社会公共利益，因而在他们那里，社会大众的言论自由、知情权和舆论监督权应得到优先保护，公职官员和公众人物的名誉权、隐私权应受到比一般社会大众更多的限制。但，即便社会公众人物和公职人员确实有违法犯纪的行为，他们也同样有作为普通公民的权利，人肉搜索的发起者、跟帖者以及其他网络用户也没有权力将当事人与职务无关的个人隐私信息予以公布，否则就侵犯了他们作为普通公民所拥有的权利。

虽说网络侵权已经催生了相关的法律规范，如依据我国《侵权责任法》第36条的规定：网络用户、网络服务提供者利用网络侵害他人民事权益的，应当承担侵权责任；网络用户利用网络服务实施侵权行为的，被侵权人有权通知网络服务提供者采取删除、屏蔽、断开链接等必要措施；网络服务提供者接到通知后未及时采取必要措施的，对损害的扩大部分与该网络用户承担连带责任；网络服务提供者知道网络用户利用其网络服务侵害他人民事权益，未采取必要措施的，与该网络用户承担连带责任。但具体到某一特定的网络人肉搜索行为而言，其实现通常离不开搜索发起者、搜索跟帖者、网络服务提供者，其中，跟帖者往往牵涉人数众多。如果要用法律手段来对其追究法律责任，除了网络服务提供者以外，责任主体的数量庞大且分散，参与者绝大多数是匿名的；如果对责任主体规定过宽，打击面就太大，规定过窄，又起不到预防和惩罚违法犯罪的作用。因此，在此类案件中，如今我们大多只能追究网络服务提供商的责任。如在

"王菲死亡博客"一案中，王菲状告的是"北飞的候鸟"网站和大旗网、天涯社区三大网站。

况且，对人肉搜索行为的法律实践中还存在诸多的实际困难，如人肉搜索侵权责任主体的真实身份难以确定，对其举证困难；人肉搜索禁止性规范的边界尚不清晰，造成严重后果的标准难以把握；人肉搜索侵权的主体（包括搜索发起者、搜索跟帖者、网络服务者）责任需要进一步明确；网络服务提供者应当承当的责任有待进一步细化等。总之，人肉搜索这种方式强烈冲击着现有的法律体系，呼唤着针对人肉搜索行为的解释性法律文件的出台。

（四）虚拟财产：是否应得到法律保护

随着网络游戏的日渐发达，越来越多的虚拟财产纠纷案件出现。那么，虚拟财产是否等同于现实中的其他财产一样得到法律保护？我国现行法律体系里，是否有关于虚拟财产的具体规定？

案例：国内首例虚拟财产纠纷案[①]

2003年，李宏晨在一个名叫"红月"的游戏里积累和购买了几十种虚拟"生化武器"，但2009年2月的一天，他却发现自己库里的所有武器装备不翼而飞了。

为了找到盗走其武器的玩家，李宏晨先与游戏运营商交涉，结果游戏运营商以"玩家资料属个人隐私，不能提供"为由拒绝。李宏晨又到公安机关报案，也没有得到解决。最后，他一纸诉状将游戏运营商北京北极冰科技发展有限公司告上法庭。

法院认为，依据我国合同法和消费者权益保护法等法律规定，玩家与网络游戏运营商双方形成消费者与服务者的关系，被告在安全保障方面存在欠缺，应承担由此导致的相应的法律后果。关于丢失装备的价值，虽然虚拟装备是无形且存在于特殊的网络游戏环境中的，但并不影响其作为无形财产之一种，获得法律上的适当评价和救济。

基于此，北京市朝阳区人民法院对这起国内首例虚拟财产纠纷案的一

① 参见《虚拟财产纠纷案　网络游戏玩家获赔偿》，搜狐新闻（http://news.sohu.com/2003/12/19/11/news217111144.shtml）。

审判决结果为，判令游戏运营商将游戏玩家李宏晨已经丢失的虚拟装备进行恢复。

财产，指人可以支配，能满足人一定要求，具有交换价值的物。财产所有权则指所有人依法对自己的财产享有占有、使用、收益和处分的权利。与其他物权相比，财产所有权为自物权、独占权、原始物权、完全物权，它具有弹性力、回归力的权利。

虚拟财产，广义上理解，是指“存在于网络环境中，具有财产价值的虚拟事物”；狭义上说，则特指“具备现实交易价值的网络虚拟财产，只包括那些玩家通过支付费用取得，并具有在离线交易市场内通过交易获得现实利益的可能性的虚拟物品，其典型表现为网络游戏中的虚拟装备、游戏金币与游戏角色等……其具有虚拟性、可再现性、价值性、期限性等特征”①。作为一种伴随科学技术发展而兴起的新型无形财产，虚拟财产应隶属于财产的范畴。

为了有效保护游戏用户的利益，平衡各主体利益的需要，对网络虚拟财产进行相应的法律保护显得非常必要。一些网络游戏发达的国家与地区，已开始对虚拟财产进行法律保护，相关的立法司法实践也取得了良好效果。如，韩国已经确认了虚拟财产的财产价值；美国通过法律解释将其纳入传统的物权来保护；我国台湾地区将虚拟财产作为盗窃罪和欺诈罪的保护客体；我国香港地区也在司法实践中对虚拟财产予以刑法保护。

相比之，我国内地的现行法律还没有对虚拟财产的法律性质和地位进行明确规定。对于一般财产安全，2004 年修正后的《宪法》第十三条规定了“公民的合法的私有财产不受侵犯。国家依照法律规定保护公民的私有财产权和继承权”。《民法通则》第七十五条也规定了“公民的个人财产包括公民的合法收入、房屋、储蓄、生活用品、文物、图书资料、林木、牲畜和法律允许公民所有的生产资料及其他合法财产”。此外，《合同法》《治安管理处罚法》《消费者权益保护法》《计算机维护互联网安全的决定》《计算机信息网络国际联网安全保护管理办法》以及《刑法》等都对公民财产及网络安全作了相关规定。

但这些法律都并没有对虚拟财产做出具体规定。因此，现今对虚拟财产

① 黄邦道：《论网络虚拟财产及其法律保护》，《改革与战略》2008 年第 4 期。

问题纠纷的解决，要么可以通过专门的立法或司法解释，如将“其他合法财产”扩大解释，将“虚拟财产”容纳进入其中，以为其提供一个法律上的名分；要么可以寻找相应的判例，如上述案例我国的判决，就可能为以后类似案件提供一个可资借鉴的判例。总之，作为新媒体环境下滋生的新型财产，现行法律必须尽快完善，以明确虚拟财产的真实性和合法性。

（五）司法管辖：传统司法管辖权该如何调适

在国际法中，管辖权一般包含立法管辖权、司法管辖权和执行管辖权三种。此处所言的主要是司法管辖权。在互联网广泛普及之前，通过属人管辖原则（以当事人国籍作为刑事管辖权的根据）、属地管辖原则（以地域为管辖根据）、协议管辖原则（以双方当时协议为根据）、专属管辖原则（某些案件专门由本国法院实施管辖）以及法院裁量权为管辖原则等几种方式，基本能相对有效地解决不同国家之间或一国内部不同地区之间对同一案件的管辖冲突。

然而，随着数字化网络等新媒体技术的迅速推广，新媒体空间的客观性、全球化、无中心性及新媒体空间不断涌现的民事纠纷和刑事犯罪案件，给传统司法管辖权带来了极大的冲击，传统以国籍、地域为基础的司法管辖权制度已经很难适应虚拟网络空间中的法律纠纷。这些纠纷的实质主要体现为：首先，新媒体空间的全球性与传统司法管辖权的区域性之间的冲击；其次，新媒体空间的不确定性与传统司法管辖所要求的稳定性之间的冲突；再次，网络空间管理的非中心化使国家管辖权的中心运用受到冲击。

近年来，针对新媒体网络案件的司法管辖问题，出现了以下一些新理论主张：（1）新主权理论。该理论认为，在网络中正在形成一个完全脱离政府、拥有自治权利的、有自己的组织形式和价值标准的全球性新市民社会，因而主张否定网络之外的法院管辖，主张网络成员之间的利益冲突由它的因特网服务提供商（Intertnet Service Provider，缩写为 ISP）以仲裁者身份来裁决和执行，而 ISP 之间以技术协议的方式来协调和统一各自的规则。但这种理论是不切实际的，一来由于新媒体空间的终端构成和利益冲突等并非完全虚拟，二来由于它混淆了 ISP 之间制定行业道德和技术标准的自律权力与主权国家制定法律管辖的公力权力，虽然这两种权力可以相互影响，但永远无法相互替代。（2）管辖权相对论。该理论认为，在新媒体空间中应建立一个新的管辖规则，且任何国家都可以将其法律适用于新媒体空间的任何人和任何活动，新媒体空间的纠纷当事人可以在与网络相关的法院出庭，法院判决可以通过网络手段予以执行。依据此理论，任何国家的法院都有权对任何国家的公民进行管辖，但明显这与国家主权理论完全相背。（3）网址管辖基础论。该理论认为，网址在一定时期内具有相对稳定性，其功能可以类似于物理空间中的地址，同时，网址与提供网址的ISP所在地理区域有充分的关联性，所以可以以网址代替地址构成新的管辖基础。对此，肯定论者认同这一观点；区分论者认为应该将网址分为被动型网址和互动型网址，前者仅仅为访问者提供浏览信息，后者还可以让访问者留下自己的基本信息，并向其提供相应服务，其中，互动型可以构成管辖基础，被动型则不能；否定论者则认为网址不能构成与法院地的充足联系，不能作为管辖基础；不确定论者认为网址与地理空间的关联度是否充足还需进一步确定。

而针对新媒体空间中的司法实践，美国的普遍实践是将其长臂管辖权扩张至网络案件中，即将手伸长，对本州以外的当事人行使管辖权，属于属人管辖权。但由于其本质是域外管辖权，因会威胁到他国的管辖主权、可能导致全球所有法域都对网络侵权案件具有管辖权、造成民商案件管辖冲突的泛滥等而一直受到其他国家的猛烈抨击。欧盟法院则积极采用相同的属地管辖权原则，如英国1990年的《滥用计算机法》规定，非法访问某个计算机系统属于犯罪行为，即使犯罪人在英国外的国家，只要与英国有重大关系，受到侵入的计算机又在英国，英国法院就有司法管辖权。

我国也有相关立法不同程度的涉及新媒体的司法管辖问题。2000年12月21日起施行的《最高人民法院关于审理涉及计算机网络著作权纠纷案件适用法律若干问题的解释》中第一条规定了网络著作权纠纷案件中的管辖权问题："网络著作权侵权纠纷案件由侵权行为地或被告住所地人民法院管辖。侵权行为地包括实施被诉侵权行为的网络服务器、计算机终端等设备所在地。对难以确定侵权行为地和被告住所地的，原告发现侵权内容的计算机终端等设备所在地可以视为侵犯行为地。"① 但这个规定存在几个问题：第一，一旦案件纠纷涉及国外，我国就可能丧失管辖权；第二，对侵权行为地的扩大解释，可能导致享有管辖权的法院增加，有增大冲突产生的可能性；第三，当国外的司法实践已对积极存在的网址和消极

① 参见《最高人民法院关于审理涉及计算机网络著作权纠纷案件适用法律若干问题的解释》，百度百科（http：//baike. baidu. com/view/2145663. htm？ fr = aladdin）。

存在的网址做出区分并得到世界认同之时，我国立法还未根本上涉及这一问题，不免有些遗憾。

无论是属人管辖还是属地管辖，新媒体空间的司法管辖权问题都是一个棘手的问题，每一种管辖理论都有其可能触及不到的现象，或可能会引发新的法律冲突。因而，对新媒体的司法管辖问题，还急需一种更为完善的法律管辖理论的出现。

（六）电子取证：传统的证据认定是否需要作更改

所谓证据，是法官准确认定事实以正确适用法律的标准。只有充足的证据，才能澄清案件发生的因果关系、正确地解决纠纷、定罪和量刑。随着新媒体技术的迅速发展和广泛普及，电子证据已广泛应用于司法领域，这无疑冲击着传统的证据制度。

电子证据，是指在基于计算机技术，在计算机系统运行过程中产生或储存的，一起记录的内容证明案件事实的电、磁、光记录物，包括计算机程序及程序所处理的信息。电子证据的物质载体主要是以代码形式存储于计算机各级存储介质（如光盘、磁盘等）之中，要保存、转换、阅读、审查和鉴定这些数据和信息都需要借助于电子化的仪器、设备和特定的运行程序才可以。电子证据具有较强的证明力，因为它一经形成就可以始终保持最初、最原始的状态，能够较为客观真实地反映事物的本来面貌；与此同时，电子证据又具有较强的脆弱性，它一旦遭遇人为的蓄意截收、监听、删节、剪切、篡改或非法复制，就很难再复原，使数据和信息的变更、毁灭变得较为便利且不易察觉。

在证据法定的国家，没有法律的明文规定，电子证据是不被法庭所采信和认可的。对计算机网络的犯罪和民事纠纷而言，电子证据不被认可则对当事人显失公平，也不能有效地遏制犯罪。因而，到底该如何判断电子证据的证据能力，就成为法律亟须解决的问题。

电子证据的证据能力，又称证据资格，指在法庭审理中为证明案件事实而得以作为证据使用的资格。在英美法系的证据理论中，“传闻证据规则”和“最佳证据规则”向来被认为是判定证据能力的基本规则，电子网络证据却常常会被作为传闻证据予以排除，也鲜能满足最佳证据所需要的“原件”要求。鉴于其事实上可能存在的证明力和说服力，又不能将其证据资格完全否定和排除。因而，为了更好地保障电子证据的证明资格，英、美各国都针对新媒体技术发展现状采取了某些对策，放宽了传统证据原则对电子网络证据的限制，承认了电子证据的证明力。

在大陆法系国家中，一般允许提出所有有关证据，且任何类型的证据都可被采纳。如，联邦德国在 1997 年就有对电子邮件作为证据的规范规定；欧洲理事会 1982 年就已经提出计算机记录作为证据的看法；马来西亚、意大利、挪威、日本等国家都在相关法律里规定了电子证据的法律效力。国际组织也对此作了相关调查研究，提出了相应解决办法。1985 年，联合国贸易法委会员秘书处在《计算机记录的法律价值》报告中建议“各国政府重新审查涉及使用计算机记录作为诉讼证据的法律规则，以便消除对其使用所造成的不必要障碍，确保这些规则符合技术的发展，并为法院提供适当的办法来评价这些记录中资料的可靠性”。1993 年，《电子数据交换及贸易数据通讯有关手段法律方面的统一草案》也同样规定了贸易数据电文同样具有证据价值。在 1996 年通过的《电子商务示范法》也规定了“不得仅仅以某项信息采用数据电文形式为理由而否定其法律效力、有效性和可执行性”。

在我国，传统的证据类型是将电子证据排除在外的。随着新媒体技术对社会生活的大肆渗透，虽然近年来电子证据在司法实践也逐渐被不少当事人使用，但其证明效力一直备受怀疑。我国民事诉讼法一直没有将电子证据作为独立的证据种类，而是根据电子证据的某些特征，在法律和司法解释中进行了比较模糊的规定。但，2011 年 12 月正在审议的民事诉讼法修正案（草案），首次明确“电子证据”可作为一种证据种类，这意味着电子邮件、聊天记录、微博私信、手机短信、网络视频等都将可能在成为“呈堂证供”。① 2012 年通过的《中华人民共和国民事诉讼法》修正案显示，视听材料、电子数据已作为证据类型正式入法。

此外，由于电子证据易遭破坏和人为篡改，电子证据的认证规则规定，首先须对证据取证程序（即证据的可采信程度）进行审查。若是违反法律程序所进行搜集到的证据，比如通过非法解密等手段获取的电子证据，就不能作为证据所使用。若证据是第三方提供，应由第三方出具保证证据自生成或收到后始终保持原始状态及本人自愿提供该证据的文件或签名。还应强调的一点是，对电子证据的审查具有技术上的复杂性，需要借

① 参见《电子证据将作“呈堂证供”》，新闻晚报（http：//tech. qq. com/a/20111204/000102. htm）。

图 6－3

助计算机专家来帮助确定电子证据是否被修改、收集手段是否正确等。

总而言之，随着新媒体技术的不断发展和广泛应用，新媒体空间中冲击传统法律边界和法律适用的新问题和新现象还会不断涌现，传统的法律体系必须不断接受新媒体的不断拷问，并且时刻准备好修正和完善自己。

第三节　法律对新媒体的影响

法律对新媒体的影响，最重要的是法律的工具性影响社会性的新媒体，其主要体现为法律对新媒体空间的不规范行为的规制和约束作用。其中，包括民法、刑法、知识产权法、经济法、诉讼法和行政法等对新媒体空间的影响，不同类型的法律所具体规制和约束的范围，如表 6－2 所示。

表 6－2

<table>
<tr><td rowspan="7">新媒体</td><td>宪法</td><td>新媒体宪政的建构、新媒体法律意识等法律问题</td></tr>
<tr><td>民法</td><td>新媒体空间的人身权（名誉权、肖像权、姓名权、隐私权等）、财产权、契约权以及言论自由权等法律问题</td></tr>
<tr><td>知识产权法</td><td>新媒体空间的知识产权（包含著作权、域名与商标权、电子商务与专利权等）等法律问题</td></tr>
<tr><td>刑法</td><td>新媒体刑事犯罪（如计算机操作欺诈罪；计算机伪造罪；破坏、修正计算机数据或程序罪；非授权访问计算机系统罪；非法复制计算机软件罪等）</td></tr>
<tr><td>经济法</td><td>新媒体空间的经济法律问题（如新媒体交易之消费者与产品质量问题、新媒体交易秩序之反不正当竞争问题、新媒体征税管制问题、新媒体经济信用保障问题、新媒体广告等）</td></tr>
<tr><td>诉讼法</td><td>新媒体司法管辖权、电子诉讼证据等法律问题</td></tr>
<tr><td>行政法</td><td>有关新媒体与国家信息安全等法律问题</td></tr>
</table>

本节我们重点讲新媒体空间中的民法规制、刑法规制和知识产权法规制问题。

一　新媒体空间中的民法规制

民法，是调整平等主体之间的人身关系与财产关系的部门法。新媒体空间中的民法规制，则主要涉及新媒体空间中个人的人身权和财产权。人身权，指法律赋予民事主体的与其生命和身份延续不可分离而无直接财产内容的民事权利，它包含人格权和身份权。人格权指民事主体基于其人格而享有的权利，又可分为物质性人格权与精神性人格权，前者如生命权、健康权、身体权、行动权等，后者如姓名权、肖像权、名誉权、隐私权、荣誉权等。

我国《侵权责任法》第二条明确提出："侵害民事权益，应当按照本法承当侵权责任"①。其中所称的民事权益，包括生命权、健康权、姓名权、名誉权、荣誉权、肖像权、隐私权等人身、财产权益。2001 年 2 月 26 日最高人民法院审判委员会第一一六一次会议通过的《最高人民法院关于确定民事侵权精神损害赔偿责任若干问题的解释》中第一条也规定："自然人因下列人格权利遭受非法侵害，向人民法院起诉请求赔偿精神损害的，人民法院应当依法予以受理：（一）生命权、健康权、身体权；（二）姓名权、肖像权、名誉权、荣誉权；（三）人格尊严权，人身自由权。"②

由于新媒体空间的虚拟性特征，最容易受到侵犯的是精神性人格权利。而在特殊的远程医疗中，也可能产生有关生命健康权的民事纠纷。

（一）隐私权

所谓隐私权，指公民所享有的生活安宁与私人信息依法受到保护、不被他人非法侵扰、知悉、搜集、利用和公开等的一种人格权利，其具体内容包括个人生活安宁权，个人生活情报保密权，个人通信秘密权，隐私知悉权，隐私修改权等。新媒体空间中的隐私问题也属于个人隐私权的内容，因而，现行法律体系中对隐私权的规定，同样适用于新媒体空间中的

① 参见《中华人民共和国侵权责任法》，中国政府网（http：//www. gov. cn/flfg/2009 - 12/26/content_ 1497435. htm）。

② 参见《最高人民法院关于民事侵权精神损害赔偿责任若干问题的解释》，百度百科（http：//baike. baidu. com/view/438776. htm？ fr = aladdin）。

信息传播。

《世界人权宣言》中规定："任何个人之私生活、家庭、住所或通讯不容无理侵犯，其荣誉及信用亦不容侵犯。人人违反这种侵犯或从立法上、抑或从判例上，将隐私权列为人的绝对权利加以保护。"① 我国《民法通则意见》第一百四十条则将隐私权与名誉权关联起来，形成一种对隐私权利的间接保护："以书面、口头等形式宣扬他人的隐私、或捏造事实公然丑化他人人格，以及用侮辱、诽谤等方式损害他人名誉，造成一定影响的，应当认定为侵害公民名誉权的行为。"②

网络隐私权，是隐私权在网络中的延伸，指自然人在网上享有私人生活安宁、私人信息、私人空间和私人活动依法受到保护，不被他人非法侵犯、知悉、搜集、复制、利用和公开的一种人格权。由于互联网传播的速度之快、传播范围之广以及他人攫取之便捷，个人信息变得无法控制，侵权变得相对容易，而救济变得相当困难。

侵犯网络隐私权表现方式主要有：（1）通过网络宣扬、公开或转让他人隐私。如在远程医疗中，患者的敏感病史和诊断结果很容易被其他无关人员得到，进而存在患者隐私权被侵害的可能。（2）未经授权进入他人系统收集资料或打扰他人安宁，截获或复制、篡改他人正在传递的电子信息，如黑客的攻击、专门的网络窥探业务以及泛滥成灾的垃圾邮件。

为了保护网络隐私权，欧盟国家倾向于采取立法来进行规制。如，瑞典于1973年颁布了世界上第一部国家性数据保护法，规定了监控对象接触自动处理的个人数据的一般权利；欧盟委员会于1999年制定了《互联网上个人隐私权保护的一般原则》，随后又颁布了《关于互联网上软件、硬件进行的不可见的和自动化的网络空间隐私权的法律保护个人数据处理的建议》。提倡行业自律的美国国会也于1986年通过了网络隐私权保护的《联邦电子通讯权法案》。与此同时，为防止儿童因缺乏足够的理智判断而在网络上轻易泄漏自己的家庭住址、电话号码等个人信息造成隐私权被侵犯，美国还于1998年提出《网上儿童隐私权保护法》。

在我国，《计算机信息网络国际联网安全保护管理办法》《计算机信息网络国际联网管理暂行规定实施办法》等法规中有明确规定："用户通

---

① 参见《世界人权宣言》，百度百科（http：//baike. baidu. com/view/22902. htm）。

② 参见《民法通则意见》，百度百科（http：//baike. baidu. com/view/1738205. htm）。

信自由和通信秘密受法律保护，任何单位和个人不得违反法律规定，利用国际联网侵犯用户的通信自由和通信秘密，侵犯他人隐私。”①《互联网视听节目服务管理规定》《商务领域信用信息管理办法》《计算机信息网络国际互联网管理暂行规定实施办法》等也有相关网络隐私保护的条款。但这些规定都太过笼统，尚不能明确呈现出网络隐私权的概念与保护方式，缺乏可操作性，不能满足我国对网络隐私保护的迫切需要。

（二）名誉权

名誉是社会上人们对公民或法人的品德、情操、才干、声望、信誉和形象等各方面的综合评价。作为个人的人格权之一，名誉权是以个人的名誉作为客体的权利，是获得民事法律规定所享有的对公民或法人名誉进行客观公正评价的一种人格权。如同对个人隐私权的保护一样，对名誉权的法律保护，也是新媒体传播环境下的法律任务。

案例：邱宝昌事件②

台湾人杨某是蜀国演义餐厅“福寿螺事件”的受害人。律师邱宝昌受聘担任蜀国演义餐厅的代理律师。

2007年7月19日，杨某以“四海之外”网名在邱宝昌的博客中留言：“我特地来邱大律师的博客看看，只是觉得你父亲给你取名字确实有先见之明：求报偿。悲哀啊！”随后，20日、23日、25日26日，杨某在其名为“四海之外”的博客中分别发表“头顶消费者保护神的光环，邱宝昌和消费者对簿公堂!”“求饱娼之前世今生”“邱宝昌晚节不保为哪桩”等文章，文中提到“邱宝昌既要消费者保护神之盛名，又和消费者站在对立面打官司，赚取蜀国演义的庞大律师费。多少有些又要做婊子，又要立牌坊之嫌”等内容描述。

7月30日、31日，邱宝昌以博客留言的方式致函杨某，要求其停止侵权。随后杨某再次在博客上发表文章，其中有“关于邱宝昌是否挂羊头、卖狗肉?”及“关于邱宝昌是否无知和可耻可恶?”等描述。

① 参见《中华人民共和国计算机信息网络国际联网管理暂行规定实施办法》，百度百科（http：//baike. baidu. com/view/275857. htm）。

② 参见《因代理“福寿螺案”遭侮辱北京律师获赔2.4万》，中国新闻网（http：//news. sohu. com/20080117/n254720895. shtml）。

协商不成，邱宝昌以名誉权被侵犯为由，一纸诉状将杨某告上法院。

北京市第一中级人民法院认为，杨某在邱宝昌博客中的留言内容以及在自己博客中发表及转发的与邱宝昌相关的文章中，含有针对邱宝昌而使用的侮辱性语言，贬损了邱宝昌的人格，且由于杨某系在网上发表上述言论，网络传播的公开性、广泛性，必然会造成邱宝昌社会评价降低的损害后果，因此，应认定杨某的行为已侵害了邱宝昌的名誉权。

2008 年 1 月 17 日，法院一审判令杨某删除其在网络上发表及转发的针对邱宝昌的涉及诋毁、贬损等具有侮辱性的文章，在《北京晚报》上向邱宝昌公开赔礼道歉，并给予邱宝昌精神损害抚慰金 2 万元以及经济损失 4400 元的经济赔偿。

作为一种精神人格权，名誉权受到国际国内社会的广泛关注，《世界人权宣言》《公民权利和政治权利国际公约》《美洲人的权利和义务宣言》《欧洲人权公约》等各级法律对此都有相应的规定。

我国《宪法》第三十八条规定，“中华人民共和国公民的人格尊严不受侵犯。禁止用任何方法对公民进行侮辱、诽谤和诬告诬陷”。我国《民法通则》中的第一百〇一条、第一百二十条规定：“公民、法人享有名誉权，公民的人格尊严受法律保护，禁止用侮辱、诽谤等方式损害公民、法人的名誉。凡败坏他人名誉、损害他人形象的行为，都是对名誉权的侵犯，行为人要负法律责任。”《名誉权案件解答》第七条也同样规定：“未经他人同意，擅自公布他人的隐私材料或以书面、口头形式宣扬他人隐私，致他人名誉受到损害的，按损害他人名誉权处理。”

侵害名誉权的行为主要有侮辱和诽谤。通常，对诽谤罪的司法认定，需同时满足以下几个条件：第一，须有捏造某种事实的行为，即诽谤他人的内容完全是无中生有、凭空虚构的。如果散布的不是凭空捏造的，而是客观存在的事实，即使有损于他人的人格名誉权，也不构成侵犯名誉权。第二，须有散布捏造事实的行为。第三，必须是针对特定的人进行，但不一定要指名道姓，只要从诽谤的内容上推定出具体的被害人，就可以构成诽谤罪。第四，捏造事实诽谤他人的行为必须属于情节严重的才能构成诽谤[①]。如在上述邱宝昌案中，网友“四海之内”在文中针对邱宝昌指名道

① 王永兴、孙青青：《新媒体背景下诽谤罪的司法认定》，《声屏世界》2010 年第 7 期。

姓地使用了侮辱性语言和恶意诋毁，因而构成诽谤罪。

在新媒体技术环境下，通过电子邮件、博客、微博、论坛等传播平台上发布诋毁、诽谤他人的信息或言论易如反掌，极容易构成名誉权侵权。对于网络名誉权侵权行为，国务院《互联网信息服务管理办法》第十五条规定："互联网信息服务提供者不得制作、复制、发布、传播含有下列内容的信息：……侮辱或诽谤他人，侵害他人合法权益的……"；第十六条规定："互联网信息服务提供者发现其网站传输的信息明显属于本办法第十五条所列内容之一的，应当立即停止传输，保存有关记录，并向国家有关机关报告"。[①] 该规定以法律性规范文件确认了互联网站没有把关人的事实，摈弃了事先审查制度，而把互联网服务器对他人上网内容的注意义务界定为"明显"责任。

同时，我国《侵权责任法》第三十六条更为明确地规定了："网络用户、网络服务提供者利用网络侵害他人民事权益的，应当承担侵权责任。网络用户利用网络服务实施侵权行为的，被侵权人有权通知网络服务提供者采取删除、屏蔽、断开链接等必要措施。网络服务提供者接到通知后未及时采取必要措施的，对损害的扩大部分与该网络用户承担连带责任。网络服务提供者知道网络用户利用其网络服务侵害他人民事权益，未采取必要措施的，与该网络用户承担连带责任。"[②] 这明确了网络经营者的责任，对于规范网络行为来说具有深远意义。这就是为什么在2005年"中国博客第一案"中，南京大学新闻传播学院副教授陈堂发状告中国博客网，认为其没有尽到"善良管理人"的责任和义务，而获得胜诉的法律依据所在。

（三）肖像权

肖像，是指以一定的物质形式如绘画、照相、雕塑、录像、电影艺术等再现出来的自然人的形象。作为一种人格权，肖像权是以由自己的肖像所体现出来的精神利益和物质利益为内容的民事权利，它包括：制作专有权、使用专有权、利益维护权以及肖像使用转让权。

我国《民法通则》第一百条明确规定："未经本人同意，不得侵害他

① 参见《互联网信息服务管理办法》，百度百科（http://baike.baidu.com/view/9491.htm?fr=aladdin）。

② 参见《中华人民共和国侵权责任法》，中国政府网（http://www.gov.cn/flfg/2009-12/26/content_1497435.htm）。

人肖像权的行为”；第一百二十条规定：“公民的姓名权、肖像权、名誉权、荣誉权受到侵害的，有权要求停止侵害，恢复名誉，消除影响，赔礼道歉，并可以要求赔偿损失”。《妇女权益保障法》第四十二条第2款中也规定：“未经本人同意，不得以营利为目的，通过广告、商标、展览橱窗、报纸、期刊、图书、音像制品、电子出版物、网络等形式使用妇女肖像。”

网络肖像侵权是专指行为人通过网络来侵害他人的财产权和人身权，依然应承担民事责任的行为。常常出现的肖像权侵权行为有：（1）在网络上刊登未经本人同意拍摄的他人在非公开场合的肖像。（2）未经本人同意，在网络上使用与发布与信息内容无关的他人肖像。（3）未经本人同意，使用他人肖像在网络上做商业性宣传。（4）未经本人同意的其他非常使用肖像的行为。[①]

上述案例中的摄影馆和商务会馆的行为，则是在未经本人同意的情况下，非法将他人的照片用作商业宣传，构成肖像权的网络侵犯。此外，在“死亡博客”案例、“南昌大学50名女学生真实资料”的曝光中，行为人也都造成了对当事人肖像权的侵犯。与此同时，即便是在以公益为中心、以打击犯罪为手段、以解救被困儿童为目的的“网络打拐”活动中，我们同样可以看到其中所涉及对被拐卖乞讨儿童的隐私权、肖像权、心理健康权等权利的侵害。这种情况，往往就需要传统法律中的相应条款来进行规制。

（四）姓名权

对于一般的姓名权侵权案件，无论在传统信息传播环境，还是在新媒体空间中，传统法律对姓名权的规定都具有同样的适用权限。

案例：薛某诉张某国际互联网络侵犯姓名权案[②]

1996年4月9日下午，薛某收到美国密执安大学教育学院通过国际互联网络发来的为其提供1.8万美元奖学金的电子邮件。1996年4月12日

① 熊志海：《网络法律导论》，西南师范大学出版社2004年版，第142页。

② 参见《薛某诉张某国际互联网络侵犯姓名权案》，神州律师网（http://zjbar.chinalawinfo.com/newlaw2002/slc/slc.asp?db=fnl&gid=117467365）。

上午计算机记录时间10时16分42秒，张某在北京大学心理系临床实验室IP地址为162.105.176.204的网络终端冒用薛某姓名，向密执安大学发去一封电邮，谎称薛某已接受其他学校邀请，拒绝了密执安大学，使薛某失去了这次赴美深造的机会。于是，薛某遂诉至北京市海淀区人民法院。1996年8月16日，在法院的主持调解下，双方当事人自愿达成协议：张某以书面形式向薛某赔礼道歉；张某赔偿薛某精神损害及经济损失共计12000元；案件受理费80元，由张某负担。

姓名是自然人所使用的与他人相区别的文字符号的总称。姓名权是指自然人依法享有的决定、变更和使用自己的姓名，并可排除他人干涉或非法使用的权利，其内容主要包含姓名决定权、姓名变更权和姓名使用权。

《民法通则》第九十九条规定："公民享有姓名权，有权决定、使用和依照规定改变自己的姓名，禁止他人干涉、盗用、假冒。"最高人民法院《关于贯彻执行〈中华人民共和国民法通则〉若干问题的意见（试行）》第149条规定，盗用、假冒他人名义，以函电等方式进行欺骗或愚弄他人，并使其财产、名誉受到损害的，应认定是侵害姓名权的行为。

在新媒体环境下，侵犯姓名权的情况主要发生在为某种利益目的而侵犯他人的姓名权，以提高自己网站的点击率，从而获利。具体表现为：（1）网上盗用或假冒他人姓名，如以他人名义发表不当言论，或冒用他人姓名发送电子邮件，甚至以他人姓名网上购物等。（2）非法使用他人姓名作为网络域名。案例中，张某假冒薛某姓名，利用国际互联网络向密执安大学发出一封电子邮件，导致薛某失去了赴美国深造的机会，造成其经济、精神损失，构成侵害姓名权。

（五）生命健康权

生命健康权，是指公民对自己的生命安全、身体组织器官的完整以及身体的生理机能和心理状态的健康所享有的权利，包括生命权、身体权和健康权。在新媒体环境中，这类法律问题常常发生在远程医疗的医疗责任和产品侵权责任领域中。

案例：首宗网上医生远程医疗被控和判刑案件[①]

2005年6月，时年19岁的加州 Stanford 大学学生 John McKay，通过在线配药网站 USAnewRX. com 订购了90粒治疗抑郁症的药物“百忧解”(Prozac)。Hageseth 医生随后在科罗拉多州 Fort Collins 签售了该药。两个月后，McKay 在位于门罗公园的家中吸入含大量二氧化碳的汽车废气自杀身亡。

McKay 的父母随后对 Hageseth 提起民事诉讼，翌年5月加州当局对 Hageseth 提出指控。2009年4月17日，医生 Hageseth 因在网上为患抑郁症的大学生 John McKay 开药方从而导致其自杀死亡，被加州法庭控以无牌行医罪名，被判入狱9个月，服刑期满后另监守行为3年，支付曾参与调查本案的加州医学委员会赔偿金4248.49美元。

远程医疗，主要指医学专家可以不离开他们所在的医院或医疗中心，就能通过计算机网络来传递医生和传者的声像信息，通过一定的设备、为异地的特别是那些边远山区的就医者或医务人员无法亲自到达现场的就医者提供医疗服务的医疗类型，如网上就医、网上会诊、网上治疗甚至网上手术等。远程医疗的最大优点在于，可以更有效地分配全世界的医疗资源，使医生和病人在地理分布、信息交流等方面达到最优化的资源配置，使更多的人可以享受到高水平的医疗服务，此外，还能为医务人员之间、疾病患者之间、医患者之间提供强大的交流平台。

但同时，网络远程医疗也带来了大量医疗纠纷，产生一些涉及患者个人隐私的法律问题。为了尽可能解决将远程医疗问题标准化、减小医患双方认知程度差异、明确医疗事故责任认定等问题，我国政府及相关主管部门制定了一些管理标准。1999年，卫生部制定了《关于加强远程医疗会诊管理的通知》，通知中明确规定：远程医疗要遵循“统筹规划、加强调控、统一标准、互联互通、分级管理、逐步发展”的原则；提供远程医疗会诊、咨询服务的人员须具有医疗卫生专业技术副高职称以上；远程医疗

① 参见《网上开药致抑郁症学生自杀　首例远程医疗案涉案医生被判囚9个月》，法佑网(http：//www.81law.com/news/sa_ news_ aid_ 763/)。

会诊前须向病人或其亲属解释远程医疗会诊的目的，并征得病人及其亲属的同意；对病人的诊断与治疗的决定权属于收治病人的医疗机构，若出现医疗纠纷需由申请会诊的医疗机构负责。2001 年，卫生部制定了《互联网医疗卫生信息服务管理办法》，该办法明确指出，医疗卫生信息服务不得从事网上诊断和治疗活动，只能提供医疗卫生信息咨询服务；而利用互联网开展的远程医疗会诊服务的医疗行为，只能在具有《医疗机构执业许可证》的医疗机构之间进行，且须遵守卫生部《关于加强远程医疗会诊管理的通知》等有关规定。2009 年，卫生部发布了《互联网医疗保健信息服务管理办法》中，再次从网站申请资格、程序以及服务内容和质量等方面对互联网医疗保健信息服务的相关管理和法律问题进行了相关规定。此外，还对医疗广告的登载进行了规定。

上述案例中，虽然最后涉案医生是被以无牌行医罪给予判刑，但它的确是因为网上开药致抑郁症学生自杀而被涉案，也即说，因为其远程医疗行为危害到了当事人的生命健康权。

二　新媒体空间中的刑法规制

刑法，指以犯罪为规制对象，围绕犯罪的侦查、认定与刑罚的裁量、执行的法律规范的总和，它规定了哪些行为是犯罪并应当负刑事责任，给予犯罪人何种刑事处罚。它具有公法、刑事法与强行法的特征。对新媒体空间的刑法规制，主要集中于计算机网络犯罪行为。

案例：

（一）金融计算机网络犯罪

一名普通的系统维护人员，轻松破解数道密码，进入邮政储蓄网络，盗走 83.5 万元。这起利用网络进行金融盗窃犯罪的案件不久前被甘肃省定西地区公安机关破获。

（二）黑客利用兽兽裸照传病毒　受害网民多达 10 万

“中国第一车模兽兽”爆出的不良视频在网上大量传播，已被黑客用来散布病毒。瑞星“云安全”系统的监测数据显示，很多用户通过 QQ、MSN 传播的“兽兽视频、兽兽视频全集 . EXE”含有病毒，或本身就是病毒，还有的黑客会主动散播含毒的“兽兽视频下载网址”，用户中毒后会被窃取网游账号、QQ 密码等资料，目前预计受害网民已超过 10 万。

（三）2011 年，广西公安机关相继组织开展了打击网络诈骗、网络淫秽色情、网络赌博等专项整治，共侦破各类网络违法犯罪案件 2700 余起，抓获违法犯罪嫌疑人 3000 余名；发现、处置网上各类违法有害信息 100 余万条……

计算机网络犯罪是行为主体以计算机或计算机网络为犯罪工具或攻击对象，故意实施的危害计算机网络安全、触犯有关法律规范的行为。纵观现有的网络犯罪现象，可分为两种类型：一是通过计算机网络为工具所进行的犯罪活动，如利用计算机网络实施金融诈骗罪、盗窃罪、窃取国家秘密罪等；二是攻击计算机网络以其为目标的犯罪活动，如电脑黑客对电脑系统及电脑资料的攻击，或利用电脑系统传送病毒、蠕虫、特洛伊木马程式袭击网站等。

鉴于计算机网络犯罪具有成本低、传播迅速、传播范围广、互动性与隐蔽性高且取证困难、社会危害性大等特征，对网络犯罪进行相应的立法规制显得非常必要。

2001 年 11 月由包括欧洲理事会的 26 个欧盟成员国以及美国、加拿大、日本和南非等在内的 30 个国家在匈牙利布达佩斯签署的《网络犯罪公约》（Cyber-crime Convention），是国际社会首部控制网络犯罪以及其他形式的计算机滥用行为的国际刑法公约，旨在通过敦促缔约国进行适当的立法参照和建立有效的国际合作，以达成一种共同刑事政策来加强社会保护，从而打击包括侵犯版权、计算机伪造与欺诈、儿童色情和危害网络安全等严重的网络犯罪行为。此公约中，对网络犯罪的范围进行了界定，指出网络犯罪的罪名包含以下九类：非法存取、非法截取、资料干扰、系统干扰、设备滥用、伪造电脑资料、电脑诈骗、儿童色情的犯罪、侵犯著作权及相关权利的行为。

我国有关计算机网络的立法始于 1991 年的《计算机软件保护条例》，但这只是个保护计算机软件知识产权的法规。1994 年国务院颁布的《计算机信息系统安全保护条例》才是对计算机信息系统安全进行保护的法规。1997 年开始施行的《刑法》第二百八十五条、二百八十六条、二百八十七条明确规定了非法侵入、破坏和利用计算机系统等犯罪应追究相应的刑事责任：“利用同计算机进入诈骗、盗窃、贪污、挪用公款、窃取国家秘密或其他犯罪的，依照本法有关规定定罪处罚。”《刑法修正案（七）》中明确提出：“国家机关或金融、电信、交通、教育、医疗等单位的工作人员，违反国家规定，将履行公务或提供服务中获得的公民个人信息出售或非法提供给他人，或以窃取、收买等方法非法获取上述信息，情节严重的，追究刑事责任。”这些法律条款，一定程度上可适用于新媒体空间的部分网络犯罪。

2000 年颁布的《全国人大常委会关于维护互联网安全的决定》第二条规定：“为了维护国家安全和社会稳定，对有下列行为之一，构成犯罪的，依照刑法有关规定追究刑事责任：（一）利用互联网造谣、诽谤或发表、传播其他有害信息，煽动颠覆国家政权、推翻社会主义制度或煽动分裂国家、破坏国家统一；（二）通过互联网窃取、泄露国家机密、情报或军事秘密；（三）利用互联网煽动民族仇恨、民族歧视，破坏民族团结；（四）利用互联网组织邪教组织、联络邪教组织成员，破坏国家法律、行政法规实施。”① 该决定还规定，利用互联网侮辱他人或捏造事实诽谤他人，利用互联网销售伪劣产品或对商品、服务做虚假宣传及利用互联网损害他人商业信誉和商品信誉的，构成犯罪，依照刑法有关规定追究刑事责任。同时，“利用互联网实施违法行为，违反社会治安管理，尚不构成犯罪的，由公安机关依照《治安管理处罚条例》予以处罚；违反其他法律、行政法规，尚不构成犯罪的，由有关行政管理部门依法给予行政处罚；对直接负责的主管人员和其他直接责任人员，依法给予行政处分或纪律处分。利用互联网侵犯他人合法权益，构成民事侵权的，依法承担民事责任”。②

此外，《中华人民共和国计算机信息系统安全保护条例》《中华人民共和国计算机信息网络国际联网管理暂行规定》《国务院关于修改〈中华人民共和国计算机信息网络国际联网管理暂行规定〉的决定》《互联网信息服务管理办法》等行政法规，《关于审理扰乱电信市场管理秩序案件具体应用法律若干问题的解释》《计算机病毒防治管理办法》《互联网站从事登载新闻业务管理暂行规定》等法律法规也对网络犯罪进行了初步的规范。

---

① 参见《全国人大常委会关于维护互联网安全的决定》，百度百科（http://baike.baidu.com/view/102023.htm）。

② 同上。

三　新媒体空间中的知识产权法规制

知识产权，又称智力成果权，指智力成果的创造人和工商业生产经营标记的所有人依法所享有的权利的总称，它包括著作权、专利权、商标权、发现权、发明权和其他科技成果权。

对在知识产权方面法律对新媒体的影响，首先在于保护新媒体空间中人们的合法权益，比如我国著作权法把计算机软件作为一类与文字作品并列的特殊作品给予保护；其次在于对新媒体空间的知识产权侵权行为进行规制。

案例：《新京报》与网络新媒体的三场遭遇战[①]

2006 年 10 月，《新京报》向北京市第一中级人民法院起诉北京雷霆万钧网络科技有限责任公司旗下的 TOM 网站，请求判令 TOM 网站停止擅自转载原告文章的行为，并支付稿酬 300 万元人民币。此案双方最终以调解结案，雷霆万钧网络科技有限责任公司向《新京报》道歉，并就侵权行为给予新京报一次性经济补偿。

2007 年 10 月，《新京报》向北京市第一中级人民法院起诉浙江在线，列出浙江在线网站未经授权使用其采编原创作品共 7706 篇，索赔近 200 万元。由于管辖权异议，该案被移交浙江杭州市中级人民法院。2010 年 1 月 18 日，杭州中院书面要求《新京报》只保留针对涉案 7706 篇文章中的 1 篇文章的诉讼请求，对另外 7705 件案件分别立案、分别审理，否则驳回起诉。《新京报》回复拒绝。于是，当年 3 月 29 日，杭州中院作出驳回新京报起诉的一审裁定。

从 2010 年 8 月起，iPad 上运行的一款名为“中文报刊”的软件，未经授权使用了包括《新京报》在内的“超过 60 家国内报纸的全部版面和内容”，且每日时时更新。协商无效后，2011 年 4 月，《新京报》授权下属网络公司派博在线公司，将“中文报刊”软件的开发者北京迈思奇科技有限公司告上法庭，要求被告停止侵权、公开道歉，并赔偿经济损失

① 参见《iPad 维权第一案：一审被判决赔偿 10 万元》，中国网络电视台转自《人民日报》（http：//news. cntv. cn/law/20110906/100961. shtml）。

60.8 万元。2011 年 9 月 6 日，北京市海淀区人民法院对 iPad 软件开发商未经授权使用《新京报》版面和内容一案作出一审判决，判令其停止侵权并赔偿 10 万元。

图 6－4

在新媒体空间中，发生频率最高的知识产权侵权案件，是有关著作权的。所谓著作权，包含著作人格权与著作财产权。其中著作人格权包括了公开发表权、姓名表示权及禁止他人以扭曲、变更方式利用著作损害著作人名誉的权利。著作财产权，指基于人类智识所产生之权利，包括重制权、公开口述权、公开播送权、公开上映权、公开演出权、公开传输权、公开展示权、改作权、散布权、出租权等等。我国《著作权法》第四十六条、第四十七条的规定，凡未经著作权人许可，擅自利用受著作权法保护的作品的行为，即侵犯了著作权。

发生于新媒体空间中的著作权侵权行为一般可分为两类：一是网络新媒体对传统图书、报刊的内容侵权，如上述《新京报》与 TOM 网站、浙江在线、IPAD 之间的几次遭遇战，以及谷歌、百度文库、盛大文学的几次侵权门事件；二是网络新媒体对其他媒体网站的内容侵权，包含对其他网页内容的完全复制、虽对内容稍加修改但仍然严重损害被抄袭网站的良好形象、通过技术手段偷取其他网站的数据并非法做一个与之完全一样的网站等形式。

针对新媒体上的网络著作权问题，除了传统著作权法可以予以规制之外，国家还专门制定了适用于新媒体网络的条款。2000 年 12 月 21 日颁布的《最高人民法院关于审理涉及计算机网络著作权纠纷案件适用法律若干问题的解释》，规定了网络著作权侵权纠纷案件的管辖权问题，对数字化作品的著作权的各项权利的法律适用问题，在报纸、刊物与网站三者之间的作品传播的法律适用问题，网络著作权侵权赔偿的数额标准问题。其中，“受著作权法保护的作品，包括著作权法第三条规定的各类作品的数字化形式；在网络环境下无法归于著作权法第三条列举的作品范围，但在文学、艺术和科学领域内具有独创性并能以某种有形形式复制的其他智力创作成果，人民法院应当予以保护”的规定，承认了传统著作权在网络等电子环境下所享有的受保护地位。根据这一司法解释，作品的数字化形式和新的数字化作品均受著作权法保护，任何媒体，不论是传统媒体还是网络媒体，未经著作权人许可，或不符合法定许可的条件擅自复制、转载、传播他人作品的，均构成侵犯著作权，应依法承担法律责任。

此外，新媒体网络也存在侵犯商标权和专利权的情况。

商标是用以区别商品和服务不同来源的商业性标志，由文字、图形、字母、数字、三维标志、颜色组合或上述要素的组合构成。商标权，商标专用权的简称，指商标主管机关依法授予商标所有人对其注册商标受国家法律保护的专有权。商标注册人依法支配其注册商标并禁止他人侵害的权利，包括商标注册人对其注册商标的排他使用权、收益权、处分权、续展权和禁止他人侵害的权利。网络商标侵权主要出现在网络销售过程中，常体现为在网上销售侵权产品，或选取、使用他人注册商标的图形、图像并入自己的网页。明知是假冒注册商标的商品仍然进行销售，或将他人的注册商标用于商品的包装、广告的宣传或自身产品的展览以起到突出性作用，进而增加自己的营业收入的行为，尤其属于网上侵犯商标权的典型表现。当下对新媒体商标侵权的法律规制，还主要依据传统的商标法。但在那些与域名相联系的商标侵权案件中，就得分情况讨论，现在暂时还没有出台相关的法律。

专利权，简称“专利”，是发明创造人或其权利受让人对特定的发明创造在一定期限内依法享有的独占实施权。我国于 1984 年公布专利法，1985 年公布该法的实施细则。其中规定了侵犯专利权的四种表现：未经许可，在其制造或销售的产品、产品的包装上标注他人专利号的；未经许可，在广告或其他宣传材料中使用他人的专利号，使人将所涉及的技术误认为是他人专利技术的；未经许可，在合同中使用他人的专利号，使人将合同涉及的技术误认为是他人专利技术的；伪造或变造他人的专利证书、专利文件或专利申请文件的。[①] 在新媒体网络专利权的相关侵权案例中与网络商标权的侵权一样，现行法律主要通过在民法、刑法、知识产权法中寻找依据，对其进行规制。

行政法、经济法、诉讼法也在一定程度上对新媒体空间的相关现象和问题产生规制作用。但由于所涉内容都或多或少地在其他部分有所论述，如属于诉讼法中的管辖权和电子证据问题，属于行政法的国家信息安全问题等，在此就不再赘述了。

① 中华人民共和国国家知识产权局：《中华人民共和国专利法实施细则（2010 年修订）》，中国政府网（http：//www. sipo. gov. cn/zcfg/flfg/zl/fljxzfg/201001/t20100122_ 488461. html）。

第七章

新媒体与伦理

众所周知，技术革新会引发传播媒体的变更，媒体变更进而影响着人类的伦理文化。在当下新旧媒体激烈更替转型、以互联网为主的新媒体传播时代，新媒体与伦理的关系日益错综复杂，伦理领域的诸多新旧问题也因此凸显出来。在此，本章重点探询两个问题——新媒体的出现是否挑战和重构了人们的传统道德底线和伦理观念？当下伦理的重建是否影响和改变了新媒体发展的路径和方向？

本章将以道德伦理的概念厘清及伦理与媒体的关系阐述为起点，以上述两个核心问题的探询为目标，论述新媒体对现代伦理道德的影响以及伦理道德对新媒体的渗透，进而对如何建立新媒体时代的伦理规范提出一些浅见。

第一节　媒体与伦理的关系

一　道德伦理的概念、作用与文化基础

“道德”在中国古代意指一种社会意识形态。蔡元培在《中国伦理学史》中指出，道德主要指“行为之标准”，“民族之道德，本于其特具之性质、固有之条教，而成为习惯”①。道德行为需得到多数人信任、主持风化者承认，才能成为行为的标准。“伦理”的古义是指人伦，即人际道德关系。传统儒家的基本人伦关系“规定了君臣、父子、夫妇、兄弟、朋

① 蔡元培：《中国伦理学史》，广西师范大学出版社2010年版，第1页。

友的关系，强调每个人都处于同他人的关系中，每个人都应该明白自己所处的地位”。[①] 儒家强调“仁”和“礼”，“仁”力图使个人和族群利益相协调；“礼”，即礼仪、礼节，则使人在具体的环境下展现出得体的行为。可见，“成为什么样的人”是中国道德伦理首要关注的问题。

在西方，源于拉丁文 moralis 的“道德”morality，“本意是风俗或礼貌，意指人们的相互关系”。源于希腊文 ethos 的“伦理”ethics，本意是品质、人格。[②] 西方的道德伦理理论可以追溯到古希腊时期。从苏格拉底开始，到柏拉图以至亚里士多德，都相信人类能发现绝对的道德伦理：苏格拉底相信任何人都可以通过反思找出伦理规则；柏拉图则认为公正是智慧、节制和勇气的相互作用；亚里士多德则提出了著名的中庸原则。[③] 西方伦理哲学的现代文化基础主要体现为两个，一是义务论，二是功利论或称目的论。其中，前者“指人的行为必须按照某种道德原则或某种正当性去行动，评判是否道德，不是以行为的结果，而是以行为本身或行为依据的动机是否正确来判定”[④]；后者的突出特点是，关注伦理的结果，主张“判断人的行为道德与否，要看行为的结果给行为者及其相关的人是否带来好处，或带来利大于弊的结果，如果原则是道德的”，将关注点放在最小的危害上：“即在进行道德判断时，有时道德选择会导致对他人造成伤害，因此应选择对他人造成最小伤害的原则。”[⑤] 可见，两者的差别主要体现为：义务论不同意采取恶劣的手段去达到好的结果，道德行为人的动机是最重要的；而功利论不会追问特定的行为是否正确或错误，而是追问它是否会带来积极的结果。

可见，西方的道德偏重实际社会现象，伦理则偏重道德现象的内在依据。西方社会道德伦理的焦点不是“我们应该成为什么样的人”，而是“我们应该如何去做”。但总的来说，中西方道德伦理的客观所指大致相

---

① ［美］路易斯·阿尔文·戴：《媒介传播伦理：案例与争论》（英文影印版），北京大学出版社 2004 年版，第 73 页。

② ［美］雅克·蒂络、基思·克拉斯曼：《伦理学与生活》，程立显、刘建等译，世界图书出版公司 2008 年版，第 5 页。

③ 同上书，第 73—77 页。

④ ［美］路易斯·阿尔文·戴：《媒介传播伦理：案例与争论》（英文影印版），北京大学出版社 2004 年版，第 53—63 页。

⑤ 同上。

同，是对“正确与谬误，美德与罪恶以及人类行为职责的程度”[①] 的判断。

总而言之，道德伦理“包括社会伦理与个人伦理，社会伦理涉及个人与他人的关系，而个人伦理则涉及个人与自身的关系”[②]。稳定的伦理体系对于社会的作用表现在：“伦理是社会稳定的需要，它使人们能够在互相信任的基础上达成共识，分工合作；伦理是维持道德标准的需要，它可以用来解决争端；伦理是澄清价值观念的需要。”[③]

二　媒体在伦理中的作用

人与人之间的交往离不开传播，而基于媒体的传播活动则发挥了更为重要的作用。著名学者拉斯韦尔曾提出：传播具有环境监测、社会协调以及文化传承的功能。丹麦学者克劳斯·布鲁恩·延森指出：“传播的目的在于结束传播：理论上而言，个体、群体、机构、整个社会和文化经由传播得以启蒙与赋权，进而采取行动。”[④] 无论是面对面的传播，还是以媒体为中介的传播，都在传播着“差异”和“区别”，而“差异和区别包含着人们对于实在和信念的理解，他们成为社会个体和集体的行事准则”。[⑤] 查尔斯·赖特认为“文化不单指文化知识，更多是泛指人类学上所说的群体的一切行为方式的总和，它包括社会角色、社会规则、风俗习惯等。通过大众媒体中他人行为方式的描述，我们学习特定角色的行为方式，这会直接影响我们现实生活中的角色期待”[⑥]。

的确，大众传媒通过为大众设置议程，告诉人们什么是最重要的价值，什么是社会行为的伦理价值和道德标准。依据美国学者路易斯·阿尔文·戴的说法，我们将媒体在伦理体系中的作用概括为以下三个方面：第一，信息的传播与解读。众所周知，大众传媒是社会信息的主要来源，在

---

① ［美］拉里·A. 萨默瓦、理查德·E. 波特：《跨文化传播》，闵慧泉、王纬、徐培喜等译，中国人民大学出版社 2010 年版。

② ［美］雅克·蒂洛、基思·克拉斯曼：《伦理学与生活》，程立显、刘建等译，世界图书出版公司 2008 年版，第 15 页。

③ ［美］路易斯·阿尔文·戴：《媒介传播伦理：案例与争论》（英文影印版），北京大学出版社 2004 年版，第 23 页。

④ ［丹］克劳斯·布鲁恩·延森：《媒介融合：网络传播、大众传播和人际传播的三重维度》，刘君译，复旦大学出版社 2012 年版，第 5 页。

⑤ 同上书，第 15 页。

⑥ 刘海龙：《大众传播理论：流派与范式》，中国人民大学出版社 2010 年版，第 151 页。

信息传播过程中最明显的参与者是记者，他们收集和发布信息，让人们知道发生了什么事，要作出什么样的决策。大众传媒正是通过对信息的选择以及对信息的解读影响人们对世界的看法，从而影响人们采取的行动。而在传承社会主流价值观念，推动人们的伦理观念形成和规范伦理行为等方面，大众传媒也发挥了积极的作用。第二，信息的传递与说服。路易斯·阿尔文·戴认为说服在当代就像是古希腊时期的修辞一样，是一种艺术技巧，它被灵活地用于改变公众观念、态度和购买习惯等诸多方面。在当今社会，说服技巧在用于引导受众和民意的时候，已经变得更加细致和不易被察觉。特别是电视的出现，通过影像的暗示使性吸引力、永恒的年轻以及社会服从等方面的价值被提到很重要的位置。第三，大众娱乐的生产与传播。大众传媒对于娱乐的生产和传播引发了伦理挑战。路易斯·阿尔文·戴认为主要问题在于：媒介是否有责任和义务去提升受众的品位和道德修养？媒介是否应该“给受众他们想要的”？甚至更为严重的问题是，大众娱乐与新闻、政治、商业的界线渐渐模糊，人们已无法分辨什么是娱乐，什么是有用的信息。①

当然，媒体对伦理体系的作用也有积极肯定的一面。如前文所述，大众传播具有环境监测和联系协调的功能，大众传媒能够向个人或组织提供关于环境变动的最新信息，同时要协助社会内部各子系统之间的沟通、协调，使之能够正常运作。这种协调包括个体与个体、个体与集体以及集体之间信息的沟通理解，也包括深层的价值观协调。如对社会核心价值观的提倡，包括正义、公正、相互尊重、宽容、助人为乐、反对滥用公权等价值观，需要大众媒体的确认与传播。诚如拉扎斯菲尔德在论及媒体在强制执行社会规范的功能时所言的那样，“大众媒体可以通过‘曝光’某些背离公共道德的行为，发起有组织的社会行动”②。在这个过程中，媒体作为社会伦理的执行者和监督人，对政府和社会公众的伦理行为进行监督，维护主流的社会价值取向。

三 媒体中的伦理问题

作为信息传播的工具，媒体组织和媒体从业者要比一般普通大众经历

---

① ［美］路易斯·阿尔文·戴：《媒介传播伦理：案例与争论》（英文影印版），北京大学出版社 2004 年版，第 25—27 页。

② 刘海龙：《大众传播理论：流派与范式》，中国人民大学出版社 2010 年版，第 154 页。

更多的伦理考验。雅克·蒂洛认为“每一种传统职业都主张对某种人生哲学的主要权属。理想的法律工作等同于公正，医务工作等同于提供援助的责任，新闻业也有其崇高理想，这就是传播真相”①。

媒体组织和媒体从业者在传播信息的过程中应遵守自身的伦理道德规范：应符合社会道德制度的要求，为社会公众的利益服务；应维护社会基本的道义，公正、公平、尊重他人；应维护信息的真实性、客观性，尊重知识产权，等等。具体说来，在媒体的运作过程中，可能受到来自以下几个方面的伦理挑战：

第一，新闻真实性。真实是伦理道德中最古老的原则，对传统的新闻媒体而言，真实就是新闻的生命。传统媒体中的新闻真实关系到公众所接受信息的真实性，影响公众对形势、环境和行为的把握和判断。不仅如此，新闻真实与否也关系到信息源和大众媒体的社会信度。新闻真实受到多种因素的制约，如政治因素、经济因素及其他利益的影响，媒体在选择信息、传播信息的过程中也会导致一定程度的偏离。② 因此，如何保证新闻传播的真实性，即是大众媒体面临的第一个伦理挑战。

第二，他人隐私权。隐私的概念比较模糊，通常指“个人独处的权利以及对不愿公之于众的个人私事的控制的权利”。③ 隐私的保护往往成为大众传媒伦理困境的来源。一般来说，大众传媒对于隐私信息的保护主要包括以下几个方面：“传染病或疾病（特别是某些公众人物）的信息、同性恋者、性犯罪、少年犯、儿童采访对象、自杀、利用照相机和录音设备的暗访、灾难事故等。”④ 但有些记者为了获得更多的独家信息，采取暗访等手段。这种行为一直备受争议，被公众视为对个人隐私权的侵犯。如新闻集团的窃听丑闻就引起了很大的伦理争议。

第三，过度娱乐化。在媒体实现经济利益最大化的过程中，大众娱乐的生产和传播成为有效的途径。但尼尔·波兹曼提出：“一切公众话语日渐以娱乐的方式出现，并成为一种文化精神。我们的政治、新闻、体育和商业都心甘情愿地成为娱乐的附庸，毫无怨言，甚至无声无息，其结果是

---

① ［美］雅克·蒂络、基思·克拉斯曼：《伦理学与生活》，程立显、刘建等译，世界图书出版公司2008年版，第341页。

② 陈汝东：《传播伦理学》，北京大学出版社2006年版，120—121页。

③ ［美］路易斯·阿尔文·戴：《媒介传播伦理：案例与争论》（英文影印版），北京大学出版社2004年版，第129页。

④ 同上书，第138—147页。

我们成了一个娱乐至死的物种。”[①] 娱乐化造就了一个个“媒体奇观”。对受众而言，其结果是无法分辨什么是真实生活，什么是虚拟想象，这导致了一个伦理问题的出现：媒体该如何把娱乐化控制在一个适度的范围内。

第四，过度色情化与暴力化。大众传媒承担着传播主流社会价值观的责任，对传播内容的选择和突出很大程度上反映了媒体的信度。在经济利益的驱使下，为了满足受众猎奇的需要，充满色情和暴力的内容占据了报纸和电视节目。如在灾难新闻、犯罪新闻等报道中，过分突出犯罪细节、血腥场面等，往往会引发伦理争论，也对伦理道德的建构产生了负面影响。

四 媒介融合与伦理叙事

从媒介演进的历史来看，“我们所使用的媒介形态经历了非语言媒介、口语媒介、文字媒介、印刷媒介、电子媒介，以及目前以网络、手机为代表的互动新媒体阶段”。[②] 而随着网络技术、数字技术和通信技术的飞速发展，传统的单向线性的大众传播形式已经无法满足日益增长的社会需求，媒介融合是媒介发展的趋势。从信息内容、组织机构到资本形式、传播手段各种层面的融合得到了全面发展。在媒介融合的影响下，新的媒体形态得以形成。

新媒体带来的改变，不是传播内容上的改变，而是传播方式的变化。麦克卢汉认为，“在新旧媒介的转换上，‘一个媒介成为另一个媒介的内容’。比如文字的内容是口语，广播的内容是文字，电视的内容是文字或电影，而网络的内容是文字、视频、口语等一系列的结合。”[③]

由于互联网技术使信息传播成本大大降低，现代化的数字压缩技术使网络传输系统兼容了文字、图片、声音、影像等传统媒体传播手段，因此，可以说，互联网新媒体是各种媒介的大融合。美国学者亨利·詹金斯认为，“融合的概念尝试描述的是技术、产业、文化以及社会领域的变迁”[④]，“媒体作为一种承载体系，涉及的是技术；但同时它也属于文化体

---

① ［美］尼尔·波兹曼：《娱乐至死：童年的消逝》，章艳、吴燕莛译，广西师范大学出版社2009年版，第4页。

② 刘海龙：《大众传播理论：流派与范式》，中国人民大学出版社2010年版，第419页。

③ 同上书，第429页。

④ ［美］亨利·詹金斯：《融合文化：新媒体和旧媒体的冲突地带》，杜永明译，商务印书馆2012年版，第30页。

系。承载技术不断变化，媒体则沉积留存在日益复杂化的信息和娱乐组织层里成为其各个层级”。[①] 就作用与影响来看，媒体融合拓宽了社会互动的范围，增加了社会互动的频率，改变了人们参与社会活动的方式，“改变了现有的技术、产业、市场、内容风格以及受众的关系，也改变了媒体业运营以及消费者对待新闻和娱乐的逻辑”。[②] 在媒介融合背景下，伦理叙事正在以这样的方式展开：“网络空间拓宽了人们社会互动的范围，而大众传媒则提供了伦理情节的来源，伦理方面含糊暧昧的电视节目或行为会激发有关伦理和道德方面的公众讨论，通过网络空间讨论观念上的差异成为了不同群体了解彼此如何看待世界的方法。”[③]

作为媒体融合进程中发挥重要作用的新媒体，为这种伦理道德讨论提供了空间和可能性，同时也成为人们实践伦理道德行为的重要场所。接下来的两节，将通过一些案例来论述新媒体与伦理之间的相互影响。

第二节　新媒体对伦理的影响

在大众传媒环境下，存在诸如自由和责任的选择、身份的建构、隐私的保护、所有权和著作权这些伦理问题。[④] 但在新媒体空间中，同样的问题却以新的形式存在。

关于我们当前所处的媒介环境，马克·波斯特将这个时代称为“第二媒体时代”，而报纸、广播、电视等传统媒体占统治地位的时期被其统称为“第一媒介时代”。[⑤]“第一媒介时代”具有以下特征：“一对多”式的中心化的媒介生产；单向传播；媒介总体上受到国家的控制；通过媒介大量复制了社会分层和不平等；处于分裂状态的受众；媒介塑造了社会意识。“第二媒介时代”则有以下特点：去中心化；双向传播；媒介超越了

① ［美］亨利·詹金斯：《融合文化：新媒体和旧媒体的冲突地带》，杜永明译，商务印书馆2012年版，第44页。

② 同上书，第44—45页。

③ 同上书，第143—145页。

④ 参见［美］路易斯·阿尔文·戴：《媒介传播伦理：案例与争论》（英文影印版），北京大学出版社2004年版。

⑤ ［美］斯蒂芬·李特约翰、凯伦·福斯著，史安斌译：《人类传播理论》（第9版），清华大学出版社2009年版，第338页。

国家的控制；民主化；媒介宣扬个人意识；以个人为指向。[①]

丹麦学者克劳斯·布鲁恩·延森提出了三个维度的媒介概念，并从物质、意蕴和制度三个层面对媒介进行了定义。第一维度的媒介指以身体和工具为载体，主要指向面对面的传播；第二维度的媒介主要指模拟信息与传播技术，主要指向基于大众传媒的传播形式；以数字信息与传播技术为物质载体的第三维度的媒介依赖于网络化交流形式，在个人和组织之间建立传播，全球性是其重要特征。[②] 数字媒介整合了大众传媒与面对面的交流，整合了同步和异步的一对一、一对多以及多对多的传播样态。[③]

不同学者的视角不同，但都指出提供信息的传输只是新媒体功能的一个部分，更加深入的信息互动、共同参与以及集体智慧等新的体验才是新媒体所特有的，它带来了参与者的信息交流方式和社会交往方式的彻底改变。

正如麦克卢汉的“媒介即讯息”理论所人为的，“媒介即人的延伸，任何一种媒介都会创造一种全新的环境，对‘整体的心理’和‘社会的复合体’产生影响”。[④]“媒介的影响在于引入了一种新的尺度，不同的内容呈现方式改变了人们感知世界的方式和理解环境的框架，最终影响了人们的交往方式，‘媒介是社会交往的讯息’”。[⑤]

数字技术、通信技术和网络技术的发展使新媒体具备了很多传统媒体无法达到的新特性：匿名性、即时性、互动性、虚拟性。新的技术所带来的传播方式的改变大大改变了人们的信息交流方式和思维方式。那么，新媒体的出现是否挑战和重构了人们的传统道德底线和伦理观念？

美国学者嘉里·詹姆斯等人在《青年人，伦理与新数字媒体》的调研报告中考察了伴随着数字媒体一起成长起来的年轻人，他们每天投入大量时间在网络空间中，下载音乐，分享视频、信息，构建身份，进行社交活动，但并没有意识到自己所应承担的责任和义务，也并不清楚自己的所作所为将会产生多大的影响。

---

① ［美］亨利·詹金斯：《融合文化：新媒体和旧媒体的冲突地带》，杜永明译，商务印书馆2012年版，第338页。

② ［丹］克劳斯·布鲁恩·延森：《媒介融合：网络传播、大众传播和人际传播的三重维度》，刘君译，复旦大学出版社2012年版，第63页。

③ 同上书，第74页。

④ 刘海龙：《大众传播理论：流派与范式》，中国人民大学出版社2010年版，第431页。

⑤ 同上书，第21—36页。

正如报告所言，在新媒体中，传播活动更加自由，大量匿名的参与者之间彼此联系松散，传播行为缺乏责任感，但传播活动却有可能产生较大影响，其中就潜伏着较大的伦理危机。本书以下内容将从传播主体的去中心化、虚拟身份构建、隐私观念的变化、网络知识共享等方面探讨新媒体所带来的非凡体验对伦理道德的影响。

一　传播主体的去中心化对伦理道德的影响

与大众传媒权威精英的信息传播不同，在网络中，借助博客、微博、微信等新兴传播工具的出现，传统媒体的模糊受众变成了具有鲜明个性特征的个体。

案例：网络已经成为“民意表达的主渠道”①

2012年4月14日新浪科技发表了一篇名为《微博成为舆情最大信息源》的文章。文章指出“2011年全年具有社会影响力的网络热点事件总计349个，2010年为274个，2009年仅有248个，社会舆情事件数量不断攀升。微博是2011年舆情事件的第一大信息源，占比达20%以上，成为第一大舆论场”。文章显示“2011年中国百姓最关注的问题依次是民生、公共安全、社会责任、环境生态安全等。受国内CPI不断高涨、食品安全事件的影响，民生问题成为百姓关注的头等大事。而去年频发的校车事故和多起重大车祸，使公共安全成为公众关注焦点”。“现代网络技术的出现，使民意第一次拥有每时每刻、事无巨细的自由表达的机会。”文章评价道，“在可预见的将来，微博或将直接改变中国社会生态和政治语境，让强势一方做事时不得不考虑民众的反应，微博所推动的是整个社会的政治生态平衡”。

无疑，新媒体去中心化的传播，“扩大了公众言论自由的权利，使社会信息全面、及时地传输，有利于各种情绪的发泄和疏导”，有助于减少社会冲突和暴力事件的发生。同时，微博等自媒体的出现使人际传播与大

① 喻国明：《传媒新视界——中国传媒发展前沿探索》，新华出版社2011年版，第120—122页。

众传播的界限越来越模糊。社会伦理道德有了新的监督渠道，防止和避免了许多社会不公正现象的出现，在一定程度上有助于社会公正、社会正义的伸张。

但，去中心化的传播也存在一定的危险性。在传统媒体中，真实性是伦理争议的高发区。“对于媒体而言，绝对的真实是所有媒体从业者努力的方向。”① 但社会政治经济环境、媒体自身的利益对传播信息的真实都会产生很多影响。

新媒体环境中的传播的去中心化、传播主体的匿名性，以及社会联系的松散性，一方面为大众传播中的普通受众提供了传播机会，但另一方面减轻了现实伦理道德的压力和约束，有可能造成虚假信息泛滥，为网络谣言和网络诽谤提供了一定的便利。虚假信息的传播容易造成网络欺诈、网络谣言的散布，社会公众，尤其是处于道德观念形成期的青少年，更容易受到伤害，对他们的伦理价值观念的形成不利。微博、微信、人人网等社交媒体，与移动网络的结合之后，使人人都可以随时发表看法，一旦出现虚假信息，其惊人的传播速度会造成无法控制的后果。色情、暴力及违反道德的内容更容易引起广泛的传播。

传播主体去中心化的特征，同时也加速了新媒体信息娱乐化的进程。以网络为代表的新媒体，娱乐游戏的功能更加突出，新媒体的使用者相比过去更加年轻，更加玩世不恭。娱乐化的信息对于他们具有强烈的吸引力。在新媒介互动技术的推动下，娱乐化的“媒介事件”在新旧媒体推波助澜、网络受众热议的传播进程中，掀起了更大的社会关注。如“2010年最红的四个人物和两个‘门’，四个人物是凤姐、犀利哥、兽兽和闫凤娇，两个‘门’均是艳照门。在传统的道德价值观体系中这些事件绝对不可能成为主流化的现象，却堂而皇之地在新媒体传播中成为网民精神生活的兴奋剂”。②

二 新媒体中的身份建构对伦理的影响

身份的形成是一个文化的概念，世界上不同地域的人们对身份的认知是不同的。美国学者斯蒂雯·李特约翰，从社会文化研究、批判研究以及

① ［美］路易斯·阿尔文·戴：《媒介传播伦理：案例与争论》（英文影印本），北京大学出版社2004年版，第81页。

② 喻国明：《中国社会舆情年度报告（2011）》，人民日报出版社2011年版，第201页。

社会心理研究等范式对涉及身份的理论进行了梳理。学者迈克尔·赫克斯认为，“身份”是个人与社会的连接点，而个人与社会的链接和交汇正是通过传播得以实现的。一个人的身份是“用来界定你在不同群体中的‘会员资格’的一个‘代码’。具体来说，这个代码包括了符号（如某种特点的服饰或占有物）、词语（如自我描述或口头禅）以及你和他人给这些符号和词语赋予的特定意义”①。赫克斯把身份分解为“个人维度”和“认定维度”，这两个维度在个人层面、表演层面、关系层面和群体层面这四个层面上相互作用。人们通过传播构建身份，同时传播也是身份变化的机制。个人对自我身份的认识由习得的意义和内化的意义共同组成。“内化的意义”所产生的是主观性的自我。“在社会互动的过程中，你把别人的看法和反应进行了‘内化’，反过来通过自我表达和对他人的反映来展现你的身份。”② 因此，按照符号互动理论的观点来理解身份，则身份的形成“不仅仅是一个个人的工程，更是更深层次社会互动的结果，它包含了社会认定，贯彻了社会认定的结果，同时还承担着伦理的希望和风险”。③

学者嘉里·詹姆斯和他的研究小组进行了一项有关青年人与数字伦理的经验性研究。他们通过比较青年人在在线与离线生活中的身份游戏，指出现实生活与网络空间中的身份形成对于青少年伦理观念的影响。他们认为在现实生活中，身份的形成是个人的自我表达、自我反省和社会他人的反馈共同促成的。④ 每个人在现实社会中的身份取决于很多因素的影响，如年龄、性别、学历、民族等，个人可以通过衣着、发型、兴趣爱好来进行自我表达，以展示才能、情感和个人思想。人们通过面对面地交流，得到别人的反馈，并且这种反馈往往来自于较亲密的人际关系，如朋友、同事或是亲人。⑤ 身份的形成受到如物理条件、交际范围、地理位置、社会文化传统等多种因素的限制。

---

① ［美］斯蒂芬·李特约翰、凯伦·福斯：《人类传播理论》（第9版），史安斌译，清华大学出版社2009年版，第104页。

② 同上。

③ See Carrie James with Katie Davis, Andrea Flores, John M. Francis, Lindsay Pettingill, Margaret Rundle, and Howard Gardner: *Young People, Ethics, and the New Digital Media: A Synthesis from the Good Play Project*, Cambridge, Mass, London: The MIT Press, c2009, pp. 22—23.

④ Ibid., p. 23.

⑤ Ibid..

在线生活中的身份形成则与现实生活中的截然不同。新媒体对个人身份的构建影响重大。美国学者雪莉·特克尔在其《屏幕中的生活》一书中指出，“在被感知为‘低风险’的新媒体环境中，个人不再受到现实生活在物理的、社会的和经济上的限制，可以尝试多种身份”。[①] 很多人在不同的网络空间中都有不同的名字，不同的写作风格，也能扮演不同的角色，个人身份的空间被大大拓展了。嘉里和他的研究小组发现在线的身份表达比现实生活中的身份表达更为深思熟虑。新的网络技术的发展，使越来越多的网络空间被开发出来，同时也带来了更多的自我表达和自我反省。相比现实生活中身份形成游戏，在新媒体中，“人们能够在更为广泛、更为多样化的互动交流中取得反馈”。[②] 这是现实生活中无法做到的。

案例：“第二人生”：另一种人生[③]

美国著名在线游戏“第二人生”这个名称形象地表述了新媒体的虚拟性带来的新的体验，它使现实中的主体可以体验与现实中完全不同的“第二种人生”。

“作为全球最大的虚拟世界游戏，截至2009年9月，‘第二人生’注册用户达到1500万。”[④] “在这个游戏中，每个人可以建立自己的一个虚拟的‘第二人生’，与同在这个虚拟世界中的其他人发生各种各样的关系，实现自己在第一人生中没能实现的梦想。”这个游戏最大的不同在于，它模拟的就是现实中的一切，并朝着虚拟世界真实化的方向迈进。其主要表现在：虚拟货币可以按照汇率与美元兑换，在“第二人生”里可以进行真实的交易。可以在游戏中和现实世界打电话，美国最大的在线书店亚马逊进驻“第二人生”接受网友购买书籍，全球四大通讯社之一的路透社，进入“第二人生”开辟分社。“第二人生”成为世界经济的一部分。

---

① See Carrie James with Katie Davis, Andrea Flores, John M. Francis, Lindsay Pettingill, Margaret Rundle, and Howard Gardner: *Young People, Ethics, and the New Digital Media: A Synthesis from the Good Play Project*, Cambridge, Mass, London: The MIT Press, c2009, p. 24.

② Ibid. .

③ 参见“第二人生”，百度百科（http://baike.baidu.com/view/743861.htm#sub7243276）。

④ ［美］保罗·莱文森：《新新媒介》，何道宽译，复旦大学出版社2013年版，第145页。

美国学者保罗·莱文森在其书中描述了自己在“第二人生”中的体验，将“第二人生”描述为需要“全身心投入”的新新媒介。他认为“第二人生”是真实生活的一部分，是不同于离开电脑的生活以及凭借电脑和手机生活的第三种生活方式。[①] 在“第二人生”中，人们通过化身来建立身份，通过动画、声音来从事活动，通过商业活动与真实生活联通，改变人们的真实生活。

与“第二人生”不同，其他新媒体如微博、facebook 等社交媒体则需要用户通过文字和照片对自我进行描述，以便与其他使用者进行沟通和反馈，从而调整自己的描述。这种自我描述也就是对身份的建构。对新媒体使用者特别是青少年来说，如果对自己在现实生活中的身份不满意，在新媒体中可以建构出自己理想中的身份。很多新媒体使用者在社交网络中为了提升自己的魅力，使用更具吸引力的照片或更突出的写作风格来建构自己的身份。在个人微博或个人空间中，为了凸显自己的特点，使用者常常用歌词、音乐、不同的颜色、图案装饰来使个人空间更加个性化。

在虚拟空间，进行多重身份的尝试，能够帮助个人形成对身份的认同，这种身份游戏具有积极作用。

首先，很多在现实生活中无法表达或羞于自我表达的人，或某些具有现实人际交往障碍的人，在网络环境中，可以比较坦然地进行自我表达，也不用担心受到伤害。比如，前文所提到的诸如 QQ 空间、人人网这样的网络空间中，存在某些缺陷的人，不论是生理上的还是心理上的，都能在网络提供的多样化表达方式中找到自我表达的工具，并和更大范围的人进行交流。他们可以利用这些网络空间提供的各种工具，将自己的主页变得个性化，如使用不同的背景、颜色、音乐、照片，来展现自己的个性，并完成在现实生活中无法表达的对个人身份的诉求。

其次，对个人来说，在新媒体中创建一个身份，有利于促进更为深入地个人反省。因为与现实日常生活中稍纵即逝的自我呈现不同。新媒体中的自我呈现既是呈现性的，也是记录性的。这样的自我呈现，使使用者也能从他人的角度观察到自己身份的表达，从而能更清醒地认识自己。在新媒体中，人们需要用文字或其他工具进行自我的表达，迫使个人去描述他

① ［美］保罗·莱文森：《新新媒介》，何道宽译，复旦大学出版社 2013 年版，第 144—153 页。

是谁，他想成为什么样的人，他的信念和价值观是什么。在自我表达的过程中，人们总会努力朝自己想成为的那种身份靠拢，在离线的现实生活中，不同的身份负有不同的责任和义务，因此把自我描述为何种身份，就要求承担起这种身份必须负起的责任。

第三，“网络空间为人们提供了独特而重要的机会去获得他人的确切的反馈”。[①] 身份协商理论认为身份——即自我反映的形象——是在“协商”过程中形成的。即我们是在不断地维护、修正或质疑我们自己的和别人的“自我身份”。[②]“如个人的社会身份、文化身份和种族身份等都是在协商中形成的。在现实生活中，协商技巧包括仔细观察、倾听对方、产生情感共鸣、注重非语言传播、讲礼貌、改变自己的认知框架和与对方合作等。”[③] 网络空间中，这些协商技巧就变成了自我描述、自我认定，在匿名的环境下参与不同的活动进行试探，试验各种不同身份，包括性别、年龄、趣味等。传播个体在协商中迅速得到外界的反馈，这种反馈也不再局限于现实生活中的熟人关系，而扩展到更大的范围。个人再依据反馈对身份的呈现进行调整。

对新媒体参与者而言，新媒体中的身份建构同时也存在风险。

首先，新媒体中身份匿名的可能性为个人尝试多种身份提供了机会，但同时也容易使人忽略个人身份的形成所应承担的责任。责任的缺乏，往往带来一系列的后果。如虚拟空间中，个人从性别、外形到文化、种族等方面对自我身份的虚构，这种虚构本身可能并不构成伦理道德问题，但会引发潜在的危险。对于虚构身份的个人本身而言，当个人交往从虚拟世界转移到现实生活，这种虚构的身份对个人心理产生影响，分不清现实和虚幻。如学者保罗·莱文森所说的“第二人生”是“全身心投入”，是“第三种生活”，“通过‘化身’在那个环境里移动，强有力的幻觉由此而生，真的觉得全身心融入其间，而不是在观看、聆听或阅读”。[④] 当这种虚拟身份完全占据全身心，现实中的身份就会因为缺乏足够的投入而产生影响，从而对现实交往产生误导，引发各种社会问题。

---

① ［美］斯蒂芬·李特约翰、凯伦·福斯：《人类传播理论》（第9版），史安斌译，清华大学出版社2009年版，第105页。

② 同上。

③ ［美］斯蒂芬·李特约翰、凯伦·福斯：《人类传播理论》（第9版），史安斌译，清华大学出版社2009年版，第106页。

④ ［美］保罗·莱文森：《新新媒介》，何道宽译，复旦大学出版社2013年版，第153页。

其次，虚拟身份往往是传播主体与外界反馈的相互作用的结果。因此，对多种身份的尝试和建构容易导致传播主体过分依赖外界的反馈而迷失自我，并且影响传播主体在现实生活中对“自我”的身份认同。[①] 如在网络中，人们都倾向于把自己描述成社会普遍认同的模型。在与异性交流的过程中，女性往往用靓丽的外形、姣好的容貌来描述自我；而在通常情况下，高大、英俊、富裕等特征都是男性普遍采用的个人身份描述。但现实并非如此，这种身份的虚构往往导致各种潜在危险：虚拟世界中的交流无法进入现实生活，欺骗成为虚拟世界数字化身份构建中普遍采用的行为方式。对于社会伦理价值认同来说，这无疑是非常危险的。当大多数人都用欺骗的方式来构建自己的虚拟身份，这不利于社会成员之间互相信任，也不利于社会交往活动的进行。

三　新媒体传播情境的改变对隐私观念的影响

隐私通常指个人独处的权利以及对不愿公之于众的个人私事的控制权利[②]。大众传媒的职能是传播信息、公开信息，为了达到某种目的，需要采集一般人不易获得的信息。因此，媒体与个人隐私之间存在着固有的矛盾。传统的伦理道德要求社会成员尊重个人隐私，但对传统媒体而言，公开信息是媒体的天职。[③] 如何找到自身职能与隐私保护的平衡点，是大众传媒从业者面临的伦理困境。在新媒体的环境中，信息技术的发展以及交往情境的改变使隐私的界限以及隐私的保护都在发生改变。

案例一：铜须门事件[④]

2006 年 4 月，国内热门游戏《魔兽世界》中的一位玩家“锋刃透骨寒”在网上发帖自曝其妻子由于玩《魔兽世界》并加入了“锋刃透骨寒”

---

① See Carrie James with Katie Davis, Andrea Flores, John M. Francis, Lindsay Pettingill, Margaret Rundle, and Howard Gardner: *Young People, Ethics, and the New Digital Media: A Synthesis from the Good Play Project*, Cambridge, Mass, London: The MIT Press, c2009, p. 28.

② ［美］路易斯·阿尔文·戴：《媒介传播伦理：案例与争论》（英文影印本），北京大学出版社 2004 年版，第 137 页。

③ 同上书，第 137—138 页。

④ 参见“铜须门事件”词条，百度百科（http://baike.baidu.com/link?url=SMmj-5TZ4kZRg6fAAQWKqpVPpnvZqaCqjCDvXgh2IvZdH6phiiWt6THN8KUxLScTKVWgKBkhqfqb0mStxc9h3a）。

所在公会，与会长“铜须”在虚拟世界长期相处产生感情，并发生出轨行为。该帖引发网友纷纷声讨“铜须”，使“铜须”在现实生活中的身份完全曝光。在“铜须”身份曝光之后，各种媒体开始竞相采访，网上网下互相设置议程，使事件当事人的现实生活受到严重影响。但事件的真实性至今无法考证。

案例二：人肉搜索[①]

“人肉搜索”最主要的功能是“找寻特定的人的信息”。之所以以“人肉”命名，是因为它与百度、谷歌搜索等引擎技术不同，它更多的是利用人与人的互动找寻特定的信息。其特点是网民在社会道德正义的名义下，对违反社会道德的人进行声讨，集众多网民的力量，逐渐获取当事人的真实身份信息，并公之于众。尽管“人肉搜索”为道德监督提供了新的途径，但由于参与者涉及各个阶层不同职业的匿名网民，成分复杂，传播信息的真实性无法考证，且传者以群体的名义出现，对于信息的真实与虚假不承担责任。一旦涉及法律问题，无法追究法律责任。

如前所述，学者路易斯·阿尔文·戴认为离开电脑的现实生活中的隐私“通常指个人独处的权利以及对不愿公之于众的个人私事的控制的权利”。但在新媒体中，个人信息的公开与否，谁能使用个人信息，往往并没有征询本人的意见。对于“从事互联网的技术或媒体公司而言，搜集有关个人的信息，诸如年龄、性别、生活喜好和品位的数据已变得相当容易”。[②] 由于互联网的全球性突破了地域的限制，“电脑之间的数据流通行为一般人无法看到，再加上信息传输缺乏责任，当信息从一台电脑（或其他数据终端，如手机，PDA 等）传到另一台电脑时，它常常不会贴上标签表明来源和使用的限制”。[③] 个人信息的泄漏以及信息来源的不明确使现在大多数人在享受着互联网带来的便利的同时，也对互联网保持着不信

① 参见“人肉搜索”词条，百度百科（http://baike.baidu.com/view/860941.htm?fromId=542894）。

② ［美］路易斯·阿尔文·戴：《媒介传播伦理：案例与争论》（英文影印本），北京大学出版社 2004 年版，第 137 页。

③ 同上。

任的态度。

但在现代生活方式中，分享信息是新媒体使用的一个关键词，个人对于信息、商业和娱乐的需求使大多数人已经不可能脱离新媒体而生存。因此，也有很多人并不在意个人信息的公开，也并不尊重他人的隐私。特别是在社交媒体中，对于很多年轻人来说，分享才是最重要的，关键的问题并不是隐藏自己，而是如何更好地呈现自己。

个人信息的公开，对于网民有一定的积极作用。首先，个人信息的公开，有助于个人身份的认同与确认，使人与人更加真诚地进行交流，并且得到积极的反馈。其次，当网民遭遇某些困难时，还能通过网络寻求帮助。网络社交网站在这方面发挥了积极作用。[①] 如2010年海地地震中，Facebook几乎成了地震消息来源的最前沿，也是找寻亲人的有效方式。在我国青海玉树地震、甘肃舟曲泥石流的救灾工作中，社交网站、微博也都起到了很重要的作用。再次，个人信息的公开，还能激发对于信息保护的责任感。[②] 尽管公开个人信息往往冒着信息泄漏的巨大风险，但同时也在倡导新媒体使用者自觉尊重他人和自己的隐私，提倡文明和道德的新媒体环境。

个人信息的公开，同样面临潜在的危险。

首先，真实信息的分享以及匿名的受众，成为隐私保护的威胁。对传者而言，尽管主观上认为与自己生活圈毫无关系的人不会对自己的信息感兴趣，但网络信息的记录性、无法预知的信息接触者、搜索引擎的使用以及信息分享的便利与潮流都为隐私的泄漏埋下了隐患。从“铜须门”事件中可以看到，到目前为止，事件的真实性无可考证，在网民“人肉搜索”的推动下，当事人的真实身份被完全公开，严重侵犯了当事人的隐私，对事件当事人及其家人的生活产生了深远影响。尽管事件的起因在于众多网民对于违反社会道德的行为的声讨和反对，但在无法确认事实真相的情况下，事件引起了越来越多人的关注，从网上到网下，从虚拟世界到现实世界，传统媒体的参与更是将事件的影响扩展到了全社会。网民群体强制执行社会规范，造成首先在虚拟世界中，而后又在现实社会中形成

① See Carrie James with Katie Davis, Andrea Flores, John M. Francis, Lindsay Pettingill, Margaret Rundle, and Howard Gardner: *Young People, Ethics, and the New Digital Media: A Synthesis from the Good Play Project*, Cambridge, Mass, London: The MIT Press, c2009. p. 39.

② Ibid., p. 40.

“广场政治”、“多数的暴政”，“以网民为代表的大众站在道德的制高点上，压制了个人的选择与自由”[①]，特别是对于个人的隐私的侵犯，成为比较严重的问题。

其次，个人信息公开带来的潜在危险还表现在：网络中的欺骗行为。[②]这样的行为一方面可能对当事人的隐私有所保护，但另一方面，当所有人都用欺骗的方式来保护个人隐私的时候，整个社会的诚信会受到影响。这也违背了诚实这个传统的伦理价值观。在网络中，由于缺乏面对面的交流，欺骗在交流行为中变得越来越容易，新媒体使用者很难分辨事实的真相。

四　知识共享引发的伦理价值争议

案例：维基百科与内容共享[③]

维基百科是“一个基于 Wiki 技术的全球性多语言百科全书协作计划，同时也是一部在互联网上呈现的网络百科全书网站，其目标及宗旨是为全人类提供自由的百科全书——用他们所选择的语言来书写而成，是一个动态的、号称可自由访问和编辑的全球知识体”。Wiki 技术是“一种在网络上开放且可供多人协调创作的超文本系统，由沃德·坎宁安于 1995 年首先开发。沃德·坎宁安将 Wiki 定义为‘一种允许一群用户利用简单的描述来创建和连接一组网页的社会计算系统’。”

维基百科在“2001 年采用 GNU 自由文档许可证来进行内容授权，2009 年 8 月 1 日将其条目授权改为知识共享、署名－相同方式共享 3.0 协议（Creative Commons Attribution/Share-Alike License 即 CC-BY-SA），同时维基百科的内容也适用于新版本的 GNU 自由文档许可协议（GUN Free Documentation License）”。

维基百科是一部内容开放的百科全书，也是一部人人都可编写的自由

---

① 刘海龙，《大众传播理论：流派与范式》，中国人民大学出版社 2010 年版，第 154 页。

② See Carrie James with Katie Davis，Andrea Flores，John M. Francis，Lindsay Pettingill，Margaret Rundle，and Howard Gardner：*Young People*，*Ethics*，*and the New Digital Media*：*A Synthesis from the Good Play Project*，Cambridge，Mass，London：The MIT Press，c2009，p. 42.

③ 参见“维基百科词条”，维基百科（http：//zh. wikipedia. org/wiki/% E7% BB% B4% E5% 9F% BA% E7% 99% BE% E7% A7% 91）。

的百科全书。它受到了很多批评，如人人都可编辑，缺乏权威，不够可靠，经常出现集体偏见，复杂的人际交往，妨碍维基百科的宗旨，等等。但尽管如此，维基百科仍然是影响巨大的网络百科全书，很多学生都会引用维基百科上的内容。所带来的问题在于，有些年轻学生认为，自己就是维基百科的其中一名贡献者，他编辑了部分内容，因此在引用这些内容时，不需要署名。但老师们认为这是典型的抄袭行为，是违背道德和伦理的严重问题。

在新媒体出现之前，传统的著作权受到一系列版权法规的规定和保护，以保障著作权所有人和作者对于作品的相关权利。同时，对于知识产权的尊重也被作为社会普遍认同的伦理道德标准在社会组织当中被广泛传播。但在经济利益和数字存储技术发展的推动下，包括图书、电影、音乐等各种盗版仍然较为普遍。在中国，由于正版影碟与盗版之间巨大的价格差异，购买者尽管知道这种行为不利于知识产权的保护，但仍然愿意购买盗版。这表明，尽管有相关法律和道德的约束，但版权侵犯仍是比较突出的问题。

新媒体的出现，使网络版权问题变得更加复杂。相比传统版权，网络版权在著作权和所有权权属问题上变得异常模糊。

首先，传统的版权制度（包括纸质、音像）具有很强的国家主权特征，不同的国家版权制度受到不同国家的政治、经济和文化的影响。[①] 而在新媒体环境中，新技术的发展已经使信息传播打破了国家与国家的界限，传统版权制度的国家特征与信息传播的无国界化产生了矛盾。随之而来的问题是，“版权作品的数字化传播不再能被版权人有效控制”[②]。

其次，Web2.0 技术的发展使大众可以参与内容的生产、复制和传播，改变了传统的传者和受众相对立的局面，使传者和受众的身份变得越来越模糊。同时，新技术的发展促进了人与人之间的合作，这样的合作模式包括共同写作、共同编辑内容、制作视频并通过视频分享网站发布。如“第

① 吴伟光：《版权制度与新媒体技术之间的裂痕与弥补》，《现代法学》2011 年第 5 期。
② 同上。

二人生”开放源代码，方便游戏修改并保留其作者身份和所有权①，再如维基百科，它允许使用者对词条内容进行修改、编辑和复制，方便不同行业的人学习。学者詹金斯认为，在媒体融合时代，消费者参与作为核心概念出现，如角色扮演和粉丝小说写作等，这些行为使参与者找到表达自我的渠道，通过表达来探讨价值观念、身份认同以及关于未来的期望。②

传者与受众多重身份的融合，改变了传统的版权制度中作品版权人和所有人就是商品提供方、作品使用者就是商品消费者的格局。这样的改变一方面促进了知识在更大范围的共享，但同时也带来了伦理道德上的两难境地。

对于使用新媒体的使用者而言，他们可能缺乏版权意识，导致网络文件非法下载的泛滥。在互联网的行为规范中，是否应对非法下载问题负责的争论一直存在。如唱片公司与网络搜索引擎之间关于网上音乐下载是否侵犯版权的法律诉讼也经常发生。而未经授权的互联网资源的使用行为，如音乐或视频资源的下载，其伦理问题在于使用者是否应该尊重制作者的辛苦付出，从而付费使用资源。此外，与传统版权认定的情形截然不同的情况是，在诸如维基百科这样的人人都可参与创作的电子文本中，如何对个人的权利进行认定？

新媒体去中心化的传播、人人参与作品创作和传播以及信息的全球性传播，都对传统版权制度造成了冲击，也挑战了人们的版权观念。各种困惑、模糊以及随之而来的权责不明，造成了新媒体环境中的新的伦理问题的产生。

第三节　伦理道德对新媒体的影响

雅克·蒂洛在《伦理学与生活》一书中指出，一切人都有需要友谊、爱、幸福、自由、和平、创造性和安定。坚守道德原则，可以使人们尽可

① See Carrie James with Katie Davis, Andrea Flores, John M. Francis, Lindsay Pettingill, Margaret Rundle, and Howard Gardner: *Young People, Ethics, and the New Digital Media: A Synthesis from the Good Play Project*, Cambridge, Mass, London: The MIT Press, c2009, p. 48.

② ［美］亨利·詹金斯：《融合文化：新媒体和旧媒体的冲突地带》，杜永明译，商务印书馆2012年版，第11页。

能生活得和平、幸福、充满创造性和富有意义。① 在现实生活中，“伦理道德作为社会的基础，指出了人类应该做到的依据社会舆论、内心信念和社会习俗的行为。它在社会个人与个人之间，组织与组织之间，个人与组织之间建立信任与合作”。② 在新媒体环境下，同样需要伦理道德来建立社会的信任与合作。

新媒体，尽管有非常明显的个人媒体性质，但它同时也是具有巨大影响的大众媒体。在很多情境下，新媒体的受众并非单独的个人，而是相互联系紧密的社群。正如学者詹金斯所指出的：“数字革命是一种社会和文化的变迁，也是技术性的变迁。承载技术总是不断变化，而媒体，则沉积留存在日益复杂化的信息和娱乐组织层里成为其各个层级。”③ 新媒体为社会交往提供了新的情境，同时也对传统的伦理道德价值观念产生了一定的冲击。

在新媒体中，对伦理道德的探讨就是对我们面对日益复杂化的信息和娱乐方式所应该采取的行为标准的探讨。这种行为标准以所有文化中某些固定的普遍的道德准则为依据，它的普遍适用与发展反过来对新媒体的技术发展、文化协定、娱乐方式、组织形式等方面产生影响。

此外，寻求新媒体环境下规范的伦理道德标准，即建立一个规范的互联网的环境，也显得非常必要：规范的互联网应该是何种形态？新媒体是否能培育出新的伦理道德标准？新媒体对伦理道德标准的协商与重构，是否影响了新媒体发展的路径和方向？

一　“离线”的伦理道德与“在线”的环境④

在大众传播理论中，自由主义者认为，在观点的自由市场中，只要给媒体和公众自由，人们就会得到不断修正的真理。但这种纯然的毫无约束力的自由，往往容易导致伦理的混乱。新媒体创造了一个相对自由的社会交往空间，但完全的无序和绝对的自由也会给社会带来伤害。

① ［美］雅克·蒂洛、基思·克拉斯曼：《伦理学与生活》，程立显、刘建等译，世界图书出版公司2008年版，第27页。

② ［美］路易斯·阿尔文·戴：《媒介传播伦理：案例与争论》（英文影印本），北京大学出版社2004年版，第23页。

③ ［美］亨利·詹金斯：《融合文化：新媒体和旧媒体的冲突地带》，杜永明译，商务印书馆2012年版，第44页。

④ “离线”指脱机，此处指离开电脑的现实生活；“在线”指联机，此处指网络连接。

因此，在新媒体环境中，如何能够规范不道德的行为是伦理道德的重要议题。限制不道德行为的过程即是在新媒体中建立新的道德标准的过程，这样的过程也影响着新媒体的发展。不难发现，在新媒体中首先延续着现实生活中的伦理价值观。

（一）新瓶装旧酒：传统伦理道德价值观渗透在新媒体中

麦克卢汉认为，“媒体所传播的内容，其实只是在重复着千百年前人们已经说过的东西”[①]。在传统媒体中，伦理道德观念通过渗透在新闻报道、电视评论、广告诉求和电视剧情节中，传播给大众。在新媒体的环境下，一对多的传播形式仍然存在，其传播的内容并没有根本地改变，因此所传递的伦理价值观仍然存在。

文化普世主义的观点也认为，“不论环境与文化，世上存在着适用于所有文化的固定的普遍的道德准则。新媒体被称为是突破了地域限制的全球性的媒体，为来自不同文化背景的人的交流提供了平台。跨文化交流肯定会产生某些文化冲突。但不论是在传统媒体的环境下，还是因技术发展的推动而创建的新的媒体环境，普遍的道德行为准则仍然有一些适用于所有人和所有文化，只有在某些特定的道德行为上才存在差异。”[②]

（二）“离线”的伦理观与“在线”环境的矛盾

随着新媒体的发展，网络通信技术的发达，各种新媒体应用层出不穷，如SNS社交网络的建立，微博的出现，优酷网等各种视频分享工具的流行；随着各种社交应用软件用户的成倍增长，其社会影响力逐渐凸显，使用者不仅仅是信息接收者，同时也是信息的创造者和传播者，每一种行为的背后都背负着社会责任，都传递着伦理道德价值观念。

大众传媒环境下，尽管仍然存在诸如内容选择、隐私的保护、所有权和著作权等伦理问题，但大众对伦理道德标准具有较为普遍的认同。相反，在新媒体环境中，网络“作为最大的也是最容易接近的联机服务平台，被认为是真正的观点的自由市场和最为纯粹的民主形式”。[③] 但很多参与者把新媒体环境当成是远离现实生活的自由空间，这使各种色情暴力

---

① 刘海龙：《大众传播理论：流派与范式》，中国人民大学出版社2010年版，第429页。

② ［美］拉里·A. 萨默瓦、理查德·E. 波特：《跨文化传播》，闵慧泉、王纬、徐培喜等译，中国人民大学出版社2010年版，第355页。

③ ［美］路易斯·阿尔文·戴：《媒介传播伦理：案例与争论》（英文影印本），北京大学出版社2004年版，第320页。

的内容、各种谩骂、侮辱充斥在网络中。相比其他媒体，网络的匿名性质与松散的社会联系，使参与者更加缺乏责任感。网络新技术的发展（如社交网络、视频分享软件的开发）又使这些不负责的内容更加易得，并且传播广泛。

毫无疑问，同传统媒体传播者在提供色情暴力内容的问题上所引发的伦理问题相比，新媒体带来更为严重的后果。尤其是在目前的新媒体使用者年轻化、低龄化的情况下。如在我国，30 岁以下的年轻群体是当今网民的主体。据 CNNIC 在 2015 年 7 月公布的《第 36 次中国互联网络发展状况统计报告》统计，截至 2015 年 6 月底，20—29 岁的网民所占比例为 31.4%，10—19 岁的网民 23.8%，10 岁以下的占 1.8%，这三部分网民占到中国网民的 57%[①]。由于社会环境的影响，伦理道德教育的缺乏，以及新媒体使用者普遍年轻化，缺乏足够的判断力等因素的影响，新媒体参与者在传播行为中存在着诸如传播不道德内容、实施不道德行为等问题，对参与者自身和他人都造成了一定的伤害。

这种现状引发了社会公众对于加强新媒体监管的强烈呼声。美国《时代》周刊和 CNN 共同发起的一个关于互联网的民意调查显示，"42% 的受访者希望政府对互联网进行管制，而 48% 的受访者反对"。[②] 这个民意调查反映出，在美国，尽管反对者多于支持者，但至少将近一半的公众希望政府加强对互联网的监管。支持者认为如果不对互联网进行管制，伦理道德品质将会受到更大的侵蚀；反对者则认为如果将互联网和传统媒体（诸如广播、电视）同样对待，加强内容监管，将会导致真正的民主形式被破坏。

可见，如何保持新媒体的自由开放特性与加强新媒体监管的力度的权衡决定了未来新媒体的发展。

二　"在线"环境中的伦理重构对新媒体发展的影响

（一）新媒体中自我与他人关系的构建影响新媒体的发展

当新媒体中个人的不同身份建构起来后，每一种身份都背负着一定的

① CNNIC：《第 36 次中国互联网络发展状况统计报告》，中国经济网（http：//www. ce. cn/xwzx/gnsz/gdxw/201507/23/t20150723_ 6022843_ 1. shtml）。

② ［美］路易斯·阿尔文·戴：《媒介传播伦理：案例与争论》（英文影印本），北京大学出版社 2004 年版，第 320 页。

责任和义务。因此，新媒体参与者在尝试多重身份建构的同时，是否能意识到并承担起身份背后的伦理责任，显得越来越重要。

精神分析学家弗洛伊德提出，个体的人格由三个系统组成："本我、超我，自我。"[①] 其中，本我是"由生而有之的某种心理本性——诸如本能——的所有东西构成。由人的人格的生物成分构成的本我，借助于作为减少紧张的手段的快乐原则来发挥作用。对于本我来说，不存在善和恶，它不知道道德"[②]；自我"是人格的心理组成部分，在自我中，现实原则暂时中止了快乐原则。个体学会区分心灵中的思想与围绕着个体的外在世界的思想。自我在自身和其环境之间进行调节"[③]；超我，这是"人格的社会成分，代表着自我控制，由社会的传统理想的内在表现所构成。个体被教会区分正确和错误，并学会为完美而奋斗、而不是为快乐而奋斗。超我与本我是相冲突的"。[④] 在社会交往中，社会伦理道德与法律规范着个体的行为，个体在"超我"的影响下，调节着"本我"与外界的关系，受到社会影响的"自我"被表现出来。

而新媒体所建构的匿名的、虚拟的交流环境，为个体的"本我"减少了来自现实原则的压力，使自我在调节心灵的思想与外在思想的环节上，倾向于以达到快乐为目的，将个体在现实社会中受到现实原则施压的"本我"解放出来。因此，很多人在现实中无法表达自己的意愿，更倾向于在新媒体中表达出来；在现实中无法做出的行为，在新媒体中更容易做到。从此意义上来说，新媒体中构建出的个人身份更接近于真正的自我。

新媒体的虚拟环境拉开了与现实社会的距离，在它还处于初级发展阶段的当下，它也暂时屏蔽了部分社会伦理道德的压力。但随着新媒体的发展，它作为社会的一部分，必然渗透到社会生活的方方面面，它所建构出的新媒体环境与现实环境越来越接近，新媒体中的行为直接影响到现实。如新媒体中网络社群的交流，对现实生活中个人社群的影响；新媒体中的行为对个人隐私权的侵犯、网络游戏中的虚拟身份对现实身份的影响等，都涉及现实社会中人的个人权利和经济利益。作为新媒体使用者的个人和

① ［美］E. M. 罗杰斯：《传播学史——一种传记式的方法》，殷晓蓉译，上海译文出版社2010年版，第70页。

② 同上。

③ 同上。

④ 同上。

组织就不可避免地受到更大的社会压力，对社会现实原则的服从，即对遵守社会伦理道德的要求随之而来。

对伦理道德的推崇与遵守，部分地推动了新媒体环境与现实的结合。因此，探索新的适应新媒体身份建构的伦理道德标准未来将会从技术或组织层面上对新媒体的发展产生影响。

（二）隐私观念的变化影响新媒体的发展

在一个多种信息可被收集和传播的环境中，个人隐私如何得到保障，为了保护个人的利益部分地隐瞒或欺骗是否是正当的行为，是目前新媒体面临的重要伦理问题。对这一问题的解决将关系到新媒体是否能够保持持续的开放性。

随着实名社交网站的发展，个人信息的公开也早已成为一个普遍现象。当新媒体使用者注册 Facebook 时，被要求一定要使用真实姓名，不然会被冻结账号。在注册后 Facebook 能够自动登入该用户的电邮账户以取得其通讯录（即用户联络人的电邮地址），这样就能告知用户哪些朋友有使用 Facebook。[①] 这样的做法，在国内也被很多社交工具广泛使用，如腾讯 QQ 的微信、腾讯微博、QQ 空间、人人网、新浪微博都有这种提示朋友的功能。这样的技术，自然有其便利性，使新媒体使用者能更为方便地管理自己的社交网。但另一方面，其危险在于，技术供应商拥有了大量的个人隐私信息。在并不规范的新媒体环境中，技术供应商出卖个人信息牟取暴利的行为时有发生。

综上所述，在信息可被收集和传播的新媒体环境中，个人的伦理道德行为以及个人隐私的维护，对新媒体的发展具有重要影响。因此，对于国家而言，如何从伦理规范和法律上保护个人信息避免泄漏，是未来新媒体发展的重要内容。此外，在 Web2.0 技术的推动下，知识的生产者从明确的个人变成匿名的群体，著作权的归属问题的认定也会影响未来新媒体技术、组织形式、文化形式的走向。

三　新媒体发展受伦理教育的影响

从以印刷媒体作为新媒体取代口语传播，以广播为代表的电子媒体作

① 刘瑞生、赵康：《2010 年网络论坛社区和社交网站发展报告》，载尹韵公《中国新媒体发展报告（2011）》，社会科学文献出版社 2011 年版，第 190 页。

为新媒体取代印刷媒体的历史可以看出：每一种新媒体都带来了传播方式的变革，成为对人的自由权利的延伸，但每一种新媒体的发展都不能超越它所处的社会结构。①

如前所述，对身份问题的讨论、隐私的保护、著作权的问题、社会诚信与知识共享等伦理讨论在传统媒体中固然重要，但在新媒体环境中，这些问题产生的情景发生了改变，出现了更复杂的情况。因此，如何让更多的新媒体参与者了解新媒体的伦理环境，探索更能符合社会利益的行为准则是新媒体发展中不能回避的问题。在此，个人的伦理教育显得格外重要。而针对新媒体的伦理教育应属于媒介素养教育的范畴。

媒介素养指媒介使用者所具有的使用与分析媒体的能力，同时也指媒介使用者理解媒体在制造、生产和传递信息的过程中受到的来自社会各个层面的影响。在新媒体时代，信源多样化、信息不确定性、碎片化日益增加了人们辨别真相的难度。美国学者莱茵高德认为，人们在一种新兴传播机制兴起的最初几年使用新媒体的方式会影响之后几年这些媒体被使用和滥用的方式。② 因此，在复杂的信息环境下，如何能正确地使用新媒体，批判性地解读新媒体中传播的信息成为媒介素养教育中的重要内容。同时，在媒介素养形成的过程中，传统的伦理道德观念教育也是批判性地解读与使用媒体的基本前提。在全球化趋势的影响下，新媒体中也存在着各种不同的文化观念之间的碰撞。

因此，以下将从新媒体的使用技能教育、伦理道德观念教育、对跨文化的伦理价值观的认识三个方面探讨伦理教育对新媒体的影响。

（一）新媒体使用技能教育

从传播学的使用与满足理论来看，以互联网和手机为代表的新媒体满足了人们的需求。斯塔福德等学者认为，“互联网给人的满足来自于三个维度，分别是：媒体使用过程中的体验带来的满足，媒体内容带来的满足以及社会性的满足”。③ 具体而言，新媒体满足了人们接触新媒体体验的需求，如使用网上冲浪、搜索引擎等新式网络工具的需求，信息的需求、娱乐的需求以及社会交往的需求。但所有这些需求的满足，都建立在使用

---

① 参见刘海龙《大众传播理论：流派与范式》，中国人民大学出版社 2010 年版。

② Howard Rheingold, *Net Smart: How to Thrive Online*, Cambridge, Massachusetts, London: The MIT Press, 2014, p. 1.

③ 刘海龙：《大众传播理论：流派与范式》，中国人民大学出版社 2010 年版，第 284 页。

者对新媒体接入设备的持续拥有和新媒体技术的掌握上。

据CNNIC在2015年7月公布的《第36次中国互联网络发展状况统计报告》统计，截至2015年6月底，我国网民数量为6.68亿，互联网普及率为48.8%[①]。尽管我国互联网的用户普及率以平均每年6%的速度在快速增长，但到目前为止，普及率仍然未超过50%。大多数的人仍然无法接触与使用新媒体。

按照知沟理论假说，“随着大众传媒向社会传播的信息日益增多，社会经济地位高的人将比社会经济地位低的人以更快的速度获得信息，因此，这两类人之间的‘知沟’将成扩大而非缩小的趋势”。[②] 在新媒体与传统媒体交织的融合环境下，尽管新媒体技术被认为是代表了一种观点的自由市场和真正意义上的民主，但如果新媒体并非代表各个阶层的所有人都在使用，而只是一部分人，那么这种民主就只能是一部分人的民主了。

而随着全球化浪潮的席卷与新媒体技术的发展，国际间贫富的差异和数字化技术带来的信息分配不均也造成了很多不平等、不公正的问题。正如一些学者提出的：“在数字化技术的革命中，由于部分人能够拥有最先进的信息技术，能够使用计算机、网络接入、电信设施，他们就比缺乏这些条件的人拥有更多获得信息的机会，能够享受到信息技术带来的便利和发展个人能力的机会。社会被信息技术分成了‘拥有者’和‘匮乏者’两个部分，并且他们之间的差距会随着技术的发展越来越大。这种现象被称为‘数字鸿沟’。”[③] 此外，新媒体的使用能力和技巧影响着不同使用者在信息技术中的收益：有的使用者可以通过互联网获得更多的机会，甚至建立新的商业盈利模式；而有的使用者可能主要把它当作一种娱乐或消遣的工具。因此，新媒体技术具有加剧社会分化的可能性。

案例：QQ与360大战[④]

2010年发生的“3Q”大战可以说是中国互联网界的一场运动。这场

① CNNIC：《第36次中国互联网络发展状况统计报告》，中国经济网（http://www.ce.cn/xwzx/gnsz/gdxw/201507/23/t20150723_6022843_1.shtml）。

② 刘海龙：《大众传播理论：流派与范式》，中国人民大学出版社2010年版，第156页。

③ 同上。

④ 杨斌艳：《“3Q大战”：中国互联网的一场“运动”》，载尹韵公《中国新媒体发展报告（2011）》，社会科学文献出版社2011年版，第94—99页。

运动从2010年9月到11月，一个多月的时间里，360和腾讯QQ展开了一场互相指责对方侵犯隐私、不正当竞争的骂战。事件牵连到多家网络公司，双方通过技术控制，使软件在用户的电脑中不兼容来争夺权利，最后，在国家工信部和公安部的干预下，平息了这场斗争。

整个“大战”过程透明，产生了前所有未有的广泛影响，几乎涉及所有使用这两种软件的网络用户。

这场大战让网民发现，与互联网企业相比，网民是弱势群体，长期处于不知晓、无选择的状态。这些互联网企业提供什么，网民就使用什么。网民对这些企业高度依赖，企业控制网民，技术的优势和对信息的屏蔽使这种控制力掌握在这些企业手中。企业为了商业的利益，将一些动作隐藏在商品中，不让网民知道。但这些企业对市场的垄断迫使网民不得不接受。

可见，腾讯QQ和360等互联网企业中的实力较强，由于掌握了技术的优势，迅速发展壮大，并长期占据着中国互联网市场的较大份额。在世界范围内，很多互联网企业都是在掌握先进技术的前提下，迅速风靡全球形成垄断。如微软在操作平台上的优势，Facebook、Twitter等新社交媒体的流行，都是通过技术建立了新的商业模式。很多中国的互联网企业，如新浪、搜狐、百度、淘宝、开心等网站，都是在学习了国外先进技术之后，将这些技术加以中国化，从而成为中国互联网领域中的实力企业。①

腾讯QQ和360安全软件分别在即时通信和网络安全领域占有相当大的份额。对普通使用者而言，互联网上提供什么就使用什么，没有别的选择，使用的范围和程度也在技术供应商控制之中。同样的问题在搜索引擎这种技术应用中也大量存在。使用者往往无法分辨广告信息与非广告信息，无法选择，只能被迫接受。

对技术的占有使这些企业迅速获得了对普通使用者的控制，而对普通新媒体使用者而言，他们往往在不知情的情况下，隐私信息被盗用，使用方式被强制，在互联网企业的斗争中权益受到侵犯。技术所有者与普通使用者之间的不平等随着技术的发展被进一步扩大，新媒体中出现新的权力

---

① 杨斌艳：《“3Q大战”：中国互联网的一场“运动”》，载尹韵公《中国新媒体发展报告（2011）》，社会科学文献出版社2011年版，第98页。

分配，这对新媒体的开放性、自由性而言，势必是一种伤害。

如学者詹金斯所认为的，除了受到广泛关注的数字鸿沟以外，新媒体的发展也促使人们对参与鸿沟的日益关注。随着互联网的日益普及，使用权利将慢慢让位于参与权利，新媒体技术带来的新型社会互动要求相关技术被人们更为深入地利用，才能更深入地参与到社会活动之中。[①] 因此，如何制约技术垄断，探索使普通新媒体使用者能够更加平等、公正地使用新媒体，都会对新媒体的监管、相关法律法规的制定产生深远的影响。

（二）伦理道德教育

美国哲学家尼布尔认为个人伦理道德与社会道德的关系在于——“如果个人的道德想象力不寻求理解他的同代人的需要和利益，就不可能建立起最完美的公正。”[②] 传播在社会道德体系的形成、巩固、发展等方面的重要作用，就主要体现为：“调节人际伦理关系；调节并塑造、维护公众道德意识系统，调控社会个体以及社会群体的道德行为规范；建构和维护传播行为的道德规范系统；传递信息、协调社会行为、实施社会控制、促成并维持社会秩序。”[③] 其中，人际传播主要发挥着调节社会个体之间以及社会个体与群体之间的日常关系的作用；大众传播则主要调节着国家、政府与公众之间的关系。

新媒体传播既是人际传播，也是大众传播。个人化传播与大众化传播的并存为新媒体多样化的传播提供了前提，但多样性也可能会导致人的分化和隔离。以自我利益为中心的个人参与传播，忽略他人的利益和需要，容易导致偏见和不公正的盛行。

要在新媒体中建立伦理道德规范，必须加强对新媒体参与者的伦理道德教育。新媒体作为一种信息传播工具，传播行为分为信息传播与信息接受两个层面，因此，伦理道德教育也应从这两个层面展开。

从信息传播的角度来看，无论是组织传播者还是个人使用者的传播动机都应符合基本的社会道德价值，即不损害他人的利益，不利用新媒体的技术来损害社会利益。与人为善，主张平等和公正。究其根本，传播内容

---

① ［美］亨利·詹金斯：《融合文化：新媒体和旧媒体的冲突地带》，杜永明译，商务印书馆 2012 年版，第 56 页。

② ［美］莱茵霍尔德·尼布尔：《道德的人与不道德的社会》，蒋庆、阮伟等译，贵州人民出版社 2009 年版，第 151 页。

③ 陈汝东：《传播伦理学》，北京大学出版社 2006 年版，第 7 页。

符合传统社会道德的要求，是维护伦理道德价值的最基本的准则。而在新媒体发展的初级阶段，传播信息的不真实是新媒体中最为突出的伦理问题。尽管新媒体存在匿名性、虚拟性的特点，为传播行为的隐匿性提供了便利，但新媒体中的传播行为也应该与其他现实社会行为保持一致，不应利用新媒体对他人进行侮辱、诽谤、欺骗等违背人际传播道德规范的行为。遵守社会承诺，保持信用，加强协调，是维护社会合作的伦理基础。

从信息接受的角度来看，新媒体接受者的“解码”也应遵循伦理原则。新媒体与传统媒体传播最大的不同在于社会互动的增加。传统媒体强调的是信息的传输，只是把信息传输给接受者，因而降低了互动的可能性。而新媒体即时的互动给“个人化传播”带来了开放性及动态性的特点。新媒体接受者的互动和反馈能即时转换成新的信息传播，在超越本地地域限制的范围内形成共享的观点和视角。在这种开放性、动态性的环境中，网络人际传播和群体传播的便利，为媒体使用者的互动交流创造了条件。在这种互动交流中，新的公众议程得以产生，对传统的大众媒体设置的普遍性的议程造成影响，从而对社会环境造成影响。同时，在新媒体发展的初级阶段，新媒体缺乏监管，个人行为缺乏约束，某些不符合伦理道德的行为容易成为社会普遍的现象。如免费下载盗版音乐和电影，窥视他人隐私等行为，因成为普遍现象而使很多人在实施这些行为时，并没有不道德的反思以及良心的谴责，以至于很多当事人的利益受到了损害。但因参与者众多，而无法追究责任。因此，有必要对新媒体参与者进行伦理道德教育，并从伦理规范的角度制定相关的约束机制，以规范新媒体使用者的行为。

总的来说，作为传者和受者的统一体，新媒体使用者在接受信息时应保持公正、客观的动机，尊重他人的社会利益，不盲目相信媒介传播的信息，对信息的真实性应做出理性的判断，对不利的社会信息进行批判和过滤，避免传播虚假信息。如果每个新媒体使用者都能做出符合伦理道德的行为，那么新媒体产生的社会舆论环境，基于新媒体的社会互动都能受到积极的影响。

（三）对跨文化的伦理价值观的认识

建立一个公平、公正、诚信的社会秩序是社会伦理力求达到的理想境界，而新媒体空间作为社会生活的一部分，也是建立良好社会秩序的重要场所。因此，要在新媒体中探索伦理道德规范，应从技术普及、新媒体使用者个人素质的培养以及协调社会文化三方面入手。

第一，技术普及。学者詹金斯通过细致考察美国当前的媒介变迁，提出“应帮助学生获得参与新媒体的相关技能”，“学生要学会做一名媒体内容的积极制作者和传者”。“他们需要获得利用媒体制作生产技能来提高社会福利的伦理框架，而不是让他们自己以及他人遭受伤害。”不仅是学生，成人也应该积极投入到学习适应新媒体技能的活动中去，“以学会如何驾驭社会网络，如何与拥有不同规范的价值观念的人互动”。[①]

第二，媒体使用者的个人素质和修养的培养。新媒体技术可以使更多人有机会接触和使用新媒体；对新媒体使用者而言，应提高自身伦理道德修养，约束自身行为，以为构建公正平等的新媒体环境打下基础。从外部条件来看，构建良好的新媒体环境，还需要政府对新媒体进行有效的引导和监管。目前，我国信息产业部针对新媒体的监管颁布了相关的法律条例，明确提出了新媒体信息服务单位和个人发布信息的相关资质、内容范围、责任以及对于个人和组织违反相关条例的相应处罚。

第三，不同社会文化的协调。不同国家存在着不同的文化，在同一个社会文化环境中的不同社会阶层、年龄层次，也有程度不同的文化差异。文化差异意味着不同的生活方式，也可能导致伦理道德和价值观念上的冲突，从而影响人们在新媒体中的社会互动。这种互动意味着“人与其他社会分子对意义的不断解释和建构的协商和磨合”。[②] 因此，伦理教育也包括认识不同的文化下伦理价值观，了解文化之间差异，学会与不同文化背景、不同价值观的人互动交流，这样的过程可能会引发新的意义的建构以及对新媒体新的功能的需要。

结语

每个特定的历史阶段，都会出现某种类型的新媒体，而新出现的媒体对个人和社会结构都会产生重大的影响。伦理，作为联系个体之间、个体与群体、个体与社会之间的重要依据和原则，在社会结构中扮演着极其重

① ［美］亨利·詹金斯：《融合文化：新媒体和旧媒体的冲突地带》，杜永明译，商务印书馆2012年版，第15页。

② 参见“符号互动论”词条，百度百科（http：//baike. baidu. com/view/430033. html）。

要的角色。[①]

从前文论述中可以看出，新媒体以全新的传播方式给人类伦理带来的深刻变革：作为信息传播工具，新媒体采用了多媒体、超链接的方式传播信息，将人际传播与大众传播相结合，使传播更为迅速，影响更为深远。但“专业化的大众传者并不会消失，大众传播背后的生产、分配和消费体制也并没有本质的变化”[②]，它仍是我们社会的生活方式。

随着新媒体技术的发展，互联网和手机将现实世界虚拟化，虚拟世界现实化。虚拟世界与现实世界的界线逐渐模糊。新媒体构建出的虚拟社会已经成为现实社会的一个重要组成部分。虚拟社会中的伦理观念深刻地影响着现实社会中的伦理实践，在新媒体中伦理道德规范的重构对社会中的个体和群体都已产生深远影响——正面的伦理道德观念在新媒体中得到了更广泛的传播，同时，新媒体传播也带来了诸多新的伦理困境。

深入理解新媒体环境引发的诸种复杂伦理问题，探索现代伦理道德的重构对新媒体发展的正、负面影响，是本章的两个重要命题，亦是建立新媒体时代伦理规范的起点和基础。

---

① 参见［美］雅克·蒂洛、基思·克拉斯曼《伦理学与生活》，程立显、刘建等译，世界图书出版公司2008年版。

② 刘海龙：《大众传播理论：流派与范式》，中国人民大学出版社2010年版，第66页。

第八章

新媒体与教育

20 世纪 80 年代起，世界的技术工具和传播媒介进入换代阶段，从 20 世纪初莫尔斯二进位密码为基础的无线电波“电报”，到声音的无线电波“收音机”的出现，到动态图像的“电影”运动，到动态图像的远程二进位点式扫描而出现“电视”，再到多任务处理、远程传输的多媒体交互运动的“互联网”的出现，以及多媒体“移动交互媒体”的出现，新媒体完成了一个全新世界的构建。

以互联网传播技术和传播活动为基础，思想界开始出现“媒体能力”（Media Literacy）或“信息素养”、“数字能力”的概念探讨和思想潮流。人们开始争论，在延续了几千年的读写文化之后，数码新媒体的使用已使得数字能力（Digital Literacy）成为人们关注的媒体和文化生存能力，那么，我们是否需要有一个类似当年“文字扫盲”同样重要的数字能力扫盲运动？新的技术和传播工具如何影响教育，新媒体如何应用于教育，也成为研究者研究的重要内容。根据新伦敦集团的研究，在世界范围内，新媒体的出现，带来了两个根本性的问题，第一是各种媒体的整合（多媒体）和新媒体交互传播出现不同的模式，且这种多样性还在不断地发展；第二是与多媒体相关的高度网络化的信息技术，创建了越来越跨文化、跨地区、跨民族的传播模式。

世界诸多大学和研究机构，也举办新媒体数字能力专题研究。各种讨论、战略计划、相关网站林立，表达了这一问题在当今社会和个人发展的急迫性。从十来岁的青少年，到大学图书馆；从校内校外社会生活，到艺术馆博物馆的新媒体应用；从政府机构和公共图书馆等公共信息资源库的建设和应用，到公共日常生活中新媒体参与社会生活和公共空间的力量；

新媒体及数字学习都已成为当下的重点。面对国际挑战，生活方式的改变，发展中国家如何学习发达国家新媒体在社会生活中的管理和结构能力，学习发达国家新媒体在教育上的重大有意义有效的应用能力，成为一件十分迫切的事情。

人类生活中最庞大的数字化过程，自20世纪90年代在先进国家拉开大幕以来，目前已进入新阶段。2011年9月美国推出“数字承诺计划”提升公民21世纪核心竞争力；2010年加拿大政府就“全国数字经济战略”进行大磋商；澳大利亚已推出“国家数字经济战略计划”推进时间表，并声称这是“有史以来国家最大的投资计划”；爱尔兰推出“全国数字战略”……这些国家和地区的数字计划涵盖教育、就业、政府服务和远程办公、医疗保健、家庭参与、电子商务和数字经济，以及非营利组织和环境生态管理的各种活动，规模之大，计划之详细，为历史罕见。在世界各地，公众服务数字化都已成为所有政府和组织的持续战略。

新媒体在数字政府、军事、医疗、文化和教育上的应用非常成熟，对公众的服务极为便捷。发达国家新媒体在社会数字战略、公众服务和在文化教育上的应用，已涵盖了社会生活的各大领域。在军事上，新媒体主要用于远程控制和虚拟学习，如飞机的模拟飞行，战争模型的虚拟展现，对打击目标的移动远程控制，以及士兵的训练等。在医学上，临床医疗环境的移动远程指导、教育和培训，是第一个响应新媒体移动技术的领域之一。美国大学牙科学院，已经没有纸质教科书，全部被虚拟课堂取代。

随着新媒体在当代社会形成的环境日益重要和普遍，美国和加拿大2011年开始的未来数字技术和战略的竞争焦点，已经开始集中于教育对公民核心竞争力的研究和实施上。发达国家政府、新媒体研究者和机构如DYN和YOUmedia都认为并确信，青少年的新媒体能力，应该在他们生命的早期，在正式的和非正式的教育中就发展起来，并环绕在社区、学校和家庭周围。美国教育局长邓肯确信，这一能力将成为21世纪公民的核心竞争力。如果对发展“新媒体能力”认识不足，未来的发展，无论是国家还是个人，必然受到牵制。

第一节 新媒体对教育的影响

一 新媒体促进教育资源的急剧膨胀

（一）海量多媒体知识库的共建与普及

新媒体的出现，意味着人类技术和传播的重大变化。目前，多数人类知识已存储在电脑软件系统设计开发的数据库管理系统（Database Management System）中，被电脑储存、分类，可以实现快速查询，以及通过配备开放式数据库连接（ODBC）驱动程序的方式，实现各数据库之间的整合，以及海量共享。

仅以包罗万象的视频知识和素材为例，美国调研机构 ABI Research2008 发布报告称，随着宽带的普及和网速的大幅提升，预计到 2013 年，全球通过 Web 访问视频的人数将至少达到 10 亿人。事实上，美国市场研究公司 ComScore 于 2010 年 6 月发布报告称，5 月份美国视频用户访问网站的数量就已经达到 1.83 亿，网民访问 YouTube 的视频次数达到了 146 亿次，创下历史最高纪录。每位用户浏览网络视频次数突破 100 次大关。美国浏览网络视频的总次数为 340 亿次。[①] 至 2011 年 10 月，Youtube 浏览视频次数已经上升为 210 亿次，而此时这个视频网站诞生才仅仅 6 岁，日访问量已经达到每日 20 亿次，视频长度已达到 1700 年。多媒体海量信息的增加和扩散，由此可见一斑。

不同类型、不同组织创建、不同功能和不同服务对象的公共数据库，形成了数字时代一个庞大的人类知识库，内容包罗万象，信息容量前所未有。大的分享下载网站也不断出现。网友通过这些共享网站可以下载到电影、学术类书籍和其他教育资源，这些资源都是网友免费扫描、上传并提供的。上传不是为了利益，而是爱好，在利他行为中，同时也获得利己的资源。大量免费资源的出现，数字参与文化的诞生，革命性的大众分享资源的不断扩容，形成了网络空间的巨大免费开放信息知识空间，提供了巨大的开放性的教育资源。连美国政府文件，也由 2008 年发起成立的非营

① 参见《5 月份 YouTube 视频访问量 146 亿次 创历史新高》，搜狐 IT（http：//it. sohu. com/20100625/n273067853. shtml）。

利组织美国边疆基金会（Electronic Frontier Foundation, pubic. resource. org）扫描上传公共领域，数字化并在线共享。无疑，在现实社会中无法看到的共产主义，在网络社会的资源共享中非常自然地出现了。

国家数据库和公共事务的公开，与社交网络人们在其中提供并完成的交互公共数字资源所形成的公共空间，以及各种机构创建的知识库结合，一个新的数字化虚拟公共空间和人类数字知识库形成。海量免费资源和分享资源的出现，正在以不可控制的速度，逐渐摧毁印刷时代的规则和建立新的文字规则和版权规则次序，催生一个新的文化次序。据测算，在近10年里，人类知识总量已达到每三年翻一番。因此，基础教育的任务“不是教会一切人一切知识，而是让一切人学会学习知识”。

（二）超级虚拟公共图书馆的出现和使用

早在20世纪90年代，超级数字公共图书馆和公共数据库就被发达国家的学术和政府机构逐步建立起来，提供给大学和社会公众共享。目前，世界各国都已相继出现庞大的超级虚拟图书馆并相互连接。

美国国会图书馆在互联网诞生的早期，就承担了正式和非正式的教育角色。美国数字图书馆的建设，于1994—1998年由三个联邦机构投资启动；创始第二阶段则由八个联邦机构共同参与；根据美国国家科学基金会的宣布，1998—2004年开始了跨国性的数字图书馆计划。① 数字图书馆计划之后，还有高性能计算与通信计划HPCC，美国中央政府的计算信息和通信研究与发展计划②等成功实施，以至美国有了今天的数字政府、数字公共服务和超级数字化数据库和数字图书馆。

英国的超大数字图书馆则来源于电子图书馆计划（ELibraryProgramme）。在法国，其国家图书馆已于1997年就将部分数字化图书放进了互联网，供世界各国大众全文阅读。而加拿大历史数字化计划等，对全社会的历史记忆和文化保存意义重大。

目前，美国国会图书馆已成为世界最大的数据库，包含了2500万册书，250万段录音、1200万张招聘、450万张地图和6000万份手稿。③ 美

---

① ［美］克里斯廷·L. 博格曼：《从古腾堡到全球信息基础设施：网络世界中信息的获取》，肖永英译，中信出版社2003年版。

② 参见National Science and Technology Council（http：//www. whitehouse. gov/administration/eop/ostp/nstc）。

③ 数字来源于“Libarary of congress”（http：//www. loc. gov/index. html）。

国国会图书馆的巨大数据库对研究者和公众开放，以其中一个项目“美国记忆”（America Memory）为例，数字化了大量的历史文本、照片、文物，图像，口述历史录音等一系列电子文本。国会图书馆的网站首页，早已经不是社会科学、自然科学等学科分类，而是按媒介方式分为印刷品和图片、录音、电影、地图、手稿、个人虚拟体验、网络广播播客等分类。

而美国国家数字安全局（Digital National Security Archive），也在 SFU 等大学图书馆有全文数据库向学生和研究者开放，共包含 33 个类别的收藏 8 万多个索引文件和 50 万个页面的文件。每个文件都是顶级专家和学者，对从第二次世界大战到目前的政府非保密的、涵盖各领域的对世界最关键的事件和国家政策的内容，包括文本、年表、文献资料，概述和照片。这些网站的更新速度令人惊讶，2011 年 5 月 1 日海豹队攻击本·拉登，2 日和 5 日都分别有更新。①

而一些民间非营利组织，也有虚拟数字化的大型行动。近年号称世界最大读者社区的 Scrbd. com，提供了一个互动共享的电子书网站，用户可以上传任何格式的电子书，Scribd. com 会自动把文件转换成 Flash 格式，提供在线阅读，同时还提供 PDF、Word、TXT 等格式的下载。

在北美，另有开放图书馆（Open Library）、E 图书馆（Ebrary）、开放内容联盟（Open Comment Union）、谷歌图书搜索（Google reader）、索尼、亚马逊等提供大量的免费图书阅读资源。还有“开放资源联盟”（Open Resource Union）等，为公众提供免费教育资源。

（三）虚拟博物馆文化遗产资源在教育上的应用

在公共图书馆提供公众教育的庞大知识库、文化资源的数字化和公共共享公共服务方面，发达国家几乎所有的博物馆都承担了文化遗产的新媒体虚拟服务与教育资源的特别设计和共享。

如加拿大遗产部门有一个关于文化在线策略的庞大数字化项目，包括了无数个虚拟博物馆、展览馆、艺术馆和历史资源、专题虚拟展览的数字化计划，几乎涉及了加拿大国家历史、民族历史、宗教、文化群落、民俗、科技发展、个人生活等内容。参与该数字化项目的合作伙伴除 SFU 大学图书馆，还有 SFU 考古和人类学博物馆、犹太博物馆和不列颠档案

① 何炜、何云：《发达国家数字战略及新媒体在文化教育上的应用》，《现代教育技术》2012 年第 4 期。

馆、安大略多元历史文化社团、不列颠哥伦比亚大学图书馆、卡尔加里大学、多论多大学、维多利亚大学图书馆、温哥华公共图书馆等。参与其相关数字化内容全部在线虚拟展览的网站多达几十个。其中，涵盖全加拿大的有：影像加拿大、加拿大虚拟博物馆、加拿大宗谱中心、我们的根、日本裔加拿大人遗产项目、加拿大移民杂志、早期加拿大人在线、连接加拿大人、1930 年前加拿大的包容和碰撞、全球聚集地加拿大的多样性、不列颠大学图书馆钟的收藏、加拿大档案馆；当地历史有：安大略知识、魁北克国家档案馆数字收藏、阿尔伯塔多元文化、马尼托巴、皮大草原省、加拿大大西洋虚拟档案馆、贫瘠的大地（北方历史）、SFU 考古和人种博物馆、不列颠哥伦比亚档案馆、不列颠哥伦比亚宗谱社团等；特殊文化群体资源有：不列颠哥伦比亚汉语普通话历史详目、通过马瑞维安眼睛看拉布拉多因鲁特人、多伦多韩语报纸、萨斯卡切印度人报、第一声音（第一国家语言档案）、阿凡塔（因鲁特人文化组织），1850—1950 年不列颠哥伦比亚的中国人经历、犹太博物馆和不列颠哥伦比亚档案馆、哈特派信徒遗产、圣以利亚先锋博物馆等。数字公共图书馆和数字公共博物馆的共享，形成的公共空间，在公民的自我教育，远程教育和终身教育上形成了重大的突破。

再如，世界排名 22 的不列颠哥伦比亚大学人类学博物馆，是目前藏品最为丰富的人类学博物馆，545000 件藏品，大多已完成数字化，展厅也随处陈设着电脑。除了实际展出的 50% 以上藏品，又以触碰式的屏幕，把 38000 种数字化藏品提供给学生和研究者。在线藏品不但数量庞大，且还提供这些藏品所在地方的地图、藏品所在地地理与文化、人种和文化遗留存在的关联和发现，所有细节一目了然。世界任何地方的读者，都能搜索到他们收藏的任何一个消失或没有消失的民族和族群的文化遗存和复原景象。在数字虚拟博物馆中，观众还可以根据自己的研究兴趣，察看藏品的任何一个侧面和放大的细节。如一把日本算盘，就有所有侧面的影像细节，并可以用谷歌地球查到它的产地和位置、来源、发现地、发现时间和构成材料细节的描述和尺寸等资料。由于其极大的展出规模和影响，该博物馆已成为到访加拿大的人必去的世界著名旅游胜地。

不列颠哥伦比亚大学人类学博物馆及全加拿大所有博物馆还有一个重要的项目，K-12 学校项目，专门针对小学和中学学生、教师等，直接把与国家民族历史、人类学知识、历史知识和原住民知识、文化和社会发展知识等相关的虚拟数字化成果，传递给参观者、中小学生，为教师提供所需最雄厚的优质数字化教学资源。让数字化博物馆直接参与到国家的义务教育中去，这就已经大大超越了一个普通博物馆的作用，发挥了多媒体文化传统教育的功能。他们还给小学生提供90—120分钟的节目，介绍专家们寻找、发掘和整理这些藏品的过程，并对这些文化传统进行解释，提供材料给中学生进行社会学、政治学、历史文化和艺术的内容以作比较，甚至给其他年龄较小的孩子其中一些藏品，让他们触摸和了解不同社会文化的人们是如何生活的。此外，还专门设置了相关的教育网站，包括原藏品的影像、文本、录音、视频等材料，并提供交互活动。

（四）大学开放课程联盟优质数字资源的社会共享

“开放课程”项目，是大学通过网络虚拟学习环境，提供给世界自由分享的课程材料。早在1999年，德国杜宾根大学发表了在线课程的视频，将马克士发表演讲的视频在网上播出，这堂课标志着开放课程运动的起飞。随着2002年10月麻省理工学院开放课程计划的启动，许多大学创造了开放课程项目。网站开放课程联盟中，作为高质量的数字出版教育材料的开放课程，是免费、开放的，供大学和公众开放使用。由麻省理工学院、哈佛大学、普林斯顿大学、耶鲁大学、日本和中国大学的开放课程，形成了一个学科众多、品质优秀的高等教育免费开放课程的体系。

麻省理工学院开放课程是一个大规模的网络教育计划。该概念源于麻省理工学院教育理事会技术，由麻省理工学院教务长罗伯特·布朗在1999年论及学院如何决定远程教育和电子学习环境的定位时提出。它为知识传播提供了一个新模型，促进麻省理工学院和世界各地的学者就“共享知识社会”进行合作。这个计划在2002年公布，2002年9月，麻省理工学院开放式课程计划试点测试，向公众开放，提供32个课程，包括完整的视频演示，部分课程还附有完整的课堂讲稿。视频采用流模式，可以下载离线观看，许多视频和音频文件也可用iTunes UiTunes观看。该计划还采用创意公地许可证的概念，也即资料及图片均采用创意公地署名原则，供大众免费非商业使用。该项目最初资助来源于威廉王子和弗萝拉惠普基金会，安德鲁·M. 梅隆基金会，当前主要由麻省理工学院、主要合作方和网站访问者捐款。这一计划激发了很多机构把自己的课程材料作为网络开放教育资源使用，包括课程的阅读清单和讨论话题、大多数家庭作业和考试的解决方案以及课堂讲稿。有些课程也包括交互式网页活动，由美国麻省理工学院教授完成完整的教材写作和进行视频课程讲座。至2003年9月，麻省理工学院开放式课程计划发表了500个课程，包括课程完整的视频讲座；2004年9月，900个麻省理工学院的课程可以在网上搜索到；自2007年底开始，实行一种主动式的教育课程——所有的教育材料，在所有阶段，本科、研究生或部分或全部开通在线，在任何地点，任何人均开放可用；截至2010年12月，超过2035个课程在线可用。麻省理工学院的老师和学生认为开放式课程计划符合麻省理工学院的使命，能推进知识和教育在科学、技术和其他方面，能更好地服务国家和世界，符合真正的麻省理工学院卓越、创新和领导能力的价值观。2005年，麻省理工学院开放式课程计划和其引导的开放教育资源项目形成了开放课程联盟（OpenCourseWare Consortium），试图通过范围的扩大和影响，扩大开放课程的教材，发掘新的课程材料和可持续开放教材出版的模式。

耶鲁大学公开课程成立于2001年，由耶鲁大学媒体和教学创新中心（CMI2）生产，由惠普基金资助利用信息技术来帮助平衡世界各地的知识和教育机会。耶鲁大学公开课程主动支持和发展传播高质量的内容，创新的方法，创造、使用、重用和共享的高质量内容，全方位涉及艺术和人文学科、社会科学和自然科学学科的本科课程。人们无须登记或注册，都可通过互联网进入网站，查看讲座和其他材料。网络课程专为世界各地广泛的人们如终身学习者、教育者、高中和大学的学生准备免费数字教育资源。同样，它只允许非商业性免费使用。对于为何要全面免费共享其本科课程，耶鲁的说法是：耶鲁一直谨记，教育是建立在教师、学生和职员之间相互作用的关系上的，耶鲁大学相信，顶尖大学可以通过使用网际网络科技对扩大公众对教育资源的获取作出重要贡献。

中国最大的开放课程数据库是“精品课程”。2003年9月，中国与麻省理工学院和网络工程小组（IETF）一起，与北京交通大学、中国广播电视大学等组织“开放课程”项目。12所大学向政府提出一项计划，建立中国的开放课程。请愿的结果，是中国政府制定了中国质量开放课程（精品课程）项目。这个项目接受大学课程的申请，把在线课程放到网上免费提供给公众，政府给予CAD课程制作经费补贴，并通过分设“国家级”、“省级”和“学校级”等奖项，对其进行质量的审核与监管。2008年，有1799门课程达到国家一级，超过5000课程达到省级，超过10000个课程达到大学水平线。这些课程通常包括教学大纲、课程讲稿、投影、作业，大多数课程还有讲演的音频或视频。这个项目的发展也刺激了大量研究活动，在“开放课程网页”主题下有超过3000篇期刊发表文章。

与此同时，中国开放教育资源设立了一个由CORE主办、接受从IETF和惠普基金部分投资、IETF和12个大学为成员的非政府组织。该组织组织志愿者把麻省理工学院的开放课程翻译成中文，以试图促进中国开放课程的观念。2007年年底，245门课程被译成中文，包括200个教授的课程。还有148门对中国课程与麻省理工课程进行比较研究的课程。同时，还举办开放教育的年度会议。可见，世界范围内，由高等教育机构提供的优质教育课程资源，已作为主要教育力量参与到庞大共享的知识库建构中。

（五）网络大百科的公众参与与共建

分享资源不但大量出现在国家服务行为的虚拟图书馆、博物馆与大学开放课程中，同时也海量出现在民间所有网络平台中。如Facebook、Youtube等目前最热的网络和社交虚拟社区，几乎全都以共享资源作为根基。

这种分享资源模式还出现在信息工业的信息权威地带。不计时间精力的志愿者，正在贡献他们的才智，用于彼此分享资源。如最大的网上百科全书维基百科，就是由公众网络志愿者提供内容并编辑的。据统计，到2011年，已经有至少几十个大学，学生把维基百科的编撰作为自己正式课程的一部分。他们出入于档案馆、博物馆、图书馆，搜集资料，即所谓“维基百科大使”，参与到帮助教授编写词条的工作中，在网络上免费分享所有百科知识。运作维基百科的维基百科基金会，于2011年6月举行了第一个高等教育峰会，召集了参与过或正在考虑参与维基百科的教授们，讨论如何组织学生提高维基百科的在线编辑水平。基金会还表示，计划扩张他们在学术方面的关系。

美国甚至在国家档案和文件管理局设立了专门的办公室，负责“Wikipedian事务”，协调和培养画廊、图书馆、档案馆和博物馆之间的关系，为公众参与的大百科的影响、组织、撰写、资料来源等，提供了良好的机制。虽然一些教授认为学生利用此合成信息写论文，不得不花很多时间去辨别信息，但其影响已经无法忽视。如大不列颠大学拉丁美洲研究的琼恩·贝斯勒·穆瑞教授介绍，他的一个学生编写了作家马里奥·瓦格斯·略萨的维基百科条目，一年后这位作家获得了诺贝尔奖，那一天有12万好奇的读者蜂拥到网上来学习和了解这位作家，观看这位学生究竟写了些什么。

在网上，还有上亿网友上传分享自己看到的知识资源，大量的人没有任何报酬，于是进行利他写作和编辑，从而获得分享和自我满足。在中国，网友也为百度文库、百度知道、新浪新知等上传共享知识材料，虽然演化出 2010 年百度文库与众多作家的强烈冲突，但不少教师还是呼吁，共享知识对教育意义深远。

显然，网络和信息时代的技术，带来的海量分享资源遍及所有领域和机构，甚至成为网络和网站的存在基石。这种所有人参与的分享模式，已经为教育提供了前所未有的、取之不尽用之不竭的巨大资源。

二 新媒体引发教育环境的巨大变迁

（一）跨文化—多媒体交互平台参与青年社会化塑形

由于教育媒介与方式的变化，教育不但发生在正式的教育场所，也更多地发生在非正式的教育场所。多媒体技术创建了越来越跨文化、跨地区、跨民族的传播模式。全球已经形成一个人口多达 10 亿以上的虚拟国度。

在海量信息世界中，搜索引擎的知识导航与定位，将全球的文化环境整合为一个文化世界。不仅如此，还有比搜索引擎更为有效的自动聚集和搜集信息的工具语义网也正在出现，全球性的跨文化交互环境正在形成。语义网中的语意链接，能将互联网及其互联资源的可用性和有效性发挥到一个极致，在这里，任何东西都能被 URI 统一资源定位符所描述，人物、地方、想法、类别等都能被理解。

近年来，社交媒体的崛起，使越来越多的用户引起了各界注意。据 Experian Hitwise 的数据统计，截至 2011 年 12 月，Facebook 的年度访问量超过了 72 亿次，社交媒体的作用正在越来越为教育所重视。在中国，据维基百科统计，截至 2011 年 7 月 11 日，活跃的 QQ 用户为 812.3 万个，同时在线的 QQ 超过 100 万，而每个 QQ 一般会同时挂 3—25 个 QQ 群，并在其中发表言论……社会媒体在学生学习中的作用正在受到广泛的研究和关注。在 Facebook、Youtub 及维基百科大量分享资源的环境下，已有儿童打出“维基和 Facebook 就是我的老师”的标语。正式教育场合课堂之外的社会非正式教育学习已受到相当的重视。

交互式网络游戏，也形成了一个虚拟游戏世界。这个交互的虚拟游戏世界，其规则和游戏状态，传递着某种价值、态度等的形成。对于网络游戏会形成怎样的价值和态度，该如何应用于儿童的学习，北美很早就开始了研究。如加拿大不列颠哥伦比亚大学、西蒙菲莎大学等，于2011年与社会各界联合开发了一款网游《金山寻踪》。该游戏虚拟1910年华裔来到加拿大的早期生活历史，虚拟当时历史场景和乡镇生活，让5—7年级的学生，通过网游体验当年生活；更通过游戏任务和情节，让学生了解真实历史故事和文物，了解加国华裔早年的历史。该项目得到加拿大移民局“加拿大社区历史认知计划CHRP”90万加元的支持，于2012年3月完成，以中、英、法三种语言向全加拿大小学历史教师推荐。①

青少年参与数字媒体群落不断产生数量庞大在线活动。北美青少年参与性数字媒体教育组织如youth media production programs in Canada，Power of Hope，Emily Carr，Summer Visions，Gallery44，Dream projects等，以创造性、群体工作、强大的社区性、专业结构和指导等为特点，以为年轻人身份发现和界定以及社区发展为目的。

总而言之，全球化的跨文化环境，虚拟在线多媒体环境，各种不同的媒体平台和非正式教育平台，正在形成全新的教育环境，共同在社会人群和学生的社会化塑形过程中扮演越来越重要的角色。

（二）智能虚拟社区促进新媒体数字教育环境的形成

随着虚拟社区的日益增多和不容忽视、社区数字媒体教育和智能社区营建越来越重要，坐在一定物理场所的课堂学习模式，已经不足。无数社会参与的智能虚拟社区，正在形成传统教育之外的非正式数字教育环境。

如加拿大城市社区，对学生所有课外活动都有统筹安排，基本可视为一个教育社区。在那里，包括艺术画廊、公园、博物馆、移民教育中心、公共图书馆等在内的文化设施和社会工作群体，负责公众教育和学生课外教育。所有活动均由社会工作者全面安排，精密组织，所有活动信息均通过虚拟社区和网页公布。如温哥华Richonmd的艺术中心，就专设媒体一个部门。在社区艺术中心，有青年电影制作和媒体实验室；有成人可以加入的电影制作实验室；有跨学科的为国际媒体艺术家进行协助和提供咨询的部门。

在美国，已有多个更为复杂的数字化智能社区，正在和大学新媒体研

---

① 何炜、何云：《发达国家数字战略及新媒体在文化教育上的应用》，《现代教育技术》2012年第4期。

究实验室、公共图书馆一起，共同被营建。如芝加哥图书馆就为芝加哥地区的高中学生设计了一个免费的青少年空间，以帮助他们扩展更多的学习机会。这个项目分享了“数字能力”共识，与不同动机和三个主要目标相关联：一是确保青少年在新媒体的景观中认识各种不同的沟通模式；二是种下这样的认识——在新媒体人工创造的虚拟环境中，学生可以学习最大能量地使用不同沟通模式；三是能在消费和使用中对新媒体信息进行批判性思考。一些网络加入到这个计划与项目，如青年数字网络（Digital Youth Network）。他们设置新媒体的学习环境，采用大量的在线工具和资源，从新的传播模式，新媒体的信息、方法，核心价值观（包括创造力，协作，适应性，责任，身份等）等多个方面开设网上课程，请熟练的媒体操作人和对流行文化了解深厚的媒体艺术家作为新媒体导师指导学生，通过作品，让学生有效参与。I do、I know 之间，他们靠研究和作品，来确定新媒体能力的重点和核心。该网站最开始由麦克阿瑟基金会开设，以研究新媒体如何影响青少年主动学习。研究开始于芝加哥大学城市学院，后得到德保大学等的支持发展，并向中小学延伸。2010 年开始，延伸到芝加哥图书馆，拟参与芝加哥 Auburn-Gresham，Chicago Lawn，Englewood，Pilsen，and Humboldt Park 等五个智能社区的建设，为更多青少年提供“随时随地”学习的机会，培养了他们作为 21 世纪公民的核心竞争力。

不仅是知识积累与传播的变化，社会生活的变化也十分巨大。目前全世界使用新媒体的人口数量，仅略低于中国和印度的人口，被称为世界“第三大（虚拟）国家”。这个虚拟“国家”有自己的人口、社会规则、社区和文化，虚拟社区居民在其中必须按照规则行动。且在发达国家，几乎所有政府部门，如海关服务、签证，工商管理和公司的申请和注册，健康及各种社会保险的申请，交通系统应用，公众导航和定位系统，政府都直接提供网络工具的咨询。所有公民的个人信息和信用信息，也都在所有政府社会部门、保险部门和金融部门共享。数字生存环境已经普及于每一普通公民的日常生活中，在带给社会方便和效益的同时，也形成一种全新的生存环境。

三　新媒体促进教育渠道的巨大变化

（一）E-learnning 在线学习已成为各国数字战略

新媒体的教育功能，已经被开发出一部分并被有效地使用。在形成一个庞大的市场的同时，也受到各国政府的高度重视。不少国家将新媒体学习纳入教育政策来对其进行部署。截至 2011 年，在美国超过 32 万的小学、中学学生参加虚拟学校或网络特许学校。预计到 2015 年，将有超过 1730 万的学生至少有一个在线课程。①

据台湾《联合晚报》2011 年报道，美国奥巴马政府正在推动全美学校采用电子教科书，目标是到 2017 年让每个学生都有电子教科书。美国联邦通讯委员会主席吉纳柯斯基与教育部长邓肯认为，电子数字教科书将以丰富得难以置信的内容大大优化教育课程。

2010 年 9 月由墨西哥公共教育秘书处发起、由联邦政府资助的虚拟大学，被称为高级远程教育（ESAD），为墨西哥国民提供免费本科学位课程。

2010 年 10 月，埃塞俄比亚教育部解除了该国高等教育机构对远程学习的禁令。

2011 年 3 月，乌克兰教育部长宣布了一项雄心勃勃的“开放世界”计划，计划要求，2011 学年在这个国家的所有学校部署启动远程学习方案，且其蓝本已在葡萄牙取得成功。

2011 年 4 月，马来西亚教育在线（玛代）国家在线学习门户网站推出。其新的全国电子学习政策的目标是有 30% 的网上课程，到 2015 年交付所有高等教育。

2011 年 5 月，阿拉伯联合酋长国教育部发起一项政策，在所有 425 所阿联酋的公立学校搭建电子学习平台，6 年内完成安装任务。

2011 年 6 月，坦桑尼亚教育和职业培训部长宣布了一项计划，从 2011 年开始部署 4000 所学校的网上学习目标，惠及 1.2 万中学生。

2011 年 6 月，韩国教育部规定，所有小学和中学的教学内容在 2015 年必须 100% 数字化。

2011 年 7 月，泰国政府宣布，他们打算在 2012 学年开始给每个年级的孩子配备电子设备和上网本。

不少教材已被电子书取代。如 2009 年起，凤凰城大学几乎完全采用电子书，只有不到 1% 的学生使用印刷版。一些教育学科迅速走向电子书

① 数据来源于《自学电子学习产品和服务的美国市场 2010—2015 年预测与分析》，《洞察环境》，LLC。

籍，如牙科，数据表明，近 1/3 的美国牙科学校教科书已经完全数字化。①

（二）远程学习渠道诞生 Open-University（开放大学）

世界各国特别是发达国家几乎所有大学都开设了远程教育学院、部门和相关项目。远程教育已成为高等教育的一个重要部分。中国的广播电视大学，到各大学的远程教育中心及网络学院，中国教育部已经批准在线学位课程。截至 2010 年，68 所学校已获批。

发端于 20 世纪 60 年代的远程教育，最初主要通过收音机、电视机和 VCD 等进行。20 世纪 90 年代互联网的逐渐盛行，使远程教育变得更为简单和快速，更为普遍和容易。1960 年新西兰梅西大学开始大学层级的远程教学课程；1969 年英国开放大学创立了规模最大的远程教学课程；1974 年德国哈根函授大学制定了许多制度，被国际上广为沿用……很多开放大学成为可招收学生数量超过 10 万的巨型大学。中国的广播电视大学和函授大学，均成为广泛存在并被国家教育局承认文凭的巨型大学。美国威斯康星大学麦迪逊分校的查理斯·魏德曼，在 1964—1968 年，受卡内基基金会支持，运行整体教学媒体计划，应用不同通信技术提供相关课程给有需求的校外学生，被称为美国远程教育之父。目前，美国远程教育协会甚至声称，全球有 2 万个合作伙伴和成员，超过 91.3 亿美元的学习市场，46% 涉及远程学习。②

目前每个高等大学都有远程教育课程，学习手段已基本转为在线学习，使用虚拟教室、移动设备以及其他新媒体手段进行。远程学习，电子学习，移动学习，在线教育，数字学习，成为侧重不同、一体多面的教育新趋势，人们通过新媒体在任何地方、任何时间均可进行学习。

（三）虚拟课堂与虚拟学校越来越受社会重视

数据表明，在美国，牙科近 1/3 的美国牙科学校教科书已经完全数字化线上教学，虚拟模型教学，医疗手术的远程指导和远程控制，在美国已经使用很广泛，北美护士学校的操作等都是通过虚拟教室进行。

在中小学方面，据美国调查公司 Ambient Insight 透露，截至 2010 年，美国 48 个州和华盛顿特区有虚拟学校课程，27 个州允许网络特许学校。

① Mark R. Nelson and EDUCAUSE, *EDUCAUSE Review*, vol. 43, no. 2, 2008. 4.

② 数据来源于美国远程教育协会官网（http://www.usdla.org/）。

网络特许学校占了所有特许学校的5%。超过400万的学生正在参加一些正规的虚拟学习计划。虚拟学校儿童的数量至少是293000，且有额外217000学生在网络特许。合并后的上网人口（包括在家上学的儿童使用在线课程百分比），目前五年按年增长率30.7%在增长。如果继续增长，超过410万的学生将参加到虚拟化和网络学校中去，到2015年，超过1000万的儿童将采取课堂以外的网上补充课程；至少75%的所有在家学习的孩子将上网受教育；美国所有的失学儿童超过29%将参加网上教学。

在美国一些中小学校，已经开设了数字媒体与学习策略课，作为社会学习技术研究的一个部分，从提问到搜索，到有序的计划，到按步骤解决问题，到有效使用新工具等，都有简单明了的方法性的指导。在中国，学习技术的研究还处于空白阶段。

四　移动新媒体扩展了无疆界的教育时空

新媒体已然改变了教育的时空和场合。随着网络交互和移动新媒体技术的出现，一个无疆界的移动学习生态系统形成，越来越多的anytime、anywhere教育时空，正在取代拘束于物理时空的传统教育时空。

据美国Ambient Insight咨询公司调查报告和预测，2010年美国移动学习产品和服务的赢利是958.7百万，5年的年度增长率为13.7%，截至2015年预计将达到18.2个亿。作为移动学习主要购买国的美国、日本、韩国、英国和中国台湾地区，占总数的2010年全球移动学习市场的69.8%。预计到2015年，他们将只占所有支出的40.6%。增长率最高的是在中国、印度、印度尼西亚和巴西①。

美国的移动学习是一个充满活力的移动生态系统，包括相对成熟的无线宽带、移动设备技术、移动网络浏览、手持游戏、电子书和移动应用程序。在2010年和2011年，平板设备制造商推出了专为学习设计的产品。他们往往针对特定人群，或幼儿教育或高等教育开发教育产品。2010年初，Marvell公司发布其新的99美元的“白鲸”平板设备。2011年初，他们“预计2011年将成为深刻、丰富的互联网的平板设计的一年”，为e-Learning和医疗市场设计新产品，不仅如此，还建立了一个基金，以支持

① 数据来源于《移动学习产品和服务的全球市场2010—2015年预测与分析》，《环境洞察》，LLC。

各种电子学习软件和应用的发展。

（一）苹果的 iTune、iPhone、iPad 上的移动学习

如何在移动智能手机网络上建构教育社区，苹果已经开始着手这方面的学术研究并与大学开展研讨和合作。苹果虚拟商店里出售的移动智能学习软件，目前已经非常丰富。学生通过将 CNN 学生学习型新闻节目、各种外语学习节目和字典以及学习型游戏等学习软件下载到 iphone、itouch、iPad 等移动工具中进行学习，除了不少免费项目之外，收费项目价格也在 1 美元和几十美元之间不等。

谷歌、苹果和黑莓等大多数的应用程序商店也有专门的教育类。在 2010 年中期，苹果公司推出学术买家批量购买的方法，使其成为学校以优惠价格大批量购买内容的可能。这消除了在义务教育前 K-12 段实现数字教育的主要障碍。2010 年 10 月，苹果公司还在他们的应用程序商店推出特殊教育五大类共 85 个应用：沟通，听力，语言发展，文字扫盲和学习以及组织，这扩大了移动学习的疆界，使数字教育到达了美国超过 500 万个需要特殊内容去减轻认知和生理缺陷的孩子中去。

苹果 2011 年大规模推出 iPad 的教育形象宣传和教育应用程序，主要分成这样一些项目：个人/组织；协同/视觉思维；创造性/多媒体；艺术；数学；英语；科学；人文；新闻；居民和公民；设计和技术；经济学；地理；健康和体育；历史；语言和针对残疾学生的项目。其中，交互式故事书如《玩具总动员》，是迪士尼开发的融汇画面、音乐、英语学习、阅读行为和故事自我讲述等各种交互手段的交互阅读书。又如由《科学》官方出版和授权的《爱丽斯和安迪的宇宙奇遇》，有音乐、插图、冒险故事和交互活动，可以用英、法、西班牙、德和葡萄牙五种语言进行地理、自然科学和语言多学科学习。

（二）谷歌阅读器、手机适配器等

允许查看各种移动浏览器页面的就有 Opera mobile browser emulator, another Opera browser emulator Opera 手机浏览器模拟器，另外 Opera 浏览器模拟器 iPhone-iPhone developer kit iPhone-iPhone 开发工具包，Nokia，Android Android 的 Palm，Windows Mobile Windows 移动，Blackberry 黑莓，Mobi Emulator（multiplatform）摩比仿真器（多平台）等。

（三）亚马逊和 Opera

亚马逊推出的 Android 应用程序，计划扩大到其他操作系统。亚马逊

有一个庞大的客户群，零售是他们的核心 DNA。歌剧店独特的“前门”是其跨平台的手机浏览器，它由全球超过 100 万人使用的嵌入式设备制造商和操作系统供应商，经营专有的应用程序商店，以满足特定设备和几十个独立的应用程序分销商销售所有主要平台的内容。有数百个在线电子书和有声读物的商店，在教育应用方面占显著的市场份额百分比。

（四）众多提供移动接口供应商形成移动学习环境

众多移动接口的供应商已经形成可移动学习的环境，主要研发和提供者有这样一些：美国物理研究所艾瑞 iPhone 应用程序，移动的 EBSCO-host，胡佛的移动公司信息，IEEE XPlore IEEE XPlore，Lexis/Nexis Get Cases and Shepardize LEXIS / Nexis 的获取案件和 Shepardize，医学期刊的手持式计算机数据库，Questia iPhone 应用程序；Refworks Mobile RefWorks 的手机，万律法律研究数据库 EBL Ebook Library EBL 电子书图书馆，谷歌图书，OverDrive 高速 Safari Books Onlinc，亚马逊的 Kindle（仅限美国），Zotero 的 Content：Special collections 特藏，杜克移动数字馆藏特藏，等等。

（五）各著名高校的移动新媒体使用

对学生的上网行为和新媒体使用情况，各著名高校也有自己的研究和管理。对于智能手机，一些大学专门提供用户安装和方便访问的系统和信息，如印第安纳大学的搜索 IU，斯坦福大学 iApps，哈珀县公共图书馆，阿德菲大学，莱斯大学，休斯敦大学图书馆，米尼曼图书馆网络，康奈尔大学等都安装智能手机的用户访问系统。

一些图书馆则把移动设备作为书的位置感知工具，如芬兰奥卢大学智能图书馆，一种地图为基础的工具，帮助用户查找库中的一个特定的书架。英国牛津移动门户融合图书馆的目录信息和现场状况，纳入移动设备，允许用户找到特定书籍的最近的位置。英国达勒姆技术增强学校则使用无线技术，提供个性化和具体地点的信息给在校园内的学生。美国哥伦布大都会图书馆也把移动设备用于查找到馆内书籍的位置。在大中学图书馆，甚至还出现一种新职业——图书馆媒体专家。

移动设备更多的作用正在探索之中，如通过移动设备对书条码的扫描，带出书评和其他资料，或整本杂志的电子版，校园虚拟旅行，新资源的发现等。《摩根斯坦利 2010 移动网络报告》统计，近年来，用户从个人电脑、小型电脑向移动通信方面不断增加的幅度越来越大，甚至有预言认为，在未来5年内，移动网络将超过桌面网络。

点对点网络免费开放式学习，除了美国的Uopeople大学，在中国也有尝试平台。如网易公开课，在iPhone、iTouch等移动平台上播放哈佛、耶鲁、牛津、剑桥等世界名校各科视频课程等。

移动学习和应用新媒体工具学习也已经成为主流学校考察的重点。如2011年11月2日美国投资银行PiperJaffray分析师吉恩·穆斯特发布调查报告称，16%的学校技术主管表示，他们计划在未来5年内为每位学生配备一台平板电脑，100%的学校正在测试和部署iPad等新媒体工具用于学生学习。

虚拟学校、移动学习、数字学习、在线学校，新媒介创造的新的教育环境，正在打造一个全新的无疆界无时间限制的新校园。

五　新媒体教育的实施推进了教育公正

新的媒介、新的教育环境和技术，新的教育渠道正在推动社会教育公正的发展，并产生廉价优质新教育模式。以Uopeople University为例，2009年由Reshef创建的Uopeople大学，首次注册了免费在线学习的第一个班级，从而开创了低成本在线免费学习的高等教育模式。这个学院致力于为那些没有得到传统高等教育的学生服务。他们中的一些根本负担不起学费，或他们生活的国家根本没有好的大学可上；另一些生活在偏僻地区，或因文化、种族、性别的某种身份，被排除在教育的公共服务之外。

该大学计划授予准学士学位、学士学位，并正在寻求美国官方认证。目前为止，在UoPeople登记的学生，有115多个国家超过1000名学生。Reshef表示，他相信，这些行动将使来自不同文化的学生紧密合作，并成为走向和平的一步。在该大学的Facebook上，收到了成千上万的申请和超过35万个“喜欢”的反馈。Reshef还认为，全球缺少高等教育的规模是相当庞大的，通过美国式的学院和大学的结构——人类已知的最昂贵的高等教育模型，每年还在增加。因此，低成本的、在线的高等教育工具，将是大多数人的未来，目前的问题是，高等教育管理机构是否理解这种未来前景的机会和责任。

这个模式只收取20—50美元的报名费，除了学期考试有一点费用，其他全部免费。只要学生能够连接上他们的笔记本电脑和移动设备到电信网络，他们就可以在任何地方开始学习和研究，创立该校模式的现实基础是，目前高等学校的免费资源、网络上的海量信息和分享资源高度发达，只需要整合和使用这些工具，就能从网上获得非常良好的学习资源。且因特网年轻人的参与文化高度发达，使志愿者开发严密的点对点高度结构型的课程学习已经成为可能。

目前，已经有不少教育政策分析人士认为，这代表着新媒体出现后教育的前景，很多学校已经参与其中，并力图减少高等教育的全球不公现象和贫困地区的受教育情况。如 Uopeople 院长大卫·哈里斯·科恩，是哥伦比亚大学前最顶尖的管理员，2011 年 6 月，纽约大学也宣布它将考虑把学生的申请转移到 Uopeople 完成一年的学习。几周以后，惠普宣布 Uopeople 的学生将有资格获得公司的在线研究实习计划。纽约大学校长约翰·塞克斯顿，在阿布扎比创立了一个纽约大学高等教育的新校区，并且打算把下一个目标扩展到中国。他对 Uopeople 的热情不仅因为他是另一个 Uopeople 领导者的身份，也在于他对高等教育危机的理解。

耶鲁大学在开放学习、提供开放教育资源诸如免费、优质课堂录像等方面领先于其他学校，包括卡内基梅隆大学、麻省理工学院等在内的学校也在进行诸多尝试。但也有一些大学在短暂尝试之后停止，如哈佛就在 2010 年免费开放了几个科目的开放课程后，随即关闭免费课程，改为网络收费课程。加州伯克莱分校也未有打算，但遭到嘲讽，认为其学生选修“全球贫困问题”的学分，但却并不使用在线学习的新工具来确切减少全球贫困，帮助贫困学生获得大学学位。甚至有一种论调认为，假如这些大学不愿加入这样的建设，背叛了自己的义务和理想，发现这一点还算好的，最坏时，是发现在美丽的博物馆才能找到他们已经过去的高等教育时代了。

综上，新媒体对教育的影响深远，它扩大了人类知识的界限，出现了海量的数字教育知识库。且这些知识库被政府机构、教育机构、研究机构、社会公众参与编写，在创意公地的共享原则下，免费提供给大众分享，彻底地改变了人类知识获取的方式。

发达国家广泛研究新媒体在青年身份、社会化、文化、政治经济学以及教育上的作用，并且新媒体也在社会中被大量使用和学习。在加拿大和美国，媒体及数字能力已经被研究者和教育部门提上研究领域，“数字能力”概念越来越成为新媒体和传播研究中的热词，并在大学课程中被讲授。而新媒体实验室的工作，除了用于培养业界高端人才和领袖人物，同时已深入到社区的各种活动中。

而以中国为代表的发展中国家的现状是，人群对新媒体各种功能性的使用颇多，但新媒体在教育方面的使用，所占比例还较小。社交网站目前是最为热闹的一个领域，但截至今天，这些社交网站最强大的使用价值体现在什么地方，还是人们正在研究和摸索的问题。可以肯定的是，新媒体在人类学习行为中的作用，还远未获得它应有的重要地位。

第二节 教育对新媒体的影响

一 教育推动了新媒体未来核心竞争力的社会认知

在发达国家，数字教育是由国家制订战略计划，并向全社会进行推广和宣传。他们把数字战略作为未来战略的核心部分、把数字教育作为未来公民的核心竞争力来推广，使整个社会对新媒体能力的重要性理解得非常明确。如 2011 年 9 月 16 日奥巴马总统的就业和教育两项计划中，涉及教育的一项，就是由教育局长邓肯提出的“数字承诺”（Digital Promise）计划。[①] 美国总统奥巴马表示：“数字承诺计划是一种独特的伙伴关系，它将把每一个人：教育家、企业家和研究者结合在一起——使用技术来帮助学生学习和教育者教育。”

这个数字承诺计划的全部细节，都在网站上进行了详细表述，并建立了交互互动环节，推动和发展这个计划。[②] 它分成教育者、发明者、研究者和公民四个大的部分，几乎涵盖了所有的人群，在个人教育、专业陈述和发展以及公民职业成功等生活和事业的各个方面。美国国家科学基金会对该计划支持了 1.5 亿美元的研究奖项，以开发新一代的学习环境。几个大型新媒体公司的私营合作伙伴也公布了一些相关工作：通过宽带的有效教学技术提高教育水平的倡议，设立一个顶尖的教育政策研究者联盟，以聚焦于帮助学习上弱势的孩子提高成绩，并对一批激发孩子们对数学、科学和工程等的学习兴趣的视频游戏和其他数字娱乐形式的发展提出了新挑战和奖励。这个计划被认为，“将有助于突破学习的技术，帮助美国人，

---

① 参见 *WhiteHouse to Launch “Digital Promise” Initiative*（www.whitehouse.gov/the-press-office/2011/09/16/white-house-launch-digital-promise-initiative）。

② *Launch of Digital Promise at the White House*（http://www.digitalpromise.org）.

所有年龄和种族，不同地区和背景的人，从中受益。由教育者、创新者所做的这些非凡的工作，将帮助这个国家的所有公民，美国人和美国，通过这个数字承诺计划的帮助，在21世纪获得成功”。

华盛顿教学研究大使Claire Jellinek 2011年9月21日在美国政府教育网站的博客上发表题为《在数码学习中领先》的文章，表示该计划将大大推动在教育系统中数字技术应用于教育和学习技术的突破性应用和研究。知识经济中的职业能力、自我教育、终身教育和知识更新能力，都是他们强调的内容。

新媒体在发达国家的文化、教育、公共服务系统中的应用，让整个社会看到了新媒体广阔的应用前景，充分展现了新媒体的文化教育应用，将成为发达国家未来争夺的焦点与国家战略计划中的重要部分。教育资源、教育渠道的全面网络化，使公众对此的认知程度很高，关注热情持续高涨。

这使任何时间、任何地点、重回影像的学习理念，在学术机构、政府、媒体与公众中成为一大关注热点。Re-Image Learning、Digital Media、Online Learning、Digital Literacy等成为社会使用频率最高的词汇；互动叙事，改变，数字才能，新媒体，未来，才能，社会经验，有趣，教育，21世纪，成为必然相连的词汇。小学里也开设了新媒体学习策略课程，如纽约；有关项目研究也在不断进行，如加拿大媒体意识网2005年所做的“网络世界的年轻加拿大人”项目、“数字青年研究计划”等。总之，教育正在推动社会的这样一种认知：未来社会的核心竞争力，必然是数字能力，或称新媒体能力。

二 教育发展了人们的新媒体应用能力

“数字能力”是目前发达国家新媒体研究者和社会热议的核心词汇。早在1986年，玛格丽特·梅克·斯班塞率先在英国研究者中开拓这个领域，介绍描述了幼儿的媒体发挥能力的概念。随后，巴泽尔格特在1998年提出了“新”和“多重”（multiple）能力的概念。之后贝肯汉姆和泰勒、柯柏和卡兰茨也分别在1993年、1998年和2000年进行了延展，在电视能力、电影能力和信息能力等方面进行了扩展讨论。戴维布肯汉则在《数字媒体能力：因特网时代的媒体教育》中探讨了过去20多年的新媒体应用。

新媒体能力，已经发展成为一种多维能力：一方面，指能力的社会多样性的当代形式，同时又指新的传播媒体要求有新的文化形式和交际能力新形式的事实（柯柏和卡兰茨，2000）。

过去，识字能力是文化的唯一通道，但现在显然发生了变化。电影电视和新媒体的出现，使大家认识到了视听媒体的重要性。但人是否除了文字之外还需要另一个“识字”能力，视觉媒体是否需要一个类似于书面语言学习这样一个文化学习过程，这却是有争议的。有学者认为应该继续限制在文字的界域里（巴顿，1994；克雷斯，1997），另一些则认为需要视听觉媒体的学习：我们都有普通的鉴赏水平，但当我们更紧密和特别地分析时却经常失败，如在电影序列和句子间，广义和狭义之间分析（布肯汉姆，1989）。那么，数字能力谈的仅仅是人们如何学习使用数字技术或方法，还是需要另一种完全不同的能力？

发展到 W. James Potter《媒体能力》一书的观点，绝大多数人都会认为自己已经有相当媒体能力了，如我们知道大量电视节目、杂志书籍、歌曲和网页的名字，我们知道如何阅读和写文章，我们很容易跟上电影和电视节目的要点，理解动画的意思，甚至在电脑上玩游戏，下载歌曲或上传视频到网页上，知道怎样探索自己，吸收信息和娱乐自己。在中国，我们的大学老师一提起新媒体使用，就会说：我们用了 PPT……这就是我们的数字媒体能力吗？波特承认这确实也是，但“数字媒体能力”更想要强调的是，不但把媒体作为娱乐，更能让新媒体进入自身的创造性活动中，建构、发展我们的生活。因此，他的定义是：“媒体能力就是我们创造性地利用大众媒体、对所遇到的媒体进行解释的观点的总集。”

另一方面，媒体能力正在形成一种文化能力和社会生产力。

“信息素养”这个名词其实早在 1974 年美国图书馆学会举办的“ALA Presidential Committee on Information Literacy”会议中即被提出。到了 21 世纪，信息素养这个名词在教育界渐渐取代旧有的“信息能力”或“信息技能”，原因是，“信息素养”讲求较高层次方面的知识、技能与态度，而不单指能力或认知上的评估。

Aufderheide 于 1997 年将“媒体能力”定义为：能否在各种情景下理解和创造交流，能否访问和定位媒体内容，能否利用现有技术和相关技能、用法对内容进行访问。例如，意识到潜在风险并使用监管机制和制导系统，了解或进行媒体解码或解释；通过意识、能力和通用公约、设计特点和修辞手法，涉及知识生产流程和模式的所有权和体制控制，并拥有批判媒体的能力；利用媒体创造发明的能力，生产和沟通自己的消息，无论是为了自我表达的目的或为了影响或与其他人交流，等等。

具体到信息科技，“信息素养”即指学生或职员对信息的编码与解码能力。信息的形式林林总总，包括一切印刷文字及非文字的媒体，如视觉媒体、听觉媒体、电子媒体、流动媒体、网上媒体等。因此，“信息素养”可以说是把日常教学上的文学修养推广至跨媒体层次上。互联网出现后，出版变得更容易，市民大众更方便表达自己的声音，这使我们日常可以接触到的信息大幅增长。面对这高速、大量的信息，该如何处理，是信息素养的重点。

概而言之，教育推动人类理解“数字能力”这一知识经济时代的基本生存能力，并促进人们使用新工具新技能；教育帮助数码时代的公民完成成为未来数字化公民的任务；教育推动公民学习数字世界生存技术：进行身份确定，学习与日常生活必需的新媒体工具的使用；教育还帮助人们了解并使用社交网络，形成未来虚拟社区社会关系，获得通过虚拟社区进行社会交互活动的能力，以网络工具使用来认识世界和环境；教育形成人们信息的解读及制作能力，培养指导生活的信息能力和现实增强型新媒体工具的使用，使人学习在知识时代如何进行信息收集与分析，并形成关于世界的观念。

三　教育为新媒体实践培养了大批专业人才

近年来，以新媒体专业研究方向在大学不断出现，为新媒体实践培养了大批专业人才。例如，哈佛大学设计学院设立数字媒体方向的硕士学位；麻省理工学院建筑设计学院设有传媒艺术与科学系；耶鲁大学艺术学院设立数字媒体中心；哥伦比亚大学艺术学院设立数字媒体中心；纽约大学电影学院的数字媒体专业是比较前卫的数字艺术学科；英国伍斯特大学和胡弗汉顿大学，在21世纪初就建立了先进的数字媒体教学中心，吸引了3M、BBC等多家媒体公司与其合作。此外，纽卡斯尔大学、伦敦都会大学、朴次茅斯大学等众多英国大学也开设了数字媒体的讲授式或研究类硕士课程，如国际多媒体新闻学、数字纪录片、数字媒体市场营销、数字传媒和多媒体应用等。总的来说，美国代表性的大学数字媒体教育分为几类形态：以计算机图形图像为基点的数字技术院系，以创意艺术为目的的数字艺术院系，以及以实用工具为需求的数字应用院系。

加拿大则有数字媒体中心数字媒体硕士：由 UBC、SFU、埃米莉·卡尔艺术与设计大学（Emily Carr University of Art + Design）以及不列颠哥伦比亚理工大学（BCIT）联合组建的新媒体中心，正在招收数字媒体硕士，为北美的新媒体大型产业提供创意高端人才；西蒙弗雷泽大学传播学院、艺术与媒体系开设了新媒体介绍、新媒体方法和理论、新媒体技术、新媒体应用、数字媒体和青年参与文化、数字媒体传播技术等课程。[①]

在中国，也开始出现新媒体专业。北京大学、中国传媒大学、北京航空航天大学、南京大学、重庆师范大学等都纷纷设立与新媒体相关的研究室、研究院、研究所等；四川大学、武汉大学、西北工业大学等也设立了相关专业。一些高校以合作模式建立实验室或数字基地，如同济大学传播与艺术学院与上海文广新闻传媒集团共建教学实践基地；南开大学与日本索浪株式会社、数字好莱坞株式会社合作开展数字媒体人才培养和技术研发；深圳大学与融创天下科技发展有限公司联合共建国内首家“新媒体研究中心”；中国传媒大学动画与数字艺术学院与新华视讯手机电视台有限公司合作共建新华社手机电视动漫频道；清华大学与德国汉堡传媒艺术与新媒体学院联手，开展面向数字奥运、培养中国广告业策略创意与高端设计人才的战略合作等；四川大学与腾讯合作建立新媒体研究所等。

无疑，这些大学的新媒体专业教育，为新媒体实践培养和输送了一大批专业人才。

四　教育智库机构数字化工程扩展了新媒体内容疆界

高校和各教育机构（包括大学图书馆）的系列数字化工程，基本实现了各种研究数据库的完全数字化。这样大规模的高等教育学习、公共资源的数字化，扩展了新媒体内容的疆界，加快了信息技术和数字化发展的进程。

如今，在世界大学中，教育材料、教学过程大多都已数字化，所有的教学资源和课程材料都在网上提供。虽然目前多数大学的学生，还需注册才能取得有关课程描述、课程大纲、课堂内容、每周的阅读材料以及相关研究对象和材料的链接等，但共享的内容已经越来越多。如：斯坦福大学

---

① 参见 http：//www. sageforlearning. ca。

免费为全世界的学生和教育者提供它的一些最受欢迎的工程课，包括计算机的三个课程和人工智能、电气工程的七个先进课程。在这里，一台电脑，一个互联网，就能随时随地通过流媒体视频或下载存取完整的讲座，全部课程的资料，包括概要、讲义、作业和考试，并能和斯坦福学生一起在线社交。

不仅如此，高校学术资源数字化也在持续进行。如，西蒙弗雷泽大学2010年设立的一个学术数字化基金，力求对学术资源进行全方位数字化，使之成为永恒的、可以非常方便地提供给学生和公众网络研究和学习的知识资源。他们在2010年对这样一些学科和学者给予了支持：

比尔·里德西北海岸的艺术研究中心数字化；

该大学图书馆主办的社区卫生网络数字化；

阿廖沙克雷的当代艺术文本和图像数字化；

斯蒂芬·科利选择加拿大四位诗人的盒带音频资料进行数字化；

约翰·克雷格对1536—1642年图书馆缩微胶片的数字化；

安德里亚盖对本拿比国家博物馆中加拿大的日本人的口述历史进行数字化；

玛丽爱伦·克穆对跨加拿大西部圈地课题的研究中的收集进行数字化；

凯特轩尼诗对1992—1999年哈里森和弗雷泽江河的汇合焦点处的密集考古发掘工作照片材料进行数字化；

……

该大学每年都有选择地对一些学科和课题进行数字化。不列颠哥伦比亚大学人类学博物馆更有把所有藏品都数字化这样巨大的工程。

总之，对学术研究资源，历史资源，进行保护性、扩展学习研究和传播的数字化工程，是大学有计划进行数字化的重要战略之一。所有大学的学术资源数字化工作一直在持续进行，可见教育在数字化进程中的重要作用。

五　教育研究智库推动了新媒体社会公共服务

教育研究中心直接研究新媒体社会应用，并产生很好的社会效用与社会服务的案例，莫过于美国的数字政府研究中心。北美的数字政府研究开始于20世纪90年代由美国国家科学基金支持的三大中心（哈佛—麻省国家数字政府研究中心，纽约州立大学政府技术研究中心，南加州大学数字政府研究中心），主要从事新媒体的社会服务与社会应用研究。

作为美国最有声望的电子政务研究中心之一，纽约州立大学政府技术研究中心（CTG）成立于1993年，是一所致力于通过政策、管理与技术的融合提高政府公共服务水平的应用型研究中心，以贴近电子政府管理实践而著称。该中心创始人沙龙·戴维尔，是美国最早从事电子政务研究的学者，同时是“北美数字政府学会”主席，她长期为美国联邦政府、欧盟提供管理咨询。由于CTG对美国电子政府发展的突出贡献，1995年被美国总统克林顿授予“美国政府创新奖”。目前，CTG已经发展成为全球电子政府研究的领先者和美国政府电子政府发展的重要智库。

南加州大学数字政府研究中心，下设于南加州大学信息技术学院，以电子政府相关技术的研发和应用见长。中心主任埃格，是信息技术（智能搜索）领域的国际级专家，他带领这个团队积极参与联邦政府及南加州政府的电子政务建设，如公民参与的在线法规制定、电话语音搜索、交通信息管理等。在美国国家科学基金会的帮助下，该中心主任助理法娜瑞建立了一个北美数字政府研究网络，同时正在构造一个与欧洲、亚洲等各国电子政府研究机构联系的全球数字政府研究网络体系。

哈佛大学肯尼迪政治学院国家数字政府研究中心（NDRC），其研究侧重于信息技术与政府治理、社会发展的结合。中心主任简·芳汀，主要研究数字政府制度、全球信息和传播技术、治理之间的相互作用。其代表作《构建虚拟政府》，从制度的视角提出：技术能力不是建构电子政府的主要问题，克服政府内部的组织性和政治性分歧才是关键。

相比之，加拿大从2000年开始启动“在线政府计划”，这一计划分成三个阶段推进，建设、反馈、修改，最后完善服务体系成为一个新媒体和电子服务集群。通过不断的研究、实施和完善，自2004年起，加拿大所有的政府服务都可以通过电子手段获得。

可以说，这些教育机构、研究机构的框架研究、政策研究和实用技术研究，直接搭建了数字政府的社会管理结构，且在不断地修订和公民使用反馈中日臻完善。北美电子政务已经普及于社会的每一普通公民日常生活之中，海关、工商、保健、保险、交通、税务、一切政府服务，都可以用新媒体手段获得，带给社会以最便捷的效益和方便。且随着社会人口及核心人口部分进入新媒体社会，数字政府已经开始取代大部分传统政府的功能，国家管理重心已经开始整体迁移，在新媒体数字世界之外的人将逐渐成为边缘人口，在社会管理中无法获得有效、快捷的服务。

六　教育催生新媒体知识经济

目前，教育行业培养出来的新媒体人才，汇聚在一些城市，使该区域出现知识经济和创意工业都相当繁盛的景象，并引领着游戏工业、影视动画工业等新经济的发展壮大。

以多伦多、温哥华为例。50 年前的多伦多，是一个极不显眼、经济落后的小城市，但它迅速利用其大学教育、科研实力和高效工作，致力于发展金融业、服务业、新媒体信息产业、生物医药等新兴产业，迅速转型为加拿大的技术心脏。现在，作为北美第三大信息服务业集群所在地，多伦多信息服务企业的密集度位居加拿大之首，为全球开发商和制造商提供了软件、硬件、新媒体、通信设备、半导体等多种服务。加拿大的“黑莓”也开智能手机先河，与“苹果”叫板。温哥华没有任何制造业却也发展成当代信息和旅游大都市，这与它 1300 家新媒体公司和新媒体教育实力有关。

同样，纽约被称为“世界数字之都”，具备了以“硅港”为代表的文化创意、软件开发和风险资金共栖的良好生态。在这里，影视和文艺表演能够带出利润丰厚的衍生产品和旅游发展，数字内容产业在网络平台（宽带）、技术（流媒体）和相关硬件（机顶盒、信息家电）方面的拉动作用也越来越明显。

波士顿这座城市也是利用知识经济和创意产业实现产业转型升级的。20 世纪中期，波士顿的制造业在全美领先。进入知识经济时代，产业迅速从制造业向生物技术、医药、IT、金融等转型，一些美国城市因此而“死亡”。波士顿之所以得以成功转型，主要原因在于：在波士顿地区，有哈佛、麻省理工等世界一流的大学。这些大学吸引全世界高端人才，相当一部分人才在这里创业，将他们的研究成果用于建立创新型公司。[①] 高素质人才的聚集，促进了城市经济的发展。

不论是多伦多、纽约、波士顿还是匹兹堡，这些产业成功转型升级的

---

① 参见《北美城市产业转型双城记》，广东省人民政府外事办公室（http://www.gdfao.gd.gov.cn/Item.aspx?id=15098）。

城市，周边都有强有力的大学和科研机构。多伦多依托的是加拿大的顶尖大学——多伦多大学，还有著名的约克大学；波士顿有全美国甚至全世界最古老的高等教育，有以哈佛、麻省理工为首的100多所各类型院校；匹兹堡则有匹兹堡大学和卡内基梅隆大学这样的一流学府。正因官、产、学、研紧密互动，才有产业的转型和升级。

计算机游戏，已然变成知识经济的一个新兴产业。计算机游戏工业从20世纪80年代开始的VCD游戏，发展到今天的在线互动网络游戏，产值从最初的3000万，到1990年的Super Mario Game已达到5亿。经过30年的发展，计算机游戏工业已经相当成熟，并发展成今天的平台、用户、发展，交互多维结构。创意设计，软件项目，项目管理和产品，技术发展，合作网络，大众市场，教育专业人才已经使这个产业变成知识经济的一个重要产业。

全球媒体市场调查研究公司银幕摘要最近公布了一项研究结果：社交游戏中常用的微交易模式将帮助社交游戏在2012年形成一个超过10亿美元的市场。社交游戏产业在过去的3年内爆炸性增长，2008年产值为7600万美元，2009年为6.4亿美元，2010年达到了8.3亿美元。与此同时，每年推出的新游戏在增长，社交游戏玩家也在增加。Zynga，为Facebook开发了Farmville（类似开心农场）、达克萨斯扑克，每月拥有2.42亿的活跃用户，理所当然排在了第一位，来自中国的五分钟（Five minutes）公司以每月7300万活跃用户排在第二位。

教育和专业人才的培养，直接形成了新兴的数字产业和知识经济，甚至经济力量超出人想象的惊人，是传统产业无法比拟的。正如著名信息技术评论家、《数字化经济》作者坦普斯克特所说，“新经济的主导产业就是新型媒体业，它融合了计算机、通信和传统内容产业。在美国，与电脑通信相结合的新型媒体业占了国内生产总值的15%。新产业部门的利润移向内容，因为这里正是价值产生之所在”。

不仅如此，教育在引导新媒体用于人类自身的创造性发展，还具有重要作用：新媒体不但用于信息分析和收集，形成观念并当成工具使用，它在人的发展延伸上，还具有更深刻的创造性的意义。首先，教育引导人们使用新媒体探索和发现自我和环境，扩展观点；其次，人们使用新媒体表达自我意见和公民思想，参与社会公民责任的构建；再次，教育指导新媒体建构新经济及其参与能力：如电子商务和交易活动能力；最后，创造性使用新媒体工具，参与社会文化的建构，娱乐与亚文化参与及构建能力：如青年网络文化群落。

第三节　新媒体与教育的未来发展和挑战

新媒体与教育互相促进，一定程度上塑形着未来知识经济与信息生产力，决定着未来个人、国家与文化竞争力的同时，也滋生了不容忽视的问题，如虚拟帝国数字霸权和教育优势可能会扩大数字鸿沟、新媒体教育中也存在着部分亟待解决的安全及法律问题，等等。

一　导致未来知识经济和信息生产力的悬殊

在发达国家，新媒体技术高度发展，新媒体教育已经非常普及，“数字能力与学习策略”已成为教育和教育研究中的热词。教育促进了新媒体知识经济、信息产业以及由此相关的创意产业都大大领先于发展中国家，而这些新媒体的实践应用又反过来良性地促进社会对新媒体教育重要性的认知。新媒体在社会服务方面的开发，在教育和培训领域的应用，在知识创新中的技能训练方面，也相对强大。而电子商务、虚拟金融，大量的经济活动借助于新媒体得以进行，教育中培养的新一代虚拟经济从业者，具有很高的技术门槛，成为新媒体时代的主要生产力。

相比之下，发展中国家“数字能力”观念尚未提上议程，新媒体应用多集中于电子商务和娱乐，还仅处在消费阶段；产业尚以制造业为主，在知识经济和新经济的产业链中处于末端。从清华大学媒介经营与管理研究中心基于国家统计局的数据所作的研究来看，数字能力商务、游戏、娱乐等多个方面都有应用，单单在教育上的研究和应用，还比较欠缺。新媒体在教育上的应用研究不足，直接导致新媒体产业和知识经济产业的发展不足，造成整个社会无法从知识经济中获益、无法从新媒体应用上获得高效的服务、社会运行机制会大大落后并代价过大，且知识经济中严重缺乏相关人才，创意经济名不副实，总是处于拷贝和跟从的状态，等等。

二　引发未来个人、国家文化竞争力的差距

国家的数字新媒体能力决定国家的竞争力，而个人未来的发展，也开始逐渐显现在个人新媒体能力上，数字能力成为个人在未来的核心竞

争力。

在发达国家，有超过一半的人口从事信息产业和知识经济，整个社会新媒体能力和素养非常高，新媒体教育已成“生存技能”、“自我发展”和“社会建构”的学习。数字文化出现，虚拟社区发达并开始改变社会的机构和组织，更改变未来教育的方向。相比之，发展中国家亟待追赶。

而全球化和媒介造成的世界时空、知识一体化，使那些媒介强势文化有正在逐渐覆盖媒介弱势文化、媒介弱势文化有逐渐被媒介强势文化吞噬和消失的危险。因之，如何倡导教育民主观，就成为一个至关重要的问题。2011 年 6 月，温哥华西蒙弗雷泽大学“全球跨境教育的民主：避免当地语言解体的互动学习”的课题，就表达了这种危险的存在，并提出，世界需要“教育民主观”。在这种思想看来，真正的教育关系和学习是互动的，是把自己的观点和意义参与到合作和决策的各方关系之中的，人和人之间的认识是文化不断地互动和交叉，而不是单向地居高临下的，不是赋权和富有远见的。

三 虚拟帝国数字霸权和教育优势将扩大数字鸿沟

（一）新媒体购买费用不平衡扩大数字鸿沟

目前，美国等国家已进入 4G 时代，而一些贫困国家和地区，连普通的一代、二代的基本设施都还欠缺。当然，世界也正在形成一些发展均衡的努力，如 2000 年西方八国首脑会议形成的《关于全球信息社会的冲绳宪章》，呼吁消除国际信息和知识的鸿沟。之后，以日本富士通和东芝为首的全球电子商务企业对话协会成员，提出要向非洲 50 万个偏远山村建立数字接入的意愿。但发达国家逐渐加速的数字化进程、大规模的硬件设备投资，以及富裕人口新媒体设备越来越先进的更新换代，都是第三世界国家望尘莫及的。

就美国在全国部署的 4G 设备投资来说，据德勤 2011 年 8 月的报告显示，2012—2016 年，美国的无线运营商可能投资 250 亿—530 亿美元建设 4G 网络，创造 730 亿—1510 亿美元的国民生产总值以及 37. 1 万—77. 1 万个工作岗位。随之改变的，还有更多高科技企业开发出大量无线宽带产品和服务，会更进一步改变人们的生活、工作和学习方式。一方面，4G 技术将会为发达国家弱势群体带来特别的影响，比如为发达国家的少数民族、乡村社区、小企业以及缺少宽带连接的聚居地提供设施和服务。这些边缘化群体在4G业务普及后，就可以融入国家的经济主流；另一方面，公众利益服务水平的改善，将进一步提高美国的国家竞争力。

而澳大利亚的全国数字经济战略，计划在2020年成为全球领先的数码经济，将使所有学校和企业以及93%的家庭全部拥有国家高速宽带。

此外，全球增长咨询公司弗若斯特沙利文公司的统计数据显示，非洲占全球互联网用户的4%，中国为21%。且非洲的手机和服务费也相当高：谷歌尼日利亚分部尼姆比·奥德罗说，在尼日利亚，每Mbps带宽的费用为每月3000—6000美元。相比之下，英国每Mbps带宽的费用约为每月20美元。先进数字技术在越贫困地区价格就越高昂，形成的马太效应将拉大这种差距，产生巨大的数字鸿沟。

发达国家和不发达国家越来越大的数字鸿沟，富裕人口和贫困人口的数字鸿沟，地区之间的数字能力的不平衡越来越明显，且还会出现马太效应，因教育的缺乏而缺少新媒体经济的主体力量的未来核心能力，因缺少数字能力而无法发展新经济，形成恶性循环。

（二）新媒体廉价教育资源不均衡加深数字鸿沟

作为海量网络分享信息，免费开放式学习的尝试，如凯文所言：Uopeope大学的瑞夫既不是第一个，也不是最后一个，对于全球教育资源极度不均衡和反不公正的需要来看，这个前景永远不会丧失它的吸引力和可能性。目前在发达国家，这种廉价教育继续扩展，这种新趋势也正在广泛获得人们的认可。当然，目前也还存在着问题。如：这些新校区如何认证？由谁认证？标准如何？前景如何？如何参与社会规范？等等。

在加拿大，一些在线课程已经能够获得证书，并在人们的职业生活中发生作用。而对于发展中国家和不发达国家来说，问题却是，如此庞大海量的免费共享资源，如果缺少基本的硬件设施，都成空谈。且在一些贫瘠地区，由于新媒体能力、数字能力的缺乏，所有这些已经建立起来的海量的共享免费教育资源，却无人知晓。

如此，在新媒体能力发展水平高的地方，教育资源非常丰富，应有尽有。而在发展中国家，在发达国家免费共享的数字资源，大部分是昂贵的商业资源，免费供公众使用的新媒体教育资源仍然非常稀缺，数字鸿沟和马太效应还在越来越扩大。

四 新媒体教育中亟待解决的安全及法律问题

在中国，新媒体未被有效、有益地应用于青年生活、学习和教育中，相反，大量的负面问题一直得不到有效解决。有关数字媒体、交互媒体、社交媒体和互联网的法律不完善。目前，一些国家实行分级制，控制色情暴力内容对青少年的影响；一些国家和地区如香港发布了《香港非应邀电子讯息条例》，防止垃圾信息对个人的干扰和侵犯；一些国家如韩国召开“校园暴力相关长官会议”，发布了“预防校园暴力综合对策”；一些发达国家针对儿童的新媒体使用的安全性，有大量研究，新媒体行业也有重要会议讨论并形成公约。

相反，发展中国家的网络和新媒体使用安全方面，法律法规不健全，研究不足，全社会重视不够，并缺乏有效的方法，行业自律亟待解决，需要做大量的工作。数字公共空间中的拷贝权和知识产权的研究尚欠缺，公共空间中的隐私权保护法尚未出台。

更关键的是，伴随着发达国家电子政府的服务深入到每一个公民，未来的政府管理越来越多地在电子虚拟社会中进行，社会管理的重心已经开始发生位移，发达国家的大量的管理工作已经发生在电子虚拟世界而不是在物理世界，这必然使整个社会和核心人口向虚拟世界的入住和固定，新媒体能力弱势的人口，将无法在未来世界进入主流。

结语

很显然，新媒体环境下教育面临重大转折。新媒体不但促进了教育资源的极大膨胀和人类知识库的极大丰富和快速更新，教育环境也在发生巨大的变化：传统的正式的教育场所，已经不如从前那样具有影响力，更多的教育和知识传授，发生在更广大的非正式教育场所，特别是网络环境和虚拟社区之中。课外发生在社交网络、共享知识平台上的教育行为，影响大大超出以往任何时候。

新媒体技术使教育开始不再受单一地区、单一文化、单一民族、单一地域和单一手段的局限，而成为全球性互动和交流的巨大场所。不同平台、不同渠道、不同虚拟社区，都不同程度地参与到当代教育中。在线学习、虚拟课堂、虚拟学校、移动学习、开放课堂、开放大学这些可以在任何时间、任何地点不受限制地进行学习的优越的无疆界“新校园”出现，都在社会人群的形塑中发挥着重要影响。所有这些教育资源、教育环境、教育渠道和教育时空的巨大变化，彰显着新媒体在人类生活中的巨大作用，以及其在发达国家教育中越来越受到重视的地位。

同时，教育又对新媒体的发展和数字社会的出现产生着影响。一方面教育直接构造未来世界的雏形，搭建起数字未来的社会构架，建设起数字虚拟国家。另一方面，教育更发展了人的新媒体应用能力，培养出未来世界的经济核心力量和生产力，创意经济知识经济的时代正在大批具有数字能力的创造力旺盛的专业人才的奋斗中逐渐到来。我们看到，发达国家新媒体的使用，在数字政府、公共文化服务、个人学习和职业发展中成为最重要的部分；社会组织的庞大的运转过程，已经完全离不开新媒体工具的使用；落后国家的新媒体能力，已经成为未来生存发展的一个问题。

随着新媒体的发展，教育环境、教育媒介、教育资源、教育方式和教育时空已发生巨大变化，全时空式新校区呼之欲出；终身教育已成必然；公民自我教育、远程教育、终身教育、廉价教育新模式将会产生重大突破；有效利用世界海量共享免费教育资源，提高整个社会对数字能力的认知，提高人们的媒体能力，已成为重要问题和未来核心竞争力。然而，数字鸿沟在持续扩大，新媒体教育运用中如何进行法律制约、行业制约，实现在数字霸权和文化教育霸权之间的平衡，获得世界教育公平和教育民主，是目前急需得到关注和解决的问题。

总之，新媒体在教育上的运用前景激动人心，在发达国家的现实应用已经极大地扩展了人类的知识积累。如何最大限度、最有效益地在二者之间良性互动，是当今新媒体发展方向和社会发展的趋势问题。

第九章

新媒体与管理

随着社会的不断发展，管理的对象、内容不断发生变化，管理的理论和方式也在不断更新，它们对现代社会的生产、发展等产生着非常重要的作用。不仅如此，这些新出现的社会现象，作为管理的新对象和新内容，也不可避免地给管理带来诸多的冲击和挑战。以网络技术为代表的新媒体的出现，即给管理带来了革命性的变化。

第一节　新媒体时代与管理

“管理”，指在人类的社会生产和生活中，为了实现预期目标，以人为中心的“计划、组织、指挥、协调和控制”行为，“使服务对象获得满意，并且使服务的提供者亦获得一种高度的士气和成就感”的活动。① 通过计划、组织、指挥、协调和控制展开的各种管理活动，早在人类社会产生之初就产生了，随着人类文明不断演进、社会分工日益复杂、科学技术迅速发展以及人类活动频率的增多、活动范围的扩大，对管理的要求也越来越高，“管理”所形成的决策和行动对自然和人类社会的影响力也大大增强。

一　传统管理理论演变

自人类社会进入工业化大生产时代后，管理作为社会实践的一个环节，逐渐被社会重视和研究。

---

① 周三多：《管理学——原理与方法》，复旦大学出版社1997年版，第10页。

最早出现的管理理论是基于亚当·斯密的《国富论》中所提出的“经济人”的假设。19世纪初，“科学管理之父”泰勒将这一假设应用到企业管理中，以帮助科学挑选工人，合理安排工时，建立各种明确的规定、条例、标准，使工人掌握科学化的操作标准，同时，通过计件差进行工资支付。在职能管理上，泰勒主张将把计划职能和执行职能分开，进一步使管理专业化。[①] 从本质上来看，基于“经济人”假设的管理理论属于“任务强制管理”，雇主科学地制定任务，而后通过种种条例强加给员工，通过任务的完成情况来对员工进行考核并支付工资。这种管理理论曾经风靡一时。然而，员工毕竟不是机器，除了赚钱外，他们有人所应有的理性、情感，对公平、正义有自己的追求。

于是，20世纪20年代末，一种由哈佛大学教授埃尔顿·梅奥所提出的、基于“社会人”假设的新的管理模式出现了。该理论模式认为，人并非单纯地追求金钱，还有情感、安全感、归属感、受人尊重等追求，人是生活在一定社会关系中的人，是要求“自我实现的人”，从本质上来说，人是“社会人”而不是“经济人”。在梅奥的设计中，任何一个企业，除了有正式规章制度形成的组织之外，还有一个依据社会情感而形成的人际关系组织。一种良好的管理，必然得注意到员工物质之外的社会因素、心理因素，也就是员工的“士气”，它由工人个人、家庭和社会生活及企业中人的诸因素共同构成。[②] 但是，单一的“社会人”管理，也会遭遇其难以解决的困境。

继而，在经济人、社会人之外，一种依据“复杂人”假设为基础的“权变管理”模式出现了。这种管理理论的提出者是莫尔斯、洛希，该学说对“经济人”、“社会人”的假说都进行了批判。在其看来，人是多种多样而又因人而异的，其动机是内部需要和外部环境互相需要的结果。“复杂人”的管理理论尤其考虑了人周围的时间和空间，以及人的信念、目标、愿望、需求、动机等；在管理上，试图从多种角度入手，综合“经济人”、“社会人”两种管理模式的长处，因时因地制宜，从而进行最有效的管理。

另外，根据社会组织领导对“任务行为”和“关系行为”两方面重

① 张广敬：《管理学基础》，北京理工大学出版社2012年版，第35—36页。

② 刘志平等：《管理学概论》，北京邮电大学出版社2005年版，第21页。

视程度不同，管理又分为“参与式”、“命令式”、“说服式”和“授权式”等几种不同的领导管理方式。①

此外，不同管理模式还与人类社会的发展程度、不同地区的文化特质有关。如我国管理模式，就与西方有很大不同。我国传统社会数千年，主要有“官”和“民”两个社会阶层，长期受到尊上卑下的思想熏陶，体现在社会管理模式上，就是一元化的“统治式”的管理方式。经过数千年的历史，这种管理思维已经深入到文化、教育、宗族、婚丧等社会方方面面，并且形成了一整套细密的管理机制；这种管理模式作用于人们的内心，日积月累，又形成了强大而稳定的意识形态。如今，虽然传统的政治制度已经发生了翻天覆地的变化，但长久以来形成的意识形态却在相当程度上仍然对社会诸多管理领域都产生着影响。这种管理模式与依托西方文化传播进来的“经济人”、“社会人”、“复杂人”等理论糅合在一起，形成了我国特殊的管理模式和管理思维，这种管理模式和管理思维由于既是传统的（非现代）、又是西方的（非中国），它与我国现代社会发展之间存在着不少矛盾，并由此带来了相当程度的各类风险。

二 新媒体时代社会管理的变革

网络媒体的兴起与广泛使用，大大加剧了社会发展和管理模式之间的矛盾，也将这种风险推向了高峰。

网络新媒体作为一种高科技，正在日益广泛、深度地嵌入社会生活，从城市到农村，从政府到私企，从老人到幼童，各个角度、各个阶层，人们越来越依赖互联网，并已形成一种无法将网络媒体从社会中剥离开来的状态，并由此产生了一个由网络联结而成的虚拟社会。

在这个“虚拟社会”中，人类的诸多现实社会行为，依托于网络平台在进行。这些平台包括聊天平台、论坛平台、游戏平台、购物平台及其他各种信息发布和反馈平台。人们在这些平台中进行着各种虚拟活动，如情感交流、学术辩论、买卖物品、发布新闻、组织团体。但这些网络行为并不止于网上，而是与现实有紧密关系。如网络购物，便将现实买卖关系带到网络世界中，在网上通过符号辨认和电子信息操作，最终进行现实买

① 蒋晓丽、李玮：《社会管理网络化与网络管理社会化——基于网络媒介双重特性的社会管理路径研究》，《四川大学学报》（哲学社会科学版）2011 年第 4 期。

卖；游戏中服装、宝石、兵器等各种道具，虽然是虚拟的，却也产生了现实的买卖关系；还有网游中的结拜、结婚，虽然它只在网络世界中具有社会行为性，离开了网络社会就不是合法的，然而这些虚拟的情况也可能给现实社会带来问题。

新媒体时代的海量性、分散性和隐匿性特点，以及人们在网络中的生存状态，从频度和广度上大大增加了社会风险传播的可能性，也因此增大了社会管理的难度。海量信息以“爆炸式”的方式大规模地进入人们的意识中，长期沉浸在网络媒介所构建的虚拟社会中，进行如购物、聊天、游戏、结拜、成婚等各种社会活动，人们容易对网络媒介形成近乎空气般的依赖。同时，随着虚拟社会与现实社会之间的边界日趋模糊，由这个网络构成的“虚拟社会”引发着越来越多的社会风险，这些社会风险又具有虚拟性和现实性结合的复杂状态，使社会管理的成本大大增加。

然而，我国现有管理基本还延续着与新媒体时代社会的发展不甚协调的“统治式”模式。“统治式”管理，主要指依靠条规律令来进行管理。这一管理方式在原有社会模式下，会起到一定社会作用。然而在新媒体时代，虚拟的社会组织大量出现，有隐蔽性、分散性，各种行为又兼有现实性和虚拟性相结合的特点，往往会超越原来条规律令的限制范围，使执法者无所适从。同时，“统治式”管理方式所采用的传统管理语言、行为等，都与网络环境不合拍，容易被敌视，因为人们在虚拟社会中形成了一套自我组织、自我管理、自我认同的价值观，这些依托各种平台建立起来的组织，没有所谓上级、下级，比如一个论坛，除了服务器之外，就是一个“自由结合”，这个自由组合只要简单注册就能完成，去留也不受太多约束。因此，社会管理模式亟须重构，“统治式”传统管理模式向“参与式”管理模式转向也成为新媒体时代社会管理的一个重要方向。

所谓“参与式”管理模式，是指为促进社会系统的协调运转，由政府机构、社会组织和社会公众等多元社会主体共同参与对社会系统不同部分、社会生活不同领域以及社会发展各个环节的组织、协调、监督和控制的过程。[①] 相对于传统的“统治式”社会管理模式，其核心要义是在社会管理主体、向度、绩效评估等方面，由“一元”向“多元”的转变，出

① 蒋晓丽、李玮：《社会管理网络化与网络管理社会化——基于网络媒介双重特性的社会管理路径研究》，《四川大学学报》（哲学社会科学版）2011 年第 4 期。

现多极的管理主体、多维的发展向度以及多种的评估标准。这样，在具体的管理实践中，就应该和能够根据不同的管理任务、目标，选择与实际相对应的管理模式，从而促进社会管理的进一步优化。

第二节　新媒体对管理的影响

在众多新媒体种类中，越是互动性强的社会化媒体对管理的影响越大，尤其是 WEB2.0 和 WEB3.0 交互式技术的发展重构了社会管理的信息互动方式，使虚拟社会管理跟现实社会管理不可避免地融合在一起，大大地影响着社会管理的网络化进程。

一　新媒体对社会管理的影响：社会管理网络化

社会管理主要指在一定的法规框架内，政府、企业和公众等通过政治、经济、文化等手段以及协调、沟通、疏导等方式处理社会事务、防范社会风险和解决社会问题。新媒体出现后，大大改变了社会管理的环境、范围、方法、效果等方面，并且作为社会管理的新工具，有效地推动了社会管理网络化进程。

（一）新媒体对社会管理的挑战

互联网的广泛使用和普及，使社会管理的环境变得更加复杂，政府传统的思维模式和管理方式效力减弱，无法完全适应为公众服务的需求，这主要体现在以下几个方面。

1. 法律的控制作用受到削弱

与传统社会相比，网络所构建的“虚拟社会”，使传统的法律控制作用受到削弱。法律作为一种社会控制手段，具有滞后于社会实践的特征。互联网出现后很长一段时间，针对网络犯罪的立法工作才开始缓慢开展和推进。而这期间，原有的法律观念和条文在网络空间的应用也受到了很大限制，有些在现实社会中属于违法的行为，在新环境下不再能轻易地被断定是否违法。网络上行为的信息性、虚拟性、隐匿性特征，也给法律的应用带来重重困难：由于国家的边界在网络中也不复存在，传统的清楚识别公众身份的尺度也已不适用；发现犯罪行为对应的主体面临巨大的困难，等等。

不仅如此，与传统社会相比，网络所构建的“虚拟社会”也为违法、犯罪提供了更广阔的可能空间。网络谣言、财物诈骗、损毁他人名誉、赌博等现象容易滋生，并且有些事件还能钻法律的空子。吕科事件就是一个典型。因吕科在河南北网信息工程公司 AWE 网络程序中安置逻辑炸弹及擅自取走源程序代码，涉嫌破坏计算机信息系统而被羁押，然而由于《计算机安全保护条例》均不能适用这一行为，46 天后被释放。皮革奶粉也是一个重要案例，2011 年 2 月 17 日下午，一则《内地“皮革奶粉”死灰复燃长期食用可致癌》的新闻迅速登上各大商业门户网站的首页，引起了网友们的广泛关注，使相关市场受到冲击，相关上市奶业的股价大跌。而事后发现，这只是源于网络上的一个帖子的假新闻，但法律却拿他没办法。

2. 国家管理职能和主权受到冲击

信息技术革命所强化的全球相互依赖现象在范围、程度上对各国来说都不是对等的。西方发达国家往往利用它们在技术上的优势向发展中国家灌输它们的思想观念和价值标准，进行文化扩张，推行“殖民文化”。长此以往，发展中国家产生了对外国文化的认同感，最终导致发展中国家失去对文化的控制权。另外，网络空间的任何行为无法与现实空间的地理位置一一对应，因而导致传统的以地域为基础的国家管辖权难以行使，甚至导致国家间管辖权的冲突。同时，网络空间的去中心化使每个网络用户更乐意服从自己的网络服务商（ISP）制定的规则，如果这样，国家的管辖权就会被架空。①

案例：互联网渗透无国界

美国的互联网渗透新措施——“影子互联网”就特别具有代表性，“影子互联网”系统主要用以帮助伊朗、叙利亚、利比亚等国反对派避开本国的网络监控或封锁，实现彼此之间和与外界的“自由联络”，对这些国家的主权造成了侵害和威胁。近年来，美国还实行了“棱镜”计划和“X－关键得分”计划，“棱镜”计划是由美国国家安全局、联邦调查局联合实施，对世界某些国家进行包括网络监听在内的计划，连带美国自己也不例外，网络公司在其中发挥了巨大作用，微软、雅虎、谷歌、苹果等九

① 张小罗：《论网络媒体之政府管制》，知识产权出版社 2009 年版，第 69 页。

家世界网络巨头都有参与。2013 年 7 月，爱德华·斯诺登将该计划公布于众，引起了世界各国的剧烈反应。不久，斯诺登又披露了“X－关键得分”计划，这一项无孔不入的互联网监控活动，这再次引起了美国的外交地震。而各国对美国伸长到自己虚拟空间的“触角”毫无控制办法。

近年来，我国也认识到互联网与国家主权之间的关系。学者们不断呼吁加强网络建设以维护国家主权，指出“网络主权”是国家主权新增的“制高点”①，“加强监管互联网是维护国家主权和权利”②，“网络主权也是国家主权”，并认为，中国被恶意软件感染电脑的平均比率为 54.1%，是唯一一个感染率超过 50% 的国家，因此绝不能掉以轻心。③

3. 政府舆论引导方式受到挑战

当前我国处于社会转型时期，社会矛盾凸显，思想言论逐渐多元化，社会主流价值迷失。互联网为矛盾的反映和意识形态领域的斗争提供了平台，不同立场的话语迅速汇聚、冲突、扩散，形成较强的舆论辐射力，但网络民意往往存在情绪化倾向，容易被操作和利用，若不能有效应对，则可能激化矛盾，形成较大范围的情绪对立，甚至影响现实社会中的矛盾化解。我们知道，化解社会矛盾是社会管理的主要目标，而互联网所构建的“多元话语空间”却又大大增加了社会管理的难度。

传统媒体时代，政府与社会民众信息不对等，政府可以以一元式的、统治式的方式利用媒体来引导舆论。在这种情况下，政府对引导社会舆论具有绝对的优势，对不同的声音，完全可以采用压制、封堵、变相宣传等方式来使民众达到对政府的认同。然而，新媒体的出现，使民众通过网络具有了与政府几乎同等，甚至在某些方面超过政府的信息获有量，并且新媒体比起要经过一系列政审的官方传统媒体而言，在发布信息的及时性、关注问题的主动性方面都有很大优势，因此在网络媒体率先引导舆论的情况下，官方的舆论引导就无疑显得既被动、反应速度又慢。长此以往，新媒体就催生出一批民间意见领袖。他们来自民间，具有代表民意、获得民众心理认同的先天优

① 参见叶征、宝献《网络主权——国家主权新增的“制高点”》，《中国青年报》2011 年 12 月 9 日。

② 参见《加强监管互联网是维护国家主权与利益》，《人民日报》2012 年 8 月 27 日。

③ 向军：《网络主权也是国家主权》，《解放军报》2013 年 1 月 17 日，转引自新华网 2013 年 1 月 16 日。

势，同时又有一套自己被网民认同和熟悉的网络话语。

政府所依赖的传统媒体由于不具备新媒体所具有的这些优势，在引导舆论的过程中往往居于下风，同时，某些政府部门并不甘拜这种“下风”，依然隐瞒事实、态度不明或慌乱中抢先发布一些有歧义和漏洞的信息，甚至采取多种手段，比如对网络举报进行打击报复、聘请网络评论员参与跟帖讨论等。这更进一步加大了民众对政府部门的质疑，大大削弱了政府机关的公信力，导致政府部门在舆论控制上进一步丧失其有效性。

4. 新媒体造成传统的权威身份危机

新闻跟帖、论坛、博客、播客、微博、微信等交互式技术使内容生产权逐渐转移，公众渐渐争夺到部分话语权。虚拟社会出现了网络愤青、喷子等群体，他们往往以偏激的话语来发泄不满情绪，在他们眼里，政府官员等于贪官，专家的话需要反向理解，互联网内容把关者成了“小编”，医生、教授、法官等也都属于强势的既得利益者。老百姓变成了“老不信”，在互联网上人们顾不上也没法了解某个个体是否可信，而只要说话者被识别为上述身份，就容易被攻击，只要是一个医生、官员被杀，不管他是怎样的医生或官员，常常能引来网民的狂欢。传统社会的管理主体，在虚拟社会对管理客体的话语控制失效，在话语规则中地位低下，这颠覆了社会管理主体与客体的关系。

（二）新媒体扩大了社会管理范围

新媒体承载了越来越多用户的网络行为，网络行为与现实行为一样也具有社会性，并且越来越多的社会问题均由虚拟社会所引发，且虚拟社会与现实社会的边界日趋模糊，因此，社会管理需要将虚拟社会与现实社会统筹起来进行管理。

近年来，我国政府也认识到新媒体与社会管理之间的密切关系。2011年2月胡锦涛总书记在省部级领导干部社会管理创新专题研讨会发表讲话，要求“进一步加强和完善信息网络管理，提高对虚拟社会的管理水平，健全网上舆论引导机制”，首次提出把虚拟社会管理纳入社会管理。不仅如此，国家还颁布的《十二五规划纲要》，其中社会管理内容中要求“更加注重平等沟通和协商，解决群众合法合理诉求，及时化解社会矛盾”、“拓宽社情民意表达渠道”、“扩大公众参与程度”、“注重民意收集与信息反馈”、“发挥人民团体、行业协会、大众传媒等的社会利益表达功能，发挥互联网通达社情民意新渠道作用”。也有学者大力呼吁国务院尽快出台加强对虚拟社会管理、提高电子商务能力的相关法规和政策。

新媒体的出现为更有效地增进沟通、协商，听取民众利益诉求提供了平台，是多元主体进行社会管理的新工具，也是急需化解社会矛盾的新领域，有人将当今的网络社交媒体比喻为旧时代的“市政大厅”和“工会会议”或新时代的“咖啡馆”。正因为此，社会管理需要促进新媒体信息平台的有序发展，并规范以新媒体为工具的社会管理网络行为。

（三）新媒体改变社会管理方式

任何管理的本质，都是对信息传递的管理与控制。这种信息传递主要包括三个方面：一是社会管理主体之间的信息传递；二是社会管理主客体之间的信息传递；三是社会管理客体之间的信息联系。互联网技术对社会管理这三个方面的信息交流都起到支持作用。

互联网技术，促进了社会管理活动的信息化进程。在互联网迅速发展的背景下，我国许多核心部门、产业和领域正在被互联网连成一体，形成国家信息化“关键性基础设施”，具体包括政府系统、电力、交通、能源、通信、航空、金融、传媒、军事等运作、计划、清算、支付、交换的信息系统。①

社会管理活动的信息化，需要社会管理方式网络化作为支撑。在互联网时代，社会管理方式发生了改变，一方面，社会管理越来越依赖于各种主体网络化的关系建设和结构建设，呈现出管理主体“社会网络化”；另一方面，形成这种网络化的人群之间的交际也主要依赖网络媒介，而呈现出管理媒介工具“网络化”。社会“网络化”、工具“网络化”两者相辅相成、相互补充，形成了新媒体时代社会管理方式的两极，后者为前者提供了技术手段，前者体现了基于后者的一种新型社会管理方式。

1. 管理主体“社会网络化”

“网络化”社会是相对于传统的层级式社会而言的，它是指某一社会人群的网状关系，而非上下关系，虽然其出现是因为新媒体技术，但“网络化”的社会并非局限于“网络社会”，它也同样指向现实社会。与传统社会管理方式所不同的是，“社会网络化”管理模式中，管理结构由传统的层级管理向平面管理发展、语言表述由命令式向亲和式转向。

---

① 何精华：《网络空间的政府治理》，上海社会科学院出版社 2006 年版，第 46 页。

（1）管理平面化

传统社会管理都是层级式的管理，相关命令、指示等传达都是由上到下逐步进行的。这种模式有许多弊端，一是由于逐级传递，信息不断耗损、疏漏甚至变异，使很多信息不能完全、准确地从上传到下，也为“上有政策、下有对策”提供了借口；二是耗时过久，现代社会在各个方面都在高速运转，作为传统社会管理主体的政府也必须及时、有效地应对各种危机。

为此，推动层级化的管理方式向扁平化管理转变，成为政府管理改革的主要方向。以考试报名为例，各省都开始有自己的公务员人事考试网，依托网络直接面对所有考生，而省去了分级、分层的组织，考生按要求填报各种信息，直接接受统一管理。教育部的课题申报也因为建立了网络申报系统，而便于直接与各校教师形成管理关系。许多部门都建立了统一的网络平台。以学校系统为例，专科、本科、研究生各级学生的学籍情况都被录入到教育部的网站，教育部的管理在一定程度上就不再像原来那样仅仅依赖层次传达的管理。公安部系统的网络也形成了全国联网，在调查重大案件时，能够及时、有效地突破层级、地域的限制，实现整体的联动。银行系统也是扁平化管理的一个重要部分，对于农民的补助款，中央政府通过这个平台可以直接发放到农民手中，大大减轻了层级管理中层层克扣、挪用的可能。社会其他部门比如苏宁电器、南方食品、九三集团、长城汽车等企业，也都利用新媒体技术，尝试、摸索扁平化管理的实践经验。

扁平化管理的核心就是缩短流程链条，简化办事程序，精兵简政，使决策更加迅速地对市场的变化进行反应，这些都是依靠网络来进行的。

（2）语言表述平民化

为解决语言表述上的“障碍”，建立亲民形象，各地政府纷纷建立政府网络发言人制度。先后建立起媒体发言人的地方政府有江苏省镇江市、安徽省临泉市、云南省政府、广东省工商局、广东省政府、浙江省宁波市镇海区、江苏省睢宁市、贵州省贵阳市、四川省政府、广东省佛山市等。[①] 网络发言人主要负责及时提供各种权威信息、代表政府解答网友的

① 徐正：《传播的博弈 数字媒体环境下的舆论引导研究》，浙江大学出版社 2011 年版，第 48 页。

疑惑。

在此语境下，官方博客与微博也应运而生。由于微博控制在 140 字，信息只能尽量减短，削减不必要的套话、大话、空话，大大地改变了原来“八股”式的文件风格，而变成老百姓喜闻乐见的一种形式。以中国红十字会为例，近年来屡遭信任危机，但微博制度的建立对化解危机起到了重要作用；微博、博客还有一个好处就是可以利用图片和影像资料，使某些政策和问题的说明更加生动、具体。

官方与民众的互动也大大加强，如北京市新闻办开设微博“北京微博发布厅”，就引起了强烈反响。三天中，作为新闻发言人的王惠共发了 13 条微博，被转发 2000 多次，收获近千条留言评论。她在微博上就当时发生的一起校车事故留言，“21 个孩子呀！作为母亲，格外揪心”。立刻有细心的网友质疑并纠正说：“您是真的在关注吗？截至目前死亡 21 人，但那是 19 个孩子、2 名成人。”对此王惠知错就改，一个小时后回复网友，“你说的对，是 21 条生命，谢谢提醒！”这些语言表达对政府形象的改变是大大有利的。南京市政府官网留言说：“乖乖龙滴个东！发两条就上万粉丝了，到底是首都啊！万众瞩目哦，咱南京关注下北京！祝贺开通。”这些官民互动、官方互动的语言表述方式，在传统社会管理中是不常见的。

2. 管理媒介“工具网络化”

从工具的角度来看，作为新媒介的网络及相关技术在社会管理中的角色日益显著。我国现阶段，各政府部门、企事业单位以及各团体几乎都在使用网络作为它们的传播工具，从而形成了社会管理媒介的“工具网络化”。

（1）多领域的网络工具使用

就目前中国的社会管理而言，主要涉及两个舆论场：政府舆论场和人民舆论场。互联网的出现，能够打通两个舆论场，改变两者在传统意义上的关系。过去的政策，总体上都是层层下达，民情的上报也同样如此。然而，网络新媒体，传播工具价格低廉，传播门槛低，是多元主体进行社会管理的理想工具，社会管理工具向着网络化发展；同时，它能够消解因行政层级过多而引起的官民交流在多层传输中的信息障碍，民众可以绕开多层管理，直接将愿望诉诸互联网。它方便、快捷、影响力大，因此越来越多的网民倾向于通过网络问政，行使自己的表达权、监督权。许多大型商业网络已经成为公众舆情的重要窗口，也成为社会管理的重要组成部分。

据统计，截至2013年10月底，新浪平台上的政务微博有100151个，其中包括机构微博66830家，公职人员微博33321位，覆盖全国34个省、自治区、直辖市及特别行政区。① 这些网络新工具的使用，使传统政府部门有关社会管理的无法实践的想法、不能满足群众的方面，得到了一定程度的解决，从而引起了政府社会管理模式的变化。比如，各种社务公开，从中央到地方，各级政府几乎都参与进来，像天津政务网、哈尔滨市政务公开网、浙江余杭政府党务政务公开网等，政府利用各种技术，建立网络平台，用以吸纳民意、知晓民情，促使政府与公众在讨论和协商中做出更为良性的决策。

较显著的还有公安机关对网络的使用。2011年5月26日，全国公安系统开展网上追逃专项督察“清网行动”，截至当年8月18日，行动前在逃人员数下降30.54%，抓获历年在逃人员环比上升62.7%。截至当年12月16日0时，共抓获公安部A级通缉令在逃人员16人，B级通缉令在逃人员174人，部督在逃人员201人，涉嫌故意杀人在逃人员1.2万人，潜逃10年以上在逃人员2.3万人，从77个国家和地区抓获和劝返重大在逃人员900多人。

可以看出，社会管理的各个领域尤其是政府机关，大量地采取网络工具进行管理。网络作为一种新媒体，加强了官民的亲和，也推动了党务、政务、社务的公开，并深入到打击犯罪、维护社会稳定等领域中。

（2）网络工具不断更新

现在网络工具不断更新，有论坛、博客、微博、QQ群、社交网站、微信以及数据库等。社会管理的手段也呈现多样化的趋势，大型机构往往同时并用多种手段实施管理。

论坛是最早出现的网络工具之一。近年来，国内出现了一大批知名论坛，小到北京大学未名站论坛、岳麓书院潇湘槐市国学论坛，大到天涯、猫扑、百度贴吧等。仅拿百度贴吧来说，现在拥有6亿注册用户，450万贴吧，日均话题总量近亿，月活跃用户数有2亿，占中国网民总数的39%，可见它所拥有的强大的社会影响力。

---

① 参见《人民网舆情监测室发布〈2013年新浪政务微博报告〉》，人民网舆情频道（http：//yuqing.people.com.cn/n/2013/1226/c210118－23952286.html）。

博客，一个结合了文字、图像、其他博客或网站的链接及其他与主题相关的媒体，也已深入到社会管理的方方面面。除私人博客之外，有政府博客、企业博客、各种事业单位的博客等。

QQ 群也是一种相当有吸引力的网络工具，最主要的关注群体是青少年。QQ 群还提供了群空间服务，在其中，用户可以使用群 BBS、相册、共享文件等多种方式进行交流。

微博是一种很有影响力的网络媒介。它将网帖传媒的优势最大限度地表现出来，字数少，易发布，易浏览，易跟帖，电脑、手机都可使用。微博出现后，迅速地涵盖了政府、企事业单位等社会各个层面。政府用微博来反馈民意，很多企业用微博来进行考勤，红十字会等慈善机构利用微博来进行慈善捐款。

案例：微博的重要作用

微博对传统社会管理提出了巨大挑战。比如“郭美美事件”与红十字会事件：2011 年 6 月，注册名为“郭美美 Baby”的网友在微博上炫富，其认证身份是“中国红十字会商业总经理”，于是引发了一场对红十字会的大规模的质疑，网友们认为红十字会在慈善捐款管理方面存在巨大漏洞。

这样一个看似不起眼的微博事件，致使 2012 年全国社会捐款减少了 73.6%，而北京红十字会在该年 7 月收到捐款只有原来的七分之一。红十字会为了消除信任危机，开始设立第三方参加的“红监会”等机构，试图改变自身某些落后的管理方式。

二　新媒体对媒体管理的影响：网络管理社会化

除社会管理外，新媒体的出现也对媒体管理形成挑战，主要表现为传统的媒体管理方式已不适用于互联网管理。近年来，我国越来越形成一种共识：对互联网的管理需要推进管理的社会化进程，让更多的管理主体参与进来。

（一）新媒体对传统媒体管理方式构成挑战

传统媒体那种只需要管理信息源的方式，对新媒体已经不适用了。新媒体的多中心、多节点结构以及交互式技术决定了新媒体的很多内容都是由新媒体的普通用户所生产，不能从源头上进行管理，这就让一些不良现象处于失控状态。

1. 不良信息、信息垃圾泛滥

互联网使网民超越传统人际交往中的社会化束缚，释放出被压抑许久的自然属性。与此同时，虚拟空间违法犯罪成本较低，并且网络具有非常明显的“规模扩张”效应，因此互联网容易受到非正常应用。素质良莠不齐的互联网用户，就很容易生产出色情、暴力、辱骂、诈骗、赌博、虚假广告、垃圾邮件、管制品买卖信息等不良信息和垃圾信息。这些信息无孔不入，对国家安全、经济发展、社会秩序、青少年的素质培养等影响巨大，网络环境问题成了制约互联网发展的重要瓶颈。这就使传统的依靠少部分管理主体的单向媒体管理方式已经不能对其进行有效管理。

2. 信息安全问题严重

信息安全，大到国家政治军事等机密安全、小到企业机密安全、个人信息安全，因互联网的出现而受到挑战：精通技术的黑客利用木马、僵尸网络、网络钓鱼、恶意软件等工具攻击网络，造成信息泄露。

如国外间谍通过互联网窃取情报，以及一些反动团体、恐怖组织或者个人破坏国家信息安全，可能使受害国家的建设受到毁灭性的打击，并引发其他系统的不安全，如政治失稳、经济紊乱、文化迷失等。再如，窃取企业商业秘密的商业间谍活动越来越多，导致企业信息泄露，不仅可能造成经济损失，还可能使信息泄露的企业在公众中的威望和信任度下降，使企业失去一大批已有的或潜在的客户。个人信息泄露的后果也很严重，使个人隐私和财产受到侵害，大规模的个人信息泄露有时甚至影响互联网管理措施的进行。

案例：韩国互联网实名制进程因信息泄露受阻

韩国是世界上第一个实行网络实名制的国家，从2002年起，韩国政府推动实施网络实名制，理由是“减少以匿名进行诽谤等副作用”。2007年，韩国颁布的《促进使用信息通信网络及信息保护关联法》规定，各主要网站在网民留言之前，必须对留言者的身份证号码等信息进行记录和验证，否则对网站处以最高金额达3万美元的罚款。并且韩国通过立法、监督和教育等措施，对网络邮箱、论坛、博客乃至网络视频实行实名制。

按照法律，如果由于网站未能有效进行实名制登录而造成法律纠纷，网站将代替无法被追查到的被告接受惩处。2009年，韩国网络实名制的范围扩展到每天访问人数超过10万的153家主要网站。但在2011年8月，韩国叫停了网络实名制，原因是上千万网站注册用户的个人信息被泄露——2011年7月，韩国的实名制社交网站“赛我网”和NATE网被黑客攻击，3500万用户的个人真实详尽信息被泄露，包括姓名、生日、电话、住址、邮箱、密码和身份证号。这等于说，95%的韩国网民、70%韩国人的身份资料已经外泄。韩国出现了“重新检讨”实名制的呼声。

在我国，网络实名制的呼声日渐壮大，2011年底要求微博注册必须实名制就是推行实名制意向明朗化的一个标志。然而我国互联网也曾遭遇大量网站账号密码被盗并泄露，如果这些发生在实名制后，后果将不堪设想。

3. 盗版侵权内容广泛传播

传统的个人领域与公共领域的区分日渐模糊，利用网络侵害个人的隐私权、名誉权、姓名权、肖像权以及著作权等，正在对个人隐私和作品版权构成直接威胁。从电子邮件、网上聊天到在线购物、网站注册等，处处都涉及隐私的泄露和保护问题，人们可以非常容易地从网上下载照片或把自己或他人的照片上传到网上，使侵害肖像权的行为越来越突出；在网络上以侮辱、诽谤等方式侵害他人名誉权的案件在各国也有上升之势；同时，互联网上盗用或冒用他人姓名的行为非常猖獗，屡禁不止。① 在侵犯著作权方面，当前网络侵权盗版逐步呈现出集团化、专业化、高技术化的特点，不仅损害著作权人的合法权益，且威胁到新闻出版、文学艺术、广播影视等传统版权产业的生存和新兴媒体的发展。

（二）新媒体改变了媒体管理观念

“媒介即信息”，社会化媒体代表着社会生产的信息，社会生产的信息在与媒体编辑记者生产的信息进行话语权的争夺过程中，逐渐冲击着媒体管理机制。

受到主要冲击的管理主体是政府，当政府官员发现对互联网上的信息应对无力的时候，他们逐渐认识到，重视对互联网这一“思想文化的集散地

① 张小罗：《论网络媒体之政府管制》，知识产权出版社2009年版，第84页。

和社会舆论的放大镜”的内容监测和引导，提高网络媒介素养，理解网络传播规律，认识虚拟社会的新特点、尊重网络民意，强化以人为本的管理观念，注重管理方式的民主性等的重要性。管理思想逐渐从封闭走向开放，从孤立走向协调，方式从单一走向多样手段相结合，在管理过程中注重发挥社会组织和意见领袖等不同社会力量的作用，推进网络管理社会化。

网络管理社会化观念认为无论是国家、政府还是社会自治组织，都是社会性的组织，互联网管理推崇多元互动的治理机制，并加强政府与公众等各管理主体的合作关系。传统意义上大权包揽的政府，应该将主要精力放到政策的制定与监督，放权让利，尽可能地发挥社会组织和团体的自治作用，政府充当中间人，推动社会诸团体进行合作、协商，确立共同的发展目标，最终实现对互联网的良性管理。

概而言之，互联网的出现使媒体管理思路逐渐从政府规制转向多元主体治理。互联网产业原先属于电信产业的一部分，为了解决电信市场开发后产生的各种问题，世界各国普遍开展电信规制工作。但随着互联网自身的发展，互联网作为相对独立的分支与电信数据通信网分开，成为社会基础通信网络。不过，互联网是一个开放的网络结构，树状或金字塔、自上而下的规制模式并不能对其进行有效控制，且层层管理无法达到管理的透明度要求，不符合现代管理理念。面对互联网存在的管理问题，不同于电信市场，世界普遍采用“治理”方式，而非传统意义上的“规制”方式。

所谓规制，也即“控制、规章和规则”，是指具有法律地位的、相对独立的规制者，依照一定的法规对被规制者所采取的一系列行政管理与监督行为。它包含这样几个要素：（1）规制的主体是政府行政机关；（2）规制的客体是各种经济主体；（3）规制的主要依据和手段是各种法规和行政措施，明确规定限制被规制者的什么决策，如何限制，以及被规制者违反法规将受到的制裁，等等。

而治理，依据全球治理委员会的定义，是指“各种公共的或私人的个人和机构管理公共事物的诸多方式的总和。它是使相互冲突的或不同的利益得以调和并且采取联合行动的持续过程。这既包括有权迫使人们服从的正式制度和规则，也包括各种人们同意或以为符合其利益的非正式制度安排。可见，治理本身是一个多元主体的互动机制”①。格里·斯托克把治

① 王乐夫：《公共管理学原理、体系与实践》，中国人民大学出版社2007年版，第73页。

理的特征总结为五个方面："（1）治理意味着一系列来自政府又不限于政府的社会公共机构和行为者；（2）治理意味着在为社会和经济问题寻求解决方案的过程中存在界限和责任方面的模糊性；（3）治理明确肯定了在涉及集体行动的各个社会公共机构之间存在着群体依赖；（4）治理意味着参与者最终形成一个自主的网络；（5）治理意味着办好事情的能力并不限于政府的权力，不限于政府发号施令或运用权威。"① 治理的这些特征能对规制的不足进行弥补，因此具备了理论上的优势，使"治理"概念一出现便频繁地被公共行政或公共管理领域采用。许多学者也主张用治理代替规制，以弥补政府管理和市场管理的不足。且治理理念与公共管理强调公共服务职能的方向不谋而合，因此被认为是对公共管理的成功诠释。

由此观之，治理超越了国家权力中心论，更强调市场、中介组织以及个人在社会管理中的重要作用。治理理念认为，社会管理的多元主体管理者应当各自对管理过程及管理结果负责。这就需要转变传统观念，重新审视政府与民间社会的关系，明确各自的权责。相对传统管理，治理型社会管理的主要变革体现在：以各种社团组织为代表的民间社会将获得较大的发展空间，成为一种新的管理力量；当然，它们的增强并非能够取代传统国家治理，相反，这些民间组织的适当、有序的发展将会使传统意义上的国家治理更加灵活，比如，促进国家机构的精简、减少财政支出、提高政府公信力，等等，最终形成在政府法规下的多元竞争机制以及多重责任体系。

（三）新媒体改变了媒体管理模式

随着新媒体的发展，传统的媒体管理模式也在发生渐变：由政府管理向政府、行业自律与公众监督合作治理转移，管理主体、客体、方式都日益复杂、多元化。

1. 管理主体重心下移

管理主体是为了实现管理目标、从事一定管理活动的承担者，它在管理中处于主导地位。传统的媒体管理主体主要为政府机构，而互联网时代的媒体管理主体比以前更加多样化，是由各参与主体共同构成的合作

① ［美］格里·斯托克：《作为理论的治理：五个论点》，华夏风译，《国际社会科学杂志》（中文版）1999 年第 1 期。

网络。

（1）政府管理主体分散

在我国，互联网的政府管理体系是由众多机构组成的，其具体的管制运行也非常复杂。

对互联网进行管理的大多是传统政府部门，这些部门大多处理与自己的传统职能有着密切联系的互联网事务。在1998年之前，网络管制的机构主要是电子工业部和邮电部，1998年3月，这两个部门合并为信息产业部。信息产业部具有互联网管理与经营的广泛权力，成了我国互联网的主要管制机构。

其他很多机构也都具有管理互联网的权力。目前可以直接或间接管理网站的上级部门多达20余家，总的来说，可以把我国政府管理部门分为几类：一是网络文化及意识形态主管部门，即外宣办、国务院新闻办、中宣部；二是安全管理部门，如公安部、安全部；三是行业管理部门，如工业和信息化部；四是专项内容管理部门，如文化部、国家新闻出版广电总局、教育部、卫生部、药品监督管理局、国家知识产权局、国家工商行政管理总局、国家保密局等。

此外，还有一类互联网管理机构，是为应对互联网带来的新的管理问题而专门成立的组织机构。这类机构有的下设在传统政府部门之下，向传统政府部门负责。如2011年5月，国务院新闻办公室加挂了国家互联网信息办公室的牌子。

因为政府管理有一定的局限性，社会化管理主体逐渐发展壮大，互联网管理主体逐渐向行业协会和公众倾斜。

（2）行业协会发展迅速

互联网管理需要行业协会来向政府反映行业的愿望，协调行业关系，参与国际互联网组织的活动，在自上而下的权力管理体系难以企及或效果不佳的方面发挥协调作用。ISP（接入服务提供商）、ICP（内容服务提供商）、新闻网站、IT界、网络界所组成的行业协会、联盟是互联网管理的重要组成部分。

行业协会在世界主要国家发展已经相对完善，我国的行业自律体系还在建立初期，已经有一些行业自律组织，如中国互联网协会、垃圾邮件举报受理中心、违法和不良信息举报中心、中国互联网络信息中心、中国青少年网络协会、中国计算机行业协会、全国软件行业协会、中国电子商务协会、中国信息协会、中国音乐著作协会、中国音像著作权集体管理协会、中国摄影著作权协会、中国文字著作权协会、中国版权协会、中国反垃圾邮件联盟、中国无线互联网业自律同盟等。这些组织大多成立于2000年以后，近年来发展十分迅速。

除了以上一些协会，很多时候，行业自律并没有特定的组织，而是根据不同自律要求由各个新媒体公司临时组成的，比如签署某自律公约或倡议书、参加自律内容研讨会、创设有关自律的网站、举办相关讲座或发起自律活动等的各种主体。

（3）公众成为新的管理者

群众的参与是互联网管理的重要社会基础。在互联网上，人人都可以成为管理者，并且拥有海量信息的互联网不得不需要公众无处不在的眼睛来对其进行监控与管理。具体来说，这些管理主体可以是各论坛版主及其中发布、讨论互联网管理内容的网民、相关的博客群、圈子成员等，还有在各个举报网站上进行举报的网民、群众自己成立的互联网治理组织（志愿者协会）等。

2. 管理客体形式复杂

传统的媒体管理只需管理报纸、广播、电视媒体的运营以及新闻内容、编辑记者队伍等。新媒体出现以后，管理客体变得极为复杂。

从经济层面上看，管理客体囊括了互联网运营市场准入、地址和域名、根服务器系统、互联网业务价格、互联网互通以及互联网电信业务、基础设施的创新和融合技术等。

从媒介层面上看，管理客体包含有新闻网站、论坛、博客、微博、QQ群、社交网站、IP电话等多种形式的新媒介。

从内容层面上看，管理客体包括互联网犯罪及不良信息（色情、暴力、诈骗、赌博、迷信、垃圾邮件、电脑病毒、网络恐怖主义、管制品买卖信息等）、互联网保密与信息安全、话语监管（谣言、诽谤、非法公关、炒作、西方的颠覆性言论等）、盗版侵权、电子商务等。

从被管理者层面来看，有网民、网络运营商、IT技术专家等。从媒体管理客体的变化可以看出，Web2.0和Web3.0技术发展催生的社会化媒体及其内容和使用者越来越成为需要管理的对象。

3. 管理方法多样化

管理方法是指完成管理任务，达成管理目标的途径、过程、程序和方式、手段及工具，它包括强制的、经济的和文化的方法。传统的媒体管理方式主要是行政管理和媒体自身经营管理，相比之下，互联网的管理方式更加多样。

首先是政府管理。互联网的管理离不开刚性的强制力量，这只有以维护国家和人民利益为己任的政府能够承担。在网络信息时代，政府的网络管理能力，已经成为评价一个国家的综合国力、经济竞争实力和民族生存能力的重要内容。政府管理互联网的最大优势是，拥有最充分的管理资源，具有最大的强制力与控制力[①]，因此政府管理是所有互联网管理方式的基架部分。在我国，政府在互联网管理中占主导地位，其特点是垂直管理，其方式有立法、执法、行政措施、舆论引导、政策监管，具体来说又包括专项许可、行政处罚、内容分级、内容审查、信息过滤与封堵、网络警察等。另外，我国政府行政监管互联网的特色是常开展专项行动，如打击淫秽色情专项行动、“阳光绿色网络工程”系列专项行动、打击网络侵权盗版专项行动、整治互联网低俗之风专项行动、整治网络赌博专项行动等。

其次是行业自律。行业自律指通过行业规范、网站管理条例、社会监督等多重渠道进行的自律与他律相结合的管理方式。[②]“重自律”是当前国际互联网管理的一个共同思路，并成为发达国家普遍采用的一种手段。行业自律的优势在于：互联网行业自身比政府更加了解他们自己的业务；互联网的特征如全球化、个性化、开放、交互等使自律方式更易于发挥作用；行业自律可以有效地减轻政府的压力，增强应对市场以及网络环境的灵活性；自律机制的结构是一种扁平化的管理结构，强调简化组织结构，精炼管理层次。西方国家越来越强调政府作为服务者的角色，承认政府管理的“有限性”，提倡政府的职责主要集中在制定相关法规和政策导向上，具体的操作规范由行业协会等组织来制定实施。行业自律的措施有组建管理行业协会、制定行业自律公约、举办自律活动及会议、设立媒体自律专员岗位、审读并删除有害信息、设置举报网站及链接、设立评议会、提醒和教育用户等很多方面。经过十多年的发展，我国网络媒体自律机制也形成了初步的体系。

---

① 钟瑛、刘瑛：《中国互联网管理与体制创新》，南方日报出版社2006年版，第192页。

② 同上书，第21页。

再次是技术手段。技术手段指利用信息技术使网络上的信息系统、信息资源可以得到保护。技术手段是一种自助式管理方式，具有中立性和一致性的特点，也是互联网管理中十分重要的措施。技术手段执行力强，但缺乏灵活性和具体问题具体对待的能力，这种一刀切的方法容易造成互联网使用的不便，如设置的屏蔽词语有时影响人们的正常表达。而且有技术就有破解该技术的高手，因此技术手段也不是牢靠的。不过技术手段始终在改进和完善中，以后的技术会越来越智能化并能处理更复杂的问题。技术手段可以划分为网络安全技术以及内容监控技术，具体包括访问控制技术、防火墙、安全内核技术、数据加密技术、反病毒技术、过滤和分级技术、新型顶级域名/分区、监控技术、数字签名、网络行为控制技术等。对于传统媒体的内容管理并不需要技术过滤，然而互联网管理的关键词过滤成为一种必需的技术管理方法。

然后是公众监督。使用因特网是每个人的事情，因而管理因特网也应该是每个人的事情。用户的参与性和主动性得到了认可，这使消除网络非法传播和不良信息行为这项任务有了自下而上的群众基础。在互联网法制化还不够健全的时候，依靠网民的自律来维护互联网秩序尤为重要。由于互联网上海量信息无处不在，社会监督和举报是十分重要的管理方式。尤其是对微博、QQ、微信等社交媒体，政府的管理效力很弱，只有依靠公众监督与自律，阻止不良信息传播，必要时进行举报。一些互联网公司也意识到公众监督的重要性，在微博信息后设置举报按钮，并设自律专员岗位处理举报信息。

最后是文化教育。文化教育是一种必要的管理方式，但因为它相对来说没有强制力和威慑力，在现实生活中也往往容易被忽视。然而，文化教育的普及是互联网管理的发展趋势，因为互联网上的信息十分混乱，真假难辨，需要公众提高媒介素养，形成对网络信息的正确认识。文化教育管理方式可以帮助人们识别虚拟世界中的不良现象，并教会他们如何应对。发达国家比较重视互联网媒介素养教育，并已形成了一套教育机制。

第三节　管理对新媒体的影响

管理对新媒体的影响在这里主要指互联网管理对互联网的影响。互联网管理是政府、私营部门和民间社会根据各自的作用制定和实施的旨在规范互联网发展和使用的共同原则、准则、决策程序和方案。[1] 互联网管理与互联网发展之间体现出一种张力，即管理对互联网的影响具有两面性，能促进也能阻碍互联网的发展。在互联网出现初期，围绕该不该对互联网进行管理曾有国际上的大争论，而现在已经没有争论的必要，因为“9・11”事件、互联网“.com”泡沫破灭的打击，以及诸多网络社会问题的困扰，对各国的主权和社会稳定构成了威胁，人们认为网络这一自由天地不能不接受现实社会的有序管理。

一　不同类型管理对新媒体的影响

管理对新媒体的影响主要体现为两种类型：经济性管理的影响和社会性管理的影响。在全球范围内，经济性管理是逐步放松甚至完全放开的；相反，社会性管理特别是有关内容和网络犯罪的管理越来越受到重视。

经济性管理影响互联网基础设施发展进程。经济性管理主要是由信息通信主管部门实施的管理，是指对涉及网络传输有关的技术、市场层面的管理，包括运营市场准入政策制定，互联网地址和域名管理，互联网业务价格管理，互联网互联互通管理以及互联网电信业务管理，创新和融合技术在内的电信基础设施管理等。[2] 经济性管理影响着互联网硬件设施的发展进程，有效的管理能促进互联网的发展，而效率不高、发展方案迟迟争议不定的管理会阻碍其创新和发展，因此经济性管理的关键在于处理好管理与发展之间的关系。

案例：三网融合进程与管理部门利益博弈

有关三网融合的争论在1998年就出现了。对于电信业和广电业的混业经营，国家态度经历了从禁止到支持的变化。最初在1999年三网融合预想被叫停，国办发〔1999〕82号文件出台：“电信部门不得从事广电业务，广电部门不得从事通信业务，双方必须坚决贯彻执行。”之后国家政策转为促进，2001年和2006年的十五规划纲要和十一五规划纲要都提出“三网融合”，并在2008年和2009年陆续出台支持政策。

---

① 李艳：《当前国际互联网治理机制转型的进程与特点》，《中国信息安全》2011年第6期。

② 唐子才、梁雄健：《互联网规制理论与实践》，北京邮电大学出版社2008年版，第61页。

2010年开始启动三网融合试点，然而却遇到一些难题，一度处于“停滞期”。我国三网融合的瓶颈主要不是技术问题，而是管理层的决策和体制问题。广电和电信的博弈一度僵持不下，广电的“条块结合、以块为主”双重领导体制与电信的以工信部为核心集中、垂直的管理体制不相融，对IPTV业务的争夺也是广电与电信矛盾的集中体现；并且《三网融合试点工作方案》一再推迟，历经20次修改和博弈，谈判几乎破裂。

2010年7月，三网融合12个试点城市名单在国家意志的强势干预下出台。在三网融合过程中的管理和引导非常重要，经过协商，国家级有线网络公司“中国广播电视网络公司”组建方案已经通过了国务院三网融合协调小组审核，公司将由此具有电信系和广电系双重“背景”，三网融合推进中两方博弈形成的僵局或因此打破，公司将加快全国有线电视网络的整合进程，并且有益于探索建立适应三网融合业务发展的管理体制和工作机制。

社会性管理影响互联网文化环境。社会性管理主要是安全、文化和意识形态部门的管理，指对涉及互联网内容传输所带来的社会影响方面的管理，包括信息网络安全和不良信息管理，内容管理，网络知识产权及隐私权管理，电子商务规则管理，语言文化的多样性管理等。① 对互联网来说，社会性管理能够在一定程度上净化互联网环境，防止网络中的违法、犯罪及某些不利于社会主义道德的低俗活动等。但是不当的管理则可能会禁锢思想言论，扼杀互联网社会本应该有的勃勃生机，从而不能保护好网络主体权益。因此，应该处理好管理的“宽”、“严”度与网络环境的关系，避免“一抓就死、一放就乱”的困局。

二　不同主体管理对新媒体的影响

互联网在表象上呈现出新型的“人—机—符号—符号—机—人”的关系，但本质上仍然是“人—人”的关系。② 各管理主体对互联网的影响巨大，并且不同层次的管理主体对互联网的影响各不相同。

---

① 唐子才、梁雄健：《互联网规制理论与实践》，北京邮电大学出版社2008年版，第61页。

② 张东：《中国互联网信息治理模式研究》，博士学位论文，中国人民大学，2010年，第17页。

（一）国际管理主体：美国单边控制造成危机

国际互联网管理主体一般是由联合国、各国政府或民间团体成立的组织，如联合国教科文组织、世界知识产权组织（WIPO）、国际互联网协会（ISOC）、互联网名字与编号分配机构（ICANN）、互联网治理论坛（IGF）、互联网工程任务组（IETF）、互联网结构委员会（IAB）、互联网工程指导小组（IESG）、互联网研究任务组（IRTF）、国际互联网热线联合会（INHOPE）、国际电信联盟（ITU）、国际万维网联盟（3WC）、互联网号码分配局（IANA）、国际反网络钓鱼工作组等。

互联网国际管理体系问题的核心是美国单边控制问题。美国于20世纪90年代初期将互联网地址资源交由互联网号码分配局（IANA）统一进行分配管理，后因各国对其独断控制的不满，又于1998年10月成立一家民间性非营利组织——互联网名称与编号分配机构（ICANN）。该公司总部设在美国加州洛杉矶，与美国商务部联系紧密，主要负责全球的互联网域名系统、IP地址资源、根服务器系统及协议参数的协调与管理等。ICANN虽然在表面上是一个由私营部门以及民间团体代表构成的私营公司，但实际上它是具有官方背景的私人公司。它与美国政府签署有备忘录，其运营必须由美国商务部来决定，并且不具备在国际法框架下的合法授权。正是因为有美国政府的强大支持，它实际上几乎包含了所有互联网国际管理的政策职能，在互联网技术的取舍、协议的制定、域名争议的解决、相关政策的出台等诸多方面都具有权威作用。而在讨论与各国国家利益关系十分密切问题时，各国政府却没有参与决策的途径。

这样单边的管理形式对互联网的影响体现出两面性。从积极方面看，大部分国家是这一机制的受益者，美国先进的管理经验和机制为互联网的稳定快速发展奠定了基础，也使管理和技术经验缺乏的发展中国家受益于美国先进的管理机制造就的互联网。从消极方面看，这一管理方式存在更大的危机，这种执行程序的合理性和合法性均存在问题。比如，IP地址采用“先来先得，按需申请”的政策进行分配，这就造成IPV4地址分布很不均匀，也导致全球IP地址分配存在贫富两极分化现象。在IPV6地址实现大规模商用之前，IPV4地址成为全球各国争抢的稀有资源，这种政策对一些互联网基础设施发展比较晚以及IP地址需求还来不及释放出来的发展中国家明显是不公平的。并且在IPV4地址向IPV6过渡的过程中，IPV6的地址依然采用“先入为主”的原则，这仍然在客观上进一步延续着发达国家和地区抢占地址的现象，发达国家与发展中国家之间原本就形成的数字鸿沟被无形中进一步拉大，这也违背了联合国所倡导的互联网全球发展战略。①

虽然美国的域名管理工作正逐步由政府行为向私营部门的经营行为过渡，但ICANN的域名管理体制遗留下来的隐患仍然不能在短时期内肃清。原因是，国家域名服务器并没有取得根域名服务器的地位，IP地址与域名在本地域名服务器中没有对应关系，还须查询设在美国的A服务器，因此，美国已经形成事实上的对互联网信息的垄断，一旦发动与信息化相关的现代战争，美国只需把根域名服务器与二级域名服务器的链接断开，便能对他国实施信息制裁，其他国家的网站很可能立刻处于瘫痪状态。② 美国政府“集中管理”的关键职能——根服务器单边控制问题将对其他国家产生信息通信安全颠覆性的威胁。比如，伊拉克战争期间，美国授意ICANN改变了与伊拉克相关的网络参数，使伊拉克网站从互联网世界消失。

（二）国家政府管理主体：分割与监管互联网

国家政府管理，是指把国际互联网以国别为单位进行分割，再试图在各自的领地上进行管理。各国政府把信息看作最重要的“战略资源”以及国力发展的“核心要素”之一，努力保护“国家信息疆域”。“国家信息疆域”并非以传统的领土、领空、领海划分，而是以带有某种政治影响力和传播力的信息圈或信息辐射空间划分的。国际社会普遍认为，网络空间现已成为领土、领海、领空和太空之外的第五空间，是国家主权延伸的新疆域。③

政府对本国互联网进行管理的方式有：对外防止间谍窃取情报、防止网络战争和网络恐怖主义、防止“信息威慑”、防止数字鸿沟和信息孤岛现象扩大化、塑造良好的国家形象、保护本国的文化；对内完善本国的信息基础设施、控制和把握好民族与宗教方面的信息传播、营造健康有序的网络文化、制定有竞争性的信息技术标准战略等。从这些方面看，政府促进了互联网的有序运行。

---

① 唐子才、梁雄健：《互联网规制理论与实践》，北京邮电大学出版社2008年版，第51页。

② 同上书，第53页。

③ 何精华：《网络空间的政府治理》，上海社会科学院出版社2006年版，第46页。

然而在众多种管理措施中，最具有争议的要数政府对互联网内容的监控措施。具体来说，政府监控有两个方面：事前监督和事后监督。事前监督一是检查网络是否有违反法律、破坏社会秩序的嫌疑，二是检查网络是否有违于国家意识形态、制造社会不安定气氛；事后监督则是对已发生事实依法进行查处，对相关组织和个人进行处罚，从而维护广大网络用户合法权益。虽然对互联网进行内容监控的理由非常充分，但也不可避免地会产生一些负面的溢出效应，如扼杀言论自由、侵犯个人隐私等。

我国政府在互网联管理主体中发挥着绝对的主导作用，因此有学者指出，我国“对于互联网内容采取了严密的层级式管理结构和严格的管理措施，是世界上对互联网内容管制较为严密的国家之一”①。不仅是我国，其他很多国家包括提倡网络自由的西方国家也都采用了各种监控手段。

案例：越来越多的国家政府加强网络监控

美国哈佛大学、加拿大多伦多大学以及英国剑桥大学和牛津大学等多所大学曾经联合进行的一项调查显示，对网络进行审查的做法正在全球迅速蔓延。研究人员调查了40个国家，对1000个国际新闻网站和相关国家的其他网站进行了电话调查，发现网络监控行为正在迅速扩散，有许多从前未对互联网进行审查的国家开始采取审查政策。多伦多大学的政治学副教授罗纳德·戴伯特说，有10个国家经常阻止公民浏览一系列网上材料，这些国家包括伊朗、沙特阿拉伯、突尼斯、缅甸等。②

此外，一些发达国家也在致力于推进互联网监控措施：

美国：据《芝加哥太阳报》报道，美国政府正试图开放一种“地雷式”监控软件，监视并扫描社交网站中的危险性言论，以预防或降低所谓的恐怖行为发生的可能性。美国的监视工程汇集了数百名情报专家，手段是通过对“推特”和“脸谱”等社交网站中来自海外的有关大事件的信息进行筛选，以预测和分析言论对某些国际大事造成的影响。美国的这种做法受到民众的质疑，联邦政府却再三辩称其目的主要是针对犯罪活动，而不是针对公民的私人信息，并称由于人工分析筛选信息十分辛苦，开发

---

① 吕波：《网络安全与法律应对》，吉林大学出版社2008年版，第99页。

② 参见《调查显示：越来越多的国家政府加强网络监控》，新华网（http://news.xinhuanet.com/internet/2007-03/17/content_5858892.htm.）。

这种集成性更强的网络软件，只是为了减轻工作人员的压力而已。①

德国：据美国全国广播公司报道，总部位于德国的黑客组织“混沌计算机俱乐部”宣称，德国政府开发出一种特洛伊木马程序，能够在网络用户不知情的情况下，对他们实施秘密监控。“混沌计算机俱乐部”在其网站上称，他们已经获得了这种软件，分析发现其应该属于“合法拦截”程序，被用于合法窃听网络电话，但其能力显然超出法律规定范畴。这一程序能够记录按键、激活网络摄像头、监控网络用户活动以及向政府官员发送大量数据等。为了避免被追踪，这些数据都是通过设置在美国的服务器传输的。此外，这种程序还可远程遥控和升级。②

澳洲：澳大利亚政府正开发新型互联网监控软件。其中一款名为“紧急态势感知”，通过监控社交媒体发掘险情，以实现紧急服务预警，如通过挖掘公开发布的Twitter，勘测其中诸如“火灾”、“地震”或“风暴”等用语，然后传递这一信息至紧急服务部门；另一款名为Vizie，将发掘并监测互联网上一些具备政治敏感性的话题，因此将具有广泛的政治影响，该软件能发掘并监测网站上的对话主题，并可能被用于处理公共关系，其不同于传统社交媒体监控软件之处在于它能允许政府部门对用户做出回应。③

印度：印度政府将开始对两大流行社交网络公司Facebooke和Twitter进行监控，起因是为了应对不断上升的恐怖主义威胁。不过Facebook和Twitter上的信息并不是完全公开，有些数据和文本经过加密处理，这就是印度政府所希望监控到的内容。印度最新IT法案规定，即便是在没有法院命令的情况下，网站和服务提供商也必须提供私人账户密码等信息。然而，按照Facebook和Twitter的隐私政策，只有在接到法院命令的情况下，他们才会提供个人和私有数据。此前RIM拒绝授权印度政府访问其黑莓企业服务器，印度政府还希望监控谷歌和Skype，但没有哪家公司真正顺

① 参见《美国欲在社交网站安装潜伏软件 监视扫描危险言论》，央视网（http://news.cntv.cn/20120223/120276.shtml）。

② 参见《黑客组织称德国政府设有专门软件监控网络用户》，国际在线（http://gb.cri.cn/27824/2011/10/10/5411s3397240.htm）。

③ 参见《澳洲社交网站也“和谐”？政府软件监控》，澳华中文网（http://www.aohua.com.au/html/1123/167571.shtml）。

从印度政府的要求。[①]

(三) 行业自律、公众监督：软性的多标准管理

互联网自律包括行业自律和公众自律。相较于法院及相关国家执法机关，行业自律组织及其执行机制体现了两大特征：第一，其执行的规范是行业的道德规范和行为准则，不具有法律约束力及强制性；第二，自律组织大多仅有裁判权而无处罚权，即使那些有处罚权的自律组织也仅仅能行使一种行业内部的惩罚，而不具有国家强制性。[②] 因此，自律组织对互联网的影响是软性的，影响力的大小取决于一个国家自律组织发展的成熟度和自律观念普及的程度。

公众自律更加软性且无形，主要有几种形式：自我约束（遵守网络礼仪、接受用户教育等）、自我保护（例如用户用过滤软件保护自己免受不良信息伤害）、自发举报不良信息（上升到公益心高度、利他主义）、管理某一网络空间（作为论坛版主、QQ 群主进行管理等）。其中自我约束和自我保护主要是依靠用户的媒介素养来进行，其对互联网的影响来自于内心。而举报不良信息和管理某一网络空间是自律中的他律，相对来说更有约束力，对网络环境起到一定的监督作用。在我国，举报信息往往因为量多而石沉大海，得到妥善处理和回馈甚至奖励的举报人不多；作为版主、QQ 群主等公众管理者有各自的喜好和观念，这些管理主体众多、素质良莠不齐，造成管理标准和风格多样化。因此，管理效果也通常不是很理想。

任何一种自律机制都必须有外在的强制性管理才能具有执行力，包括通过自律机制管理互联网最成功的英国也有很多的强制性“他律”措施。我国在自律机制的建设过程中，不能奢望互联网用户能进行多大程度的自我管理，纯粹的自律并不是一种现实的治理方式。

因此，近年来，自律机制越来越立足于“他律”，并把行业自律主体和公众自律主体联合起来管理网络。互联网公司的自律机制建设充分发挥了网民监督他人的作用，如一些综合门户网正在建设和发展的“自律专员

---

① 参见《印度政府将监控社交网络 facebook 和 Twitter》，北方网（http://it.big5.enorth.com.cn/system/2011/08/11/007105815.shtml）。

② 陈华：《走向文化自觉——中国网络媒体行业自律机制研究》，人民出版社 2011 年版，第 14 页。

机制”，便是各主体联合自律的很好尝试。其主要工作是，依据一定的法规条例，关注网民的举报，删除不良信息。为了更好地维护这种制度，各网站还采取了一些相应做法，比如为积累自律专员的后备力量努力去发掘积极参与举报的网友，提供热点事件及注意内容供自律专员学习，总结微博上出现的重点不良信息类型及部分案例使相关人员在工作上更有方向，等等。

案例：搜狐自律专员的工作[①]

搜狐微博自律专员萧萧在搜狐网络大厦工作。工作时，她首先登录自律专员平台系统。在自律专员平台上，每屏会显示50条微博内容，凡涉及的敏感词汇，都以红色突出显示，旁边还有对这些微博的定性：暴力、色情等。自律专员的工作是快速查看并删除这些涉及敏感内容的微博，对熟练工而言，每屏微博的审查时间不会超过1分钟，大致上，每名自律专员平均每天要看微博2万条。

所有微博都经历先审后发的机制。什么样的微博最容易被删除？搜狐副总编辑郭庆临表示，主要是违反我国宪法及民族政策、辱骂他人、涉黄以及各种中奖链接等原因，比如，“那些声称华佗再世、神农重现的所谓养生微博，如果还带有网址链接的，基本上都是骗人的”。微博违规内容也有阶段特点，比如在高考前，卖题或提供各种作弊手法的微博内容就会多一些，这时候系统就会自动上线一个有关高考的专门词库，加大对高考类别信息的过滤。等到高考结束，这个敏感词库就会“下架”，等到来年再用。据悉，在搜狐微博用户发送的所有微博内容中，25%左右会被提取出来再进行人工审查，删除率在5%左右。在被删除的微博中，位居首位的是侵权（比如骂人），其次就是广告、低俗信息、违法诈骗等。

搜狐微博使用黑、灰、白名单，目的是将坏分子和优质用户隔离开，不让坏分子发布的内容影响绝大多数用户。如果在24小时内，一个微博用户有5条微博信息被删除，该微博博主就会进入敏感名单，然后其之前发出来的微博也会被重新审查，如果也存在敏感内容，该微博就会打上一

① 参见《微博自律专员一分钟查帖50条　每条先经敏感词过滤》，新华网（http://news.xinhuanet.com/fortune/2011-09/08/c_122005763.htm）。

个标记，分为色情类、广告类等，进入不同的敏感微博博主库。该微博博主再发一条敏感内容就会加一颗星，加两颗星后，系统就会自动向该博主发警告私信进行提醒，如果该博主继续发送敏感内容就会被关“小黑屋”，其发送的所有微博内容都会被系统拦下，审查时间也会明显比一般的用户经历的时间长。该微博博主可以与搜狐微博联系，承认错误，提供个人真实信息后才能解除锁定。

三　新媒体管理存在问题及其发展趋势

（一）我国互联网管理存在的问题

显然，从世界范围来看，互联网管理机制都难以赶上互联网的快速发展步伐，在我国这一问题也相当严重，政府管理和自律机制都存在不足之处，并且问题日益突出。

1. 政府管理体制不顺、效率低

对互联网这个新生事物，我国政府并没有足够的准备来管理和应对，我国的互联网管理机构基本上是传统媒体管理机构在互联网上管制范围的延伸，虽然也有一些专门的网络管制机构，但发展并不完善。

我国有很多部门参与互联网管理，涉及网络内容的管理部门就有：国务院新闻办、工业信息产业部、文化部、公安部、新闻出版总署、国家政法委等；电子商务的管理，涉及中国人民银行、卫生部、新闻出版总署、工业信息产业部等部门；关于网络安全的就涉及全国人大、国务院、最高人民法院、工业信息产业部、邮电部、公安部等部门。

管理部门众多的现象导致管理领域的重叠，比如，由于责任分工不明确，文化部对文化产品的管理、国家版权局对互联网出版业务的管理、广电总局对互联网传播视听节目的管理，往往是互相重叠的。遇到问题容易互相推诿，下达指令又不尽相同，使相关互联网实体无所适从，这就亟须加强协调和联动机制，通过建立共用的数据库整合彼此的优势以及互通有无等方式，才能促进问题的解决。由于各个部门都具有管理互联网的某些权限，也拥有制定相关的部门规章的权力，各部门只能关注本部门的权力领域，这些问题若不能较好地予以解决，可能导致政府的管理缺乏整体性、系统性以及各部门之间规定的冲突与交叉，也容易使互联网企业无所适从，加大了监管成本，降低了监管效率，当然，还可能导致寻租的产生，并引发不同层级政府管制部门在权力方面的争夺。

不仅如此，现有的政府监管体系开展的活动往往以行政区域为界限，对跨地域的非法行为缺乏有效的打击手段；由于互联网监控的事前防御意识不足，真正的监管基本上都是事后监管，只要没有明显问题，就听之任之，一旦出了较大问题，就大张旗鼓地进行所谓“齐抓共管”，甚至不惜叠床架屋地从上到下成立一些新的临时机构，从而造成机构臃肿。

案例：视频业牌照满天飞

从视频业牌照的发放就可以看出长期以来互联网行业多头监管的乱象。据悉，国家新闻出版总署要求互联网与出版相关的网站须办理许可证，而广电总局又要求办理视听许可证。在国内20余家视频网站中，仅有优酷和第一视频两家拥有此证。其他则拥有广电总局颁发的视听许可证，仍然可从事相关视频的传播活动。

某视频网站内部人士王小姐对此表示，各种许可证的监管范围差异很小，监管边缘模糊，别说员工分不清，估计就连企业领导也分清困难，即便是业界专业人士对这些证照的范围也解释不清楚。就网络视频而言，监管的单位就有国家广电总局、工信部、文化部，后来新闻出版总署也加入其中，并且视频网站如果要播出新闻节目，还需要到网站所在地新闻办申请互联网新闻信息服务许可证。一位视频网站CEO表示：“由于目前存在多个部门共同监管视频行业的情况，在各个部门政策制定或证书颁发时会出现交叉和矛盾，我们不知道该听哪一方的，希望它们之间能先协调好，出台统一的政策。”①

对这些问题，我国也已作了一些改善的尝试，如成立了国家互联网信息办公室以及国家新闻出版广电总局，以整合“政出多门”的多头管理体制，涵盖国新办、广电总局、新闻出版总署的工作内容。但这样的尝试还处于起步阶段，还没有根本改变多头管理的格局。

2. 行业自律机制不完善

在我国，互联网自律机制虽然已经初步形成体系，但还不完善。

---

① 参见《互联网业遭遇多头监管：政出多门难题未解》，新浪网（http://blog.sina.com.cn/s/blog_a3d9cbce01017ioq.html.）。

首先，自律组织、规范混乱重叠。目前，我国从中央到地方，绝大多数网络媒体自律组织之间还缺乏业务上的直接衔接关系，只是各自运行，从而导致各类自律行为的重复操作。一家单位，同时是各级行业自律组织的成员，签署了不同行业自律规范，以至于就同一件违规行为会同时受到各级自律组织的内部处罚。而各级自律组织发布的行业自律规范，又缺乏一个有延续性的、系统的框架，缺乏对基础性概念的基本共识，自律规范看似包罗万象、面面俱到，实则挂一漏万，并且经常是遇到了问题，马上就出一个新公约，与之前的自律规范内容雷同、相互交织。

其次，自律机构、渠道不完善。回顾我国改革开放以来传媒道德建设历程，有两个较为明显的特点：一是问题在先，措施在后，全面而长远的预防性机制并未建立起来；二是基本以政府主导型方式，自上而下地实施控制，缺乏传媒的"横向联网"以及社会公众力量的参与。行业的自我监管不够，行业成员内部的自我监管也不够，各网络媒体内部，基本上不设有与外界行业自律机构相对应的内部调查或监督机制，往往是由政府关系部门或监控部门代行职能。同时，自律组织在上下级之间的渠道也不畅通，即便某单位在下层组织受到处罚，也很难及时有效地向上级自律组织进行上诉。此外，目前大部分的网民参与管理还处于自发状态，需要政府部门、行业组织给予更多机制支持，创造必要的参与和发挥作用的条件，激发公众活力。

再次，自律规范适用性差。自律规范的出台过程，多数是相关管理部门代拟，主管领导审批，在行业会上一读而过，并未在行业内部进行过深入的征求意见，因而也难以深入行业人心。原则与规则之间没有明显的分野，原则的内涵没有深入挖掘，往往以政治含义代替道德伦理含义。条文则是各种文件用语、法律用语充斥其中，反映行业特色、体现行业规律的表述很少。规则笼统不细致、不深入，普遍缺失《实施细则》之类的操作性界定。在众多的自律公约中，也很难找到如果成员单位违反了约定，该由谁进行什么样的处罚的表述。①

最后，行业自律成本高，动力不足。即使公众通过举报按钮举报了违规信息，这些信息也都需要由专人审核，以确定是否违反了政策或规范。

① 陈华：《走向文化自觉——中国网络媒体行业自律机制研究》，人民出版社2011年版，第138—143页。

这种方式效率低下且成本高，使企业不断扩大自律专员岗位设置数量。然而一些不良信息似乎来源于机器的批量生产，屡禁不止，刚删掉又出现，难于防范，比如一些大型门户网站新闻跟帖里出现的留言虽然经过了编辑审查，但很多以黄色图片作为头像的最新留言又快速出现。因此，用户即使进行了举报，但并没有看到多少变化，无形中会降低举报的积极性。

（二）新媒体管理模式的中国路径

在互联网技术多样化、更新日趋加快的情况下，传统的以政府为主的管理模式，其僵硬的行政方式显然难以应对互联网的快速变化，内容审查制度也遭到严峻挑战，政府为此承担了沉重的负担，互联网管理的困境逐步显现。

鉴于此，我国需要借鉴公共治理理论，以现有的政府主导型管理模式为基础，进行渐进式的微调，通过加强对互联网内容传播的公共治理，从而探索一种中国特色的互联网治理模式，让企业、社会组织和公民都加入进来成为多元治理主体。当然，这并不是说完全照搬西方以行业自律为主的公共治理模式。

公共治理理论也有一些缺陷，如政府与社会组织之间权责不明，界限模糊；各治理主体间治理理念的冲突难以调和；社会组织出现失灵或失败的问题等。并且公共治理理论也不一定完全适合我国的国情，我国从政府到民众仍然习惯于自上而下的管理方式。同时，政府仍然被视为互联网管理的权威，未必能很快适应相应的职能转变；我国互联网行业自律组织实质上是一种政府主导下的准政府组织，无法真正实现与政府的平等参与和分权合作；而其他非政府的互联网治理参与主体由于培育较弱，社会力量、社会组织发育不足，很难对大量不良信息产生有效的监督和制约，因此在短期内无法有效承担互联网治理重任；公众层面监督自律的积极性不高，很多网民自我素质欠缺，导致网民参与管理程度仍然非常有限，短期内不能奢望网民有多少自律与他律的主动性，总体上多元化力量联合治理互联网的体系还未形成。

我国的国情决定了互联网管理模式的演进还处于初期的不成熟阶段，只能有限地借鉴治理模式：不能马上实行“最低限度的国家干预、社会控制体制以及自组织网络”这一治理方式，应继续完善法律、行政等刚性措施，把促进公司、公众的自律机制建设纳入国家互联网信息管理机制的大框架中进行总体规划，循序渐进，形成和谐有序的互联网信息管理新局面。

管理的关键是分寸问题，太松或太紧都不利于互联网的发展，因此掌握好管理的度是十分必要的。一方面，政府要积极动员社会力量参与互联网治理，对社会可以解决的问题逐步放权，培养相对独立的行业组织，使行业组织能够具有权威性；另一方面，政府必须配置充分资源，或组织人力、物力、财力，用以应对社会无法解决的重大问题，尤其要在国际网络战争和政治斗争形势严峻的情况下维护国家安全。此外，还需要建立完善的法规体系，建设电子政府，明晰各参与主体的权利与责任，加强部门协调，以及处理好互联网发展与规范的关系，培养具有国际竞争力的互联网服务企业，建立符合产业特性的互联网治理机制。

总的来说，在我国，新的共同治理模式正成为互联网管理的方向：政府的立法执法工作逐步加强；互联网服务企业和行业协会也逐渐成为互联网治理的重要组成部分，这些机构在改进监管技术以屏蔽不良信息、引导舆论、制定企业内部管理规范等方面都做了不少有益的工作；非政府性、非营利性的组织开始涌现，成为互联网社会管理的新生力量，使公共管理不断强化其社会化基础；一些网民开始发挥积极作用，提高媒介素养、举报不良信息进行社会监督以及“自治”论坛等。这一治理体系的成熟还需要各管理主体长期不懈的努力。

（三）各国互联网管理趋势展望

世界各国对互联网的管理重点有着不同的观点，分歧很大，主要分为轻规制模式（美国、英国、加拿大等）和重规制模式（如新加坡、缅甸、伊拉克、朝鲜、越南等）。

所谓轻规制，主要指市场准入以及对于互联网业务的定性，不采用电信业务规则模式，对互联网的管理一直采用“少干预，重自律”的原则。轻规制的代表是美国，自20世纪90年代中期开始，美国出现了要求互联网自治的强烈主张，《网络空间独立宣言》发起人John Perry Barlow便是代表人物之一，并且出现了网络无政府主义理论，试图构建起一个由网络电子空间公民自治的理想模型，美国国会为限制FCC管制互联网，还专门颁布了一些法案。

所谓重规则，是指“一些发展中国家，对互联网的经济性规制采取类似电信业务之类的管理办法，认为互联网已经成为全球信息通信交流的基础设施平台，应该被规制，试图将自由空间的互联网整体纳入到有形空间的政府规制框架内”[①]。在一些发展中国家，由于其国内互联网基础设施大部分属于国家投资，并且因为规制的缺位容易导致互联网在安全、业务方面问题频出，因此，认为互联网应当采取类似于电信的规制手段。

近年来，轻规制模式和重规制模式都表现出一些不足，原因是互联网公共基础设施的特性越来越明显，同时它与社会各方面公共事务复杂地结合在一起，必须对互联网进行规制以维护公共利益。对此，自由主义理念无法解决，因此，发达国家电信监管机构不能不面临这些深层次的理论困惑。就发展中国家而言，虽然利用国内垄断电信运营商的优势，采取重规制政策，对互联网基础设施快速发展起到了一定的作用，但随着时间的推移，互联网无所不在的自由元素越来越使这种规制政策无法有效地展开。[②] 前者的缺陷是，互联网不是一个乌托邦，出现的问题并不是虚拟的，不管不行；后者的缺陷是，电信规制的方式可能扼制互联网创新进步，因为互联网与电信的网络特性是不完全相同的。

然而很多国家对（不管是轻规制还是重规制）互联网管理的倾向相对一致，都越来越趋向于重视对互联网进行管理。轻规制的西方国家虽然在文字表述上还是强调放松规制，但实际上在加紧对互联网进行管理，尤其是英美等发达国家更加重视对制网权的争夺以及网络信息安全措施的加强。比如，“9·11”事件后，美国加大了对网上恐怖主义的打击力度并加强监控有关活动：美国颁布的《国土安全法》和《爱国者法》都授权政府对互联网进行监控；2010 年，美国还通过了《将保护网络作为国家资产法案》，将在紧急状态的情况下把关闭互联网的权力授予美国联邦政府。而重规制模式的发展中国家政府也在放权治理的呼声中试图处理互联网规制与自由的关系，调整管理策略，比如组织并指导行业协会进行管理，但这并不等于放松规制。总的来说，重视互联网管理已成为世界范围的趋势。

① 唐子才、梁雄健：《互联网规制理论与实践》，北京邮电大学出版社 2008 年版，第 109 页。

② 同上书，第 91 页。

第十章

新媒体与艺术

麦克卢汉认为，每一种新媒介的产生，都开创了人类感知和认识世界的新方式，因为新媒介在传播关系中改变了人类的感觉发生的性状，改变了人与人、人与社会之间的关系，并生发出新的社会行为类型。“人类自诞生以来就与媒体结下不解之缘。从史前时代非自觉地利用石块、木头和天然洞穴获取食物和安全，到信息时代以高度的理性来驾驭日趋先进的技术改造自然的实践，人类上万年的文明史向我们昭示了媒体的演化对人类生存和发展的意义。毫无疑问，媒体变革的广度和深度直接关系着人类文明进化的历程。在现代社会，超文本、电子媒体、地球村、人工智能、赛博空间、人机交互、互联网等这些新媒体概念的出现不仅仅标示着科学技术的进步，更重要的是证明了人类创新思维的能力，可以说，一部人类发展史就是媒体变革和新思维的生产同步史。”①

艺术作为社会和文化的衍生物，其发展也深受媒介变化影响。从人类远古时期的洞穴壁画到青铜器上的甲骨文，再到印刷时代的璀璨文学，直至电子时代的广播电视大发展，艺术发展一直紧紧跟随着媒体发展的脚步。而到了今天，计算机技术和网络技术飞速发展的新媒体时代给艺术带来什么变化？这种变化如何对艺术性构成挑战？如何看待和反思这些变化？媒体技术控制下的新媒体艺术有着何种价值？新媒体时代艺术发展的未来趋势是怎样的？本章将尝试从新媒体与艺术的一系列探讨中找到答案。

---

① 熊澄宇：《网络与新媒体艺术的时间观》，《现代视听》2007 年第 9 期。

第一节 艺术发展与媒体演进

一 艺术概说

虽然艺术的起源问题一直是学术界的一个“斯芬克斯之谜”，存在着“模仿说”、“表现说”、“游戏说”、“巫术说”等各家之言。但毋庸置疑的是，自人类诞生以来，艺术就作为最为重要的文化现象之一伴随着人类社会的发展，它不仅使人类满足了自己对主观缺憾的慰藉需求和情感器官的行为需求，更具补偿、净化、教育、娱乐、审美等多重功能。尤其是当下，“人类社会的现代化运动是一个只有双重意义的世俗化运动：一方面，它通过理性启蒙，把人类从传统的神话宗教统治下解放出来，使人类获得精神自由；另一方面，它的工具合理化原则把人的存在束缚于技术的无限发展和经济效益的追求，消解、甚至剥夺人类自我存在的内在价值、目的及意义。现代化的双重性使人类的现代生存面临着理性与自由、个性与整体、技术与生命、精神与物质等多重互相悖反的矛盾”。[①] 艺术对现代人的意义很大程度上在于化解这种矛盾，艺术“始终站在人类自我存在的立场上，从人的内在精神发展和完善的需要出发，开拓和表达着人文精神”[②]。

在中西方以及不同时期，艺术有着不同的内涵和定义。在古代中国，艺术是一个合成词，分为“艺”和“术”两个单字。“艺”在甲骨文中是一个人手植树的造型，在《说文解字》作埶，是“种”的意思，例如《孟子·滕文公》中提到“后稷教民稼穑，树艺五谷”。到周代时“艺”又是才能的意思：“六艺”，即六种技能。“术”在《说文解字》中原本指国中的道路，引申为途径、方法，进而指技巧及操作能力。在西方中世纪前，“艺术”（art）依照希腊文与拉丁文的语源，指“联结”或“适合”，而偏于“技术”之意，指“使自然界的事物，能够适应人类生活用途之技能”。中世纪时，“艺术”指“自由艺术”（Liberal Arts）以及“通俗艺术”（Vulgar Arts）：前者为理论科学，包括文法、修辞、辩证法、哲学、

① 肖鹰：《论美学的现代发生》，《中国社会科学》2001 年第 2 期。

② 同上。

逻辑、数学、几何、天文、音乐等；后者以实用技巧为主，指涉范围包括工艺、绘画、雕刻、建筑等。1999 年版《辞海》将“艺术”定义为：“人类以感情和想象作为特性的把握世界的一种特殊方式，即通过审美创造活动再现现实和表现情感理想，在想象中实现审美主体和审美客体的互相对象化。具体说，他们是人们现实生活和精神世界的形象反映，也是艺术家知觉、情感、理想、意念综合心理活动的有机产物。”

根据不同的分类标准，艺术有多重类别，如表 10 - 1 所示①。本章内容将按照从媒体角度的分类标准来展开。

表 10 - 1　　艺术的分类

分类标准	艺术分类
艺术形象的存在方式	时间艺术、空间艺术和时空艺术
艺术作品的物化形式	动态艺术和静态艺术
艺术形象的审美方式	听觉艺术、视觉艺术和视听艺术
艺术的美学原则	实用艺术、造型艺术、表演艺术、语言艺术和综合艺术
艺术形象的表现方式	表现艺术和再现艺术
艺术行为的表现方式	行为艺术、肢体艺术，语言，表情
媒介的角度	视象（绘画、雕塑等造型艺术）、听象（音乐艺术）、心象（文学艺术）和视听形象（电影、电视艺术）

二　媒介变革与艺术发展

“媒介”在艺术领域中有两层意思：一是作为艺术得以存在、显现、外化的物质媒介，比如文学的语言、绘画的色彩线条、舞蹈的形体动作等；二是作为艺术得以传播的中介，即媒体。这也是我们本章内容中提到的“媒介”的两层主要含义。既然媒介是艺术生产、传播和消费必需的手段和途径，那么艺术发展往往与媒介发展紧密相关：媒介发展不仅是引发艺术形态变化的内在动力，还影响着不同时期的艺术生态，决定了不同时期占据主流地位的艺术形式。

（一）媒介革新是艺术形态变化的动力

媒介是社会发展和文化形态更替的基本动力，而艺术作为文化的产

① 柳福萍：《艺术概论》，上海大学出版社 2011 年版。

物，也必定呈现出与媒介的内在对应性，所以每一次文化形态和媒介形态的变化势必造成艺术形态的大变革。从人类历史上来看，文化形态、媒介形态、艺术形态至今依次经历了三个时期（参见表 10－2）。[①]

表 10－2 文化形态、媒介形态、艺术形态的三个时期

文化形态		媒介形态		艺术形态	
口传文化	听说时代	语言媒介	语言统治时代	活动型	偶像（地方性、起源于古希腊）
印刷文化	读文时代	文字媒介 印刷媒介	书写统治时代	实物型	艺术（西方性、起源于意大利）
E 媒文化	读图时代	电子媒介 数字媒介	视图统治时代	信息型	视觉（全球性、起源于美国）

（二）不同时代的媒介特征决定着不同艺术形式的影响范围和生命力

在一定意义上说，艺术的历史就是一部跟随传播媒体演变和进化的历史，不同阶段的主流媒介特性促成了不同艺术形式的诞生、繁盛与衰落，艺术生态也因此呈现了鲜明的时代面貌和特性：

在史前时代，人类艺术活动便产生了，但其基本上已随着原始人个体的死亡而消失，留存至今的只有旧石器时代的洞穴壁画和新石器时代的陶器，因其借助的传播媒介是可以穿越时间的坚硬的石头、陶片、骨片等，而原始的音乐、舞蹈等已基本消失，只能从原始壁画中窥见一斑。

到了文字传播时代，文字成为人类口耳功能的延伸，使艺术信息得以远距离传播。也正是由于文字，流动的线性时间被凝固成永恒，人类据之与时间抗衡。但文字仅是一种符号，它本身也需要依赖一定的物质媒体，如甲骨文之于龟骨，金文之于笨重的青铜器，所以艺术的传播依然受到媒介的限制。

印刷时代的艺术传播第一次解决了以前艺术传播中纵向断、横向窄的难题，且在艺术传播史上占据了相当长的时间，并改变、左右着艺术发展生态。在印刷术诞生之后，由于文学的物质媒介是语言和文字——这两者最切合印刷传播媒体的特性，原本是艺术种类平常一角的文学逐渐居于龙头老大的地位。

① ［斯洛文尼亚］阿莱斯·艾尔雅维茨：《图像时代》，胡菊兰、张云鹤译，吉林人民出版社 2003 年版，第 7 页。

到了广播电视时代，艺术生态再一次被扭转：音乐在广播中取得了很好的传播效果，声音得到了纯正的还原，因而得到了大跨度的发展；绘画、雕塑等也在电视中得到逼真、全立体化式的呈现。广播、电影、电视等传播媒体直接诉之于人的视觉听觉器官而不再受到印刷媒体识字门槛的限制，艺术由此走向大众化，造成文学的龙头地位受到冲击，以视听为主的绘画、音乐、戏剧等艺术得到了飞速发展，电影、电视等新的艺术样式迅速兴起并占据了视听时代艺术的主流地位。

而现在，人类进入新媒体时代，正如厦门大学黄鸣奋所说，媒体飞速实现了由慢媒体向快媒体、由贫媒体向富媒体、由单媒体向多媒体的转变。数码技术、网络技术的飞速发展消灭了艺术物质媒介和传播媒体的严格界限，它改变了以往媒体对艺术门类发展影响不均衡状况，一切艺术门类的发展都不再受传播媒体的限制，使各种艺术的发展一视同仁，不再厚此薄彼，艺术处于平等、协调的发展状态。更重要的是，出现了集物质媒介和传播媒体为一身、吸收各种艺术媒体的长处并融合而成的新媒体艺术，它不仅影响了其他传统艺术形式，而且还产生了许多新艺术形式。新媒体艺术的出现无疑将成为人类艺术世界格局发生根本性转变的新起点，艺术领域将再一次发生翻天覆地的变化，数字技术逐渐成为艺术不可剥离的部分，在艺术实践中它已经不再简单地充当工具，而成了渗透艺术实践各个环节的核心力量。

（三）媒体影响艺术未来发展的方向

新媒体技术不仅催生了新艺术符号，还拓宽了艺术影响的广度及深度。随着传播方式的不断进步，艺术信息的传播、理解、阅读呈现出诉诸视觉的趋势，信息在传播过程中所受到的局限越来越弱，数字化和网络化加剧了艺术的扩张性。

不仅如此，当下大众媒体以其特殊的地位和权力话语，左右着当代艺术发展的方向，引领着艺术发展的潮流。传播媒体广泛的影响力使艺术更加普及，艺术理念为越来越多的人所接受，但媒体在疏通了艺术与大众之间关系的同时，也像一只无形的巨手决定着艺术信息的获取、引导着受众的审美情趣，并且还在一定程度上左右着艺术市场价格的升降和市场行情。

因此，大众媒体的一些行为可能对艺术发展造成负面影响：比如艺术评论有的缺少基本的专业水难，有的盲目吹捧哄抬，使艺术的导向出现问题，也为大众正确认识艺术设置了障碍。诸如恶搞、猎奇、戴帽、跟风、炒作等现象，不仅使传媒失去了应有的社会责任和文化品位，同时也在推动艺术发展的同时，成为消解艺术的工具。①

综上，在生产关系上，媒介的发展赋予了（甚至是强迫）艺术产生分化和质变的动因，媒介和艺术两者之间呈现出宰制关系。但艺术对媒介发展也有一定影响，尤其在新媒体时代，在新媒体技术研发内容的确定、研发设计过程的推动、新媒体应用的推广等方面，艺术都产生了极其重要的作用。接下来，我们将详细探讨媒体和艺术之间的互动影响。

第二节　新媒体环境下艺术的变化

传播媒介的重大变革无疑使人类艺术世界发生了根本性转变，新媒体时代的艺术正焕发着前所未有的独特光芒。

一　新媒体影响艺术类型的变迁

现在，你已经可以从网络上欣赏到世界名画“蒙娜丽莎的微笑”，甚至操作你的鼠标对那一抹若有若无的笑容放大后细细探索其中的奥秘；同时，另一些来自全球各地的人们正在通过计算机给“蒙娜丽莎”添加上圣诞礼帽、小胡子；甚至通过 GIF 动画让她先笑后哭，然后把自己的“成果”发到网络上互相评论……你欣赏到的是“新媒体上的艺术”，而那些“新造型蒙娜丽莎”的创作者们所做的，正是被称作“新媒体艺术”的活动。不管是将数字技术作为工具还是媒介，这两种现象的出现都是新媒体给艺术领域带来的。

（一）传统艺术的数字化：新媒体上的艺术

新媒体时代艺术的变革首先体现在传统艺术的数字化上，也就是“新媒体上的艺术”。很多传统艺术利用新媒体这个优良的平台展示自身，数字化艺术馆纷纷出现，诸多以前难得一见真容的艺术作品经由数字化后在网络上供大众细品，甚至一些濒临边缘的传统艺术形式也利用新媒体传播重新焕发了生机。Adobe 创建的 faux-starchitecture 虚拟美术馆和 Google art project 的美术馆游览都是在虚拟空间展示真实艺术品的数码仿造品。惠特

① 杨盅：《当代艺术与传媒》，《文艺报》2001 年 9 月 6 日。

尼美术馆的 art port 也建立了一个由美术馆自己经营的门户网站，其他在线展览网站还有诸如 bubblebyte. org、Barmecidal Projects、Fach & Asendorf Gallery 和 STATE，这些网站的网络艺术展览都经过了认真的策划，与任何实体画廊没有差别。

案例：传统艺术的数字化——Google 的“Art Project”①

Google 与全球多家顶级博物馆合作，推出“艺术项目”（Art Project）网站（http：//www. googleartproject. com），将地图街景服务延伸至博物馆内。该网站采用了谷歌街景地图的技术，提供在线虚拟游览体验，用户可在互联网上全方位“游览”整座博物馆，并了解相关知识。到目前（2013 年 4 月 20 日），Google 已收藏了全球共 230 家美术馆／博物馆、9252 位艺术家、43607 件艺术作品，且每天都有更新，谷歌针对这些美术/博物馆藏进行数字典藏的工作，以高画质摄影来记录下艺术作品，供世人在 Art Project 上欣赏。各家博物馆更是精挑细选一件它们家最具代表性的作品，甚至有不少作品是以 70 亿像素的超高解析来摄影的，用户可以直接引用来源欣赏这些经典作品，且可以进行任意角度旋转及放大，带来完全不同的艺术品欣赏体验。

图 10－1　“Art Project” 网站上的博物馆及艺术品展示

Google 的艺术项目引发了对传统艺术品数字化的利弊争议，持乐观态度者和悲观态度者似乎都理由充足：

对艺术品数字化持乐观态度者认为，数字化可以使艺术品欣赏更为便捷，用户足不出户就可以“随时”、“永远”地欣赏来自全球的艺术品，

① 参见“google art project”词条，维基百科 https: //en. wikipedia. org/wiki/Google_ Art_ Project)。GoogleArt Project 项目网址（http：//www. googleartproject. com/）。

包括欣赏到更多以往不易被展示的作品。欣赏体验也被完全改变，不仅可以欣赏到更高清晰度的艺术品，甚至还能通过网络实现与艺术品的互动交流。

而艺术品数字化悲观者则认为，艺术品数字化将改变对艺术品的认知，艺术被过渡的信息化和数据化会使其丧失感染力。从技术层面来看，目前可供欣赏的作品不全面、不少信息有误，技术不稳定。同时，使用网络看艺术品，易加重视觉疲劳，不益于身心健康。

不管如何，传统艺术数字化为艺术鉴赏增加了新的途径和全新体验，应是一种有益的尝试。

（二）数字化的艺术：新媒体艺术

新媒体时代的艺术最具革命性的变化，体现为一种新的艺术潮流的出现：新媒体艺术。在2008年北京奥运会以及2010年上海世博会的平台上，艺术家们就用全新的媒体技术向公众展示了精妙的绝技：用3D动画模拟出山水画、用高分子建筑材料塑造装置艺术、用数码技术勾勒写意线条，彻底改变了人们对艺术的认知，以新的媒体技术将“艺术”的概念推向新的境界。[①]

其实，新与旧的概念是相对而言，“新媒体艺术”从诞生至今经历了诸多演变时期：从20世纪初萌芽，到复合媒介艺术时期，再到电子技术时代、数字信息时期。相比较前一个发展时期，每一个新出现的媒介艺术都可以称为新媒体艺术，所以关于“新媒体艺术”的概念，学界一直有不同的说法。但在当代艺术生产、展示、传播、收藏的链条中，“新媒体艺术”是指：广泛运用新兴的“数字媒体”进行艺术构思、创造与传播，体现新技术手段与艺术思维的融合，带有交互式、沉浸感与虚拟现实特质，体现科技进步与人文精神互动的艺术形态；它是以“多媒体计算机及互联网技术为支撑，在创作、承载、传播、鉴赏与批评等艺术行为方式上全面出新，进而在艺术审美的感觉、体验和思维等方面产生深刻变革的新型艺术形态”[②]。

由于数字技术在生活和认知领域的不断延伸和发展，在一定程度上无

---

① 周正阳：《多媒体告诉你：未来艺术长什么样》，《南方都市报》2012年2月25日，新浪网（http：//tech. sina. com. cn/it/2012－02－25/04556767901. shtml）。

② 吴旭敏：《网络与新媒体艺术》，《武汉理工大学学报》（信息与管理工程版）2005年第2期。

法对新媒体艺术给出固定的定义，只能视具体语境来确定它的具体形态。或许正是在这样一个开放、变化的语境赋予了新媒体艺术独特的魅力。本章研究的“新媒体艺术”形态，除数字视频和录像艺术之外，还包括网络艺术、计算机图形动画、计算机交互式媒体、电子音乐、激光艺术、全息摄影艺术等，以及机器人技术、虚拟现实、生物技术和基因技术等难以按传统艺术门类归类的新形态。

但不管什么形态的新媒体艺术，它们都具有一些共同的特点，这些特性与新媒体的特性相对应（见表10－3）：新媒体以比特为载体的数字化语言决定了新媒体艺术具有无差别复制、无障碍传播和永久保存的特点；新媒体非线性、并置、开放、互动的结构决定了新媒体艺术具有集成性和综合性、作品可互动参与，甚至可以被后现代解构式调侃娱乐。

表10－3 新媒体特点与新媒体艺术特点的对应

新媒体特点		→	新媒体艺术特点
数字的	以比特为载体 数字语言	→	无差别复制/可编辑性 永久保存/无障碍传播
非线性的	并置 开放 自由选择/反馈	→	媒体集成性和综合性 沉浸性/虚拟性 作品可参与性/互动娱乐性

新媒体艺术的表现形式很多，但共通点是人与作品之间可以直接互动，大众可以通过触摸、空间移动，或发出一定意义的声、光等效果参与到作品创作中。一般认为，新媒体艺术创作需要经过联系、融入、互动、转化、展现这五个阶段：“首先必须有人与装置之间的联系，并全身融入其中，而非仅仅在远距离观看，通过与系统和人产生互动，这将导致艺术作品与人的意识之间的转化，最后展现出全新的影像、关系、思维与效果。”①

可见，新媒体艺术是完全不同于传统艺术的全新艺术形式，交互与沟通产生了突破边界的可能。接下来我们就从艺术主体（创作者、传者、接收者）、艺术实践活动（创作、传播、接受）以及艺术品三个方面来详细探讨新媒体对艺术的全面影响。

---

① 刘玉华：《试论新媒体艺术中蕴涵的传统艺术精神》，《林区教学》2011年第11期。

二 新媒体影响艺术主体的变迁

所谓艺术主体，指在艺术活动中具有一定创造能力的实践者。[①] 根据艺术活动环节，艺术主体可分为三类：一是艺术创作者（包括原创者和演绎者）；二是艺术传者（包括复制者和传递者）；三是艺术接收者（包括鉴赏者和消费者）。

在传统艺术历史中，文字媒体的崛起结束了口耳传播时代“人人都是艺术家”的局面，推动了艺术领域的社会分工，使艺术创作、艺术传播、艺术鉴赏走向职业化与专业化；印刷媒介强化了角色分工的专业门槛，也促成了各角色之间的疏离；与印刷媒介一样进行单向传播的广播电视等大众媒体虽有益于艺术活动的大众化，但仍然无法进行创作者、传者、鉴赏者之间的直接沟通。而新媒体为全体社会成员提供共享艺术资源、分享艺术成果创造了前所未有的条件，艺术创作中各角色之间的距离被拉近甚至各角色可进行互换、界限日益模糊，艺术家的主体性被消解，不再是具备某种特殊才能的“精英”，取而代之的是超越日常身份的新媒体使用者，他们匿名上网、通过角色扮演而传达情思的活动将成为艺术的主流。网络写手代替职业作家成为畅销书籍的作者，网络歌手和网络神曲突然风靡大街小巷，新媒体时代大有重回“人人都是艺术家”的趋势。具体来说，新媒体的特性使艺术主体的角色和角色功能发生了如下变化。

（一）主导型创作者向引导型编程者转变

在传统艺术的生产与消费过程中，艺术家作为艺术品的完全创作者享有对作品的完全控制权，欣赏者在面对艺术品的时候所感悟和鉴赏的是艺术家的形式创造能力和独特的艺术风格。而新媒体艺术中主体形式创造因素日渐淡化，艺术家个人的才华或灵感已不是作品成功与否的依赖因素，取而代之的，是艺术创作体系、艺术传播过程及方式、艺术媒介手法以及互动方式等的全面创新。大多数新媒体艺术创作者不再提供定型化作品，而为创作提供限制性的规则，成为“编程者”，即为参与者的卷入设定对参与者行为做出反应的过程中事情发生的条件。因此，艺术创作的关注重心从创作者转向接收者和参与者，新媒体艺术中更关注与接收者的交互，注重接收过程中距离感的消解及其对对象的融入。

---

① 李佳一：《论数字时代艺术本体的嬗变》，《美与时代》（上）2011 年第 1 期。

（二）鉴赏型接收者向参与型交互者转化

传统艺术所奉献的对象是从事仪式性、膜拜性静观与谛听的读者、观众或听众；而新媒体艺术中的对象则是积极参与、恣意漫游的用户，通常他们还被称作“参与者”、“交互者”、“访客”或“玩家”。距离感的消解、审美主体对对象的融入，使追求欲望和快感的审美需求代替了传统艺术的“无利害”审美追求，娱乐（尤其自娱自乐）成为新媒体艺术的最主要功能。例如，过去被视为难登艺术大雅之堂的游戏，现在却因为其强大的交互性成为艺术产业龙头。麦克卢汉认为“游戏是我们心灵生活的戏剧模式，给各种具体的紧张情绪提供发泄的机会。它们是集体的通俗艺术形式，具有严格的程式”①。新媒体下的艺术成了用户进行游戏、消费欲望、刺激快感的渠道和工具。

（三）专业型传播组织向产业化网络商转变

传统的艺术分工中，传者是适应创作者和鉴赏者相互沟通的需要出现的。口头艺术时代的游吟诗人、文字传播时代的抄写员、印刷时代的书店和出版社、电子艺术时代的广播电视台和出版社等都扮演着传播者的角色。而新媒体传播时代，由于网络基础设施平台建设的特点，先前独立运作的各种传者、传播组织和传播机构被逐渐整合于一个更大的平台中，实质上由网络商运营。这些网络运营商可以分为网络内容提供商（ICP）、网络服务提供商（ISP）、网络接入提供商（IAP）、网络技术提供商（ITP）等，它们通过与创作者、鉴赏者在内的用户建立联系，逐渐使艺术领域形成了各种产业链，比如网络文学产业链、网络音乐产业链、网络游戏产业链等。且这些网络商“可能通过提供接入服务、信息资源及在线排名等方式对新媒体艺术加以扶植，也可能通过‘封杀’来阻碍新媒体艺术的传播”②，对新媒体艺术发挥着举足轻重的作用。

三　新媒体影响艺术实践的变迁

通常，艺术实践可分为以下几个过程和环节：艺术创作、艺术传播、艺术接受。艺术创作是指：艺术家以一定的世界观为指导，运用一定的创作方法，通过对现实生活观察、体验、研究、分析、选择、加工、提炼生

① ［加］麦克卢汉：《理解媒介——论人的延伸》，何道宽译，商务印书馆2000年版。

② 黄鸣奋：《新媒体与西方数码艺术理论》，学林出版社2009年版。

活素材，塑造艺术形象，创作艺术作品的创造性劳动，它是产生艺术作品的前提，也是进行艺术传播和艺术接受的基础①；艺术传播指借助于一定的物质媒介和传播方式，将艺术信息或作品传递给接受者的过程；艺术接受则指在传播的基础上，以艺术作品为对象、以鉴赏者为主体，积极能动的消费、鉴赏和批评活动，它是艺术活动的终点，也是艺术家及艺术作品内在价值获得最终实现的根本途径。②

新媒体时代的艺术实践发生了根本性的变化："新的材料、新的手法、新的传播与接受方式，以及新的感觉和新的体验，逐渐产生出新的艺术观念，新的艺术追求，新的艺术标准，进而尝试提出新的艺术概念和艺术理论范畴。"③ 这些变化完全颠覆和重构了传统艺术实践，新媒体挑战并改变了艺术创作过程的方式和建构意义的方式。

（一）新媒体对艺术创作的影响

1. 丰富了艺术创作的技巧和手段

新媒体为艺术创作带来了在创作工具、材料、手法等方面完全不同于传统艺术创作的革命：

首先是艺术创作工具的创新。新媒体时代的艺术最先是从艺术工具的变革开始的。计算机数字技术具有模拟技术不可企及的特点，艺术类计算机应用软件层出不穷，功能日益强大。许多软件具有绘图、三维动画、数据统计、资料检索功能，文学、音乐、绘画、电影、摄影、艺术设计等传统艺术纷纷"鸟枪换炮"，将计算机数字技术作为创作利器。计算机已经成为艺术家离不开的创作帮手和伙伴。比如，现在的音乐创作，基本已是计算机的天下，传统的各种乐器和记谱纸笔早被抛弃了。

其次是创作材料的创新。例如，过去作为传播工具的电视机和录像装置被直接用来构成了新媒体艺术作品；在传统音乐艺术中，主要使用乐音构成作品，而这些声音材料（乐音）都是由人演唱或是由器乐演奏出来的；而在电子音乐中，则大量使用非乐音的自然声，或是由电子合成器发

① 参见"艺术创作"词条，百度百科（http：//baike. baidu. com/view/78813. htm）。

② 参见"艺术接受"词条，百度百科（http：//baike. baidu. com/view/407805. htm）。

③ 许鹏：《中国新媒体艺术研究的发展现状与理论课题》，《江苏行政学院学报》2008 年第 5 期。

出的各种非乐音的声音材料构成作品。①

案例：3D 打印技术带来的艺术革命②

看过电影《十二生肖》的人，都会注意片中这样一个镜头：成龙戴着手套将国宝兽首全方位扫描一遍之后，兽首的数据就通过手套上的传感器扫描进了电脑。片刻后，一模一样的兽首就制造出来了。这种制造方法就是公众越来越熟悉的 3D 打印技术。3D 打印技术是指把在电脑软件中创建的产品数字模型，通过 3D 打印机一步到位地打印成实体产品的技术，它是艺术家或设计师利用 3D 打印技术创作的艺术设计产品。

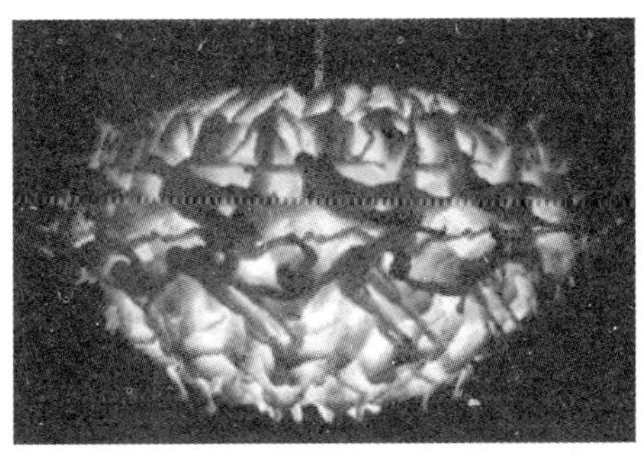

图 10－2　3D 打印作品《迎接地狱之光的堕落之人》

3D 打印技术最早主要应用于工业方面，尤其是精密仪器的制作，但近来也逐渐开始运用于艺术创作。比如 Luc Merx 制作的镂空吊灯作品《迎接地狱之光的堕落之人》，（见图 10－2）当内在光线透射而出，人形变得光影叠加，阴影交错，恍惚间带来了动态，仿佛以各异的姿态缓慢而艰难地扭动。而犹如地狱之光的视觉，充分使人联想起“被诅咒的堕落之人”，始终纠缠人类的古老的原罪与道德问题跃然纸上，无声胜有声。

与蜡像等传统的雕塑艺术不同，3D 打印提供了一种全新的操作模式。Omote 3D 公司官方网站显示，整个制造过程分为三个阶段：拍照、建模、打印。这种操作方式更精确、更快捷。尽管目前还在起步阶段，但一些

---

① 许鹏：《中国新媒体艺术研究的发展现状与理论课题》，《江苏行政学院学报》2008 年第 5 期。

② 宋波纹：《寻找超越机械化的艺术》，《人民日报·海外版》2013 年 2 月 14 日（http://news.xinhuanet.com/world/2013－02/08/c_124336895.htm）。

忻云：《艺术之光，与 3D 打印同行》，《IT 时报》2013 年 1 月 28 日。

3D 打印机厂商的广告词声称“3D 打印，每个人都是雕塑家”。在 3D 打印时代，传统雕塑家感觉“危机重重”。此外，3D 打印技术还可用于艺术设计、文物的复制和修复等。

此外，新媒体也使艺术创作手法得以创新，不同于传统的最明显变化体现为：一是随意组合、添加、浏览、变更、粉碎，即艺术加工方式将不再是目标明确的有意想象，而是随机性和计划性的新结合[①]。二是产生了一种独特的艺术创作方式：自生产式艺术创作。在传统艺术创作中，艺术家关照内心和宇宙，形成艺术品，观赏者又通过艺术品来理解艺术家、反观宇宙——这是一个以艺术品为核心，艺术家、宇宙、观赏者形成的三角关系。但新媒体时代，这个三角关系却被加入了“第四方”：艺术创作程序（如图 10－3）。

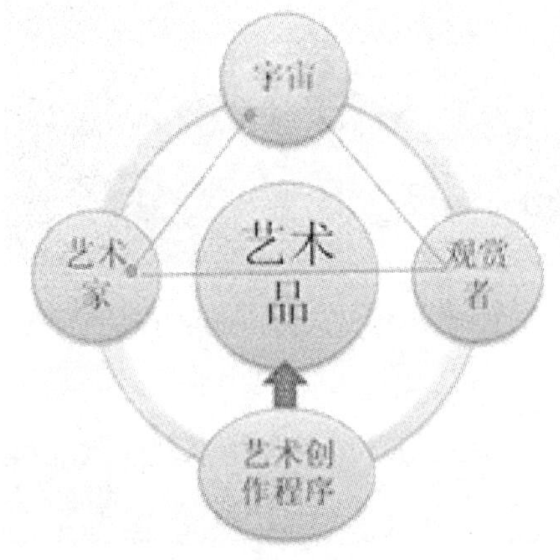

图 10－3 新媒体附带艺术创作的“四角”关系

自生产式艺术创作就是这样一种利用智能计算机系统“自动”进行艺术创作的方式。比如，将想要的字词甚至诗歌输入后可任意选择各种书法风格和效果的“书法生成器”、颇受欢迎的只需输入几个词组等待几秒钟即可的“自动写诗机”……此时艺术创作更多的不是艺术家灵感的宣泄，而是“设计”的结果。

① 李怀骥：《虚拟现实艺术：形而上的终极再创造》，《今日美术》2009 年第 4 期。

案例："自动写诗机"[①]

网友只要登录网站（http：//www. dopoem. com），输入几个关键词，用不了60秒就能写成一首诗。这款号称"国家级"写作软件的"自动写诗机"，其实是一位中专毕业的程序员用了不出一个小时写出的一个小程序，但它当时带来的震动却是极大的。它的广告词为：作为一名"国家级诗人"的你，不到60秒，你就可以写成一首"国家级"的好诗！这个小程序发布后很快就在网上传开了，不到两个月网友就用这个软件写出近30万首诗，甚至其中有些诗还在诗歌比赛中获了奖。

2. 艺术创作观念的改变

人类的行为都受行为执行者的观念支配，艺术创作自然也离不开作者的个人思想、个人观念。无论何种艺术、何种美，它们呈现方式的背后，都需要观念的力量作为支撑。新媒体时代的艺术创作受到新媒体特征和当下社会特征的双重影响，创作工具材料的极大丰富和自由带来的是艺术创作观念和方法的多种尝试。例如，如何处理艺术与现实之间的关系一直是不同风格和流派的艺术家们艺术创作观念的一个重要差异：在写实主义流派艺术家眼中，"模拟自然"是其主要创作原则；印象派大师则力图表现一种"神似"的自然；超级写实主义者则将无与伦比的精密真实"再现自然"，却在不可思议的并置中体现冲突；而在新媒体时代，当虚拟现实艺术力求复制性、仿真性和重构性时，艺术和人类同时将经历一场超自然状态的实验和改造。新媒体艺术一边借助技术的力量进行着"比真实更逼真"的超自然呈现，一边极其熟练地运用着拼贴、戏仿、复制、解构和偶然性因素等后现代主义美学观念"解构和重构自然"。

此外，新媒体使艺术活动的环境和内容也发生了变化："新媒体环境下艺术内容的来源将不再是独立于艺术活动、先于艺术活动而存在的所谓'客观生活'，而是和艺术活动融为一体、主客观密不可分的'数字化生存'；艺术环境的构成要素将不仅仅是人和自然，且包括智能动物、高级

① 参见猎户星网站（http：//www. dopoem. com）。

机器人等由高科技创造的新型生物。”[①]

（二）新媒体传播对艺术传播/展示环节的影响

与传统媒介相较而言，新媒体时代的艺术传播具有非常鲜明的特征：传者和受传者出现了越来越多非专业的大众和产业商人；传播方式上更依赖技术，传播形态走向综合化、市场化、产业化；传播过程更快捷，与受众的实时交互成为艺术作品本身的一部分；摆脱了物质化作品所受的时空限制，传播时空更持久；在功能上更注重对精神内容（意义）的消费，传统审美价值、情感深度、个性特征等经典标准被削平，大众娱乐功能和商品消费功能增强。

1. 无限复制、易于保存

相比传统艺术作品，作为数字化文件的新媒体艺术作品可以无损复制，打破了传统艺术作品“原作”的限制，每件作品都可称为原作；且它可以瞬间实行全球传输和展览，虽然由于各地的展示条件不同而使展示效果千差万别，但相比传统艺术作品的可望而不可即，能在全球任意地方欣赏到与原作无二的艺术品已是广大艺术爱好者的福音。此外，存储介质的优化也使作品的收藏和保存越来越方便。

2. 瞬时传播、实时交互

瞬时到达、实时交互的参与式艺术交往方式使新媒体艺术的传播过程也成为一种参与创作的过程，很多“半成品”式的艺术作品必须依靠接收者反馈从而形成完整的艺术品，且有可能产生出与传统艺术很不相同的新感觉和新体验。比如，传统文学是作家创作在前，然后发表，然后才有读者的阅读欣赏和批评反馈；但网络文学利用网络的即时性和互动性，改变了这样一种文学艺术的行为模式，网络写手的写作、上传，可能是与连线阅读的读者的阅读与反馈行为前后相随、同步进行的，这种网络写作与阅读同步进行的艺术行为方式带给人们的是一种“对话”感受和“在场”体验。[②]

（三）新媒体对艺术消费/鉴赏的影响

在新媒体时代，一方面，无所不在的新媒体和新媒体艺术使艺术审美

① 黄鸣奋：《超文本诗学》，厦门大学出版社 2001 年版，第 4 页。

② 许鹏：《中国新媒体艺术研究的发展现状与理论课题》，《江苏行政学院学报》2008 年第 5 期。

和日常生活紧密融合，“人人都是艺术家”，美和艺术的选择更加自由、更加广泛、更加个性化、更具有参与性，审美的边界一再拓展，互联网结束了艺术审美的私密空间，却创造了大众参与、交互共享的行动美学。另一方面，新媒体超文本、非线性等特性使新媒体艺术具有独特的、以表达文化符号和抽象性观念的虚拟叙事结构和超文本非线性叙事结构。在新媒体开放平面模式下，审美活动需要接受者多种感觉器官的参与，这使审美从对表象的“超越”转化为对表象的投入和融合。从对意义的诉求转为对感觉的追寻，从文本中心到活动中心，从注重结果到注重过程，传统的以静观、沉思、被动、单向、孤独的审美体验转变为多元动态、无边开放、复杂、交互的感性狂欢和全身沉浸式的审美体验。

1. 多媒体融合的造型机制带来全息式审美体验

“多媒融合”不仅实现了艺术表达语汇的变化，也形成了新媒体艺术审美趣味。“多媒融合”的造型机制，就是将两个或两个以上媒体的艺术元素有机整合，以产生每一独立媒体单独所不具有的新的意义，类似依靠镜头整合产生新的视觉意象的蒙太奇[①]，正是这种“媒体蒙太奇”生成的“媒体间性”，重新激活了在人类审美基因中已经沉睡了数千年的多重感官的复合型审美体验。这样的新媒体艺术“吸纳图、文、声、影等审美要素于一身，形成了对人的感觉器官的全方位开放，便于欣赏者立体化地感受信息对象的艺术魅力”[②]，从而真正实现新媒体艺术“多媒融合”的全息式审美体验。

2. 超真实的虚拟环境带来的奇异审美体验

新媒体艺术往往通过数字化技术虚拟现实，生成逼真的虚拟环境，构造出非现实的生命体或虚拟社会，让观众在随心所欲地表达超脱现实愿望的自由空间中，获得“超真实”的美。这种拟像仿真技术的应用，使“真实”本身遭到质疑，一种比“真实”更“真实”的状态或现实——“超真实”显现出来。[③] 因为古典艺术与现代艺术中建立在所谓“真实”基础上的审美意象，其实只是人们为了维护自身存在的合理性和正当性，或为了表达超脱现实、追求乌托邦境界的一种方式。既然拟像仿真技术能使审美意象更接近现实，更“真实”，那么它就能更自由地表达人们超脱

① 王振兴：《新媒体艺术的特征和本质》，《河北能源职业技术学院学报》2006 年第 1 期。

② 欧阳友权：《用网络打造文学诗意》，《文学评论》2006 年第 1 期。

③ 谭旭红：《新媒体艺术的审美生成》，《民族艺术研究》2011 年第 1 期。

现实的愿望，也就更能让人获得一种自由表达的审美体验。

新媒体艺术通过对模拟信号或数字信号进行变量处理，制造出感官方面的冲击力，产生震动感官的眩晕力，让观众在“瞬间失意”中，获得一种“感受”的美。传统艺术是固定不变的，带给观众的是静默与沉思，是理念的感性显现，而新媒体的流变性使艺术变成了短暂的、变化的快餐消费，带给观众的是震动感官的眩晕力。正是在数字化的技术优势中，新媒体艺术以最大化的奇异体验来寻求瞬间绽放的价值，还原艺术的本真。因为过度的哲学化实际上异化了艺术，使艺术变成了意识形态的传声筒。如果说传统艺术是在社会人生的各种压力下审美的话，那么新媒体艺术则是在感官刺激的体验馆中放松和解压，在形而下愉悦中“感受”美，将艺术还原为“愉悦”。①

3. 实时交互的参与式艺术活动方式激发艺术创造美感

新媒体艺术还通过参与与互动，让观众在多元和动态中获得一种“创造”的美。众所周知，新媒体艺术最鲜明的特质是连接性与互动性。通过连接与互动，让观众在参与中体会艺术家的创意，并进一步触发出观众自己的思想火花，得到一种理解和创造的愉悦。特别是数字技术与互联网的出现，使艺术中的互动更加便捷，使超链接成为可能，可以实现在线的审美。如此，艺术的审美主体就不再局限于欣赏艺术作品本身，而是可以直接进入艺术品的创作中，可以直接参与改变和完成作品的影像、造型甚至意义，对艺术品的体验取决于接受者的终端语境和意义成果之间复杂的相互作用。② 互联网结束了个人化、私密化的艺术审美，开创了大众参与、交互的、狂欢式的审美形式。

四 新媒体影响艺术作品及艺术产业构成

（一）新媒体环境下的艺术作品

艺术作品是艺术家通过艺术媒介、经过艺术体验和艺术构思创造出来的艺术产品。作为艺术活动的最终产物，新媒体艺术作品烙上了媒介特征的深深印记：以信息技术为依托，以文字、声音、图像、活动影像以及表

---

① 谭旭红：《新媒体艺术的审美生成》，《民族艺术研究》2011 年第 1 期。

② ［美］马格·乐芙乔伊等：《语境提供者：媒体艺术之含义之条件》，任爱凡译，金城出版社 2012 年版，第 5 页。

演等为载体，具有实时性、交互性、体验性，本质上呈现出一种非物质形态的数据与文化的形态，是科学与艺术、理性与感性、现实与虚拟、大批量和个性化的融合。与传统艺术作品相比，新媒体环境下艺术作品具有如下特征：

1. 新媒体的复制性摧毁了艺术品的权威性，使其彻底平民化

一般而论，艺术品及其收藏隐含着一种文化权威，是富裕、尊贵或智慧的标志。在机械复制技术诞生后，艺术的权威性受到了极大威胁，与原作极为相似的复制品使普通大众也能像往日有身份有教养的少数人那样欣赏艺术了，机械复制技术缩小了高贵与普通之间的差距。正如约翰·伯杰描绘的，“现代的复制手法”使以绘画为代表的视觉艺术“第一次成为昙花一现的、异地同现的、有形无实的、唾手可得的、没有价值的、自由自在的物象”。[①] 而互联网络等新媒体的兴起使我们进入了“数字复制时代”，数字化艺术品无差别的完美复制消灭了原作和复制品的差别，原作成了一个概念，新媒体艺术传播过程中没有传统艺术原本与摹本、真品与赝品、手稿与印刷本的区别，原本与摹本只具有商业利益而没有审美、艺术价值，这很大程度上加速了艺术的平民化过程。

2. 新媒体的交互性使艺术作品的价值功能发生变化

在传统艺术中，艺术品被艺术家创作结束后，广大的观众一般只能原样欣赏、收藏或使用。而新媒体可以使艺术品的创作范围更广泛，形式更多样，同时，新媒体的交互性特征使艺术品的价值也发生了极大变化。从手工制艺时代到机械复制时代再到数字化互联新媒体时代，艺术品的价值依次对应经历了从膜拜价值到展示价值再到操作价值的转变：在手工制艺时代，人类最初的艺术作品多是产生于祭祀等仪式，因而此时艺术作品都存有宗教上的“膜拜功能”，以一种极富神秘感的“光韵”存在于与人类生活相异的世界；到了机械复制时代，正如本雅明的《机械复制时代的艺术品》中所说“机械复制时代萎谢的东西是艺术作品的韵味”，机械复制艺术的出现是以传统艺术“光韵”的消失为代价的，艺术品经历了从膜拜价值到展示价值的转化，经历了从礼仪到政治的过渡以及从审美上静观沉思到人们对物从空间和人性上更易接近的强烈愿望的改变；到了新媒体时代，新媒体艺术更多的不是在艺术馆、博物馆里被展示，而是在与参与

① ［英］约翰·伯杰：《视觉艺术鉴赏》，戴行钺译，商务印书馆1994年版，第36页。

者的交互过程中被操作和消费，其价值更多体现为操作价值。如人人都可以在网络上对经典名作《蒙娜丽莎》进行随心所欲的“再创作”。

3. 艺术作品从定型化转变为开放性、未完成性

传统艺术追求作品的定型化，作品一旦完成就具有了相对固定的形态和意义，传统艺术的创作、传播和欣赏都是以作品的相对确定性为前提的。“有一千个读者便有一千个哈姆雷特”之类说法，只是反映了不同读者可对同样作品有不同理解，而不是说作品本身存在诸多变体。而新媒体下的艺术作品是由 0 和 1 组成的字符串信息，能为欣赏者提供多模式、多种选择的作品，每个用户观看作品时所选择节点、所经历路径都可以不一样，从而感受到不同作品。新媒体艺术的交互性使其成为开放性的叙述，结构、逻辑和结局都在变动，艺术的欣赏者可以通过解构艺术定型，使其更贴近人们的生活，使娱乐、艺术与日常生活融为一体，实现“诗意栖居”的梦想。

案例：“蒙娜丽莎”恶搞网站

经典画作“蒙娜丽莎”被恶搞为 007、圣诞老人、英国小报的三版女郎、国王的肖像、某些动物，甚至建筑……有人说“蒙娜丽莎成了载体，在其之上可以表达关于我们时代的一切，从艺术到娱乐、商业，甚至政治”。经典艺术也成了公共语言，每分钟都不断地有人在蒙娜丽莎上创作出新东西，表达他们对世界的看法，不管国籍、年龄、身份……有人认为这是一种亵渎，但立即有人反驳：“恰恰相反，我认为这是一种赞美。经典艺术不应该只被供在美术馆里，哪怕是恶搞，代表着人们永远不会忽视或忘记它。”

（二）新媒体环境下的艺术产业

目前，新媒体艺术产业主要分为两大类：一类是为大众娱乐和商业市场服务的实用性新媒体艺术产业，一类是借助科学技术手段表达思想、可展示及收藏的观念性新媒体艺术产业。新媒体对艺术产业也产生了很大影响。

从观念性新媒体艺术产业来看，一方面由于传统评价标准失效，新的评价标准难以统一，艺术品价值不易衡量；另一方面由于无限复制使原作

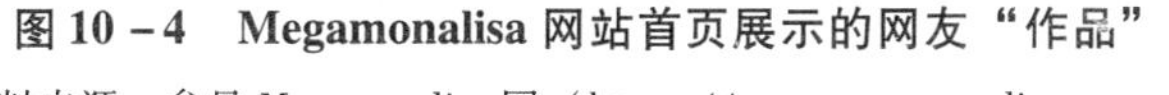

图 10－4　Megamonalisa 网站首页展示的网友“作品”

资料来源：参见 Megamonalisa 网（http：//www. megamonalisa. com. ）。

概念难以界定，所以新媒体艺术作品目前很少出现在拍卖场，基本都在画廊和博览会中进行销售，这些作品在市场上的交易数量和价格目前都很受限。其实，新媒介艺术能使人们对时空、对叙述性、对生存现实提出一些新的感觉和新的质疑，并从中得到审美提升和反思，具有非常独特的审美价值①，目前已有规模、有实力的藏家和机构已经开始收藏新媒体艺术作品，相信将会有越来越多的观念性新媒体艺术作品进入市场流通。

从实用性新媒体艺术产业来看，由于新媒体特征极大地满足了大众娱乐及商业需求比如产品宣传服务，商业实用的新媒体艺术市场前景巨大：动漫和软件开发业运用新媒体艺术的虚拟现实和交互性最多，并且发展主要依赖新媒体技术的个性，现已成为艺术产业和文化创意产业的龙头；随着人们生活中电子产品的增多、闲暇时间的减少以及阅读习惯和获取信息习惯的改变，数字出版的兴起和发展正在日益增加与新媒体艺术的融合；而旅游会展业，在近年来更加注重新媒体艺术要素的融入，例如北京2008 年奥运会和上海 2010 年世博会中新媒体、声光电的运用给观众带来了大量的美感体验。电影电视广告是新媒体艺术介入较快较多，也是进入大众视野最多的领域，大量运用新媒体艺术要素的电影带给了观众强烈的视听震撼。例如，2009 年底上映的《阿凡达》，它以骄人的票房突破了《泰坦尼克号》保持了 12 年之久的全球票房第一纪录，在中国国内不仅

① 参见《新媒体艺术：数字时代的新趋势》，今日艺术网（http：//www. artnow. com. cn/Discuss/DiscussDetail_ 569_ 27734. html. ）。

出现大批观众连夜排队观看的景象，甚至有的观众组团去邻近城市，只为能看到3D和IMAX-3D制式的《阿凡达》，完全体现了新媒体艺术的独特魅力。

五 新媒体影响下各种艺术形式的变迁

（一）新媒体下现有艺术形式的变化

新媒体变革使语言、视觉、影像、音乐等各个传统艺术形式都出现了一些全新的变化。

1. 新媒体语言艺术

在新媒体语言艺术领域，继网络文学之后，又相继出现了手机文学、超文本文学等新形式，它们的共性在于平面化、表层化的思维模式，以及后现代去中心、去权威的语言特点。比如，网络热门的恶搞、戏说等反讽、游戏式语言，以及流行的各种语体"宝黛体"、"甄嬛体"、"代言体"等。这些新的语言艺术形式中，超文本文学是最具代表性的。

超文本文学有两类，一类即超文本小说（Hypertext fiction），也称超文本文学、超链接小说，指将文字、图片、影音片断及多路径进入的结构组成的电子文本。[①] 同传统的印刷小说文本相比，超文本小说事实上已超出了文学范畴，它是一种集文学、视觉艺术、音乐、电子媒体和互联网络于一体的新媒体艺术。另一类超文本作品是交互创作的合作作品，这也是一种活性结构的动态文本，创作者是在线参与的、不确定的，作品结构是树状的、网状的，更是未定的、无限生成的。

超文本小说在创作方式和阅读方式上都与传统文学迥然不同：在创作方面，一方面表现为传统文本中超级作者的虚位。传统文本往往设定了一个超级作者的存在，他创造了文本，赋予文本统一样式、严整的结构、完整的意义，读者只能按其设定框架进行阅读，并使自己的理解尽可能符合作者原意。而超文本被赋予了不同的叙事路径、情节走向，读者可以自己组合阅读路径，使文本呈现不同的面貌、形态。另一方面表现为独特的链接修辞方式，传统文本往往为一定主题和文本整体构建需要而采用语言修辞手段，规划起承转合，对材料决定主次和加以取舍，构建一种线性组织结构。而超文本则用一种特殊的链接修辞方式，将内容节点有目的地链

① 参见"超文本小说"词条，百度百科（http：//baike. baidu. com/view/3314433. htm.）。

接，使文本内容呈现去中心化的网络结构。在阅读方面，则体现为读者自由组合阅读路径、读写界限被打破、跳跃式和漫游式阅读以及多种无权威高下的阐释。例如，美国作家史都尔·摩斯洛坡创作的《胜利花园》，读者可以自由选择穿插于文字中间的超链接，参与到情节线索的创作中，形成一个完整的故事。

但这种文本模式也应警惕三个方面的危险：碎片化的审美意识是否会造成深度的消亡、意义的丧失？技术依赖性是否会约束创作自由和独创性？历险式的游戏审美态度，是否有滑入无穷指涉的混乱的危险？

2. 新媒体视觉艺术

在新媒体视觉艺术领域中，光效应艺术、激光视觉展示、全息摄影、电脑绘画等新的视觉艺术层出不穷，尤其是电脑绘画艺术成为新媒体艺术家创作热点。

与传统绘画艺术相比，电脑绘画具有极大优势：

一是具有组合性。常使用现成的图形图像材料在电脑上进行各种组合、修改而形成新的作品。

二是具有简易性。电脑绘画不需要像传统画家那样经过长期的绘画基础训练和较高的绘画涵养要求，不需要线条、色彩、块面、明暗方面的技能技巧，所有这些计算机都可以代劳，只要有一定的计算机应用基础，掌握相关绘画软件的基本方法和技能技巧，就可以在电脑上涂鸦。随着计算机运行速度的极大提高和绘画软件的不断升级，其绘画功能更强大，甚至可以“自动”绘画，且计算机可以帮助画家保存绘画的每一个步骤，通过计算机的复制、重复、撤销等功能，画家可以随时“后悔”恢复到自己满意的步骤。

三是准确性。计算机绘画中任何信息都是可以计算的，线条、色彩、块面、明暗等都可以准确地加以计算，这使绘画更细腻、更流畅。

四是可复制性。计算机绘画可以任意复制且复制品和“原本”之间没有任何的差异，它可以无数次打印出来，理论上说这些都是作者的原作。由于可复制性，其传播也非常便捷，鼠标一点就可以传到网上，任何人都可以欣赏、下载保存或加以修改。

但不可忽略的是，这种“自动”绘画带来的艺术的异化现象：它的组合性制约了艺术必需的个性独创性，它的简易性制约了艺术必需的倍感性、思想深度及艺术使命感，它的精确性制约了艺术的想象性和独特韵味，它的可复制性制约了对艺术劳动的尊重和激励。

3. 新媒体影像艺术

在新媒体影像艺术领域出现了虚拟现实技术、互动装置、数字电影和电视、手机视频、交互式纪录片、互动式网络电影等新的艺术形式，尤其以数字电影的发展最为瞩目。它以虚实结合为特点，通过虚拟、合成等技术将不同对象捏合在一起，甚至创作一个完全虚拟的角色或场景，使电影制作突破了现实世界的限制，造就了新的电影时空，改变了观众观影习惯、带来了大众视频消费时代（大众普及摄制设备如 dv）。

另外，数字技术的飞速发展使任何影像都成为可能，“引擎电影”就是一个典型例证：它是电影与电子游戏的结合，电子游戏与电影异质同构。镜头画面是电影艺术最基本的叙事元素，如果说单个的画面是构成故事的“碎片”，那么电影和电子游戏的根本不同在于串联起这些“碎片”的方式不同：电影后期制作时经剪辑师之手将拍摄好的非线性的“碎片”加以重新组接构成情节，即“剪辑蒙太奇”；而电子游戏则是玩家随意点击“链接”调用数据库中的图形图像组成情节，形成特定的叙事结构，称之为“链接蒙太奇”。这种游戏电影的出现和发展，将给电影带来机遇和挑战，游戏与电影的边界将会越来越淡化。

但在感官极大满足的背后，新媒体影像艺术的发展依然有一些值得我们反思的地方，比如对技术的过分追求与执着意味着对艺术本质的漠视；一味追求感官刺激让影像失去本身的意义；过多地使用数字效果也会在无形中喧宾夺主；增加视觉冗余信息，影响观众接受有用信息；尤其过度地追求感官的满足而营造出的“虚拟现实”影像正在引发对影像和真实之间关系的质疑。米尔佐夫曾说：“今天的电影或照片中的形象不再指向现实世界，因为众所周知，它可能是由电脑在不被人觉察的情况下制作出来的。结果，虚拟战胜了真实的空间，虚拟性支配着真实性并颠覆了真实性的概念。”① 鲍德里亚指出影像与真实之间关系的四个阶段：一是影像是基本现实的反映；二是影像遮掩且扭曲了基本现实；三是影像遮掩了基本现实的缺席（absence）；四是影像与任何现实都毫无关系，影像只是自身的纯粹“仿像”。以前，媒体被认为是镜子，反映或描写现实，而现在媒

① ［美］尼古拉·米尔佐夫：《什么是视觉文化?》，王有亮译，《文化研究》第 3 辑，天津社会科学院出版社 2002 年版。

体正在构建一个（超）现实，一个新的媒体现实——“比真实还真实”的“现实”——超真实，最终导致现实消失。①

4. 新媒体音乐艺术

在新媒体音乐领域，电子音乐迅速发展成为主要的艺术形式，尤其是通过计算机语言编程的方式组织和控制声音的电子音乐形式。传统电子音乐是模拟式，有相应硬件如调音台等，计算机音乐则完全以软件来代替硬件设备完成音乐创作：一是计算机音乐编辑（作曲），它可以使作曲家摆脱纸、笔、乐器的约束，在计算机上直接谱曲、修改并随时演奏其效果，这个意义上的计算机音乐还只是将计算机作为一种工具。二是计算机音乐制作，一套配备了相应软件、硬件的电脑音乐系统可以代替一个乐队完成一定质量或水准的音乐伴奏乃至演奏一首交响乐。这种电子音乐具有极大的自由，它不仅可以与任何音乐相结合，还可以任意变换风格，制造出许多出人意料的旋律和传统音乐没有的特殊效果。三是专业计算机作曲软件“自动”作曲。作曲程序可以分析著名作曲家的音乐个性，就像排定生物的 DNA 一样，掌握大师们的创作规律，然后再模仿大师的风格作曲并演奏。

计算机音乐艺术创作形式对音乐艺术产生着很大冲击。首先，对人的音乐观念的改变。以往人们心目中的音乐离不开声乐、器乐和演奏，因此其表现力是有限度的；计算机音乐的出现打破了这种限制，突破了声乐、器乐、演奏技能（如速度）的种种樊篱。且计算机给音乐艺术提供了无穷无尽的音源，并能够制造出自然界并不存在的声响，从而颠覆了人们对音乐的传统认识，大大地拓展了声音的表现范围和艺术感染力。其次，提供了崭新的音乐创作方式。在传统的音乐创作过程中，作曲、演奏、指挥、录音是四个虽有联系但毕竟是彼此独立的过程。对于计算机音乐来说，作曲、演奏、指挥、录音是不可分割的，创作和制作是不可分割的，艺术和技术是不可分割的。只有计算机音乐能够真正实现作曲家的想象、演奏家的技巧和欣赏者实际聆听的音响的重合和统一，极大地解放了音乐生产力。再次，新媒体独特的“临场感”带来音乐欣赏革命性的变化。比如，之前兴起的新媒体音乐会，可以将音乐节奏转化为不断变化的屏幕图像甚至水幕，营造出独特的欣赏氛围。

① 方雪琴：《后现代语境下的视觉文化批评》，《中州学刊》2007 年第 3 期。

（二）全新的新媒体艺术形式

除上述列举的常见艺术形式的变化外，新媒体技术还带来了一些无法归入现有艺术领域的全新的艺术形式，比如遥在艺术、虚拟现实技术、人工智能艺术等。这些艺术形式利用计算机、三维成像、电子、全息等技术，将人们带入了一个全新、奇妙的艺术世界。

1. 遥在艺术

“遥在”技术是一种新兴的，综合利用计算机、三维成像、电子、全息、现实等，把远处的现实环境移动到近前，并对这种移近环境进行干预的技术。它可以使人们进入一个奇妙而又有现实感和立体感的三维世界中，到达一个“不是真境、胜似真境”的境界之中。黄鸣奋认为遥在技术包含远程通信、远程操作、远程传输三层意义：远程通信密切了人们的联系，使通信的一方得以进入另一方所在的空间，通过语音、图像等方式展示自己、表达自己，并了解对方的意图和情感；远程操作扩展了人类的身体，通过遥控机器人探索彼在，使自己的意志在一定距离之外得以执行，并获得反馈；远程传输促使分别位于两个不同场所的人们在另一世界中相聚，通过化身彼此互动，包括相互对抗或开展协同性活动。不管什么类型的遥在，都具备在另一个实在的场所互动的特点，不同于虚拟存在，后者是指用户被给予出身于仿真环境的印象。①

因此，遥在艺术也包括三种类型：双方都是主动者的远程通信艺术、用户通过遥控机器人实施的远程操作艺术（远程临场艺术）、用户通过化身在计算机生成的假想世界中活动的远程传输艺术。《远程花园》是远程临场艺术著名作品，它是一座由机器人操作的花园，观众通过互联网操纵机器人灌溉种子、照料花园，以及与其他园丁分享信息。

除了前列三种遥在艺术类型，现在还出现了一种“远程制造艺术”，通过远程制造，虚拟的三维形式可以被远程翻译为触觉体验，最引人注目的例子就是最近两年来风起云涌的 3D 打印技术。

2. 虚拟现实艺术（VR 艺术）

“虚拟现实”成为 20 世纪末新技术领域的关键词，原因在于它是高度发展的计算机技术在各种领域的应用过程中的结晶和反映，包括图像处理、模式识别、网络技术、并行处理技术、人工智能等高性能计算机

---

① 黄鸣奋：《新媒体与西方数码艺术理论》，学林出版社 2009 年版，第 385—390 页。

技术。

最早提出“虚拟现实”一词的人是美国 VPL 公司的创始人之一杰伦·拉尼尔。“‘虚拟现实’是一种基于可计算信息的沉浸式交互环境，具体地说，就是采用以计算机技术为核心的现代高科技生成逼真的视觉、听觉、触觉一体化的特定范围的虚拟环境，体验者借助必要的设备以自然的方式与虚拟环境中的对象进行交互作用、相互影响，从而产生亲临等同真实环境的感受和体验”①；它是“一种三维的立体体验，一个‘用户’通过头部装置的演示、数据手套或身体组件（含有视觉纤维的电缆）的帮助，体验与使用者的移动产生回应的模拟世界”②。

虚拟现实研究与艺术有着尤为独特的联系，梅伦·格鲁格在一篇名为《虚拟现实的艺术起源》论文中写道：从历史观点来说，关于虚拟现实研究的许多关键概念，比如全身参与、共享远程通信空间、多知觉反馈、第三方参与、无阻碍进入、数据手套，它们都来自于艺术而不是技术团体的创意。③ 虚拟现实技术的适用范围非常广泛，不论是从科研角度探索现实世界，还是模拟真实虚构的世界，包括艺术在类的各大领域，都是其大展身手的地方。

虚拟现实系统的研发，促进了人与艺术之间的即时互动。它将虚拟时空具体化并且将人与之的关系用可视化图像表现出来，可以引发人类对空间多元化的哲学思考。例如，新媒体评论家哈基姆·贝伊在其著作《信息战争》中说：“虚拟现实是由计算机处理图像构成。这些图像不再是一种力量，而是一种无实质的信息图案……计算机媒体充当了宗教或僧侣的角色，通过将虚拟世界中的精神渲染成图像信息，让人们的精神脱离身体。”④ 技术使不可见的东西在现实中显现。

除了遥在艺术和虚拟现实艺术外，还有许多探索和试验性质的新媒体艺术形式，比如生物艺术、基因艺术等，很难一一赘述。目前来看，新媒体艺术的发展呈现出如下特征：首先是它和人类科学技术的发展同步，新技术拓展了新媒体艺术的表现方式，而新的艺术探索也为新技术的发展提

---

① 王利敏、吴学夫：《数字化与现代艺术》，中国广播电视出版社 2006 年版，第 162—163 页。

② 同上。

③ 童芳：《新媒体艺术》，东南大学出版社 2006 年版，第 179 页。

④ 鲍远福：《网络与新媒体艺术的时间观》，《现代视听》2007 年第 9 期。

供了批判视角和启示。其次，新媒体艺术的所有种类——摄影、电影、视频、电脑、网络和多媒体等实现了超媒体的跨越式发展，且技术含量越来越高——图像从平面到三维立体、展现方式从静态到动态、从具体到抽象、使用媒体从单一发展为多媒介。这些发展突破了以传统艺术为中心的局面，各种媒体类型的综合表达使新媒体时代的艺术发展突飞猛进、耳目一新。再次，新技术分工和合作的不断强化使新媒体艺术的门类综合成为必然的趋势，未来的新媒体艺术将是多种媒体、多种理念、多种门类、多种技术之间的跨越式融合。最后，随着技术革新由单一的国家主导走向区域化合作，艺术创作将迎来一个国际化的时代。可以预见，将来的艺术走向将有极大可能会以现有的新媒体艺术格局为蓝本，综合、创新、再现。①

第三节　艺术对新媒体的影响

在前文内容中已经提到，媒体作为艺术的工具和媒介，对艺术的发展具有宰制性；反之，艺术对媒体发展也具有一定的影响。在艺术发展史上，有太多的艺术家努力介入到科技发展过程中，但这些努力只是一些局部的探索和尝试，甚至很多艺术与技术协作研究项目都认为，是科技人员向艺术家提供着技术帮助，艺术在媒体发展过程中的作用微乎其微。

直到数字技术诞生后，艺术家和媒体研究者都拥有了共同的工具即数字技术，两者具有了共同的研究平台，才开始了实质性的、深度的协作：艺术家（或具有艺术思维的新媒体研究者）在由数字技术驱动的媒体世界中开始充当信息空间的创造者和内容提供者，通过产生多用户环境和智能化主体，使技术的世界越来越充满着艺术的审美；他们通过协作、积极对话和创造作品直接参与到媒体技术研究中，为媒体研究提出问题并创造不同视角，对媒体研究产生了极大影响。

一　艺术为新媒体技术研发提供了更多机会

艺术为新媒体技术研发提供更多机会，这主要体现为：

第一，突破市场价值导向的研究定势，为更多前沿性媒体技术探索提供机会。新媒体研发作为一种技术性的科学研究，虽然对大众文化越来越

① 鲍远福：《影像与时空观念》，硕士学位论文，厦门大学，2007 年。

重要，但同时也面临太过依赖市场因素的危险，一些有价值的研究内容因为不能明确划入特定的科学范畴或被认定没有市场价值而被放弃。而艺术因为其独立的研究领域身份，可以为新媒体研究内容提供更多的机会和选择。

第二，艺术家比单纯技术性领域研究人员更能整合不同领域的标准，为新媒体研究选题注入多元化的观念和研究成果。因为艺术可以关注没有制约的、没有确定的以及非传统的研究领域，所以艺术家常会为新媒体研究选择更突破传统研究的、更多元化的研究议程和研究内容。目前的媒介技术研究环境中常常会出现媒体艺术家，他们与科学家一起工作，在实验室中的大量研究中探索对内容的更深的理解。

案例：清华大学 TASML 国际艺术家驻留计划[①]

TASML/清华大学艺术科学中心媒体实验室是专门从事媒体艺术与技术研究和创作的单元，它整合清华大学不同研究机构和实验室的丰厚资源，将以具备可以催生创新并因此影响我们与社会互动方式的关键性技术作为其艺术和技术研究的指导方针，在艺术家、设计师以及科学家和技术工作者之间创造一个具备相互渗透、交叉学科的实验功能的孵化器。

清华大学艺术科学研究中心媒体实验室联合歌德学院（中国）、法国文化中心以及瑞士文化基金会启动了“TASML 国际艺术家驻留计划”，此项目于2012年下半年开始实施。候选人将通过公开方式向国内外招募。经过遴选的候选人将作为研究艺术家在清华大学进行为期三个月的居留研究，实验室将为其提供住宿和津贴。

目前“TASML 国际艺术家驻留计划”将围绕两个主题展开相应的研究课题：一是“悬迫之域”：将生命赖于依托的生态环境引入焦点，以艺术的启示唤起人们对环境破坏和生态失衡的关注；二是“惊异之感”：旨在揭示在当代技术条件下，人类经验范围的极大扩展，各种通常不宜觉察的感觉状态得以获得充分的显现。新感觉系统的启迪潜在地影响我们对自身的理解以及对于身体在媒介化空间中所拥有的新意义的认识，以期打破

① 参见清华大学艺术科学试验中心媒体实验室（tasml）网站的介绍（http://tasml.parsons.edu/）。

传统以视听为主导的感知局限。为我们去除感觉系统的等级观念，并进而为想象生物平等创造认知的可能。通过对感应技术以及穿戴技术，增强现实技术以及脑机接口技术的研究，展开对于媒介化社会形态的多种实验是该命题下的重点。①

二 艺术推动新媒体技术设计过程

“从传统的观念来看，艺术与设计是一对有着本质矛盾的概念：艺术是个性的表露，而现代设计在商品经济中的本质反映则体现为依附性；对混浊美的追求是艺术的本质体现，而秩序美是平面设计的核心体现。”②因此，在科技研发过程中，艺术家或一个具备艺术思维的研发人员可以从另一个视角推动，对研究往往起着推动作用甚至决定性作用。“在这个过程中，设计师同时又充当了艺术家的角色，而艺术家也在创作过程中借鉴设计作品的思想和方法，因而数码技术使艺术与设计的界限开始变得模糊”③。尤其在以人机界面设计为主导、注重用户体验的新媒体技术设计中，艺术家的推动作用将体现得更为明显。

首先，艺术家善于打破旧习，可以关注和思考非传统研究项目或被其他研究人员忽略的问题；艺术家更关注社会评论，善于将研究内容置于更大范围的文化和社会层面进行思考。④ 一般技术性研究人员比较重视科学期刊的评论，但其实并不总是比业外人士的观点更富有远见，而艺术家正因为不在技术性的庐山中，更能洞见“真面目”，从社会和文化层面发现研究内容的实质。

其次，艺术家可以将复杂研究信息进行视觉化表达，帮助科学家理解数据的意义，帮助其在后续阶段进行查证工作，决定研究过程、阐释研究成果。面对科学研究过程中庞大的数据，信息可视化项目可以用计算机程序把数据变为图像，帮助科学家和工程师快速准确地从数据细节中提取主要部分，能够从视觉上寻找并仔细查看数据中的模式。而艺术家可以使信息的可视化更容易被理解，更易于被使用。

---

① 参见《延展生命：媒体中国 2011》，《徐州日报》2011 年 7 月 19 日，中国徐州网（http：//epaper. cnxz. com. cn/xzrb/html/2011 - 07/19/content_ 570577. htm.）。

② 张燕翔：《新媒体艺术》，科学出版社 2005 年版，第 5 页。

③ 同上。

④ 童芳：《新媒体艺术》，东南大学出版社 2006 年版，第 5—6 页。

再次，艺术家在设计过程中还可以表达潜在用户的观点，提高媒体技术层次，增加用户使用好感。艺术家能够深入了解用户对产品的非技术性反馈和意见，能清晰地表达大众需求和观点。在开发媒体产品时，技术专家负责技术规划，而艺术家和设计师要负责所有可视内容，清楚用户的审美要求，否则，生硬的技术极易引发用户反感。例如，科学家要创造一种能够完全实现人机交互的虚拟环境，不管这种虚拟环境是现实世界本身存在的还是想象出来的，在技术之外还不可避免地要考虑艺术因素，才可能使用户更好地沉浸在环境中。因为单纯地靠技术带来的只是高度复杂的技术本身，艺术的介入将会大大提升虚拟现实作品的层次和水平。虚拟现实技术的发展不仅仅要依靠前沿的技术手段，更需要与艺术思想契合搭配、需要加入更多艺术表现力的元素。如果说新媒体的快速发展让很多人担忧“冰冷的技术和机器”，正是艺术赋予媒体技术和媒体产品以人性化和情感性，成为“带着温度的伴侣”。

最后，艺术家式的阐述方式还让人们便于交流研究成果，促进人们思索文化的含义。[1] 由于科学家的阐释方式及专业门槛限制，许多技术性研究成果并不容易被公众理解。而艺术家通过亲身进入实验室并参与各种与主题有关的讲座和会议之后，受启发因而形成自己的内容和阐释，并可以普通公众更易于接受的阐述方式，比如图片、动画等，使人们跳过专业词汇、数据的理解障碍，以感性、直观的方式来了解技术研究的成果，并思考其技术之外蕴含的文化含义。

三　艺术推进新媒体应用推广过程

在设计研发之外，艺术对于新媒体的应用和推广同样有着极为重要的推进作用。

首先，艺术往往代表了运用特定新媒体的高超水平，从而对公众的媒体技能起拉升作用。如，电影《阿凡达》就是电影摄影史上当之无愧的“里程碑式”的作品，不仅在摄影系统、动作设计及表情捕捉系统等方面的技术有极大突破，更是掀起了 IMAX、3D 视觉电影的观影热潮，对观众体验和接受无疑都是一次刷新。因为传统的立体摄影大多采用两台摄影机并排放置的方式来模拟人的双眼立体视觉，然而这种摄影系统体型庞大、

① 童芳：《新媒体艺术》，东南大学出版社 2006 年版，第 5—6 页。

难以操控，较大地限制了创作者的自由。《阿凡达》采用的实景3D摄影系统，则较好地解决了这些问题，该摄影机不但能和摇臂、轨道、斯坦尼康等辅助设备配合使用，更能深入一些狭小的空间进行微距拍摄，而所取得的立体效果也比传统方法更加真实、景深更加连贯①。

其次，艺术往往意味着对媒体应用潜能的探索，从而向公众显示新媒体过去不为人所知的价值。正如罗伊·阿斯科特所说："真正有创意的数字艺术家不在于他会使用新科技，像从食谱中挑选一种烹饪法一样，而是由新科技来拓展市场、测试科技的极限、进而促成它的转变。"② 例如，世博会中德国馆的"动力之源"项目中，参观者可以与展厅内的巨大金属球进行互动。进入大厅的参观者将被分为两组一起呼喊，金属球将移向呼声更大更整齐的那组，并变化其球面的图案和色彩。金属球静止后其表面会呈现地球、地球孕育种子、种子又变成花的生命诞生的过程，参观者们越踊跃、越齐心，金属球所产生的能量就越大。③

最后，艺术也可能代表了对新媒体使用习惯的挑战，从而带来消费者心理定式的转变。④

案例：上海世博会上的新媒体艺术与技术

在2010年5月1日举办的以"城市让生活更美好"为主题的世博会中，新媒体技术的应用成为亮点。在此届世博会中，很多场馆的造型设计、场景的布局、音效手段等设置都力求从新媒体艺术角度突出对观众的身心影响；从会场展示到论坛讨论，再到活动表演，无不体现出新媒体艺术在未来的城市与人类生活中将扮演的主导性地位。新媒体技术在世博会上的应用主要有四大亮点：虚拟现实、虚拟环境、游戏交互技术和大屏幕技术的广泛应用。⑤

① 贾云鹏、周峻：《作为技术史的艺术史——从〈阿凡达〉看电影技术的变革》，《北京电影学院学报》2010年第3期。

② 参见陈耀杰《无界代码——2014国际青年新媒体艺术展于兰境艺术中心开幕》，2014年11月19日，99艺术网（http：//news. 99ys. com/news/2014/1119/19_ 185451_ 1. shtml）。

③ 中国2010年上海世博会官方网站德国馆介绍（http：//www. expo2010. cn/c/gj_ tpl_ 1887. htm. ）。

④ 黄鸣奋：《新媒体与西方数码艺术理论》，学林出版社2009年版。

⑤ 王朵：《世博会上新媒体技术的应用》，《科技资讯》2010年第12期。

虚拟现实技术。指借助于计算机图形图像技术及硬件设备，实现一种人们可以通过视、听、触、嗅等手段所感受到的虚拟环境，并能够通过语言、形体动作等方式进行人与人之间、人与计算机之间的实时交互。在中国馆的展厅中，国家级名画《清明上河图》将在展厅内以动态的形式播放，使人仿佛置身于中国古代文明历史长河之中流连忘返。这个多媒体版《清明上河图》由长128米、高6.5米的超大屏幕展示，气势恢宏且活灵活现：小桥下河水潺潺，帆船在河面上飘动而过，摇着扇子的市民、肩挑担子的小贩在街上行走，市集上吆喝声此起彼伏，声、光、影，动态地交织出一幅栩栩如生的北宋汴京市井生活图景。①

虚拟环境技术。指运用虚拟现实技术对环境进行多维度的虚拟仿真，实现视觉、听觉、触觉等多种感知的模拟，例如通过3D立体眼镜、3D头盔、多通道投影等实现多角度全方位的三维视觉模拟；通过数据手套可以实现隔空取物等。② 例如，德国馆的“海港新城”，观众每20人一组被请入展厅，穿过一个暗室，登上电动滚梯，之后穿行于一条隧道。顿时，“火车、汽车、公共汽车”交替出现，广播报站声，鸟儿啾啾鸣啭，水上荡舟的孩子们欢乐的笑声不绝于耳……豁然开朗，隧道末端出现了一个湛蓝色的海底世界——伴着水声、泛着气泡，水光倒映四射。人们好似跃出水面一般，眼前忽然呈现出一幅动人的、指向未来的画卷：灿烂阳光下的汉堡海港，蓝天白云，海鸥翱翔，还有令人叹为观止的现代建筑群。③

大屏幕技术。例如，世博会中的国家电网馆中设计的“魔盒”。这个“魔盒”是一间长、宽、高约14米的房间，房间的六面都由LED屏幕构成，总面积达1100多平方米的112块屏幕构成了一个全立体幻象空间。参观者进入“魔盒”后站立在玻璃廊桥上就可以享受一场持续4分50秒“沉浸式”的720°空间多媒体视听盛宴，达到“六面影像，悬浮体验”的效果。

四　艺术为新媒体产业化发展提供必备条件

新媒体的传播特点带来了受众的数量激增，新媒体艺术作为媒体传播

---

① 王朵：《世博会上新媒体技术的应用》，《科技资讯》2010年第12期。

② 同上。

③ 中国2010年上海世博会官方网站德国馆介绍（http://www.expo2010.cn/c/gj_tpl_1887.htm.）。

图 10－5 世博会国家电网馆“魔盒”与德国馆“海港新城”

的主要内容，满足了新媒体受众的文化和艺术消费需求，增加了受众对新媒体的依赖性。在此过程中，新媒体逐渐积累了实现产业化所需的人气和财气，新媒体艺术成为一个保持营利性的产业，其带来的商业化成功又可以为新媒体技术的发展注入“血液”——即源源不断的资金投入。例如，数字技术派生了立体电影，立体电影的风靡流行又为 3DTV 技术奠定了产业化发展的市场基础和经济基础。

第四节 新媒体环境下艺术发展的反思与发展战略

一 新媒体环境下艺术发展的反思

（一）后现代社会语境给新媒体环境下的艺术发展造成负面影响

20 世纪 60 年代，在以西方社会为代表的由生产为主向以消费为主的社会转型大潮中，后现代文化思潮开始作为一种普遍社会语境出现。由于物质生活水平的极大提高，长期以来被压抑的物质和精神的双重欲望得到释放，快乐和享受便成为人们所追求的基本原则；新的消费文化在大众传媒的推波助澜下日渐形成，影像的商品化、消费的符号化已成为普遍现实；视觉文化的娱乐性也成了人们所追求的目标。[①] 后现代所带来的不仅仅是一种全新的心理体验，且是一种全新的看世界、看社会、认识人类的方法和审美尺度。[②] 学者王岳川曾将西方“左派”马克思主义理论家弗里德里克·詹姆逊关于后现代特征的理论归纳为四点，即“平面感：深度模式削平”、“断裂感：历史意识消失”、“零散化：主体的消失”、“复制：

---

① 方雪琴：《后现代语境下的视觉文化批评》，《中州学刊》2007 年第 3 期。

② 同上。

距离感消失”。[①]

在后现代文化视角里，一切都是可以消解和消费的，包括神圣、崇高、权威、历史、理想等，都是可游戏、可改造为商品的对象。置身于从现代主义向后现代主义过渡的文化背景之中的新媒体艺术，也彰显着后现代的种种文化特征，如碎片化、拼贴、复制、平面、不确定性、未完成性等[②]。虽然这些文化表征突破了许多固定框架，给新媒体下的艺术发展带来更多新的视角和契机，但同时也难免引发了一些值得思考的问题。

1. 视觉转向使艺术发展失衡，造成审美麻痹

视觉转向是消费社会的产物，但视觉转向和媒体技术之间也有着直接的因果关系，正是新的媒体科技使视觉成为优势感官。彼得·韦伯曾指出，视觉之所以如此重要，科技扮演了重要的作用：“视觉是最重要的，眼睛是20世纪占绝对优势的感觉器官，这是技术革命的结果，因为我们为视觉感受投入了大量的仪器设备。视觉之所以在感觉过程中占据主导地位，是因为模拟系统和数字设备支持视觉感官的各个方面，包括影像的创造、传播和接收。视觉在20世纪的胜利就是‘科技视觉’的胜利。”[③]

视觉艺术的载体是“形象”，它以虚拟性、游戏性、娱乐性的符号供人观赏、参与和消费，从影视到广告，从建筑到造型艺术，视觉形象在日常生活中广泛渗透。视觉艺术在目前的所有艺术类型中的主导地位已无可争辩，许多艺术类型都已经被视觉艺术深度浸染。例如，现在的大多数文学读物和报纸、杂志多讲求“图文并茂”甚至重图轻文，建筑、包装等实用艺术也一味追求外在形式和装饰的华美，音乐会、演唱会上的层出不穷的噱头使人们的注意力从声音转移到视觉，大批商家更是以名人明星作为“形象大使”来宣传自己的产品……贝尔把这种现象称为“当代倾向”，即“渴望行动（与观照相反）、追求新奇、贪图轰动，而最能满足这些迫切欲望的莫过于艺术中的视觉成分了”[④]。

在这种情况下，语言等艺术被放逐到了边缘，人们在面对形象的短暂体验中获得了最大的视觉满足，“图像时代”宣布到来。面对此情此景，

---

① 王岳川：《后现代主义文化研究》，北京大学出版社1992年版。

② 刘世文：《论新媒体艺术的文化特征和批判精神》，《内蒙古社会科学》2013年第1期。

③ 童芳：《新媒体艺术》，东南大学出版社2006年版，第145页。

④ ［美］丹尼尔·贝尔：《资本主义文化矛盾》，赵一凡、蒲隆等译，三联书店1989年版，第154页。

詹姆逊谈了自己的深刻感受："现在开始感觉到的东西——作为后现代性的某种更深刻、更基本的构成而出现的东西——是现在一切都服从于时尚和传媒形象的不断变化。"① 视觉文化在后现代社会中大行其事甚至浸淫到其他领域，成为日常生活一部分的事实，"它不仅是你日常生活的一部分，而且就是你的日常生活"。②

视觉转向最重要的影响体现在它改变了人们的生活观念和行为方式，影响了人们对日常生活世界的感知，甚至造成审美乌托邦的形成。"一方面是视觉符号对观众的视觉进行轰炸和冲击，另一方面则是观众对视觉快感的要求不断攀升。"③ 人们热衷于追求视觉刺激带来的体验，因此各种艺术品生产者为了争夺大众的眼球，争先恐后、千方百计地寻求最具视觉冲击力和刺激度的方式，以色情、暴力、恶搞、戏仿等方式频频挑战和刷新大众接受底线，但这种轮番轰炸必然会使大众审美感知逐渐麻痹，甚至产生厌恶感。

2. 文化消费主义对艺术观念和审美趣味的侵蚀

在消费社会中，由于物质极度丰富，人们消费的目的已不再是生活必需品，而是以必需品之外的商品消费为主；并且不是以商品本身为消费对象，而是以形象化的商品为消费对象，甚至是以过剩的消费（即为消费而消费）作为消费对象；对商品的消费已不再仅仅是对其使用价值的消费，而转为对附着于其身上的种种意义的消费，即消费商品的"符号价值"。由于"符号"具有区分富足与贫穷、高雅与庸俗等阶层的功能，消费者为了表明自己已进入某个阶层，就会大量地消费代表那个阶层的商品，并在消费过程中因实现了对自己所期望的某种身份的确证而产生快感，由此更进一步刺激消费欲望的膨胀，形成一种永无止境的循环。

同样地，在消费社会中，文化和艺术也被包装成为一种满足消费欲望的商品，并且由于其使用价值进一步降低，符号价值成为消费者更看重的部分。同时由于文化和艺术品往往被视为富足、高雅阶层的消费对象，更刺激了艺术生产的目的转向于获取更多利润。因此，同其他商品的生产者一样，艺术家更多地听命于消费需求，区别只是在于其小心翼翼地将艺术

---

① ［美］詹姆逊：《时间的种子》，漓江出版社 1997 年版，第 17—19 页。

② ［美］尼古拉·米尔佐夫：《什么是视觉文化?》，王有亮译，《文化研究》第 3 辑，天津社会科学院出版社 2002 年版。

③ 方雪琴：《后现代语境下的视觉文化批评》，《中州学刊》2007 年第 3 期。

品包装为商品（或说是将商品包装为艺术品，两者已很难区分开），供大众满足审美消费或符号消费。

在这股文化消费主义的浪潮中，文艺复兴以来培养起来的艺术观念和审美趣味受到极大影响：

首先，艺术观念更加功利。文化消费主义下的艺术品成了“波普之父”汉密尔顿所说的“通俗的、短暂的、低成本的、可丢弃的、批量生产的、诙谐的、噱头的、刺激的、年轻的、大企业式”① 的商品。作为批量化生产的、刺激消费欲望的工具，此时的艺术以“无深度”为表征：话语表达的直接性，具有强烈的感受性；以超文本为诉求：无方向性、符号和意象之间的混乱及胶着状态的融合，各种符码的混合与无链式、悬浮状态的能指，在其中很难寻求到传统艺术追求的深刻的审美意蕴。

其次，艺术趣味更加庸俗化。为了迎合大众口味，追求大众趣味，获得最佳商品利润回报，平民化成为艺术的审美趣味标准，甚至越来越多的艺术创作为了争取大量关注和刺激消费而哗众取宠。这种大量生产、复制和消费的艺术品只能让人们尝试现代科技所带来的快餐文化，只注重以消费文化为基础的“雅俗共赏”。

再次，艺术过度追求时尚。基于工业时代经济特征而产生的消费文化在艺术框架上投射出商品化的审美价值取向，击破了固有的传统美学模式，以娱乐互动、身体隐匿与主体临场相结合的多媒体艺术方式引领着信息时代的时尚潮流。但为了不断刺激和产生新的消费欲望，新媒体时代的艺术很容易陷入一味求“新”的追逐中，标新立异的竞赛很容易使艺术丧失掉原有的欣赏定势，无法重拾经典艺术给予人的对社会、对文化的深度关怀和审美趣味。

（二）媒介技术的异化

媒介技术对社会的影响是广泛而深刻的，在本章所涉及的话题领域中，我们重点关注的应是媒介技术对艺术以及对艺术主体——人的影响。在前文陈述了一系列新媒体技术的积极影响后，我们也不得不注意到新的媒介技术对这两者的消极影响。

首先是新媒介技术对人的异化。正如马歇尔·麦克卢汉在《理解媒介》中所阐释的，媒介技术一步步改变着媒介的面貌，使其更加人性化，

① 高岭：《理查德·汉密尔顿——波普之父》，《世界美术》1992 年第 1 期。

但“我们在塑造工具的同时，工具也在塑造着我们”。在媒介技术极度发展的今天，人也正在被重新塑造：“电子信息技术的发明与应用，一方面彰显出人类在科学技术上巨大的创造性，另一方面又使人成了数值化、模块化、自动化、流体化和编码化系统中的一个因子，变得被动、冷漠，分裂成原子。既无法感知过去，也无法预知未来，自主性与能动性严重受限。”① 而对感官体验的重视正是源于后工业社会中人主体性地位的失落。“既然无法感知过去，也无法预知未来，那么新媒体艺术就充分利用电子信息技术的优势，自觉将主体内缩，表现纯粹的感官体验。新媒体艺术对感官体验的追求，表面上看好像是为了获得一种简单的感官刺激，打发无聊的时光，但其实质是通过自娱自乐，获得一种‘在场’的审美，重构失落的主体性。”②

其次是新媒介技术对艺术的异化。在新媒体环境下，由于工具和传播的便利性，艺术生产更容易工业化批量生产，因此统一性、标准化、定型化的技术要求成为常态，而艺术创作本身所追求的个性化、独创性、求异性却被淡化。技术和艺术的关系在此时极易发生冲突：一方面，新的媒介技术使各种艺术创意及观念不断更新并得以实现，但对技术的迷恋和崇拜使艺术规则成为退而求其次的、可忽略的东西。越来越多的艺术作品在体现高度复杂的技术的同时，其观念性、个性化的东西却越发退隐。但正如英国当代艺术研究中心新媒体部主任本杰明·威尔所说，艺术作品首先体现的应该是艺术家的思维观念，仅仅通过技术产生的创作不能称为艺术创作③。另一方面，原本由艺术家手工创作的带着独一无二烙印的艺术品被成批量地复制出来，技术垄断使新媒体艺术本质受到改变，甚至很多只能称其为产品，而无法称之为艺术品。

媒介技术在艺术发展过程中扮演了革命性的角色，但如何控制它使其按照人们所期望的方向去发展，需要依靠艺术家对艺术和技术关系的自觉和自醒。

（三）自由与管控

新媒体的出现使作为个体权利的自由得到进一步彰显，它为我们提供

① 谭旭红：《新媒体艺术的“内在性”特征》，《文艺争鸣》2011 年第 6 期。

② 同上。

③ 朱其：《互联网和新媒体艺术——访 Benjamin Weil》，见《新艺术史与视觉叙事》，湖南美术出版社 2003 年版，第 139 页。

了前所未有的言论多样化的舞台以及信息自由流通的机会，每个能接触网络的人都可以通过这个平台自由地获取信息，并自由地发出信息。这种通过新媒体进行的信息的任意交换和互动极大解放了长期以来被束缚的个体意识，人们似乎得到了前所未有的宽广自由。

在新媒体环境下的艺术也是如此，突破了传统艺术家身份和艺术观念的自由创作、艺术实践中多媒体的自由组合、艺术作品的自由复制、实时交互、自由传播机制，这些都赋予了新媒体艺术前所未有的深度自由……但在这些自由的背后，我们应该警觉到：新媒体艺术实际上仍深受着技术限制与资本操控的双重影响。

首先是技术限制。新媒体艺术在视觉上呈现出的惊艳感和新奇感、在体验上显示出的互动性和丰富性、在观念上呈现出的开放性和多维度，都有赖于新媒体技术这个平台，在某种意义上说，先进的技术是得以实现的关键。但如果艺术家们认为有了技术就获得了新媒体艺术的价值，有了技术就有了可以超越现实和历史的可能，将大错特错。历史经验告诉我们，关键的技术总是掌握在部分的“技术精英”手里，因而“技术”的世界往往被隐藏在权力和利益的旋涡中，技术本身的发展也往往依赖于权力和利益的斗争。当然，艺术的终极目的应该超越这种无休止的争斗。那么，在艺术家的艺术世界中，功利性的技术就成了实现艺术非功利性目的的一个工具。[①] 此外，传统媒体长期以来都受到权力组织的控制，新媒介可以自由参与的乐园看似暂时削弱了权力组织的控制力量，但从长远看，权力的控制终将会以同样的技术手段实现。以技术获得的自由，必将受到技术的限制。

其次是资本控制。不管是传统艺术还是新媒体艺术，其艺术生产及交换都得益于甚至依赖于资本市场的支持，虽然“这并不等于艺术被收买，而是艺术与资本主义生产方式的博弈”。“由于这个综合的认知世界的自然发展、各种社会道德与规范的快速变化和不断调整，以及资本主义自身的‘契约关系’，决定了社会关系中控制与非控制（自由状态）同时存在，那么，新媒体艺术与资本主义生产方式的关系同样如此——艺术在迎合资本主义与反对资本主义之间，呈现出艺术世界中特有的包含了静止、

① 参见王栋栋《论新媒体的艺术世界：从干扰生活到突破生活》，搜狐文化频道（http://arts.cul.sohu.com/20120613/n345532072.shtml.）。

运动、聚合、排斥、无限、有限、形而上、形而下等状态为一体的丰富而微妙的未知的无数可能性，绝非只有迎合或只有反对，哪怕你现在只看到了它对流行、时尚的迎合，它成为了吃喝玩乐的助兴品，但它潜藏的‘突破’力量并没有被腐化。”① 而这种突破能否实现，其关键点正在于是否能有更多更具独立思维的艺术实践。

此外，新媒体革命引发的自由失控还使新媒体艺术面临一些亟待解决的重大问题，例如色情暴力等庸俗艺术品泛滥、艺术知识产权难以受到保护以及自由的艺术创作引发的伦理和道德冲击等。

案例：3D 打印机可制作枪支安全问题引发争议②

据 2013 年 5 月 7 日 BBC 报道，美国支持拥枪权组织“分散防御”5 月 4 日声称在美国得州一处靶场成功试射了全球首柄利用 3D 打印技术制造的手枪。该组织科技人员利用一台价值 8000 美元的 3D 打印机，按照电脑里面的设计图，逐层以 ABS 树脂喷印各部件的方法制成枪支，该组织还在网上公布了设计图。任何人都可以在家里打印一把可用的左轮手枪的可能性为 3D 打印这一革命性技术敲响了警钟。

美国政府立刻对此做出反应，美国国务院致信“分散防御”的创始人科迪·威尔逊，要求其停止在互联网上提供以 3D 打印技术制造枪支的设计图，警告这种做法可能违反枪支管控规定。随后虽然“分散防御”从旗下一家网站撤下 3D 打印枪设计图，但这一设计图已经被下载超过 10 万次，并似乎仍然通过其他美国网站在一些网民之间传播。

二 新媒体环境下艺术未来发展战略

新媒体艺术是新媒体时代技术与艺术碰撞的产物，技术赋予了艺术展现独特魅力的能力。当下新媒体技术已经改变了社会的文化氛围和经济构造，新媒体艺术则一如既往地反映着这些改变，但万变皆不能离其宗，新

---

① 参见王栋栋《论新媒体的艺术世界：从干扰生活到突破生活》，搜狐文化频道（http：//arts. cul. sohu. com/20120613/n345532072. shtml）。

② 案例改编自《世界第一把 3D 打印手枪在美国试射成功引发争议》，国际在线（http：//gb. cri. cn/42071/2013/05/07/5311s4107030. htm）；《美政府叫停网“晒”3D 打印枪设计图》，新华网（http：//news. xinhuanet. com/world/2013 - 05/12/c_ 124696941. htm）。

媒体艺术必须植根于传统、在文化和社会的土壤中吸取养分，在商业资本和技术的控制下保留新媒体艺术自身独特的文化品格，才能成为人类在技术的钢筋水泥森林中的“诗意栖居之地”，才能枝繁叶茂、向着未来开出美丽之花。

（一）文化视野

1. 全球化与民族性的结合

经济和市场的全球化无疑是一个令人欢欣鼓舞的现象，但从文化角度来看，全球化趋势却面临着质疑和反思。技术数字化对社会影响全面而深刻，波及文化和艺术领域中，一方面体现为地域性和民族性的丧失，由生活方式改变造成的对艺术概念的冲击使人们的审美观念发生了变化，曾由于不同历史、民族、国家所带来的多样性文化传承、艺术形式和艺术观念正逐步地被解构、重组；而另一方面体现为优势文化的盛行，在这场全球化的思想文化艺术观念的交锋和激荡中，发达国家由于其经济科技优势和舆论强势，利用网络中所隐藏的文化权力不知不觉地左右着其他国家、其他民族的文化审美形态，某种程度上说，“新媒体艺术”成了“西方新媒体艺术”的代名词。这种多样性逐渐丧失的趋势在长久来看势必对艺术发展造成毁灭性的后果。在此情况下，新媒体艺术更应该溯本求源，在全球化的滚滚浪潮中锚定根本，从对地域文化和民族文化的反思和深度挖掘中寻求突破的力量。

2. 传统文化与时代精神的结合

新媒体艺术是时代的产物，新媒体的出现使艺术的创作和表现形式突破了传统，给人耳目一新之感，但太多新媒体艺术创作执着于“新”，急于与“旧”的传统艺术拉开距离，急于不断推翻和打破现有艺术创作观念、方法和表现形式，为营造视觉上的惊奇感而过度运用各种媒介手段。这种为新而新的创作往往因走得太快丧失了灵魂，成为裹着美妙的技术躯壳的空洞之物。

而传统文化——作为新媒体艺术的母本——可以重新为新媒体艺术注入灵魂，新媒体艺术反之也可以为传统艺术的传承和保护起到很大作用。国内一些新媒体艺术家已经开始尝试与“传统”的结合，并已创造出不少佳品。如2010年上海世博会中国馆中，以数字媒体技术将中国传统艺术精品《清明上河图》以极震撼的方式呈现了出来：这部三维动画版的《清明上河图》长128米、高6.5米，是原作大小的30倍；更引人注目的是这张画竟然动了起来，日夜交替变化、画中人群来往穿梭……当传统的艺术元素以超出想象的方式展现出来时，体现了新媒体艺术的独特魅力，使人们对传统文化、对传统美学有重新认识，可以形成独特的美学价值。

（二）创作实践

1. 技术手段与艺术思维的融合

我国古代就存在“技艺相通”的观点。新媒体作为技术进步的产物，它一方面体现了人类科技知识的高度发展，另一方面也包含着丰富的浪漫想象和理性思辨，所以新媒体艺术也应当是一个技术与艺术相结合的领域。

现在的新媒体艺术创作过程中已很难将技术性工作和艺术设计工作分离开，艺术创作过程往往就是一种媒体技术实现过程，而任何一种媒体技术也必须通过艺术设计展现和推广开来。如果参考符号学的构架，新媒体艺术可以分为三个层面：技术层面、艺术表现层面和交互层面。① 技术层面既是新媒体的基础，也是新媒体艺术实现艺术创意的基本手段，不管是像素、线条、字符等元语言的处理还是多媒体数据的剪辑编辑，都需要创作者熟悉数字媒体基本技术语言和语法规则，在此基础上才能进入艺术表现层面；而在艺术表现层面中，则需要创作者具备将艺术创意转化为艺术作品的思维能力，并熟悉艺术的基本语言和情感符号的设计表达方法，方可实现最终的艺术表现效果，形成审美共鸣。技术手段和艺术思维充分结合，才能使新媒体艺术成为一个充满着艺术的人文关怀、科技的求真精神和哲学的超越意识的有机体。

2. 娱乐化与审美性的融合

对大众而言，艺术在很大程度上是调节生活压力、放松自我的工具。尤其是新媒体时代，媒体科技使艺术平民化，艺术形态更加简浅直观，且互动性的增强使艺术成为可操作的游戏，越来越多的大众艺术不再追求“真善美”的审美原则，而将感官的欢愉作为首要目标。

艺术的娱乐化倾向反映人们艺术消费观念的转变，人们期望轻松地获得快乐，而非通过艰难的深思。恰如尼采所说：“正因为我们内心深处觉得自己是忧郁严肃的，并且比常人重要，所以，没有什么能像淘气鬼的帽

① 李四达：《数字媒体艺术的符号学解读》，《北京邮电大学学报》（社会科学版）2009年第4期。

子那样对我们有好处。因为自己的缘故，我们需要这帽子，需要一切傲慢、飘飞、舞蹈、揶揄、幼稚和极乐的艺术，以不致失去超尘脱俗的自由，这自由是我们的理想要求于我们的。”[①] 但在这追求自由的过程中，我们仍将思考：怎样避免艺术在大众娱乐化的过程中低俗化、庸俗化？怎样使艺术在娱乐化的外衣下保持最具艺术价值的内核——真、善、美。

（三）市场策略

1. 商业目的与艺术理念平衡

商业性是新媒体艺术与生俱来的特性。与传统艺术不同，新媒体艺术无法再作为私藏雅玩或教化工具，新媒体艺术“从诞生起就与市场与交换发生着直接的关系，即通过资本主义赞助制度下的现代科技媒介转化成的艺术过程”[②]，由于它是一种符合大众日常审美和观看的艺术形态，所以不可避免地会被卷入文化工业、流行消费和时尚生活中。新媒体艺术从生产、到展览和传播、再到鉴赏和销售都在资本化市场的控制范围中，成了文化商品。

艺术本该进入生活、进入市场，且为了维持新媒体艺术生存和发展所需，我们也不该排斥它的商业性，但艺术家的维度可以是多元的，既可以按照文化工业的标准和流行化来生产艺术品，也可以在此基础上批判它、否定它，在肯定—否定—否定之否定的过程中探求商业目的和艺术理念之间最佳的平衡点。

2. 大众化与精品化的平衡

新媒体时代的艺术不论是创作还是鉴赏都经历了从精英化到大众化的转变。首先是创作上的大众化。新媒体诞生以前及诞生之初，由于专业性要求以及技术门槛，艺术的精英化特征十分明显，而随着新媒体技术的普及和各种艺术软件和工具的成熟，越来越多的新媒体艺术爱好者可以参与到艺术创作实践中，艺术作品的交互性使新媒体艺术成了一场脱离精英文化独舞自赏的品质、实现个人自我解放的狂欢。其次是鉴赏的大众化。新媒体技术的进步使艺术形式更加丰富多样，传播方式的便利缩短了艺术与大众之间的距离，而视觉转向使艺术作品更易被大众理解和接受，传统艺

① ［德］尼采：《对艺术的感激》，黄明嘉译，漓江出版社2000年版。

② 参见王栋栋《论新媒体的艺术世界：从干扰生活到突破生活》，搜狐文化频道（http：//arts. cul. sohu. com/20120613/n345532072. shtml.）。

术的带有距离的“精英神话”被打破，艺术从精英化走向了大众化，艺术作品也越来越充满了鲜活的时代特征和生活气息。在这场人人都可参与的艺术大众化过程中，艺术家的专业角色似乎被埋没了。但其实此时艺术家更应该找准自己的位置、寻求自身的独特价值，这就要求艺术家应将创作艺术精品作为自己的目标。艺术精品不仅代表着新媒体艺术的最高标准，也体现了新媒体艺术追求和未来发展方向，更向世人展示了新媒体艺术独特魅力和艺术价值的最高标准。新媒体艺术应实行精品化和品牌化的战略，才能促进新媒体艺术产业进一步健康发展。

在新媒体瞬息万变的发展过程中，虽然我们很难去真正定义和预测未来新媒体艺术的发展，新媒体艺术的真正价值和意义也尚未完全体现，但新媒体艺术作为一个全新的世界，值得我们去欣赏去探究：它强迫我们以新的眼光和视角去看待习以为常的艺术形式和内涵，以新的媒体和眼光去发现和激活丰厚的传统遗产中的精神；它呈现的是一个突破了我们以往认知的世界，是一个从人类经验世界延伸出来的另一种的未知形式的世界，是人类理性世界发展到一定高级阶段的结果；“它是在对过去封闭思想、保守政治、专制管理、独裁统治的意识形态领域的拓展之后，建立起来的一种有可能瓦解过去的宏大叙事的新秩序。虽然我们只把它当作特定的艺术学科中的现象，但它的存在早已超越了我们对已有艺术体系和社会机制的经验，而呈现出无限的空间和可能，所以，新媒体艺术的本质是人类思想开放、包容和创新的结果”。①

① 参见王栋栋《论新媒体的艺术世界：从干扰生活到突破生活》，搜狐文化频道（http：//arts. cul. sohu. com/20120613/n345532072. shtml. ）。

第十一章

新媒体与心理

新媒体传播需要新媒体的传者与受众之间进行心理交流与互动，新媒体传播与心理的相互交织关系是影响新媒体传播行为的深层次因素。新媒体影响受众心理，是新媒体传者根据受众心理选择特定信息输入给受众，影响受众心理，并进一步影响受众行为；而新媒体受众心理反向制衡新媒体传播是通过输出信息或行动，暗示新媒体传者转变信息选择、加工、发布行为。信息传播的目的是反映物理真实，构建媒介真实，最终让受众构建心理真实。研究者认为心理真实“是指人们通过媒介获得的对于社会真实的认知，是人们关于社会知识的心理结构”。[①] 物理真实、媒介真实和受众心理真实之间往往不一致，这就需要研究受众心理，尽可能促成三者之间的一致。张骏德教授总结中国新闻与传播心理学研究大体经历了三个阶段：“新闻心理学的萌芽阶段”（1918—1958）；“新闻心理学的初创阶段”（1978—1988）；“大众传播心理学的初创阶段”（20 世纪 90 年代初期至今）。[②] 可见，新媒体时代还应该关注新媒体传播的心理，尤其是新媒体人际传播和组织传播过程中的心理特征。

第一节　新媒体与心理的互动关系概述

新媒体与心理的关系，是结合新媒体特征对传媒与心理关系的进一步深入和细化。所以，在讨论新媒体与心理关系之前，有必要先分析传媒与

① 刘晓红：《试论传播心理学的研究内容》，《新闻与传播研究》1995 年第 1 期。

② 张骏德：《中国新闻与传播心理学研究回顾与展望》，《新闻界》2003 年第 3 期。

心理的基本关系。

一 传播与心理的互动关系

传播与心理相互联系，相互影响。林之达提出“传播的两级效果论”，认为传播与心理是相互依存的“夫妻”关系：外界传播信息注入心理系统“母体”内，让其“受精、孕育、分娩”，能最终产生传播效果。在此过程中，需要依靠传播来收集、选择、整理、传送信息给心理系统。心理系统把选取的信息转化为心理能，再将心理能转化为社会行为，也就是我们能够看见的传播效果。① 可见，传播与心理的相互依存性，撇开心理，孤立地考察传播，或撇开传播，孤立地考察心理，势必都会影响到考察结果的全面性、准确性和系统性。②

传播心理学认为，传播活动实质上就是传者和受众之间的心理互动，传者对受众的了解程度决定传播效果的实现状况。由于心理具有内隐性，所以传、受者之间在很多情况下无法进行直接的心理互动，而更多交流是在大众传播活动中，“以媒介符号为中介的传、受者之间心理上的交流并达到一种动态平衡”。同时，传播心理学总结认为，“传、受者心理互动的主体主要是传者和受者，心理互动的内容是负载于媒介符号中的信息，心理互动的外化即传播过程，心理互动的后果是实现着主客体之间的动态平衡”。③ 从认知心理学角度看，注意模式中的反应选择模型同样符合新媒体传、受者的注意心理过程。影响传者注意质量的因素很多，除传者态度、兴趣、身体状况、知识、经验，还应该受限于受众的注意对象。④

综上可见，传播与心理相互联系，相互影响。没有心理的参与，传播活动无法进行，传播效果更无从谈起。传播的目的在于深入影响受众心理，并进一步外化，影响受众行为。而受众心理的变化需要输入信息，以刺激受众心理变化。传、受关系是传、受双方心理与行为互动的交织：它一方面外化为传、受行为的互动，一方面内化为双方心理的相互影响，以实现传播效果。新媒体环境下通过传播与心理互动产生传播效果的模式没

---

① 林之达：《传播的两级效果论》，《社会科学研究》2005 年第 2 期。

② 林之达：《传播与心理的关系考察》，《西南民族大学学报》（人文社会科学版）2009 年第 9 期。

③ 刘京林：《大众传播心理学》，中国传媒大学出版社 2005 年版，第 175 页。

④ 陈竹、张琦：《传受注意心理管窥》，《现代传播》2010 年第 8 期。

有改变，但是，改变了传播介质和传受格局。在此语境下，新媒体受众的传播心理也出现很多新特征，认识这些特征恰好是新媒体传者采取传播策略的依据。

鉴于新媒体传、受者之间的角色深度交织在一起，交换频繁，所以在二者角色不分明时，下文统称“新媒体用户”；角色分明时，再分称“传者”和“受众”。

二　新媒体用户心理变迁的原因

新媒体用户心理变迁，受到来自主观和客观的多方面因素影响。

第一，自由选择受阻容易产生逆反心理。受众有权自由地选择所需要的传播媒介、传播内容与传播方式。然而，在现实生活中，由于各种原因，现有的传播媒介、传播内容与传播方式或多或少地限制着受众需求的满足。因此，当人们的自由选择权受到限制或威胁时，维护这种自由的愿望会更加强烈，逆反心理就会产生。

第二，民主改革的推进，普通民众的话语权意识日益增强。民主改革使社会群众不再盲目崇拜传统权威。甚至伴随贪污腐败案件的曝光，普通公众开始对权力部门产生更多的不信任感。同时，普通民众对自己生存环境的关注程度也日渐提高，并习惯于在网络上积极主动发表对某个社会事件的看法，并逐渐形成网络话题，吸引传统媒体关注，成为社会关注的焦点。

第三，社会转型期，民众缺乏归属感与认同感。网络媒体的大发展，为网民带来海量信息和相对自由的表达权。但是，个性化表达必然带来多元化观点，甚至对立的、不成熟的观点。如此一来，无形中就给网民造成信息接收的混乱，使网民失去行为判断的依托，失去归属感，缺乏认同感。

第四，随着改革的深入和社会的发展，不同阶层之间的差距扩大，各种类型的社会矛盾激化。社会阶层之间心理情绪的对立也将带来观点和行为的对立。所以，社会转型期社会心理的变迁带来网络舆论的分野，同情弱者情结催生了新媒体用户在网络上发表意见抨击权力集团以声援弱者，呈现不同利益集团之间的舆论较量。同时，传统媒体传者有自身的缺憾和不足。[①] 传统媒体的传者仅从维护政府立场严格把关信息的采集、制作和

① 寇纪淞、荣荣：《社会问题报道与受众心理引导》，《天津师范大学学报》（社会科学版）2010年第4期。

发布，忽视了普通受众的媒介信息需求。传统媒体传播虚假新闻、夸大其词、以偏概全、报喜不报忧等会损害媒体的公信力，受众也会产生逆反心理。在面临新媒体环境的大变化，自然出现心理变迁的趋势。

第五，新媒体技术日新月异的发展，给新媒体用户提供更多选择。博客、微博、播客、网络论坛……新媒体传播形态的层出不穷，给新媒体传播带来越来越多的传播方式，也更加凸显新媒体传播的互动性、草根性、个性化等优势，让受众有更多的选择、更多的满足，也为新媒体用户的心理变迁提供条件。

三 新媒体用户心理变迁的特征

新媒体时代的技术特征导致新媒体传播模式的变化，也带来新媒体受众心理的变迁。

（一）新媒体用户的主体意识增强

新媒体用户的主体意识增强，表现为他们不再仅仅满足于被动接受信息，而是更希望广泛交流与深度参与。传统媒体传播语境下公共话语权威限制了民意的表达，而新媒体的便捷、匿名、互动和高度共享的传播优势，弥补了传统媒体由于信息多层过滤和交流机制不足而造成的民意表达渠道的不通畅，公众的民主权利诉求得以彰显，舆论工具开始向个人转移，公众可以通过 E-mail、博客、MSN、BBS、微博、手机短信等各种新媒体直接表达个人意见①，进而影响了如微博打拐、微博问政、微博监督、网络反腐等的发展趋势。

首先，新媒体用户渴望凭借新媒体平台广泛交往。新媒体带来社会交往模式的变迁，造成“时空观念的扩展”、“网络虚拟社会”、“社交范围的扩大与社交圈的集中”、“社交范围扩大的同时，人们的社交圈则呈现集中的趋势，以兴趣为聚合的小圈子氛围得以形成”、“新媒体造成话语力的分散与用户自主地位的提升”② 等特征。正是因为这些特征，才推动 facebook、各种 QQ 群等交友网站的火爆与微博的跟风。

其次，新媒体用户渴望深度参与社会事务。所谓“深度参与”，指在

① 徐徐：《试析“网络问政”所折射的政府、媒体、公众关系》，《新闻记者》2009 年第 10 期。

② 陈力丹：《新媒体对社会交往模式的影响》，《新闻前哨》2012 年第 6 期。

传播活动中，参与各方（双方或多方）并无固定的传、受角色，而是传、受角色不停地在参与各方之间转换。在大众传播活动中，受众实现深度参与要满足三个条件：受众的主观能力、传媒的许可程度以及管道的性能状况。[①] 然而，传统媒体在以上三个方面都存在不同程度的制约，限制了受众深度参与的机会和热情。相反，中国新媒体用户的受教育程度、收入和消费能力、民主参与意识等都在不断增强，科技进步迅速，使新媒体用户深度参与大众传播的机会日益增多，尤其是以网络搜索引擎为代表的新技术，彻底颠覆了传统的信息传播方式，受众不但主动寻求信息，而且会按照各自不同的背景和需要自主解读信息。[②] 新媒体用户的主体意识被调动起来，他们不仅积极地通过各种途径获取信息，还积极利用各种新媒体平台传播信息，发出自己的声音。对新媒体的“使用”日趋频繁，“满足”的方式日趋多样，满足程度也日渐加深。

案例：百度贴吧的“河南吧”《开封县县招办把我的大学梦毁了》

“我叫李盟盟，是河南开封县陈留四中的学生，今年高考分数565分。由于今年实行网上报志愿，第一次我在家乡的网吧上报没有成功，打电话问老师，老师说去县招办提交，由于县招办工作人员的失职把我的志愿申请锁在柜子里忘了提交，造成一批和我的本科一批本科二批不能实现，现在任何大学都上不成，我真的不想失去自己的梦想。我是农村家庭的孩子，家境贫寒上学不容易，为了供我上学，父亲出外打工把腿摔断，三年腿里的钢板至今未能取出来。妹妹的学习成绩也很优秀，由于家里没钱供我俩上学。妹妹只好辍学出去打工供我上学，希望我能考上理想的大学走出农村找到一份稳定的工作，为家里分担，没想到一家人的梦想彻底破灭，我现在实在走投无路，恳请社会各界的正直人士能为我和贫穷的一家人说句公道话，帮我实现上大学的梦！在此谢谢大家！”[③]

---

① 陈立生：《我国当代受众接受心理的七大基本特征》，《编辑之友》2005年第2期。

② 李凌凌：《新时期受众心理变迁和舆论引导》，《新闻与写作》2005年第11期。

③ 参见《开封县县招办把我的大学梦毁了》，百度贴吧（http：//tieba.baidu.com/p/1657212454.）。

2010年6月30日，开封考生李盟盟在村中的网吧填写了本科一二批志愿，但当时未能提交。该生及其家长于7月7日到开封县招办要求重新提交，县招办微机员李文毅违反管理规定，擅自接受考生报考材料，却没有妥善处理，以致耽误考生填报志愿，使得考生成绩565分（高出一本分数线13分），录取系统中却没有该生志愿信息，无法进入录取程序。8月12日下午，百度贴吧的“河南吧”里一个题为《开封县县招办把我的大学梦毁了》的帖子，吸引《成都商报》记者前往调查，并进行相关报道，引起社会关注，最终使其圆了大学梦。此案例即凸显出新媒体用户深度参与社会事务的诉求。

（二）新媒体用户的使用与满足心理突出

“使用与满足”理论把受众设想为具有包括信息、娱乐、交往、消遣或是“逃避”等在内的主动需求的个体。媒介主要满足受众的娱乐消遣（逃避日常事务或问题；放松情绪）、交往、社会功用等个人主体性参与以及监督等多样化需求。① 新媒体用户的实用意识比较明显，这是“使用与满足”心理的一种重要表现：网民主动上网寻求信息，找寻工作、生活、学习或娱乐方面的实用信息，图11-1展示了网民经常上网进行的活动类型，不难看出网民对网络的多样化使用，多样化使用带来多元的心理满足。

新媒体用户的使用与满足心理也体现在叙事风格上。新媒体用户不喜欢宏大叙事，而比较愿意接受日常叙事。所谓“宏大叙事”，指那种以群体抽象为基础的，关于人类、人生、宇宙、社会、历史等宏大事件的本质规律、永恒真理、终极价值、终极目标的话语叙事方式。这种叙事方式强调“理性”，强调对群体“终极关怀”的使命感和责任感。②“宏大叙事”常常表现为对生命个体的忽视乃至蔑视，“个体”被高度边缘化。相反，“淘宝体”、“凡客体”、“微博体”等“网络体”备受新媒体用户的青睐。“淘宝体”因其亲切、可爱，开始在网上、网下受到欢迎，逐渐渗入更多领域。成都市在公路斑马线处竖立路牌温馨提示也开始使用“淘宝体”；南京理工大学用“淘宝体”给考生发送录取短信“报喜”；外交部在官方

① ［美］丹尼斯·麦奎尔：《麦奎尔大众传播理论》（第四版），崔保国、李琨译，清华大学出版社2006年版，第328—329页。

② 陈立生：《我国当代受众接受心理的七大基本特征》，《编辑之友》2005年第2期。

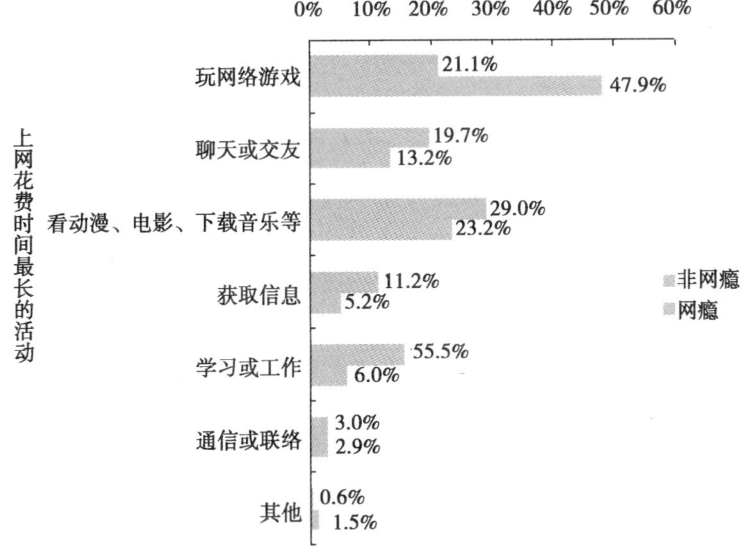

图 11－1

资料来源：中国青少年网络协会：《中国青少年网瘾报告（2009）》，腾讯教育频道（http：//edu. qq. com/a/20100201/000119_ 6. htm）。

微博上，用“淘宝体”发布一则中日韩三国合作秘书处的招聘信息。类似的网络用语深度影响人们的语言使用，其使用与满足心理可见一斑。

（三）新媒体用户的非理性心理凸显

网络语录是新媒体用户心理的一个折射视角。新媒体用户交往便捷，频繁，言语与心理相互感染。在新媒体环境里，从众心理容易造成盲目跟风、非理性行为。新媒体用户凸显情绪化特征，受一时的情绪影响，缺乏理性思考而作出判断。① 如成都“孙伟铭事件”前期的网络舆论一边倒，认为孙伟铭为富不仁，于是对其本人及其家属大加讨伐。后期在“舆论领袖”的带动下又开始转向保护弱势群体，认为孙伟铭不该重判，凸显出网络舆论的非理性、从众化、情绪化特征。再如重庆“史上最牛的钉子户”在短短两三天时间内就通过论坛、QQ 群、博客和播客等方式，为拆迁户鼓气加油，为拆迁户提供舆论支持，其非理性特征也比较明显。

① 刘正荣：《从非理性网络舆论看网民群体心理》，《现代传播》2007 年第 3 期。

（四）新媒体用户存在逆反心理

逆反心理“是客观环境与主体需要不相符合时产生的一种心理活动，具有强烈的情绪色彩，即带有强烈的抵触情绪”[①]。大众传播中逆反心理包括评价逆反、情感逆反和行为逆反。[②] 逆反心理是认知、情绪和行为倾向三者的有机统一。其中，认知成分是逆反心理的基础，主体对客观环境的认识，导致出现相应的情绪与行为倾向。当逆反心理形成之后，只要逆反对象一出现，主体往往使认知、行为倾向服从于它，从而维持整个态度中知、情、意三者的平衡。[③] 这样，心理对行为的深层次影响就必须引起重视。心理是隐藏于内，不易被发现，但一旦促使行为发生，就会增加防范方法难度。

英国文化研究学者斯图亚特·霍尔的“编码解码”理论指出，受众对媒介信息的解读有三种形态：霸权式解读、协商式解读和对抗式解读。体现在信息解读方式上，逆反心理主要表现为对抗式解读明显增多。如果说传统媒体时代受众以优先式解读为主，那么，新媒体用户妥协式解读和对抗性解读明显增多。原因在于：新媒体时代社会分化加剧，不同的受众从各自不同的背景出发，对同样信息的解读趋于多元，从优先式解读为主变为多元解读方式并存，妥协式解读成为主流，对抗性解读增多。

新媒体用户强烈要求自己可以对大众传媒的“话语”持不同意见，并保证这种不同意见在传媒上有足够的表达空间。[④] 而大众传媒报道的单向思维、模式化，使新媒体用户无法接收到满意的信息资源，更无法满足观点表达的渠道和平台，更容易滋生逆反心理。

（五）新媒体用户的宣泄心理明显

心理学认为，提供适当的宣泄渠道是减少侵犯行为的方法之一。社会转型和变革带来利益重组、失业、贫富分化等，使人们备感孤独、紧张和压力，这些都需要有效的宣泄渠道来保持社会的稳定和平衡。由于网络的虚拟性，被很多人选作良好的安全的宣泄管道。[⑤] 传播学效果研究的净化作用假说也认为，暴力场景会替代性表达受众的暴力倾向，人们通过看暴

① 朱智贤：《心理学大词典》，北京师范大学出版社 2004 年版，第 457 页。
② 郑兴东：《受众心理与传媒引导》，新华出版社 1999 年版，第 300 页。
③ 董秀成：《论大众传播中的受众逆反心理》，《当代传播》2007 年第 4 期。
④ 陈立生：《我国当代受众接受心理的七大基本特征》，《编辑之友》2005 年第 2 期。
⑤ 李凌凌：《网民心理与相应的传播策略》，《当代传播》2004 年第 1 期。

力镜头，可以降低受众采取暴力的冲动。

现代人的工作、生活以及学习等压力日益沉重，寻找宣泄心理情绪压抑的途径成为必然。而新媒体平台具有即时、快捷、直接的传播优势，这为人们网络交际提供了极大便利，借助网络平台宣泄个人压抑的情绪也因此成为很多新媒体用户的选择。如“愤怒的小鸟”、“植物大战僵尸”等网络游戏备受欢迎，新媒体用户得到一种心理宣泄。

新媒体用户心理也可能带来一些负面影响，如造成逃避心理、放纵心理等。在网络世界里，道德、伦理、文明规范甚至法律规范约束较小，新媒体用户的不健康心理需求开始膨胀，可以适度宣泄现实生活中的压抑。但无节制的发泄，容易出现网络愤青、网络窥私等不良行为甚至违法犯罪行为。[①]

（六）新媒体用户的自我实现心理

美国心理学家马斯洛认为，人类的基本需要由低到高依次为生理需要、安全需要、归属和爱的需要、自尊的需要、自我实现的需要。其中，自我实现的需要是最高层次的需要，很多在现实世界难以满足这一需要的网民，转移到在虚拟世界得到了部分满足。如在“第二人生”游戏里，网民通过改变虚拟世界的生活，成为大富翁，拥有炫耀的资本，得到夸示性消费的满足感[②]，通过网络世界的成功经历补救现实世界夸示性消费的心理需求。如图 11－2 中，一位身体魁梧的男青年背挂弓箭，在虚拟世界中令众多女性网友羡慕，也让男性网友在虚拟世界里的自我实现价值得以实现。

第二节　新媒体传播影响新媒体用户心理

传播与心理本质上是互动关系，为了讨论方便，本书暂时将两者的互动关系分开讨论，也即分别讨论新媒体对社会心理的影响，以及社会心理对新媒体传播的影响。

一　新媒体传播影响新媒体用户心理的依据

新媒体传播不仅影响新媒体用户对特定信息的接受和认知，更进一步

① 邵培仁：《媒介生态学》，中国传媒大学出版社 2008 年版，第 299 页。

② 王亿本：《美国游戏网站“第二人生”的赢利模式》，《传媒》2011 年第 3 期。

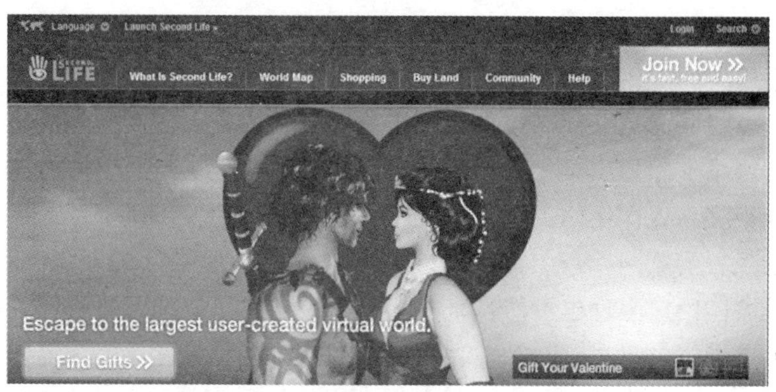

图 11-2 美国 3D 网络游戏《第二人生》

影响新媒体用户的心理变化。原因如下：

第一，如果说传媒是人感觉器官的延伸，新媒体则是人更进一步的延伸，因而影响受众更深。俗话说“眼睛是心灵的窗口”，心灵无法直接接触客观世界，心理变化主要依据身体其他部位为心理认知提供的素材，才最终促使心理发生变化。麦克卢汉认为，“作为人的延伸，一切媒介都能提供转换事物的新视野和新知觉。”① 相较于传统媒体，新媒体能帮助受众更及时便捷地接触信息，且接触更多信息，所以，对受众心理的影响更大。

第二，新媒体“补救”传统媒体的“人体延伸”，影响受众心理。保罗·莱文森提出“补救性媒介”和“人性化趋势”的媒介演化理论，认为在媒介演化中，人有两个目的或动机：一是满足渴望和幻想，即借助新的媒介拓展传播，满足我们幻想中的渴求；二是弥补失去的东西，整个的媒介演化进程都可以看成是补救措施。② 换言之，一切媒介都是补救性媒介。新媒体是对传统媒体的“补救”，更能延伸人的感觉，知觉以及心理，能更大程度地拓展人们认知周围世界的时空范围，因此也将进一步影响新媒体用户的心理发展。

第三，新媒体是受众社会化的重要渠道。社会化通常指个体自然人发展成为社会人的过程，这个过程可能受到家庭、学校、社会以及传媒等多

---

① ［加］马歇尔·麦克卢汉：《理解媒介——论人的延伸》，何道宽译，商务印书馆 2000 年版，第 96 页。

② ［美］保罗·莱文森：《数字麦克卢汉——信息化新纪元指南》，何道宽译，社会科学文献出版社 2001 年版，译者序第 12 页。

方面因素的影响。行为主义心理学认为，人类的行为，无论是正常行为还是病态行为都是后天习得的，所以，也可以通过学习暗示、感染等加强或消除。[①] 新媒体用户分属于虚拟社区的不同群体，个体意识或认知受其他新媒体用户的引导、暗示或感染，通过多次类似的相互学习和模仿，进而达到社会化的目的。新媒体提供社会信息更草根，更深入社会底层，更全面地呈现社会现实，这些优势都使新媒体在一定程度上比传统媒体影响人们社会化更大。但有研究显示，网络环境下的受众容易出现以下社会化偏离，如道德危机、价值观迷失、角色认同危机以及人际交往障碍等。[②]

第四，人的精神交往需求，也需要新媒体的参与。马克思的精神交往理论认为，人类不仅需要物质交往满足物质生活的需求，还需要精神交往满足精神需求。人们通过大众传媒不仅可以获取外界信息，更可以满足自身精神或心理需求。新媒体的交互性特征，不仅大大拓展了人际交往的广度，也更好地实现着精神交往的心理需求。

二　新媒体传播影响新媒体用户心理的方式

新媒体传播影响新媒体用户心理的路径依次是：影响受众的认知—影响受众的情感—影响受众的行为。在此过程中，影响受众的方式主要有传递事实、提供娱乐、宣泄情感、原型示范等。

（一）传递事实影响受众认知

设置特定议题，并赋予这些特定议题以重要性或焦点性，以此吸引受众的注意力，激起受众浓厚的兴趣，促使公众的注意力转向，是新媒体长期地、潜移默化地影响受众心理，实现导向功能的主要方式。受众之所以会对议题产生心理认同，主要原因是传媒议题与权利、群体规范、主导观念等联系在一起。当然，新媒介的议程设置主要“以日常化形态渗透于人们生活中，有别于传统媒介（报纸、电视和广播）自上而下的作用方式，媒介由此成为人们的意见平台，而非组织或机构独占议程的塑造”[③]。

如“郭美美事件”出现后，新浪微博就专设专栏，给微博用户提供

① 肖支群：《论传媒的社会心理教育功能》，《当代传播》2007 年第 2 期。

② 参见金涛《网络环境下青少年社会化偏离问题研究》，硕士学位论文，南京师范大学 2007 年，内容摘要。

③ 高宪春：《新媒介环境下议程设置理论研究新进路的分析》，《新闻与传播研究》2011 年第 1 期。

相互交流的平台，设置这类议题供不同用户发表自己的看法，满足知情权和表达权，判断慈善捐款的安全性。新媒体用户的碎片化信息传播影响受众心理，并最终带来行为变化。数据显示，2011 年 6 月“郭美美事件”发生后，公众通过慈善组织进行的捐赠大幅降低。3—5 月，慈善组织接收捐赠总额 62.6 亿元，而 6—8 月总额降为 8.4 亿元，降幅达 86.6%。[①]可见，新媒体传播相关信息，影响受众对相关事件的认知，并进一步产生心理变化，导致行为的变迁。

（二）提供娱乐抚慰受众情感

如果说传统媒体侧重“报道事实”，那么新媒体更多借助游戏、艺术等娱乐干预法影响新媒体受众心理。新媒体中最有效的方式是娱乐干预，也即大众传媒“充分激活和满足受众的竞争、参与、娱乐的感性欲望，使受众在快乐和活跃的情感状态中了解、接受和认同主流意识或观念，即主流意识或观念是以游戏或娱乐的方式隐形地渗透进大众的意识或情感中”[②]。

如，新浪娱乐报道，2012 年 4 月 25 日，“2012 年度 MusicRadio 中国 TOP 排行榜颁奖晚会”在京举行。当晚两岸三地歌手齐聚，领取奖项的同时，他们还集体戴上绿丝带，凝聚音乐力量为雅安祈福。[③] 娱乐的过程中，向社会传递一种正能量，强化新媒体用户的社会责任感。再如，新浪网设立“娱乐嘉宾聊天”专栏，邀请娱乐明星访谈；新浪网娱乐版块“一周回顾”的内容多数是明星婚恋之类情事，娱乐之余，也对青少年网民的人生观、价值观、事业观、爱情观等产生影响。

（三）提供平台宣泄受众心理

新媒体提供 QQ 聊天、BBS、博客、微博、微信等多种平台，帮助受众实现虚拟交流，展示自我，增强自信，影响受众心理。平台看似客观，其实在新媒体编辑或管理人员的网站栏目设计、交流话题安排等过程中潜在影响受众心理。不仅如此，交流过程中，新媒体用户也在不同程度地相互影响。

---

① 参见京华时报《郭美美事件后全国慈善组织受捐额剧降近九成》，中国经济网（http：//www. ce. cn/xwzx/gnsz/gdxw/201108/26/t20110826_ 22650094. shtml）。

② 肖支群：《论传媒的社会心理教育功能》，《当代传播》2007 年第 2 期。

③ 参见《TOP 榜歌手祈福雅安　李宇春获全能艺人》，新华网娱乐频道（http：//ent. news. cn/2013 -04/26/c_ 124635306. htm）。

影响他人一般包括暗示、感染、模仿三个环节。“暗示就是用含蓄、间接的手段、方式和方法对个体或群体的心理和行为产生影响，使人按一定的方式行动，或接受一定的意见或信念。”① 感染更多指从情绪上、心理上深度影响受众对特定人物、事件等的态度。最后，如果心理认可，则可能会进一步采取模仿的行动，将内在的心理认可外化为自身的具体行动。

新媒体对社会大众的心理暗示性作用突出。一般来说，人都具有受暗示的本能，特别是处于突发事件等危险环境中时，人往往会根据自己的经验或本能，来迅速判断周围环境，做出行动思考，以求减少危险。这种捕捉的过程，也是受暗示的过程。如汶川地震期间，为了悼念逝去的同胞，国内很多网站在版面设置上采取了很多措施表达对逝者的悼念和生者的鼓励。搜索引擎网站设计了新的 logo，鼓舞网民抗震救灾的斗志，也塑造网络媒体的美好形象。在全国哀悼日期间，多家网站更换首页 logo 为黑白色（如图 11－3），向灾难中遇难者致哀。版块颜色的设置，相关内容的安排，彰显网站的人文关怀精神，宣泄受众心理积压的悲伤情绪，潜移默化地影响着新媒体受众心理。

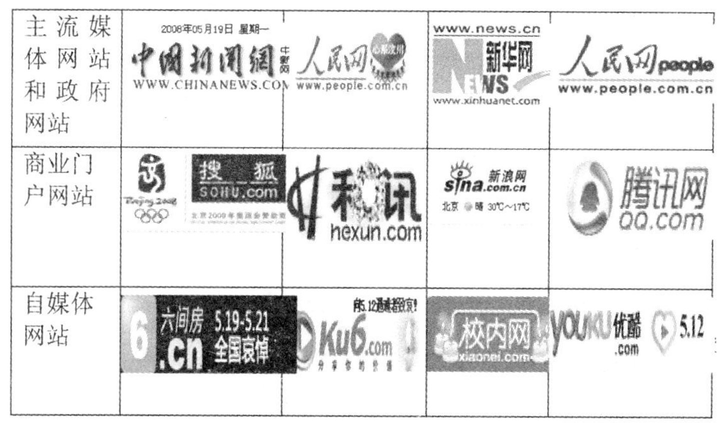

图 11－3　汶川地震期间，一些网络媒体 logo 的变化图

（四）提供原型激发受众效仿

受媒体诱导，新媒体用户会有心理变化。所谓诱导，即诱惑、劝服、

① 肖支群：《论传媒的社会心理教育功能》，《当代传播》2007 年第 2 期。

引导，它是一种指向明确的、有意识有目的的行为。如果说易受暗示是人的本能，易受诱导也是人的固有心理特性之一。

通常，新媒体采取各种激励方式影响受众心理。如，在报道中传播惩恶扬善、正义终将战胜邪恶、尊老爱幼等社会道德观念，以此唤起人们的情感认同，引导人们追求崇高的信念或价值观。再如，通过传播大量有影响力的典型人物、典型事件，并不断赋予它们肯定或否定的意义，激起受众模仿或逃避的意愿，进而强化受众对特定人物、事件和行为的正确认知。如“范跑跑事件”就是典型的负面激励诱导案例。

新媒体总是力求给受众塑造“真实客观”的现实场景，传播来自社会生活中的诸多社会现象，造成“可信赖”、“值得信赖”的心理印象，进而影响受众。如新浪微博 2013 年 10 月 28 日传的一则新闻，《承德最美司机生命最后一刻刹车　保住 23 人生命》：“在隆化县境内韩郭公路上发生了惊险感人的一幕，客运司机突发心脏病，在生命的最后一刻稳稳地将车停在路旁，车上 23 名乘客安然无恙。”类似“最美少年”、“最美女教师”等典型人物事迹在新媒体空间广泛流传，无疑起着一种原型示范作用。

三　新媒体传播对新媒体用户心理的积极影响

大众传媒对社会心理的影响是众所周知的，而鉴于新媒体传播的特征，它对社会心理的影响又有其独特之处。

（一）宣导抚慰新媒体用户的负面情绪

人需要心理宣导和抚慰，以调节不良情绪的干扰。转型期的社会人群多少都可能受到一些负面情绪的干扰，特别是对身心发展尚未完全成熟，情绪的自我调节和控制能力不强，容易产生困惑、迷惘、紧张、焦虑等心理压力，却又缺乏足够的经验、能力准备的青少年来说，“他们渴望创新、渴望独立，渴望得到他人的理解和尊重，渴望以一种平等的地位参与社会生活，但在现实中遭遇到的诸多限制和挫折使他们容易产生困惑、迷茫、焦虑等负情绪”。①

“传媒对民众的宣传、引导、安抚、慰藉功能”②，新媒体的私密性、

---

① 张苑琛：《博客对当代大学生心理影响初探》，《新闻记者》2008 年第 4 期。

② 蒋晓丽：《传媒宣导抚慰功能》，四川大学出版社 2008 年版，第 23 页。

便捷性以及反馈及时等特点，使新媒体更能为新媒体用户的不良情绪解脱和精神安慰提供方便，更有助于缓解新媒体用户的心理压力。数据显示，当大学生遇到挫折烦恼时，75%的人表示会选择使用手机短信来向别人倾诉。[①] 的确，由于BBS、微博、博客等通常采用匿名登录方式，在虚拟空间可以避免面对面倾诉尴尬，因此更符合中国人含蓄的文化性格。

在网络交往过程中，新媒体也能够帮助用户起到释放内心负面情绪的作用。一些网络语言在思想、意识、审美、心理等方面对受众施行的价值观和世界观给予正确指导，以激起受众积极向上、健康和谐的社会心理。如"心小了，小事就大了；心大了，大事都小了；看淡世间沧桑，内心安然无恙。大其心，容天下之物；虚其心，爱天下之善；平其心，论天下之事；定其心，应天下之变。大事难事看担当，逆境顺境看胸襟，有舍有得看智慧，是成是败看坚持"。[②]

（二）实现新媒体用户心理的"移情"效果

网络传播中的移情心理大致包括自我满足的移情、人际交往的移情、寻找快乐的移情等。[③]

首先，自我满足的移情。不少人通过网络提供的机会展示自己在现实生活中无法展示的才能。如，受现实的写作、出版和发行条件所限，大多数人无法展示自己的写作才能，而网络小说写作则可以让这一部分人大展身手。再如，现实生活中有些人交往圈子很小，内心又非常渴望交流，虚拟世界里这些人却很可能充当着虚拟社区的意见领袖，活跃于不同的交往群里。

其次，人际交往的移情。人需要交往，需要友谊，需要一种相互理解和支持。但现实生活中，不同个体人际交往的能力、范围以及实际效果存在很大差别，一定程度上网络友谊就成为一种替代和移情。关于网络友谊，一些心理学家将其描绘成一种弱关系，因为它缺少相互依存关系、理解、承诺和自我披露，同样具有较少的社会网络和反馈。[④] 相反，另一些

---

① 王燕星：《手机短信对大学生心理影响——以福州市大学生为例》，《当代传播》2007年第2期。

② 参见百度贴吧（http：//tieba. baidu. com/p/1718150305.）。

③ 任湘怡：《网络传播对传者的心理影响》，《新闻大学》2000年第3期。

④ Parks, M. R. , & Roberts, L. D. , 'Making MOOsic'："The development of personal relationships on line and acomparison to their off-line counterparts" . *Journal ofSocial and Personal Relationships*, 1998（15），pp. 519—537.

研究人员则认为这是一种发展积极经历和有益关系的替代空间。[1] 由于网络友谊和现实友谊在友谊质量、亲密度、自我披露等方面相同性很高，网络友谊可被视为现实友谊的一种积极、有益的替代。如新媒体环境下不同步的沟通给交往能力差一些的网民更多时间思考并应对。因此，这种类型的通讯可能让他们感到更安全，交往的幸福感更强。其中，网恋是网络友谊的一种特殊形态，是新媒体用户对于异性恋爱情结的一种渴望和替代，是对恋爱的一种“移情”，是现实恋爱关系的一种替代。[2]

再次，寻找快乐的移情。网络世界丰富的消遣方式使人们摆脱现实烦恼，获得暂时的快乐和解脱，如通过网络游戏为网民释放隐藏在内心深处的欲望，实现娱乐的移情效果。《第二人生》网络游戏正是为了让网民在游戏过程中达到“自我实现”。该游戏只有游戏规则，没有游戏内容和预设的情节限制，游戏场景以及自身形象都由网民自己设计，网民可以有充分的空间发挥自己的想象力。同时，凡是用户制作的物品，所有权都归本人，这也激发了网民更大的创造激情，吸引了更多网民的参与。

（三）培养新媒体用户的民主意识

新媒体可以培养新媒体用户的平等意识、独立意识和参与意识[3]。网络空间消解了个人在现实生活中的政治地位、经济能力、知识水平的差别，其中的个体都是平等的虚拟身份，如新媒体用户可以直接和领导人交流。

新媒体信息鱼龙混杂，这可理解为一种劣势，因为它增加了新媒体用户判断的难度；也可理解为一种优势，因为当受众面临正反两方面信息时候，受众可以“兼听则明”，信息量的增大，无疑能使受者决策判断能力的增强，能培养受众的独立意识。各网站开设的电子论坛中充满了各种讨论，网民们可以充分表达自己，参与社会事务，可通过网络新闻发言人获得疑问解答，可通过新媒体实现对官场腐败行为的监督，如对“宜黄事件”、“天价烟”等众多腐败公权的监督。

---

① Bargh, J. A., McKenna, Y. A., & Fitzsimons, G. M. Can you see the real me? Activation andexpression of the “true self” on the Internet. *Journal of Social Issues*, 2002 (58), pp. 33—48.

② Donath, J., Identity and deception in the virtualcommunity. *Communities in Cyberspace*. NewYork: Routledge. 1998, pp. 29—59.

③ 任湘怡：《网络传播对传者的心理影响》，《新闻大学》2000 年第 3 期。

（四）实现新媒体用户心理的社会化

人在融入社会的过程中，需要社会化过程。在社会化过程中，除了从父母、老师等人际传播获得社会化素材，还可通过传播媒介获得社会化知识，帮助自己如何行使社会权利。传统媒体渠道资源有限，传播信息相对狭窄，而新媒体的海量信息能更全面地帮助人们了解社会，指导自己社会行为符合社会化规范发展。

新媒体用户借助博客、微博、QQ 等不同媒介形式展示自我意识、自身优点，获得心理成长的满足和自信。同时，新媒体传播也使社会人在成长过程中相互交流成长经历，指导社会行为的规范发展，并矫正不符合社会规范的行为。如“范跑跑”通过表达自己在灾难面前的真实心理，受到社会讨伐，这使他本人以及与他有相同想法的网民认识到社会容易接受的社会心理和社会行为的模式是什么，从而修正自己的观念并进一步调整社会行为。

同时，大众传媒还是现代人格塑造的重要渠道。“人的现代化”就是从传统社会的人过渡到符合现代社会要求的人的过程。现代社会人的主要特征包括“民主参与性、高度时效性、独立自主性和创新开放意识”等[①]。在这一转换过程中，除学校教育、家庭教育外，“大众媒体以其方便、快捷、日益增大的覆盖范围和影响广泛而成为谁也不能忽视的公共平台和传播工具，成为现代社会中最为重要的‘塑型’力量”。[②] 而新媒体，尤其是网络社区等虚拟社会比传统媒体逼真，影响受众更深入。新媒体深入生活，如当微博信息可以让我们及时了解最新资讯并得到愉快和满足时，我们就开始模仿类似信息组织方式，书写自己的心情和见闻，模仿新媒体的网络语言和新媒体用户的生活方式。

（五）延伸新媒体用户的人际交往

新媒体超越了物理世界对新媒体用户身体的限制，摆脱了人际交往的时间限制，在交往的时间和空间层面上都大大拓展了新媒体用户的交往范围。调查显示，“有 62% 的大学生认为使用手机短信后使他们的朋友增

① 申凡：《传播心理与媒介社会》，华中科技大学出版社 2010 年版，第 23 页。

② 同上书，第 24 页。

多，93%的大学生认为使用手机短信能加强他们与朋友之间的联系”。[①] 新媒体环境让更多人，通过电子邮件、网上论坛、在线聊天、个人博客等方式（见表11－1），满足人际交往的需要。

表11－1　　2011—2012中国网民对各类网络应用的使用率

	2012年		2011年		
应用	用户规模（万）	网民使用率	用户规模（万）	网民使用率	年增长率
即时通信	46775	82.9%	41510	80.9%	12.7%
搜索引擎	45110	80.0%	40740	79.4%	10.7%
博客/个人空间	37299	66.1%	31864	62.1%	17.1%
网络视频	37183	65.9%	32531	63.4%	14.3%
网络游戏	33569	59.5%	32428	63.2%	3.5%
微博	30861	54.7%	24988	48.7%	23.5%
社交网站	27505	48.8%	24424	47.6%	12.6%
电子邮件	25080	44.5%	24578	47.9%	2.0%
论坛/BBS	14925	26.5%	14469	28.2%	3.2%

资料来源：《2011—2012中国网民对各类网络应用的使用率统计》，中商情报网（http：//www.askci.com/news/201301/16/1616305874839.shtml.）。

首先，电子邮件用户规模庞大。与传统纸质邮寄信件相比，电子邮件更方便，价格更低廉；传输更快速，反馈更及时；“群发”功能还可实现一对多地快速发送信件；还可借助附件功能，进行图片、动画、声音等多种文件类型的传输。同时，电子邮件管理方便，包括收件箱、发件箱、草稿箱、垃圾箱等直观可视，条理清晰；还附带通讯录、网络网盘、记事本等功能，让繁杂的事务处理起来比较简单、快捷。

再如网上论坛。BBS，通常分为多个讨论区，每个讨论区都设置相关主题，由专门的管理员管理相关文章。所谓“物以类聚人以群分”，在同一讨论区，针对相同话题进行交流更容易满足新媒体用户的特定交往需求。且网络论坛操作方便快捷，具有较强的即时性和交互性，用户可以在论坛中进行浏览、发帖、回帖等。此外，利用新媒体传播渠道和普通网民

① 王燕星：《手机短信对大学生心理影响——以福州市大学生为例》，《当代传播》2007年第2期。

交流还体现特定部门的亲和形象，拉近与普通网民之间的距离。

在线聊天也是新媒体常用交流方式。QQ 和 MSN 是目前网民常用的网络聊天工具。网民可借助文字、语音、视频等传播方式进行聊天；还可传输文件、点播音频、视频、群聊等。在线聊天极大地拓展了网民的交往范围，方便交往行为，还能避免传统交往中的一些尴尬，满足网民多种交往的心理需求。不足之处是，给污言秽语、违法言论等提供了便利。

个人博客、微博、微信等日新月异的传播类型也都从不同角度推动网络传播的发展，将大众传播和人际传播交织在一起，将真实生活和幻想生活融为一体，让网民在现实与虚幻的转换过程中满足个性化地表达与沟通的心理需求。从博客的精英化传播到微博微信的大众化传播，让更多的草根阶层参与表达，这无疑拉近了人与人之间的距离，活跃了网络空间，也激发了不同阶层的传播热情。

总之，如麦奎尔（McQuail）等人所描述的，人们使用媒体的动机主要有：消遣（包括对工作的逃避以及情感上的释放）；人际关系（包括用媒体代替人的陪伴或作为社交谈话的内容）；个人定位（包括自我理 解以及对现实的探索）；信息（包括寻找信息以及了解新闻）。国内学者对新媒体（网络）的研究发现，人们使用网络是为了：（1）人际交往；（2）打发时间；（3）搜寻信息；（4）方便快速；（5）娱乐放松。[①] 相对传统媒体，网络媒体为网民提供更为丰富的使用媒介的类型，也更充分地满足网民的多种心理需求，多角度延伸网民的传播时空范围。

四　新媒体传播对新媒体用户心理的消极影响

新媒体给用户提供了无与伦比的传播优势，传播过程中也给新媒体用户留下了诸多遗憾。

（一）过度依赖导致网络成瘾

网络成瘾指一种心理上对网络的依赖，其概念与药物成瘾既相似又相异。[②] 一般来说，网络成瘾是指：由于重复使用网络所导致的一种慢性或周期性的着迷状态，并产生难以抗拒的再度使用欲望，同时产生想要增加

---

① 李丹：《社交网站用户的行为和动机》，《传媒观察》2009 年第 4 期。

② 参见 Goldberg I. Internet addiction disorder。（http：//www. cog. brown. edu/brochure/people/duchon/humor/ internet. addiction. html）

使用时间的张力、耐受性、克制、退瘾等现象，对上网所带来的快感会一直存在心理与生理上的依恋。[①] Armstrong 对网络成瘾的外延作了较全面描述：沉迷于成人话题聊天室和网络色情文学的网络性成瘾（cyber-sexual addiction）；沉溺于通过网上聊天或色情网站结识朋友的网络关系成瘾（cyber-relational addiction）；以一种难以抵抗的冲动，着迷于在线赌博，网上贸易或拍卖、购物的网络强迫行为（net compulsions）；强迫性地浏览网页以查找和收集信息的信息收集成瘾（information overload）；强迫性地沉溺于电脑游戏或编写程序的电脑成瘾（computer addiction），等等。[②]

可见，网络成瘾网民都是在使用新媒体过程中深受特定信息传播的内容或方式影响，难以自拔，从心理上深受影响，再外化为行为上的对网络的过度依赖。过度的网络使用将损害身体健康、导致人际关系障碍、学业成绩下降及影响正常工作[③]；还将导致现实世界的交流减少、社交圈子缩小、抑郁和孤独感的增加[④]；同时，网络人际传播缺乏现实人际交往中的非言语线索，比如面部表情、目光接触、肢体语言、语音语调、两人间距、环境作用等[⑤]。总之，过度依赖网络虚拟人际交往，容易弱化人际之间的现实交往能力。

关于网络成瘾的原因，Young 提出了 ACE 模型，即“Anonymity（匿名性）、Convenience（便利性）和 Escape（逃避现实）”。[⑥] 匿名性指人们在网络里可以隐藏自己的真实身份，以至于可以做任何自己想做的事、说任何自己想说的话，不用担心谁会对自己造成伤害；便利性指网络用户足不出户，动动手指就可以做自己想做的事情，比如网上色情、网络游戏、网上购物、网上交友都非常方便；逃避现实指网民可以做任何事，可以是

---

① 牛更枫、孙晓军、周宗奎、魏华：《网络成瘾的认知神经科学研究述评》，《心理科学进展》2013 年第 6 期。

② Armstrong L. , How to beat addiction to cyberspace. http：//www. netaddiction. com/2001。转引自陈侠、黄希庭、白纲《关于网络成瘾的心理学研究》，《心理科学进展》2003 年第 3 期。

③ Young K S. Internet addiction：the emergence of a new clinical disorder. CyberPsychology and Behavior，1996，1（3）：237—244.

④ Kraut R，Patterson M，Lundmark V，et al. Internet paradox：A social technology that reduces social involvement and psychological well-being? American Psychologist，1998，53（9）：1017—1031。转引自陈侠、黄希庭、白纲《关于网络成瘾的心理学研究》，《心理科学进展》2003 年第 3 期。

⑤ 姚劲松：《新媒体中人际传播的回归与超越》，《当代传播》2006 年第 6 期。

⑥ Armstrong L. , How to beat addiction to cyberspace. http：//www. netaddiction. com/，2001。转引自陈侠、黄希庭、白纲《关于网络成瘾的心理学研究》，《心理科学进展》2003 年第 3 期。

任何人，这种自由而无限的心理感觉引诱个体逃避现实生活而进入网络的世界。①

对那些网络成瘾的用户来说，希望如 Grohol 所认为的那样，网络成瘾只是一种阶段性的行为，大致要经历网络新手被互联网迷住，或有经验的网络用户被新的应用软件迷住；然后，用户开始避开导致自己上瘾的网络活动；最后，用户的网络活动和其他活动达成平衡，只是在第一阶段被困住，需要帮助才能跨越。②

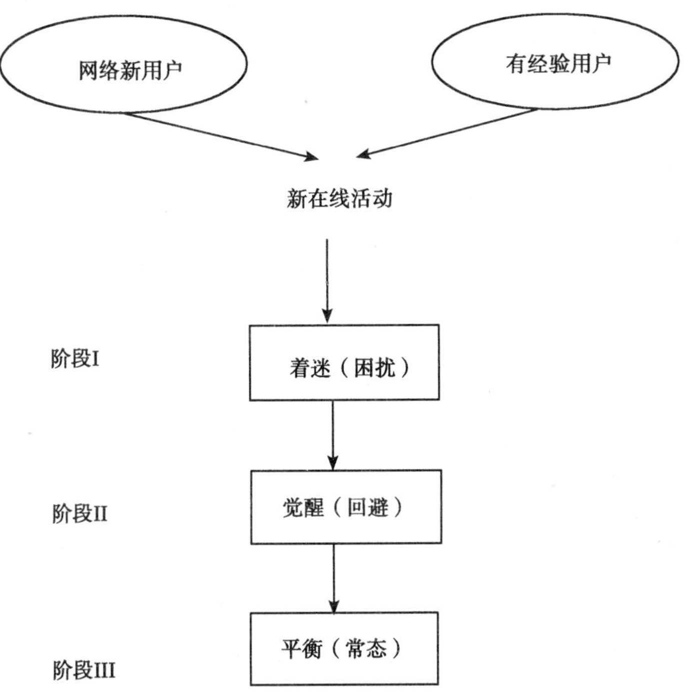

图 11－4　Grohol 的阶段模型

资料来源：Grohol J. Internet addiction guide. http：//psychcentral. com/netaddiction/，1999。转引自陈侠、黄希庭、白纲《关于网络成瘾的心理学研究》，《心理科学进展》2003 年第 3 期。

① Armstrong L.，How to beat addiction to cyberspace. http：//www. netaddiction. com/，2001。转引自陈侠、黄希庭、白纲《关于网络成瘾的心理学研究》，《心理科学进展》2003 年第 3 期。

② Grohol J. Internet addiction guide. http：//psychcentral. com/netaddiction/，1999。转引自陈侠、黄希庭、白纲《关于网络成瘾的心理学研究》，《心理科学进展》2003 年第 3 期。

（二）海量信息造成“信息焦虑症”

信息的超速增长使新媒体用户根本来不及做出理性的筛选和思考，一旦接收信息超过他们能处理的极限时，就可能导致紊乱，批判的能力会日渐消退。[①] 进而导致“信息焦虑症”，也即“由于人们吸收过多信息、给大脑造成负担形成的，人如果在短时间内接受过多繁杂信息，大脑中枢来不及分解消化，便会造成一系列的自我强迫和紧张”的情况。[②] 传统媒体环境下，同样存在信息焦虑症。相较而言，新媒体环境下，海量信息对新媒体受众造成的心理压力更大。

信息焦虑症病人常见表现是：“1. 一个小时要检查五遍以上手机，哪怕去深山老林度假也一样。当发现没有人来电或来短信是，有很深的失落感。2. 每天登录 n 遍电子邮箱，反复检查邮件。3. 当因为某种原因不能上网时，整个人极度焦虑难受，恨不得变成超人，飞到外太空去接受网络的超强吸引。4. 下意识地登录无聊网站、搜索无聊图片，喜欢享受这类肤浅的快感。5. 总是怕自己跟不上潮流，会花大量的时间去搜集一些新近流行的事情。当别人问到某个信息自己不知道时，情绪一下子就跌到谷底。6. 喜欢信息胜过真实的生活以及人际交往。7. 一天十来个小时地挂在 MSN 或 QQ 上，可以同时跟 n 个人聊天。8. 喜欢被信息淹没的感觉，玩电脑游戏的时候会有一种强烈的满足感。但现实生活中有时会觉得自己一团糟。”[③]

从信息焦虑症的严重程度，可将其分成以下疾病分级：“一级：信息焦虑。没有获得信息就会发呆，交际能力减弱。二级：信息恐惧。有的患者在持续 24 小时以上没有接受信息时，感觉恐慌。稍微有点信息，情绪就会发生剧烈变化。三级：信息抑郁。当没有得到相应的信息刺激，或他对所获得的信息质量感到失望，患者有时候希望有更大剂量的刺激。由于生活规律的紊乱，还会出现腹泻等肠胃问题。这时，患者容易自我隔离。四级：信息躁狂。每天接到几十个乃至上百个电话和信息，让患者潜意识有一种英雄心态，而这种自我意识很容易在现实世界中触礁。导致他忽而出现怀才不遇的悲哀、忽而因为自己的英雄情节兴致勃勃、忽而出现失败

---

① 张苑琛：《博客对当代大学生心理影响初探》，《新闻记者》2008 年第 4 期。

② 参见“信息焦虑症”词条，百度百科（http：//baike. baidu. com/view/448136. htm.）。

③ 同上。

后灰暗至极的感觉。”①

新媒体信息传播过程暴露出的问题，是新媒体技术研发部门需要解决的问题，也是新媒体传者面临的问题。如何降低新媒体用户信息选择成本？如何提升信息传播质量？这是以后一段时间需要探索解决的重要问题。

（三）多重身份混淆身份认同

新媒体环境下的人际交往缺乏非语言线索，“可能会减少社会互动焦虑和诱导人们更加开放，愿意透露个人信息”。② 但更多的情况是，由于身份、性别、性格、受教育程度、家庭背景等个人信息处于隐匿状态，新媒体用户在虚拟世界里的不同角落可以同时扮演多重角色，出现多个网络身份，这样可能导致身份认同危机。

关于新媒体环境里的用户身份，1996 年阿斯科特提出了“非线性身份”的观念，并作了这样的界定：“我连接，因此我多重。”③ 国内研究者也认为新媒体革命对身份认同构成了巨大挑战，“它既破坏了身体、身份与角色的一致性，又破坏了人格和自我的统一性”，并提出“数码身份”的概念，用以指“以身份危机和身份重组为背景，在数码媒体支持下发展起来的，通常用数字信息表现，主要对作为一个数字主体的自我呈现起作用”。④

虽然在网络虚拟空间尝试以不同的身份和角色建构虚拟的自我形象，从而比较和选择更加适合自己的现实身份，但对大多数新媒体用户来说，在虚拟空间里的不同区域或不同时段，始终处于不同角色和身份变换过程中将搅乱心理上的自我身份认同，产生不同程度的角色混乱和心理不安。

---

① 参见“信息焦虑症”词条，百度百科（http：//baike. baidu. com/view/448136. htm。）

② Ronald E. Riggio，Robert S. Feldman，Applications of Nonverbal Communication LAWRENCE ERLBAUM ASSOCIATES，Mahwah，New Jersey London，2005，p. 130.

③ Ascott，Roy. Technoetic Aesthetics：100 Terms and Definitions for the Post. Biological Era [C] //In Telematic Embrace. Visionary Theories of Art，Technology，and Consciousness by Roy Ascott. Edited and with Essay by Edward A. Shanken. Berkeley，Los Angeles，London：University of California Press. 2003，p. 379. 转引自黄鸣奋《数码时代：新媒体革命与身份认证》，《河南科技大学学报》（社会科学版）2009 年第 2 期。

④ 黄鸣奋：《数码时代：新媒体革命与身份认证》，《河南科技大学学报》（社会科学版）2009 年第 2 期。

（四）新媒体交流导致人际交往障碍

在《手机短信传播心理探索》一文中倪桓认为，手机短信提供了个体逃避现实压力的渠道，人们通过沉浸在网络虚拟空间，“把现实世界里不能实现的东西，在虚拟空间寻求‘替代性满足’”[①]。然而，“这种间接的交往方式中所普遍使用的表情、手势、眼神等体态语言的交往形式，从而阻碍人们心灵深处的情感及精神交流，造成交往的‘异化’”。[②] 人们在虚拟空间的完美享受，把交往对方想象得很完美，这种完美只是虚假的、短暂的。

一旦面对现实，这种完美将很快被打破，双方都将非常失望，交往危机随之就会出现。首先，手机短信降低了个体间的诚信度，产生信任危机。手机短信的无声交流保证了个体间交流的私密性，但也为谎言传播提供了便利。其次，手机短信削弱了人们的情感体验，引发情感危机。一定程度上，短信发送量和情感体验成反比，即发送的短信越多，情感危机就会越严重。再次，手机短信弱化了个体人际交往规则权威性的认同。[③]

鉴于此，需要辩证地对待新媒体对于人际交往的影响，利用其积极影响，拓展交往空间，提升交往效果；认识到其消极影响，避免对新媒体用户带来心理伤害，造成交往障碍。

第三节　新媒体用户心理推动新媒体传播

前文所述，新媒体与社会心理之间，很多时候，不仅前者会影响到后者；同样多的时候，后者也会影响到前者。也即是：新媒体用户的不同心理相互作用，影响新媒体信息传播内容和传播方式的变化，带来一些新的传播现象。

一　新媒体用户的积极心理正向影响新媒体传播

（一）多元新媒体用户心理助推传播内容的多样化

新媒体的传播优势凸显，使新媒体环境下的社会舆论格局也出现很大

① 倪桓：《手机短信传播心理探索》，中国传媒大学出版社 2009 年版，第 156—157 页。
② 同上。
③ 同上书，第 177—180 页。

变化。如网络问政的出现和火热，就是对传统媒体信息传播的补充和矫正。“传统政治参与存在诸多问题，如民众主动性不足，有效沟通的渠道不多，来自政治系统的反馈少，对公共政策影响小等。”[①] 这与制度有关，也与缺乏有效的沟通手段有关。不仅如此，新媒体用户利用网络空间的匿名性、开放性和便捷性等特点，利用新媒体发表自己对民生问题的看法，推动问题的解决和事件的发展。《2009 年中国互联网舆情报告》显示，“人民网舆情监测室对 2009 年 77 件影响力较大的社会热点事件进行分析，其中有 23 件由网络爆发而引起公众关注，约占全部事件的 30%”。[②] 网络问政的背后，是新媒体用户借助新媒体平台的利益博弈的过程。

图 11－5　网络问政[③]

首先，网络问政是受经济利益动机驱使。网络问政隐含着新媒体用户对国家和民众根本利益的关注，具体化为对医疗、教育、社会保障等切身利益的博弈，是以网络为利益表达渠道实现下情上达。[④]

其次，网络问政是心理动因引发的结果。“网络问政”的心理动因

① 余伟利：《从博客到微博：网络问政两会的媒体应对》，《现代传播》2010 年第 6 期。

② 周敏、王莹：《从地方网络论坛舆情生成看网络问政的新模式》，《现代传播》2010 年第 7 期。

③ 图片来自《浙江省市县三级组织部分全部开微博 全国尚属首例》，中国新闻网（http://www.chinanews.com/gn/2011/09－06/3308394.shtml）。

④ 朱碧波、尹向阳：《政治心理视角下的网络政治参与》，《云南行政学院学报》2010 年第 2 期。

是日益发达的网络传播引发公众民主权利诉求的高涨。[1] 正是因为要维护社会资源合理分配的心理趋势，更多新媒体用户开始借助新媒体发出声音，维护和争取本该属于自己或自己所在群体的社会利益，从而增加了新媒体传播的监督类信息，进而改变传统媒体环境下政治权利话语的单一传播特征，使新媒体信息传播呈现出多元信息内容、多样话语体系的特点。

再次，网络问政是伦理道德大旗下的成就感需要。这主要体现在精神方面的愉悦和实践意义的成就，其中，精神方面的愉悦表现为博文影响力、点击率、转载度；而网络政治参与实践意义上的成就感体现为网络政治对现实政治生活的影响和政治事件的推动。[2] 当然，也正因为其匿名性，这种道德审判往往是在屏蔽理性的前提下进行的，其话语存在不同程度的偏狭性、情绪化、破坏性、虚假性、非理性、冷漠化等倾向，使社会认同与主流价值观在戏谑面前丧失了立场[3]，从而容易导致“网络暴力”和“多数人的暴政”现象。但，这丝毫不影响传者内心对于归属和成就感的满足。

再如，激发网络“客”传播的繁荣。“客”现象发端于“黑客”，后演变出更多类型的“客”传播：闪客、博客、维客、奇客、数字朋客、掘客、威客和换客等。它们的共同点在于，都契合了网友的自我展示、深度交流、“分享”与“共享”以及推销等心理。

首先，展示、炫耀心理。博客、微博等“自媒体”突出了交互性，集合了自我传播、人际传播、组织传播和大众传播等，最充分地解放了个人的主动性、积极性和创造性，满足了新媒体用户自我展示的欲望，“晒”意见，“晒”生活琐事，“晒”心情等。“郭美美事件”就是源于其在微博晒奢侈品、晒男友，从而引起网友质疑。

其次，深度交流心理。人们渴望深度交流的心理更多是通过网络虚拟空间的交流得以满足，众多类型的“客”传播火爆是人际交流心理需求不断外化的深层次的反映。

---

① 徐徐：《试析“网络问政”所折射的政府、媒体、公众关系》，《新闻记者》2009 年第 10 期。

② 朱碧波、尹向阳：《政治心理视角下的网络政治参与》，《云南行政学院学报》2010 年第 2 期。

③ 李晓红、高华雷：《网络问政视野下网民意识的培养》，《求实》2011 年第 10 期。

再次，“分享”与“共享”心理。博客们卖力地自我炒作就是希望更强烈地吸引网络发烧友的目光，使更多的人加入，使博客有可能真正自我实现。其中“分享”心理是推动自媒体展示自我的根本动力。

最后，推销心理。名人博客、微博一定程度上充当着名人推销自己的平台和渠道。徐静蕾成就博客霸主地位，也宣传了自身的知名度；姚晨让微博传播平添名人色彩，也让自己在新新媒体空间以及真实世界知名度大增。

综上可见，新媒体用户的多元心理，实实在在地影响着新媒体传播内容和模式的多样化。

（二）多元的新媒体用户心理推动网络媒体业务改革

首先，新媒体用户的猎奇心理影响网络新闻写作。网络新闻吸引受众才能提高点击率，因此，迎合其好奇心、煽情、故弄玄虚甚至虚假的网络新闻就不可避免了。然而，这样的新闻虽满足了受众的短时好奇心，却会长时间伤害受众的自尊心，还可能导致受众的逆反心理，造成受众对新闻丧失信任感。因此，网络新闻采写应该寓理于事，讲求真实，在充分发挥新媒体渠道优势的基础上，突出重点新闻，强调新闻深度。

其次，新媒体用户的使用与满足心理影响网络新闻编辑。如前所述，新媒体用户的“使用与满足”心理明显，其“需求”包括信息、娱乐、交往、消遣或是“逃避”。因此，网络新闻编辑在网站栏目设置时，就应该分门别类地为用户提供各种实用功能的专栏，要尽快地、充分地、有条理地把新媒体用户迫切需要的新闻事件放在网站主页。

再次，新媒体用户的浅阅读心理影响网络新闻文风。由于新媒体受众对多数内容只是浏览大意，所以报道不宜写得太长，单行实题，言简意赅。同时，也要强化标题意识，增强标题的吸引力。

此外，建立与受众交流的平台，实现传受两方的有效互动，也是网络媒体业务改革的主要方向。新媒体的突出优势体现在其交互性上，交互性信息平台充分满足了受众的参与意识。网络新闻发言人的兴起，政府网站的火热，强国论坛等网络双向交流的兴起和发展，都体现出从政府部门领导到普通新媒体用户双向交互性的认可和向往。因此，有研究者认为，新媒体业务改革的重心在于，“网络媒体从业者能够及时全面地了解受众的价值标准、情感趋向、利益需求，从而更有效地沟通与受众的联系，调整传播策略”。[①] 总之，多大程度上重视和发挥其传播的双向交互性特征，就可以相应地预见新媒体传播多大程度地发展并为新时期受众所接受。

二 新媒体用户的消极心理负向影响新媒体传播

新媒体用户心理中不乏消极负面的心理，它们极易导致新媒体传播的异化。

（一）带来网络“恶搞”行为的出现

案例：沁园春·堵车[②]

蓉城风光，千里车丛，万头人潮。望三环内外，车如蜗牛；锦江两边，汽笛嚣嚣。司机烦躁，困兽车中，膀胱涨暴无处尿。上立交，看日落月升，还未过桥。

交通如此糟糕，引无数驾友挤公交。叹神龙大众，慢如蜗牛；奔驰宝马，无处发飙。一代天骄，兰博基尼，泪看电摩把车超。卖车吧，带婆娘娃儿，早晚长跑。

如果说新媒体信息传播者身份的匿名性、把关者的缺乏等特征，为网络恶搞提供了技术支持，是促成网络恶搞的外因的话，新媒体用户的心理就是促进网络恶搞的内因。

第一，恶搞作品制作者的发泄不满与干预现实民生心理。社会转型期，多元文化并存，导致腐败现象，违背伦理道德和社会公德的现象涌现。专业研究者以及党政领导从体制上寻找解决办法，众多网民则通过另一种形式反映和抨击这些现象。好的“恶搞”总是在娱乐中隐含忧郁，在颠覆中寻求重建[③]。有些“恶搞”题材是对不良社会现象的批判，如《鸟笼山剿匪记》中所揭示的一些情节是对现实问题的批判，网络歌曲《国足欢迎你》则是对中国足球管理体制的批判，案例《沁园春·堵车》是对成都交通问题的不满与发泄。可见，许多“恶搞”者非常关注现实

---

① 陈妮丽：《从众心理变化看网络新闻策略》，《当代传播》2004 年第 3 期。

② 参见《沁园春·堵车》，百度文库（http：//wenku. baidu. com/view/97878d6dcf84b9d528-ea7ac0. html. ）。

③ 陈瑛：《新媒体“恶搞”行为的心理分析》，《新闻爱好者》2009 年第 16 期。

社会，关心国计民生，并通过“恶搞”这一形式委婉地表达关注与忧虑，实现自己干预现实的心理诉求。

第二，满足大众化文化娱乐需求。随着社会不断开放和私人社会生活空间日渐形成，人们已不再满足于计划经济时期单一的、带有政治意识形态味道的文化内容，而是希望在私人空间中构建一种接近生活、体验生活百态的平民文化氛围。如果说当年小品这种大俗大雅的艺术形式因为其特有的生活气息浓厚而迎合了大众需求的话，那么，某些“恶搞”题材也是在平民文化表达形式缺乏条件下的一种娱乐替代品。①

第三，恶搞者的追名逐利心理。有时候，恶搞者为了追名逐利，常常会选择具有社会影响力的作品以及知名的人物、事件等作为恶搞素材，以赢得新媒体用户的点击率。如 2007 年 7 月，湖南卫视在推出《又见一帘幽梦》前，为了宣传新片，“快乐大本营”栏目策划了一期别开生面的真人秀，将老版和新版的《一帘幽梦》同时“恶搞”，看似狂欢的“恶搞”实际上已经被苦心经营成了一种受众喜闻乐见的营销策略。② 因为恶搞的成本低，制作技术要求不高，因而被一些人视为营销之策。

当然，网络恶搞作品的接受者也具有与制作者相似的心理，如从揭露时弊、具有反讽性的恶搞作品中，获得一种发泄心理。通过解构英雄、亵渎崇高，表达对各种宏大叙事的不屑。③

总之，作为网络传播的一种独特现象，网络恶搞有其传播心理依据。同时，这种形式也对新媒体用户心理具有双向影响：一方面，对新媒体用户负向情绪的一种有效释放，避免更大程度的破坏行为的发生；另一方面，则可能催生新媒体用户更大范围、更大程度的心理反抗和不满，并可能带来行动上的破坏性。

（二）刺激网络“门”事件的热传播

“门”事件传播源自著名的“水门”事件，后来逐渐演变为比较重大的丑闻事件，如“伊朗门”、“虐囚门”、“拉链门”、“虐猫门”、“铜须门”、“艳照门”等。有研究者按照发生的领域不同，将“门事件”分为“社会门”、“时政门”、“教育门”、“娱乐门”、“财经门”、“科技门”、

① 王志强：《网络“恶搞”现象分析》，《信息网络安全》2006 年第 11 期。

② 陈瑛：《新媒体“恶搞”行为的心理分析》，《新闻爱好者》2009 年第 16 期。

③ 陈立强：《影像“恶搞”的叙述策略与传受心理》，《山东艺术学院学报》2006 年第 6 期。

“体育门”、“其他门”8个类型，10个主题。[①] 并通过对2010年的188起中国网络“门事件”进行系统分析后发现，网络“门事件”发生“重心”将逐渐向中西部地区迁移；所涉对象在“平民化”与“大众化”的同时，也在“女性化”与“年轻化”；所涉内容上最突出的问题是性爱与色情问题；传播方式上，“他人传播”是最主要的传播方式”。[②] “门事件”在网络上的热传播，往往在于新媒体用户的以下心理：

第一，监督心理与仇富、仇官心理。有研究者概括了美国“门”案的三大特点：“一是当事者多为高官或有机会与高层密切、频繁接触的人；二是事件大多为不体面，不光彩；三是震动大、影响广、‘杀伤力’强。”[③] 通常来说，“门”事件所涉及的都是有权、有钱或者有名的组织或个人，而其背后又常常是一群不容易分辨的“匿名大众”。当某一不太光彩的事情发生在这些有权、有钱或有名的组织或个人身上时，这些匿名大众会以一种幸灾乐祸的心态来围观整个事件始末，并对其评头论足，以满足长久以来的不平衡心理。当然，网络受众在“门”事件传播中也常常依仗匿名身份，呈现出非理性特征，不必为自己的行为承担责任和后果。这种非理性网众的群体行为，极易产生“网络暴力”和“媒介审判”。

第二，窥私心理与炒作出名心理。如广院“献身门”、温州女秘书“性侵门”、“艳照门”等除存在一定的监督心理外，传者热衷的更多是门事件中所蕴含的偷窥别人，特别是女性隐私的心理。此外，也有不少人期望靠“出位”和“出格”来博取“出名”。

第三，娱乐心理。“门事件新闻网”首页显示“网友将发生的具有重大影响力或超强娱乐性事件取名为‘××门’或‘××门事件’”，可见，该网站主要将“门”事件置于娱乐的框架中来界定和认识的。

（三）造成网络暴力现象的产生

网络暴力指“网民对未经证实或已经证实的网络事件，发表具有攻击性、煽动性和侮辱性的失实言论，造成当事人名誉损害；公开当事人现实生活中的个人隐私，侵犯其隐私权；以及对当事人及其亲友的正常生活进

---

① 张名章、冉华：《2010年中国网络“门事件”的传播特征分析》，《新闻与传播研究》2011年第2期。

② 同上。

③ 王南：《美国政坛何故“门”案频发》，《人民日报》2005年11月18日，中国网（http://www.china.com.cn/chinese/HIAW/1023046.htm）。

图 11－6　门事件新闻网

行行动和言论侵扰，致使其人身权利受损的行为"①。网络暴力使受害者丧失自制力，容易滋生反社会心理甚至暴力行为。有研究表明，"网络暴力与现实世界中的欺凌行为有关。网络聊天产生的欺凌方式和现实生活中的欺凌行为是一样的，如侮辱、勒索、散布谣言及有系统地排斥一个人等。"② 而社会上特定青少年本身具有暴力心理或暴力行为也容易产生涡流暴力行为。

网络暴力最常在网络群体事件中发生。网络群体事件的本质是网民群体围绕某一主题，基于不同目的，以网络聚集的方式制造社会舆论、促发社会行动的传播过程。网络群体的多种心理导致群体事件爆发和发展：

首先，虚拟空间地位和话语权的竞争主导网络群体事件发展。"意见领袖"指那些在自己生活圈子里具有话语权的个人，通常借助自己更多的信息源加上自己独到的观点影响周围人群，博得信任和影响力。网络空间的意见领袖同样凭借能收集到的事件最新进展，或对事件专业独到的分析，或对事件关注度最高等获得更多网民的关注和点击。草根网络领袖在没有超人的信息源的情况下，只能依靠独到的、怪异的、甚至是偏激的意见和观点赢得眼球，而这些偏激的言辞和观点就容易导致网络群体事件的爆发。

其次，网络群体事件爆发过程是新媒体用户心理由感性向理性过渡的过程。在群体事件爆发之前，由于网络虚拟空间缺少现实世界的束缚和压力，加之在信息不透明、不知情的情况下，新媒体用户容易受少数人的鼓动，容易饱含感情，批判所谓的"不合理的现象"。随着情感宣泄过后，事件真相逐渐显露，新媒体用户才开始趋于理性和冷静，客观分析现实问

---

① 刘锐：《"人肉搜索"与舆论监督、网络暴力之辨》，《新闻记者》2008 年第 9 期。

② 彭凯平、刘钰、曹春梅、张伟：《虚拟社会心理学：现实，探索及意义》，《心理科学进展》2011 年第 7 期。

题，积极寻找解决对策。

（四）滋生网络谣言的传播

案例：少林寺方丈嫖娼被抓①

3月下旬，河南省公安部门安排部署了2011年“扫黄打非”工作任务，5月初的一条传言称“少林寺方丈释永信嫖娼被抓”。此消息想不激起大家的兴奋点都难，于是迅速登上各大网络的显赫位置。8日，少林寺已向登封警方报案；第二天，河南警方表示，“释永信嫖娼一事确定是假的”，并将依法展开调查，追究造谣者相关法律责任。

这次类似“花边新闻”的谣言引起了少林寺方面的强烈谴责，也给中国佛教界的声誉造成了一定损伤，但此类花边新闻为什么会引起如此大的反响倒是值得我们深思。近年来，少林寺在国外开办大量公司、置地买房，最近更是风闻要上市，而国内其他寺庙也不甘落后，纷纷开展商业活动。宗教场所本是人们心目中的一方净土，宗教人士也是心灵安宁者的化身，但现在少林寺的商业化倾向冲击了人们的既有观念，人们开始质疑宗教人士的“纯洁性”。所以，当谣言四起时，大家便饶有兴致地扮演了围观者的角色。

网络传播渠道深入生活深处的草根性特点，以及新媒体用户的匿名性特征，给网络谣言传播提供了便利。谣言产生必须具备的基本要件是，第一，故事的主题必须对传谣者和听谣者有某种重要性；第二，真实的事实必须用某种模糊性掩盖起来。而且谣言里经常有一些残留的新闻成分，有真实的影子。② 谣言经常伪装成事实，或引用权威来作它们的后盾。一般这样开头：“我们兄弟刚和一个知情者聊过……”“警察总监亲口说……”或提到具体的城市或街道，据说在那儿发生了某一事件，以此来提高可信度。③

① 参见《盘点2011年十大网络谣言》，新华报业网（http：//news. xhby. net/system/2011/12/23/012369098_ 01. shtml.）。

② ［美］奥尔波特等：《谣言心理学》，刘水平、梁元元、黄鹂译，辽宁教育出版社2003年版，第17页。

③ 同上书，第139页。

但谣言又存在根本的事实扭曲和改变。首先，事实真相被简化了。有系统地省略了大量有助于了解事实真相的细节，以避免否定所期望听到的意思。其次，有些事实被强化了。当一些细节被删去后，那些保留下来的细节就更为突出、重要。再次，有些事实被同化了。简化和强化不会随时产生，而只会在与谣言传者过去的经验和现在的态度一致的情况下产生。①

谣言传播的动机比较复杂，可能是为了逃避内疚。同时，满足潜意识需求也会推动谣言传播。如性兴趣是产生许多流言蜚语与大多数丑闻的原因；仇恨产生指责性的谣言与诽谤；或者，通过谣言抨击某人厌恶的事情，能缓解他最初的感情冲动；再或者，在起缓解作用的同时，还起到了自我辩解的作用。总之，谣言提供一种能够排解紧张情绪的口头发泄途径。② 此外，谣言传播和小集团的各种利益争取关系紧密。如日本福岛地震期间，流传碘盐可以防核辐射，与商业炒作不无关系。

而就收受者一方来说，如果我们听到的谣言给事实作出了一个符合我们私生活的解释，我们便愿意相信并传播它。同时，为了填平谈话中可能会出现的令人尴尬的沉默，或为了维护在交往群里的威望，那些无传谣情绪倾向的人，也许仍然会传播谣言。③

三　新媒体用户传播心理的思考

网民是网络信息产品的最终消费者，分析新媒体与心理之间的内在关系，以便更好地利用新媒体平台为新媒体用户提供更适合的服务。新媒体需要满足新媒体用户的多样化、个性化需求，同时要兼顾长远的、综合的社会效益，实现网站经济效益与网民个人利益、社会整体利益之间的协同发展。

（一）区别对待新媒体用户的心理变化，取舍有度

首先，针对新媒体用户的积极心理需求应该尊重和满足。新媒体用户的主体意识增强，渴望凭借新媒体平台广泛交往，就应该积极、及时、有效地提供机会和平台，并尊重其个人隐私，不过度限制其正常交往。新媒

① ［美］奥尔波特等：《谣言心理学》，刘水平、梁元元、黄鹂译，辽宁教育出版社 2003 年版，第 94—96 页。

② 同上书，第 20 页。

③ 同上书，第 27 页。

体用户渴望深度参与社会事务的心理，也应在不干扰其他人正常生活、不影响各级党政部门正常运行的前提下予以尊重，尽可能为普通群体提供表达心声的渠道和机会。

其次，新媒体用户的“使用与满足”心理带来多元媒体接触需求，包括信息、娱乐、交往、消遣或是逃避现实生活、工作或学习中的不好情绪，应该尊重和满足。传统媒体只能关注重要的人或重要的事，难以兼顾少数受众的特殊媒介信息需求。而新媒体的个性化传播特征，可以满足一些琐碎信息传播需求。因此，新媒体就不仅仅满足硬新闻的需要，更应该提供娱乐、游戏等软服务，这更符合“长尾理论”特征。同时，新媒体叙事风格上更多日常叙事，海量信息更多涉及家长里短的生活琐事，更多的日常生活话语，让普通网民容易看懂，愿意接近，这才更符合受众的接近心理，帮助受众更全面地认知社会、指导行动。

再次，引导新媒体用户合理宣泄心理压力，构建心理平衡。但前提是不影响其他人的正当利益。网站要在法律、政策和伦理许可的前提下，给网民提供适当的宣泄平台并保护网民的匿名权。由于网络虚拟空间宣泄的个人成本和社会成本也大都低于现实世界，因此，通过类似的适度宣泄可以有利于社会稳定和个人的身心健康。

最后，新媒体满足新媒体用户的自我实现心理值得尊重和满足。类似于3D网络游戏“第二人生”这样延伸真实世界的交往、交换的规则，并且尝试一些与现实世界不同的游戏规则，作为现实世界的“试验田”。这样的符号消费使网民对相关精神体验得以满足，也使真实世界的消费更加趋于理性和合理。

（二）利用非言语传播提升对受众心理的影响力

逆反心理“是客观环境与主体需要不相符合时产生的一种心理活动，具有强烈的情绪色彩，即带有强烈的抵触情绪”[①]。受众的逆反心理，第一，具有反射性，对传者或传播内容相抵触；第二，带有较浓厚的情绪色彩，主要表现不满、抵触、对立；第三，具有顽固性，会强化成一种认知定势，甚至是一种偏见，从而对受众的后续受传行为产生影响。[②] 这些特征也给受众逆反心理的应对带来难度。如何有效、深度影响受众心理，成

① 朱智贤：《心理学大词典》，北京师范大学出版社2004年版，第457页。

② 徐杰、侯志强：《如何消除受众的逆反心理》，《青年记者》2006年第22期。

为新媒体研究的重要话题。

大众传播中逆反心理包括评价逆反、情感逆反和行为逆反；受众却反其道而行之。[①] 这类似于斯图亚特·霍尔“编码解码理论”的“对抗式解读”，即对媒介提示的讯息意义作出完全相反的理解。逆反心理是认知、情绪和行为倾向三者的有机统一。其中逆反心理的认知成分是基础，主体对客观环境的认识，导致出现相应的情绪与行为倾向。当逆反心理形成之后，只要逆反对象一出现，主体往往使认知、行为倾向服从于它，从而维持整个态度中知、情、意三者的平衡。[②]

符号学研究认为，“符号过程三个环节的意义，一步步把前者具体化：意图意义在文本意义中具体化（主观的想法被落实到文本表现），文本意义在解释意义中具体化（文本的“待变”意义成为“变成”的意义）”。[③] 但很容易在受众逆反心理的驱动下，采取“对抗式解读”大众传播内容，发送者的意图意义过渡到接受者的解释意义时已经扭曲得面目全非了。消除受众的逆反心理，才能更大程度实现发送者的意图意义、符号信息的文本意义与接受者解释意义之间的一致性。此时旗帜鲜明的言语传播难以逾越受众的抵抗情绪，而非言语传播符号的隐蔽性则更容易降低受众的抵触情绪。

非言语传播指“赋予除言语行为（说话和书写）之外的一切社会行为及其语境因素以意义的过程”[④]，是传者“有意识地或被认为是有意识地运用‘非言语的’（即不包含‘言辞’）行为交换信息的过程，这一过程可能单独发生，也可能伴随‘言语传播’的过程”[⑤]。鉴于受众的逆反心理和非言语传播的特点，可以从以下方面降低新媒体环境下的受众逆反心理：

第一，凭借非言语传播符号的“肖似性”，增加传播内容的真实性，重塑新媒体的公信力。如图像是一类常见的非言语传播符号，它看起来似乎是对象的再现。虽然这是一种假象，但感觉上很容易认可，容易消除受众逆反心理。比喻相似，就已经脱出符号的初级相似之外。符号只是再现

① 郑兴东：《受众心理与传媒引导》，新华出版社 1999 年版，第 300 页。
② 董秀成：《论大众传播中的受众逆反心理》，《当代传播》2007 年第 4 期。
③ 赵毅衡：《符号学原理与推演》，南京大学出版社 2011 年版，第 52 页。
④ 宋昭勋：《非言语传播学》，复旦大学出版社 2008 年版，第 8—9 页。
⑤ 王晓晖，韩雪峰：《口语传播中的非言语传播》，《当代传播》2007 年第 4 期。

了对象的某种品质，但，已经成为某种思维相似。例如，筑高台模仿至高无上。“如果接收者无法辨认同时在场的两个感知，何者是符号何者是对象，符号本身就消失了，两者之间互相成为‘重复’（double）。”[①] 媒体通过非言语传播符号帮助受众构建心理事实，并隐性植入报道立场，从而越过受众的逆反心理，影响受众心理。另外，采访还需要注意环境和细节，甚至是现场直播等，实现更大程度上呈现客观世界的非言语符号信息，“构建新闻的形式，再现事实的复合性、运动性和可感性，将其纳入一定的时空与过程，成为新闻的自然因素”。[②] 非言语传播符号全息展示传播对象，更能够展示新闻传播信息的自然因素，塑造更加逼真的“拟态环境”。

第二，依靠非言语传播符号的“隐蔽性”积极引导新媒体用户。“当语言符号传递的信息与非语言符号传递的信息发生矛盾时，人们倾向于相信非语言符号承载的信息，因为非语言符号的使用往往是下意识的，它不像语言符号那样易于控制，它更能反映使用者的真实感受。”[③] 研究者认为“非言语交际最能反映一个人的真实态度、心理活动和价值观念”[④]，非言语传播是“发出者有目的地发出或被看成是有目的地发出”[⑤]，“是在一定交际环境中语言因素以外的，对输出者或接收者含有信息价值的那些因素。这些因素既可人为地生成，也可由环境造就”[⑥]。在面对面人际传播中，非言语传播能够真实反映一个人的内心真实想法，而在大众传播中，由于传者受职业训练，则可以有目的地发出特定非言语传播符号，实现特定传播意图。

第三，发挥非言语传播的“共通性”疏通传受心理障碍。一般人认为“副语言”，即非词汇性的话语成分（例如声高、语气）、伴随语言的手势、表情等，相似性很强，各国通用。也有研究者持反对态度，认为非

---

① 赵毅衡：《符号学原理与推演》，南京大学出版社 2011 年版，第 81 页。

② 刘建明：《当代新闻学原理》，清华大学出版社 2005 年版，第 59 页。

③ 刘双、于文秀：《跨文化传播——拆解文化的围墙》，黑龙江人民出版社 2000 年版，第 87 页。

④ 毕继万：《跨文化非语言交际》，外语教学与研究出版社 1999 年版，第 10 页。

⑤ Malandro, Barker, et al., Nonverbal Communication, 2nd ed. Newbery Award Records. 1989, p. 7.

⑥ Samovar er al, *Understanding Intercultural Communication*, Wadsworth. 1981, p. 156.

言语传播“其中有很大的规约性”。[①] 其“规约性”不应该被忽视，但非言语传播的“共通性”仍然占据很大比例，且仍然在起作用。特别是在同一文化圈、同一民族内部传播过程中，“共通性”可以降低传受心理障碍，降低交流成本，减少交流误差。网络空间的表情符号等给网络传播带来很大的方便和交流的通畅，也增加了交流的趣味性。

总之，新媒体用户逆反心理突出，利用非言语传播可以避免正面对抗受众的逆反心理，而是侧面、隐蔽地影响受众心理，降低逆反心理的负面影响，从而提高言语传播效果，实现良性传受心理交流和互动。

---

① 赵毅衡：《符号学原理与推演》，南京大学出版社 2011 年版，第 86 页。

主要参考文献

一　中文著作

1. 蔡元培：《中国伦理学史》，广西师范大学出版社 2010 年版。

2. 陈华：《走向文化自觉——中国网络媒体行业自律机制研究》，人民出版社 2011 年版。

3. 陈龙：《媒介素养通论》，中南大学出版社 2007 年版。

4. 陈龙：《传媒文化研究》，中国人民大学出版社 2009 年版。

5. 陈汝东：《传播伦理学》，北京大学出版社 2006 年版。

6. 段永朝：《互联网：碎片化生存》，中信出版社 2009 年版。

7. 樊葵：《媒介崇拜论》，中国传媒大学出版社 2008 年版。

8. 冯鹏志：《延伸的世界：网络化及其限制》，北京出版社 1999 年版。

9. 何精华：《网络空间的政府治理》，上海社会科学院出版社 2006 年版。

10. 何威：《网众传播》，清华大学出版社 2011 年版。

11. 韩璞庚等：《网络与人类生存》，陕西人民出版社 2000 年版。

12. 黄鸣奋：《新媒体与西方数码艺术理论》，学林出版社 2009 年版。

13. 黄鸣奋：《超文本诗学》，厦门大学出版社 2001 年版。

14. 蒋晓丽主编：《传媒文化与媒介研究》，四川大学出版社 2007 年版。

15. 蒋晓丽：《传媒宣导抚慰功能》，四川大学出版社 2008 年版。

16. 李良荣：《当代西方新闻媒体》，复旦大学出版社 2004 年版。

17. 李琨：《传播学定性研究方法》，北京大学出版社 2009 年版。

18. 李元书：《政治体系中的信息沟通——政治传播学的分析视角》，河南人民出版社 2005 年版。

19. 林子仪：《言论自由与新闻自由》，元照出版公司 1999 年版。

20. 刘海龙：《大众传播理论：流派与范式》，中国人民大学出版社 2010 年版。

21. 刘京林：《大众传播心理学》，中国传媒大学出版社 2005 年版。

22. 柳福萍：《艺术概论》，上海大学出版社 2011 年版。

23. 刘志平等：《管理学概论》，北京邮电大学出版社 2005 年版。

24. 吕波：《网络安全与法律应对》，吉林大学出版社 2008 年版。

25. 马秋楠：《比特经济学研究综述》，2009 年版。

26. 倪桓：《手机短信传播心理探索》，中国传媒大学出版社 2009 年版。

27. 邵培仁：《媒介生态学》，中国传媒大学出版社 2008 年版。

28. 申凡：《传播心理与媒介社会》，华中科技大学出版社 2010 年版。

29. 宋昭勋：《非言语传播学》，复旦大学出版社 2008 年版。

30. 唐子才、梁雄健：《互联网规制理论与实践》，北京邮电大学出版社 2008 年版。

31. 童芳：《新媒体艺术》，东南大学出版社 2006 年版。

32. 王城：《通信文化浪潮》，电子工业出版社 2006 年版。

33. 王沪宁：《比较政治分析》，上海人民出版社 1987 年版。

34. 王惠岩：《政治学原理》，高等教育出版社 2006 年版。

35. 王乐夫：《公共管理学原理、体系与实践》，中国人民大学出版社 2007 年版。

36. 王利敏、吴学夫：《数字化与现代艺术》，中国广播电视出版社 2006 年版。

37. 王久渊：《政治学概论》，西南交通大学出版社 2010 年版。

38. 汪民安：《文化研究关键词》，江苏人民出版社 2007 年版。

39. 王学俭等编：《政治学原理新编》，兰州大学出版社 2006 年版。

40. 王浦劬：《政治学基础》，北京大学出版社 2006 年版。

41. 王一川主编：《大众文化导论》，高等教育出版社 2005 年版。

42. 王岳川：《后现代主义文化研究》，北京大学出版社 1992 年版。

43. 韦森：《文化与制序》，上海人民出版社 2003 年版。

44. 翁秀琪主编：《台湾传播学的想象》（下），台湾巨流出版社 2004 年版。

45. 吴飞：《新闻专业主义研究》，中国人民大学出版社 2009 年版。

46. 孙正兴等编：《电子政务原理与技术》，人民邮电出版社 2003 年版。

47. 孙关宏等主编：《政治学概论》，复旦大学出版社 2003 年版。

48. 孙慧英：《多重视域下的第五媒体文化研究》，北京邮电大学出版社 2010 年版。

49. 孙英春：《跨文化传播学导论》，北京大学出版社 2010 年版。

50. 舒英华：《比特经济》，商务印书馆 2012 年版。

51. 徐晓林、杨锐：《电子政务》，华中科技大学出版社 2009 年版。

52. 熊光清：《中国流动人口中的政治排斥问题研究》，中国人民大学出版社 2009 年版。

53. 徐正：《传播的博弈　数字媒体环境下的舆论引导研究》，浙江大学出版社 2011 年版。

54. 尹韵公主编：《中国新媒体发展报告（2011）》，社会科学文献出版社 2011 年版。

55. 喻国明：《传媒新视界——中国传媒发展前沿探索》，新华出版社 2011 年版。

56. 喻国明：《传媒变革力——传媒转型的行动路线图》，南方日报出版社 2009 年版。

57. 张国良：《全球化背景狭隘的新媒体传播》，上海人民出版社 2008 年版。

58. 张广敬：《管理学基础》，北京理工大学出版社 2012 年版。

59. 张棉生：《法律基础教程》，辽宁大学出版社 2010 年版。

60. 张昆：《大众媒介的政治社会化功能》，武汉大学出版社 2003 年版。

61. 张小罗：《论网络媒体之政府管制》，知识产权出版社 2009 年版。

62. 张燕翔：《新媒体艺术》，科学出版社 2005 年版。

63. 赵毅衡：《符号学原理与推演》，南京大学出版社 2011 年版。

64. 郑兴东：《受众心理与传媒引导》，新华出版社 1999 年版。

65. 钟瑛、刘瑛：《中国互联网管理与体制创新》，南方日报出版社2006年版。

66. 周三多：《管理学——原理与方法》，复旦大学出版社1997年版。

67. 朱智贤：《心理学大词典》，北京师范大学出版社2004年版。

二 外文译著

1. ［奥］舒茨：《社会世界的意义构成》，游淙祺译，商务印书馆2012年版。

2. ［德］霍克海默、阿多诺：《启蒙辩证法》，渠敬东、曹卫东译，重庆出版社1990年版。

3. ［德］尼采：《对艺术的感激》，黄明嘉译，漓江出版社2000年版。

4. ［德］尤尔根·哈贝马斯等：《作为未来的过去》，章国锋译，浙江人民出版社2001年版。

5. ［丹］克劳斯·布鲁恩·延森：《媒介融合：网络传播、大众传播和人际传播的三重维度》，刘君译，复旦大学出版社2012年版。

6. ［法］让·鲍德里亚：《消费社会》，刘成富，全志钢译，南京大学出版社2001年版。

7. ［加］马歇尔·麦克卢汉：《理解媒介——论人的延伸》，何道宽译，商务印刷馆2000年版。

8. 联合国教科文组织编：《世界文化报告1998》，关世杰等译，北京大学出版社2000年版。

9. ［美］安德鲁·扎德维克：《互联网政治学——国家、公民与新传播技术》，任孟山译，华夏出版社2010年版。

10. ［美］安德鲁·基恩：《网民的狂欢——关于互联网弊端的反思》，丁德良译，南海出版公司2010年版。

11. ［美］奥尔波特等：《谣言心理学》，刘水平、梁元元、黄鹂译，辽宁教育出版社2003年版。

12. ［美］埃瑟·戴森：《2.0版数字化时代的生活设计》，胡泳、范海燕译，海南出版社1998年版。

13. ［美］保罗·莱文森：《新新媒介》，何道宽译，复旦大学出版社2013年版。

14. ［美］保罗·莱文森：《数字麦克卢汉——信息化新纪元指南》，何道宽译，社会科学文献出版社 2001 年版。

15. ［美］布莱恩·麦克奈尔：《政治传播学引论》，殷祺译，新华出版社 2005 年版。

16. ［美］戴维·伊斯顿：《政治生活的系统分析》，王浦劬译，华夏出版社 1999 年版。

17. ［美］戴维·伊斯顿：《政治体系——政治学状况研究》，马清槐译，商务印书馆 1993 年版。

18. ［美］戴维·莫利、凯文·罗宾斯：《认同的空间：全球媒介、电子世界景观与文化世界》，司艳译，南京大学出版社 2001 年版。

19. ［美］丹·希勒：《数字资本主义》，杨立平译，江西人民出版社 2001 年版。

20. ［美］丹尼尔·贝尔：《资本主义文化矛盾》，赵一凡、蒲隆等译，三联书店出版社，1989 年版。

21. ［美］丹尼斯·麦奎尔：《麦奎尔大众传播理论（第四版）》，崔保国、李琨译，清华大学出版社 2006 年版。

22. ［美］德弗勒和鲍尔—洛基奇：《大众传播学绪论》，杜力平译，新华出版社 1990 年版。

23. ［美］E. M. 罗杰斯：《传播学史———种传记式的方法》，殷晓蓉译，上海译文出版社 2010 年版。

24. ［美］费德勒：《媒介形态变化：认识新媒介》，明安香译，华夏出版社 2000 年版。

25. ［美］哈罗德·D. 拉斯维尔：《政治学：谁得到了什么？何时和如何得到》，杨昌裕译，商务印书馆 2000 年版。

26. ［美］亨利·詹金斯：《融合文化：新媒体和旧媒体的冲突地带》，杜永明译，商务印书馆 2012 年版。

27. ［美］加布里埃尔·A. 阿尔蒙德、小 G. 宾厄姆·鲍威尔：《比较政治学：体系、过程和政策》，曹沛霖等译，上海译文出版社 1987 年版。

28. ［美］克里斯廷·L. 博格曼：《从古腾堡到全球信息基础设施：网络世界中信息的获取》，肖永英译，中信出版社 2003 年版。

29. ［美］拉里·A. 萨默瓦、理查德·E. 波特：《跨文化传播》，闵慧泉、王纬、徐培喜等译，中国人民大学出版社 2010 年版。

30. ［美］劳伦斯·莱斯格：《代码 2.0：网络空间中的法律》，李旭、沈伟伟译，清华大学出版社 2009 年版。

31. ［美］理查德·斯皮内洛：《铁笼，还是乌托邦——网络空间的道德与法律》（第二版），李伦等译，北京大学出版社 2007 年版。

32. ［美］李普曼：《舆论学》，林姗译，华夏出版社 1989 年版。

33. ［美］路易斯·阿尔文·戴：《媒介传播伦理：案例与争论》，北京大学出版社 2004 年版。

34. ［美］罗伯特·西奥迪尼：《影响力》，陈叙译，中国人民大学出版社 2006 年版。

35. ［美］马格．乐芙乔伊等：《语境提供者：媒体艺术之含义之条件》，任爱凡译，金城出版社 2012 年版。

36. ［美］迈克尔·海姆：《从界面到网络空间——虚拟实在的形而上学》，金吾伦、刘钢译，上海科技教育出版社 2000 年版。

37. ［美］曼纽尔·卡斯特：《网络社会的崛起》，夏铸九等译，社会科学文献出版社 2006 年版。

38. ［美］米切尔·J. 沃尔夫：《娱乐经济》，黄光伟，邓盛华译，光明日报出版社 2001 年版。

39. ［美］尼尔·波兹曼：《娱乐至死：童年的消逝》，章艳、吴燕莛译，广西师范大学出版社 2009 年版。

40. ［美］尼葛罗庞帝：《数字化生存》，胡泳、范海燕译，海南出版社 1997 年版。

41. ［美］尼古拉·米尔佐夫：《什么是视觉文化?》，王有亮译，《文化研究》第 3 辑，天津社会科学院出版社 2002 年版。

42. ［美］斯蒂芬·李特约翰、凯伦·福斯：《人类传播理论》（第 9 版），史安斌译，清华大学出版社 2009 年版。

43. ［美］唐·泰普斯科特：《数字化成长：网络时代的崛起》，陈晓开、袁世佩译，东北财经大学出版社 1999 年版。

44. ［美］托马斯·阿奎那：《阿奎那政治著作选》，马清槐译，商务印书馆 1963 年版。

45. ［美］W. 兰斯·班尼特：《新闻：政治的幻象》，杨晓红、王家全译，当代中国出版社 2005 年版。

46. ［美］W. 兰斯·本奈特主编：《媒介化政治：政治传播新论》，董关鹏译，清华大学出版社2011年版。

47. ［美］威尔伯·施拉姆等：《传播学概论》，陈亮等译，新华出版社1984年版。

48. ［美］雅克·蒂络、基思·克拉斯曼：《伦理学与生活》，程立显、刘建等译，世界图书出版公司2008年版。

49. ［美］约翰·费斯克：《理解大众文化》，王晓珏、宋伟杰译，中央编译出版社2006年版。

50. ［美］詹姆逊：《时间的种子》，漓江出版社1997年版。

51. ［斯］艾尔雅维茨：《图像时代》，胡菊兰、张云鹤译，吉林人民出版社2003年版。

52. ［英］阿雷恩·鲍尔德温、布莱恩·朗赫斯特等：《文化研究导论》，陶东风等译，高等教育出版社2004年版。

53. ［英］E. B. 泰勒：《原始文化》，刘魁立译，上海文艺出版社1992年版。

54. ［英］拉克斯主编：《尴尬的接近权——网络社会的敏感话题》，禹建强、王海译，新华出版社2004年版。

55. ［英］马林诺夫斯基：《文化论》，费孝通等译，中国民间文艺出版社1987年版。

56. ［英］迈克·费瑟斯通：《消费文化与后现代主义》，刘精明译，译林出版社2000年版。

57. ［英］约翰·伯杰：《视觉艺术鉴赏》，戴行钺译，商务印书馆1994年版。

三 中文论文

1. 陈力丹：《新媒体对社会交往模式的影响》，《新闻前哨》2012年第6期。

2. 陈侠、黄希庭、白纲：《关于网络成瘾的心理学研究》，《心理科学进展》2003年第3期。

3. 陈竹、张琦：《传受注意心理管窥》，《现代传播》2010年第8期。

4. 方雪琴：《后现代语境下的视觉文化批评》，《中州学刊》2007年第3期。

5. 高宪春：《新媒介环境下议程设置理论研究新进路的分析》，《新闻与传播研究》2011 年第 1 期。

6. 何炜、何云：《发达国家数字战略及新媒体在文化教育上的应用》，《现代教育技术》2012 年第 4 期。

7. 李怀骥：《虚拟现实艺术：形而上的终极再创造》，《今日美术》2009 年第 4 期。

8. 李四达：《数字媒体艺术的符号学解读》，《北京邮电大学学报》（社科版）2009 年第 4 期。

9. 李晓红，高华雷：《网络问政视野下网民意识的培养》，《求实》2011 年第 10 期。

10. 林之达：《传播与心理的关系考察》，《西南民族大学学报》（人文社科版）2009 年第 9 期。

11. 刘然：《新媒体艺术研究》，硕士论文，山东大学，2009 年。

12. 刘锐：《“人肉搜索”与舆论监督、网络暴力之辨》，《新闻记者》2008 年第 9 期。

13. 刘世文：《论新媒体艺术的文化特征和批判精神》，《内蒙古社会科学》2013 年第 1 期。

14. 刘晓红：《试论传播心理学的研究内容》，《新闻与传播研究》1995 年第 1 期。

15. 贾云鹏、周峻：《作为技术史的艺术史——从〈阿凡达〉看电影技术的变革》，《北京电影学院学报》2010 年第 3 期。

16. 蒋晓丽、李玮：《社会管理网络化与网络管理社会化——基于网络媒介双重特性的社会管理路径研究》，《四川大学学报》（哲学社会科学版）2011 年第 4 期。

17. 牛更枫、孙晓军、周宗奎、魏华：《网络成瘾的认知神经科学研究述评》，《心理科学进展》2013 年第 6 期。

18. 彭凯平、刘钰、曹春梅、张伟：《虚拟社会心理学：现实，探索及意义》，《心理科学进展》2011 年第 7 期。

19. 寇纪淞、荣荣：《社会问题报道与受众心理引导》，《天津师范大学学报》（社会科学版）2010 年第 4 期。

20. 谭旭红：《新媒体艺术的审美生成》，《民族艺术研究》2011 年第 1 期。

21. 王朵：《世博会上新媒体技术的应用》，《科技资讯》2010 年第 12 期。

22. 王歌雅：《夫妻忠诚协议》，《政法论丛》2009 年第 5 期。

23. 王彦：《试析新媒体语境下的舆论监督与司法公正》，《杭州研究》2010 年第 3 期。

24. 吴伟光：《版权制度与新媒体技术之间的裂痕与弥补》，《现代法学》2011 年第 5 期。

25. 熊澄宇：《网络与新媒体艺术的时间观》，《现代视听》2007 年第 9 期。

26. 许鹏：《中国新媒体艺术研究的发展现状与理论课题》，《江苏行政学院学报》2008 年第 5 期。

27. 徐徐：《试析“网络问政”所折射的政府、媒体、公众关系》，《新闻记者》2009 年第 10 期。

28. 杨金丹：《网络隐私权的私法保护》，博士论文，吉林大学，2010 年。

29. 张东：《中国互联网信息治理模式研究》，博士论文，中国人民大学，2010 年。

30. 张名章、冉华：《2010 年中国网络“门事件”的传播特征分析》，《新闻与传播研究》2011 年第 2 期。

31. 张迎秀：《网络婚姻引致的法律问题与法律规制》，《河北法学》第 2010 年第 4 期。

32. 张苑琛：《博客对当代大学生心理影响初探》，《新闻记者》2008 年第 4 期。

四 中文报纸

1. 刘瑞生：《中国应高度重视新媒体时代意识形态安全》，《中国青年报》2011 年 12 月 15 日。

2.《加强监管互联网是维护国家主权与利益》，《人民日报》2012 年 8 月 27 日。

3. 宋波纹：《寻找超越机械化的艺术》，《人民日报 · 海外版》2013 年 2 月 14 日。

4. 王晶晶：《“微时代”来了吗》，《中国青年报》2011 年 3 月 2 日。

5. 王南：《美国政坛何故“门”案频发》，《人民日报》2005年11月18日。

6. 向军：《网络主权也是国家主权》，《解放军报》2013年1月17日。

7. 忻云：《艺术之光，与3D打印同行》，《IT时报》2013年1月28日。

8. 杨虫：《当代艺术与传媒》，《文艺报》2001年9月6日。

9. 叶征、宝献：《网络主权——国家主权新增的“制高点”》，《中国青年报》2011年12月9日。

10. 于国建：《拇指文化刍议》，《泰州日报》2006年3月6日。

11. 周正阳：《多媒体告诉你：未来艺术长什么样》，《南方都市报》2012年2月25日。

12. 朱庆：《“虚拟社会”与“现实社会”》，《光明日报》2001年9月25日。

五 外文

1. Paul, Sanjoy. *Digital video distribution in broadband, television, mobile, and converged networks* [*electronic resource*]: *Trends, challenges, and solutions* / Sanjoy Paul. Chichester; West Sussex, U. K; Hoboken, N. J. : Wiley, c2011.

2. Andrew Burn; *Making new media*: *Creative production and digital literacies*. New York: Peter Lang, c2009.

3. Alan B. Albarran; *The media economy*. New York: Routledge/Taylor & Francis, 2010.

4. W. James Potter; *Media literacy*. Los Angeles: SAGE, c2011.

5. Communication and cyberspace: *social interaction in an electronic environment* edited by Lance Strate, Ron L. Jacobson, Stephanie B. Gibson; Creskill, N. J. : Hampton Press, c2003; 2nd ed.

6. Hardy. ; *Western media systems*; London; New York: Routledge, 2008.

Media anthropology / editors, Eric W. Rothenbuhler, MihaiComan. Thousand Oaks, Calif. : Sage, c2005.

7. Ellen Seiter, *Practicing at Home*: *Computers*, *Pianos*, *and Cultural Capital* (University of Southern California School of Cinematic Arts, Division of

Critical Studies) Massachusetts Institute of Technology. Published under Creative Commons Attribution-Noncommercial-No Derivative, Works Unported 3.0 license, 2008.

8. Livingstone, S. *Children and the Internet: Great Expectations, Challenging Realities. Cambridge*, UK: Polity Press, 2009.

9. Buckingham, D. *The media literacy of children and young people: A review of the research literature.* London: OFCOM, 2005.

10. Bugess, J., &Green, J. *Youtub: Online video and participatory culture.* Cambridge: Polity Press, 2009.

11. David Buckingham, *Digital Media Literacies: rethinking media education in the age of the Internet* (*Institute of Education, University of London*), United Kingdom, Research in Comparative and International Education, Volume 2, Number 1, 2007.

12. Sonja Weaver, *New Media, New Policies: The Ambiguous Role of Popular Online Media in British Columbian Classrooms*, Essay for the degree of Master of Arts, 2009.

13. Han Woo Parka, _, J. Patrick Biddixb, *Digital media education for Korean youth*, The International Information & Library Review (2008) 40.

14. W. James Potter., Media literacy, Los Angeles: SAGE, c2011.

15. Media anthropology, editors, Eric W. Rothenbuhler, MihaiComan., Thousand Oaks, Calif.: Sage, c2005.

16. Yuezhi Zhao, *Media, market, and democracy in China: between the party line and the bottom line*, Urbana [Ill.]: University of Illinois Press, c1998.

17. David Buckingham, *Digital Media Literacies: rethinking media education in the age of the Internet*, Research in Comparative and International Education, Volume 2, Number 1, 2007.

18. JosteinGripsrud&Hallvard More edited, *The Digital Public Sphere: Challenges For Media Policy*; Sweden, Nordicom, University of Gothenburg; 2010.

19. Kent R. Middleton, William E. Lee; *Public Communication*; Pearson Education Inc.; 2011.

后记

《连接与互动——新媒体新论》一书，历时一年多的准备、两年多的写作，其间五易其稿，终于付梓刊印了。这是四川大学文学与新闻学院“985 工程”建设项目成果之一，也是我和我的几名博士生的心血结晶，是我们对过去四年多来工作的一次生动总结。

近年来，以互联网为代表的新媒体飞速发展，尤其是移动媒体、社会化媒体与自媒体的广泛普及，使作为社会大系统中的一个子系统的新媒体，对政治、经济、社会、文化、法律、道德伦理、教育、管理、艺术和心理等领域，产生着我们有目共睹而又无法回避的冲击与影响。与此同时，我们也发现，这种影响不是单向的：同样作为社会子系统的政治、经济、社会、文化等，也对新媒体产生着程度不一的或促进，或阻碍，或规制的作用。

为了清楚认识到新媒体系统与社会其他子系统之间的连接与互动关系，我组织了我的几名博士生共同承担本书的编写工作。这本书的最终成稿过程大致如下：先由我提出基本思路并拟定详细的写作提纲，然后再分工写作；书稿成形之后由李玮、王亿本负责统稿，并完成目录编制、文字校对等事务性工作。本书撰写人员的具体分工如下：绪论——罗子欣、蒋晓丽；第一章——余婷、蒋晓丽；第二章——耿姝、蒋晓丽；第三章——邹霞、蒋晓丽；第四章——高宪春、蒋晓丽；第五章——晏青、谢杨柳、蒋晓丽；第六章——李玮、杨珊；第七章——李倩、蒋晓丽；第八章——何炜、蒋晓丽；第九章——蔡丹、蒋晓丽；第十章——谢娟、蒋晓丽；第十一章——王亿本、陈明悦。

本书在分析新媒体与政治、经济、社会、文化等其他社会子系统之间的互动与影响关系时，主要采用了理论阐述与案例探讨有机结合的方式。但在编写过程中，难免有感到心有余悸而力不从心的时候。所幸，我与我的博士生们都是在竭尽所能地完成这一探索，若有未尽之处，且做“抛砖引玉”之用，希望读者能够在阅读过程中帮助我们不断修正和完善。

感谢我们在编写过程中所参考、借鉴的大量学术专著、期刊论文，以及报刊、网站文章的作者们。虽然在对这些成果的使用过程中，我们尽量通过脚注和参考书目的形式，做到规范引用，但由于参编人员较多，引文、资料出处较多，在标注过程中难免有遗漏与不尽人意之处，在此深表歉意并恳请海涵，同时希望诸君不吝赐教，以便今后修订时能逐一标明。

感谢中国社会科学出版社编辑任明老师，也感谢其他各位编辑对本书所付出的辛勤劳动。

感谢给予本书大量支持的各位专家、同行与朋友们！

蒋晓丽

2015 年 7 月于四川大学